2025

고시넷

경상남도교육청

교육공무직원 직무능력검사

최신 기출유형 모의고사 9회

교육공무직원 직무능력검사

gosinet
(주)고시넷

PREFACE

정오표 및 학습 질의 안내

정오표 확인 방법

고시넷은 오류 없는 책을 만들기 위해 최선을 다합니다. 그러나 편집 과정에서 미처 잡지 못한 실수가 뒤늦게 나오는 경우가 있습니다. 고시넷은 이런 잘못을 바로잡기 위해 정오표를 실시간으로 제공합니다. 감사하는 마음으로 끝까지 책임을 다하겠습니다.

고시넷 홈페이지 접속 > 고시넷 출판-커뮤니티 > 정오표

www.gosinet.co.kr

모바일폰에서 QR코드로 실시간 정오표를 확인할 수 있습니다.

학습 질의 안내

학습과 교재선택 관련 문의를 받습니다. 적절한 교재선택에 관한 조언이나 고시넷 교재 학습 중 의문 사항은 아래 주소로 메일을 주시면 성실히 답변드리겠습니다.

이메일주소 **qna@gosinet.co.kr**

contents 차례

파트 3 인성검사

파트 4 면접가이드

책 속의 책 정답과 해설

파트 1 경상남도교육청 교육공무직원 소양평가 기출문제복원

파트 2 경상남도교육청 교육공무직원 소양평가 기출예상문제

EXAMINATION GUIDE

구성과 활용

1

채용안내 & 채용직렬 소개

경상남도교육청 교육공무직원의 채용 절차 및 최근 채용직렬 등을 쉽고 빠르게 확인할 수 있도록 구성하였습니다.

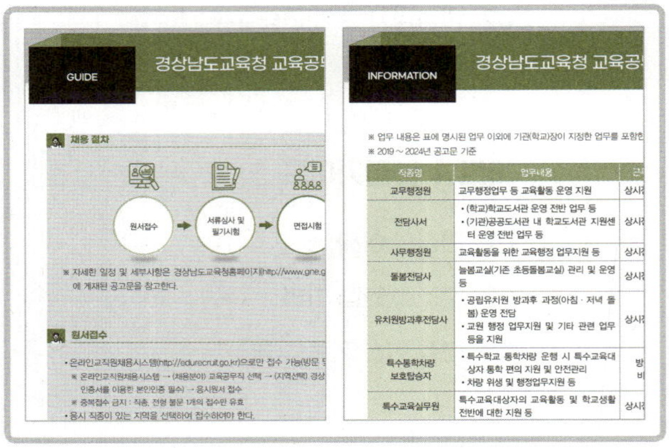

2

경상남도교육청 교육공무직원 소양평가 기출 유형분석

경상남도교육청 교육공무직원 소양평가의 최근 기출문제 유형을 분석하여 최신 출제 경향을 한눈에 파악할 수 있도록 하였습니다.

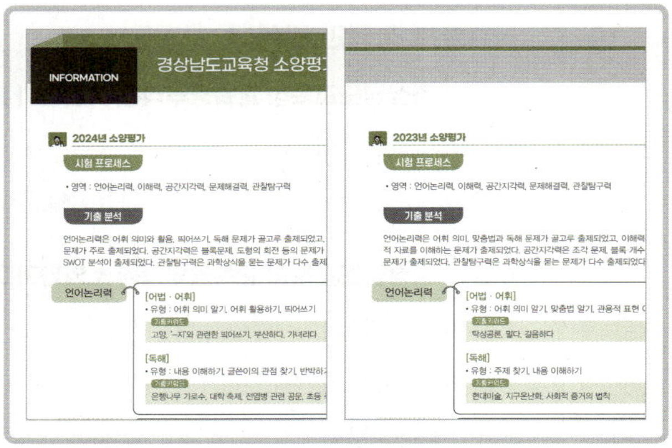

3

경상남도교육청 소양평가 기출문제복원 수록

경상남도교육청 교육공무직원 소양평가의 최신기출 45문항을 복원하고 1회분으로 수록하여 최신 출제의 경향성을 문제 풀이 경험을 통해 자연스레 익힐 수 있도록 구성하였습니다.

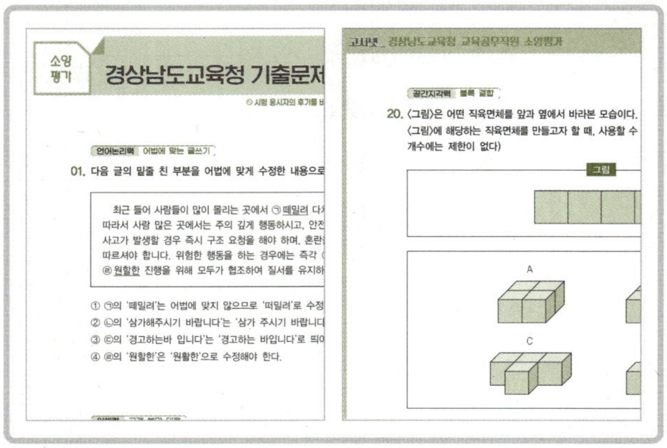

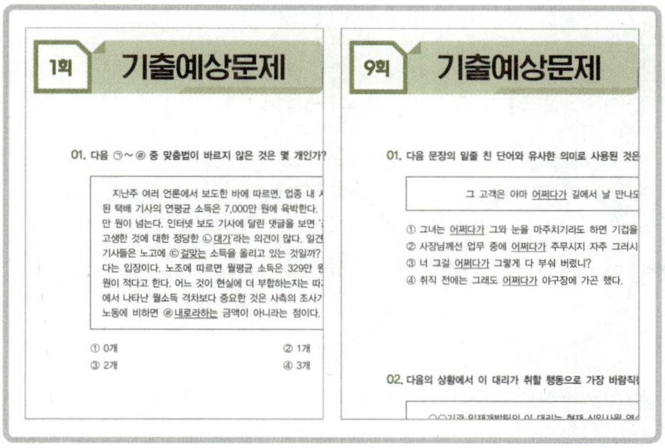

4

기출예상문제로 실전 연습

총 9회의 기출예상문제로 자신의 실력을 점검하고 완벽한 실전 준비가 가능하도록 구성하였습니다.

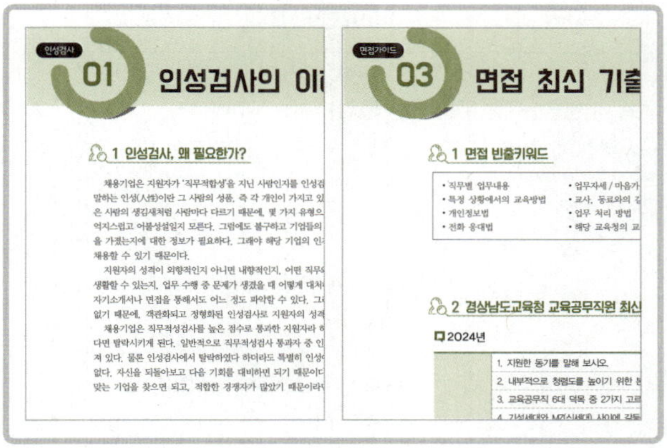

5

인성검사 & 면접가이드

최근 채용 시험에서 점점 중시되고 있는 인성검사와 면접 질문들을 수록하여 마무리까지 완벽하게 대비할 수 있도록 하였습니다.

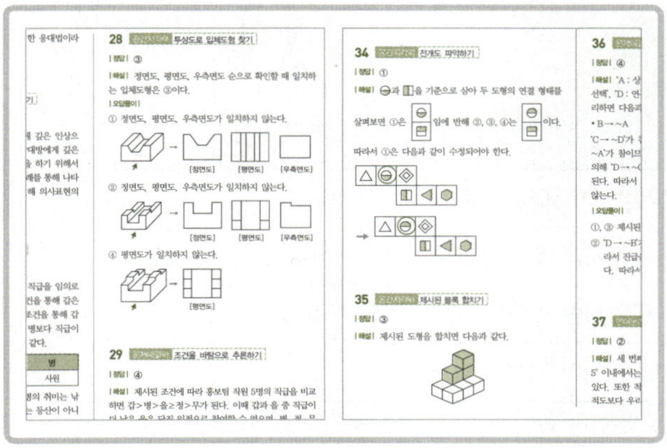

6

상세한 해설과 오답풀이가 수록된 정답과 해설

기출문제복원과 기출예상문제의 상세한 해설을 수록하였고 오답풀이 및 보충 사항들을 수록하여 문제풀이 과정에서의 학습 효과가 극대화될 수 있도록 구성하였습니다.

경상남도교육청 교육공무직원 채용안내

채용 절차

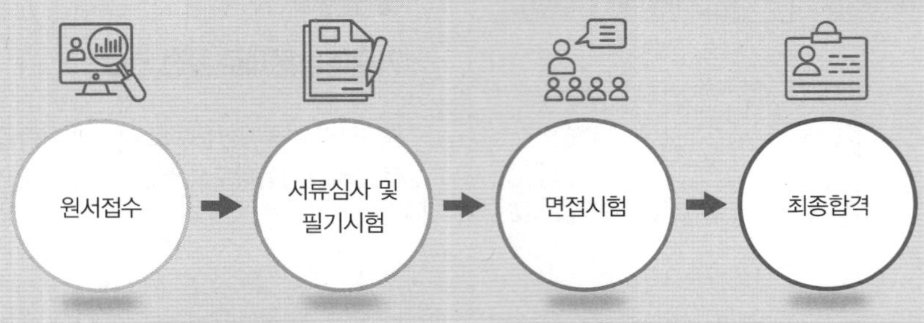

※ 자세한 일정 및 세부사항은 경상남도교육청홈페이지(http://www.gne.go.kr) 또는 각 시 · 군 교육지원청 홈페이지에 게재된 공고문을 참고한다.

원서접수

- 온라인교직원채용시스템(http://edurecruit.go.kr)으로만 접수 가능(방문 및 우편접수 불가)
  ※ 온라인교직원채용시스템 → (채용분야) 교육공무직 선택 → (지역선택) 경상남도교육청 선택 → 로그인(스마트폰 또는 공인인증서를 이용한 본인인증 필수) → 응시원서 접수
  ※ 중복접수 금지 : 직종, 전형 불문 1개의 접수만 유효
- 응시 직종이 있는 지역을 선택하여 접수하여야 한다.
- 모든 제출서류는'컬러 스캔 후 pdf 파일 형태'로 변환하여 시스템에 등록하여야 한다.
- 응시연령 : 18세 이상 ~ 만 60세 미만
- 거주지 제한 : 시험 공고일 전일부터 최종(면접)시험일까지 계속하여 본인의 주민등록상 주소지가 경상남도로 되어 있는 사람이어야 한다.
- 대한민국 국적 소지자여야 하며, 복수국적자인 경우 최종합격자 등록일 전까지 외국 국적을 포기하여야 한다.
- 「경상남도교육청 교육공무직원 취업규칙」 제8조 신규채용제한에 해당되지 않는 사람이어야 한다.

시험 방법

1차	서류심사 및 필기시험	필기시험 100%(인성검사 50% + 직무능력검사 50%)
		서류심사 20% + 필기시험 80%(인성검사 40% + 직무능력검사 40%)
		서류심사 30% + 필기시험 70%(인성검사 35% + 직무능력검사 35%)
2차	면접시험	1차 시험 합격자에 한하여 응시

서류심사

1. 조리사	일반전형	경력 점수 10점+3식 경력 점수 10점+자격증 점수 10점 ※ 경력 점수와 3식 경력 점수는 중복 인정
2. 조리실무사	일반전형	경력 점수 30점
	특성화고 전형	자격증 점수 30점
3. 유치원방과후전담사	일반전형	경력 점수 20점 ※ 유치원 정교사 2급 이상 자격 소지자로 근무한 경력만 인정

소양평가시험

인성검사(200문항, 40분)

- 응시자가 응답한 결과에 따라 성실성, 대인 관계성, 이타성, 심리적 안정성으로 구분하여 점수를 산출하고 산출된 점수를 집단 평균을 중심으로 표준편차 단위로 표준점수화하여 최종점수를 산정한다.

직무능력검사(45문항, 50분)

- 5개 영역(언어논리력, 이해력, 공간지각력, 문제해결력, 관찰탐구력)의 45개 문항에 대한 평가 결과를 채점하여 점수를 산정한다.

※ 단, 조리 직종은 관찰탐구력 대신 조리 문제를 출제
유치원방과후전담사는 관찰탐구력 대신 2019 개정 누리과정 문제 출제

면접시험

- 제1차 시험 합격자에 한하여 응시할 수 있다.
- 교육공무직원으로의 자세, 응시직종 관련 지식과 응용 능력, 의사 발표의 정확성과 논리성 등으로 평정한다.

경상남도교육청 교육공무직원 채용안내

신분 및 처우

정년	만 60세
수습기간	3개월(※ 수습기간 평가 있음)
근로시간	직종별로 상이하며, 주당 근로시간 내에서 학교(기관) 여건에 따라 근무시간 변경 가능
보수 및 근로조건	매년 교육공무직 임금 지급기준 및 사업부서 계획에 따름
근무지	채용예정지역 교육감(교육장)이 지정하는 기관(학교)

합격자 결정

[1차 시험] 서류심사 및 필기시험	• 필기시험 100점인 경우 필기시험 검사별 만점(100점)의 40% 이상 득점하고, 총점 40점 이상 득점자 중에서 고득점자순으로 채용 예정인원의 1.5배수를 합격자로 결정 • 필기시험 80점+서류심사 20점인 경우 필기시험 검사별 만점(80점)의 40% 이상을 득점하고, 총점 32점 이상 득점자 중에서 고득점자순으로 1.5배수를 합격자로 결정 • 필기시험 70점+서류심사 30점인 경우 필기시험 검사별 만점(70점)의 40% 이상 득점하고, 총점 28점 이상 득점자 중에서 서류심사와 필기시험 점수를 합산하여 고득점자순으로 1.5배수를 합격자로 결정 • 단, 직종별 채용 예정인원이 1명인 경우 3배수, 2명인 경우 2배수로 합격자를 결정하며, 동점자 발생 시 1차 시험 합격 예정인원을 초과하여도 모두 합격 처리
[2차 시험] 면접시험	• 1차 시험 합격자에 한하여 면접시험을 실시 • 2차 면접시험의 면접점수+경력 가산+취업 지원 대상자 가산 점수가 높은 사람 순으로 최종합격자를 결정 • 동점자가 있을 때는 ① 취업 지원 대상자, ② 1차 시험 고득점자, ③ 주민등록상 생년월일이 빠른자 순으로 합격처리 • 최종합격자는 자격 여부 조회 결과 적격 판정을 받은 사람이어야 함.
채용 취소	합격자 통지 및 채용 후라도 채용신체검사, 면허증 · 자격증 · 경력증명서 등 제출서류 검증, 범죄 경력 조회 등을 통하여 결격사유가 발견될 경우 합격 또는 채용이 취소됨.
추가 합격자 결정	최종 합격자의 채용포기, 합격 취소, 수습 기간에 퇴직 등의 사유로 결원을 보충할 필요가 있을 경우 최종 합격자 발표일로부터 4개월 이내에 불합격 기준에 해당하지 아니하는 사람 중에서 최종합격자 결정 순위서열의 다음 순위자 순으로 추가 합격자를 결정 ※ 조리사로 최종 합격한 조리실무사가 합격(배치) 포기 시 향후 3년간 조리사 지원을 제한함.

INFORMATION

경상남도교육청 교육공무직원 채용직렬

※ 업무 내용은 표에 명시된 업무 이외에 기관(학교)장이 지정한 업무를 포함한다.

※ 2019 ~ 2024년 공고문 기준

직종명	업무내용	근무형태	자격 요건
교무행정원	교무행정업무 등 교육활동 운영 지원	상시전일근무	없음.
전담사서	• (학교)학교도서관 운영 전반 업무 등 • (기관)공공도서관 내 학교도서관 지원센터 운영 전반 업무 등	상시전일근무	준사서, 정사서 2급 이상, 사서교사 2급 이상 중 1개 이상
사무행정원	교육활동을 위한 교육행정 업무지원 등	상시전일근무	없음.
돌봄전담사	늘봄교실(기존 초등돌봄교실) 관리 및 운영 등	상시전일근무	유 · 초 · 중등 · 특수교사 2급 이상, 보육교사 2급 이상 중 1개 이상
유치원방과후전담사	• 공립유치원 방과후 과정(아침 · 저녁 돌봄) 운영 전담 • 교원 행정 업무지원 및 기타 관련 업무 등을 지원	상시전일근무	유치원 교사 2급 이상
특수통학차량 보호탑승자	• 특수학교 통학차량 운행 시 특수교육대상자 통학 편의 지원 및 안전관리 • 차량 위생 및 행정업무지원 등	방학 중 비근무	없음.
특수교육실무원	특수교육대상자의 교육활동 및 학교생활 전반에 대한 지원 등	상시전일근무	고졸 이상 학력 소지자
특수학교(급) 종일반강사	특수학교(급) 지원 및 방과후과정 담당 등	상시전일근무	특수교사 2급 이상, 유치원 교사 2급 이상, 보육교사 2급 이상 중 1개 이상
치료사	특수교육대상자의 치료지원 서비스 및 관련 업무(언어재활영역) 등	상시전일근무	언어재활사(보건복지부) 2급 이상
취업지원관	• 우수취업처 발굴 및 취업 지원 등 • 학습중심 현장실습 운영 관리 및 추수 지도 등 • 직업계고 선 취업 · 후 학습프로그램 지원 등 • 특성화고 마이스터고 포털(하이파이브)관리 및 직업교육 관련 행정 처리 등	상시전일근무	• 「직업상담사」자격증 2급 이상 및 자동차운전면허증 소지자로 아래의 경력요건 중 1가지 이상을 갖춘 경우에만 지원 가능 – 기업체 인사 · 노무 업무에 3년 이상 종사한 자 – 경영자단체, 노동조합, 고용관련 연구기관 등에서 취업처 발굴 및 매칭 등 취업지원 업무에 3년 이상 종사한 자 – 교육청 취업지원센터 또는 직업계고등학교 취업지원관 · 취업지도 업무에 1년 이상 종사한 자

경상남도교육청 교육공무직원 채용직렬

영양사	• 식단작성, 식재료 선정 및 검수 • 위생 · 안전 · 작업관리 및 검식 • 조리실 종사자의 지도 · 감독	상시전일근무 (기관 근무) ※ 학교 전보 불가	영양사 면허증(보건복지부)
조리사	• 식단에 따른 조리업무 • 급식품 위생적인 취급 및 조리 관리 • 구매 식품의 검수 지원 • 급식실의 청소관리 및 급식실 관리 • 급식설비 및 기구의 위생 · 안전 실무 • 급식시설 · 설비 및 기구의 세척 · 소독 관리 • 기타 영양(교)사의 지도사항 협의 이행 및 업무의 지원 • 그 밖의 조리 실무에 관한 사항	방학 중 비근무 (기간별 상이)	• 조리 분야 자격증 1개 이상 소지자 • 경상남도교육감 소속 교육행정기관, 공립 단설 유 · 초 · 중 · 고 · 특수학교에 재직 중인 무기계약직 조리실무사로, 시험 공고일 전날까지 계속근로기간이 전일제(1일 8시간)로 3년 이상인 사람
조리실무사	• 급식품의 위생적인 조리 및 배식 활동 • 급식실 내 · 외부의 청소, 소독 • 급식시설 · 설비 및 기구의 세척, 소독 • 기타 영양(교)사의 지도사항 이행 및 조리사의 업무지원 등	방학 중 비근무 (기관별 상이)	• 특성화고 전형 – 경남 소재 특성화고 졸업(예정)자 중 음식조리, 식품가공 교과군, 학교장 추천대상자 자격 기준에 따라 추천된 사람
임상심리사	• 심리평가 시행 및 해석 상담, 심리평가 도구 관리 • 심리평가 문서관리, 실적 보고, 상담 및 통계관리 등 행정업무 등	기관 상시전일근무	정신건강 임상심리사(보건복지부) 2급 이상, 임상 심리전문가(사단법인 한국심리학회), 임상심리사 2급 이상(산업인력공단) 중 1개 이상
교육복지사	• 교육취약계층학생 발굴지원(학생성장지원, 지역네트워크, 맞춤형지원, 교육복지 운영지원 등) • 지역사회 연계 활용 • 교육복지우선지원사업 운영 및 안전망 구축 등	상시전일근무	• 사회복지사 1급(보건복지부), 학교사회복지사 「사회복지사업법」 제11조에 따라 발급된 자격증 중 1개 이상 • 학교(교육청, 교육지원청 포함), 지방자치단체 또는 사회복지기관에서 아동 · 청소년 대상 교육복지 분야의 실무경력(시간제 미포함)이 1년 이상인 자(경력 합산 가능)

전문상담사	• 117센터 학교폭력 신고접수 • 상담 활동 및 관련 프로그램 개발 · 운영 • 외부기관 연계 및 상담 관련 행정업무 등	상시전일근무 ※ 117학교폭력신고센터 근무 (4조 2교대)	• 아래 자격증 중 1개 이상 소지자 또는 관련 학과 학사 이상 졸업자 – 전문상담교사 2급 이상, 전문상담사(한국상담학회) 2급 이상, 상담심리사(한국상담심리학회) 2급 이상, 청소년 상담사(여성가족부) 2급 이상, 임상심리학(한국산업인력공단) 2급 이상, 정신건강 임상심리학(보건복지부) 2급 이상 중 1개 이상 – 대학 및 학력이 인정되는 평생교육시설의 청소년학, 청소년지도학, 교육학, 심리학, 정신의학 분야 학사 이상 졸업자
교육지도사	• Wee스쿨 기숙사 사감, 교육원 내외 학생생활지도 • 위기 학생 멘토 및 대안 교과 지원 및 운영 등	상시전일근무	• 1종 보통 면허 이상 • 중등 2급 정교사 이상
기숙사생활지도원	• 기숙사 학생 생활 지도 및 안전관리 • 기숙사 내 출입 통제 및 시설관리 • 기숙사 내 · 외 교육환경관리 및 지도 전반 • 기타 학교장이 지정하는 업무	기관(학교)별 근무시간 상이	없음.
수련지도사	• 학생수련활동 관련 업무 • 숙박 과정 운영 시 숙박지도 등	상시전일근무 (숙박지도 포함)	체육 중등 정교사 2급 이상 또는 「청소년기본법」 제21조에 따른 청소년지도사 3급 이상, 숙박 과정 운영 시 숙박 지도 가능한 자
수상안전요원	• 수영장 내 안전사고 예방, 이용객 안내 및 질서 유지 • 안전사고 발생 시 응급처치 및 병원 후송 • 수영장 내 및 탈의실 등 청결 유지 등	상시전일근무	「체육시설의 설치 · 이용에 관한 법률」, 「수상에서의 수색 · 구조 등에 관한 법률」, 「대한적십자사 조직법」, 「수상레저안전법 시행령」 관련 자격요건 중 1개 이상
안내원	• 이용객 안내 및 민원 · 전화응대 • 행정업무 지원 등 • 독서공간, 다목적실 등 공용공간 정리 및 관리 • 가족영화 상영 등 문화행사 운영	근무편성표 및 기관운영 상황에 따름	없음.

경상남도교육청 소양평가 시험분석

2024년 소양평가

시험 프로세스

- 영역 : 언어논리력, 이해력, 공간지각력, 문제해결력, 관찰탐구력
- 문항 수/시간 : 45문항/50분

기출 분석

언어논리력은 어휘 의미와 활용, 띄어쓰기, 독해 문제가 골고루 출제되었고, 이해력은 자료를 바탕으로 결과를 도출하는 문제가 주로 출제되었다. 공간지각력은 블록문제, 도형의 회전 등의 문제가 출제되었고, 문제해결력은 명제와 조건추론, SWOT 분석이 출제되었다. 관찰탐구력은 과학상식을 묻는 문제가 다수 출제되었다.

언어논리력

[어법 · 어휘]
- 유형 : 어휘 의미 알기, 어휘 활용하기, 띄어쓰기

기출키워드
고양, '–지'와 관련한 띄어쓰기, 부산하다, 가녀리다

[독해]
- 유형 : 내용 이해하기, 글쓴이의 관점 찾기, 반박하기

기출키워드
은행나무 가로수, 대학 축제, 전염병 관련 공문, 조등 축구클럽

이해력

- 유형 : 자료 이해하기, 문제해결법 찾기

기출키워드
동기 부여, 개별 상담, 권한 위임, 객관적 태도

공간지각력

- 유형 : 도형의 회전, 전개도, 조각 개수 세기, 펀치 문제

기출키워드
거울에 비친 도형, 도형의 회전, 정사각형 개수, 퍼즐, 종이 모양

문제해결력

- 유형 : 명제 추론하기, 조건 추론하기, SWOT 분석하기

기출키워드
부서의 위치, 자기관리, 달리기 순위

관찰탐구력

- 유형 : 적용사례 찾기, 적용된 원리/이론 이해하기

기출키워드
오목거울, 부피의 변동, 복사열, 알루미늄, 흡열 반응, 양력, 중력, 마찰력

2023년 소양평가

시험 프로세스

• 영역 : 언어논리력, 이해력, 공간지각력, 문제해결력, 관찰탐구력 • 문항 수/시간 : 45문항/50분

기출 분석

언어논리력은 어휘 의미, 맞춤법과 독해 문제가 골고루 출제되었고, 이해력은 자료를 바탕으로 결과를 도출하거나 수리적 자료를 이해하는 문제가 출제되었다. 공간지각력은 조각 문제, 블록 개수 등의 문제가, 문제해결력은 명제와 조건추론 문제가 출제되었다. 관찰탐구력은 과학상식을 묻는 문제가 다수 출제되었다.

언어논리력

[어법 · 어휘]
• 유형 : 어휘 의미 알기, 맞춤법 알기, 관용적 표현 이해하기, 사자성어 고르기

기출키워드
탁상공론, 밀다, 갈음하다

[독해]
• 유형 : 주제 찾기, 내용 이해하기

기출키워드
현대미술, 지구온난화, 사회적 증거의 법칙

이해력

• 유형 : 자료 이해하기

기출키워드
스포츠용품 도표, 특수문화 치환

공간지각력

• 유형 : 조각 개수 세기, 도형 회전, 전개도, 도형 변화 규칙 파악하기

기출키워드
도형 변화, 도형 추론

문제해결력

• 유형 : 조건 추론하기, 명제 추론하기, 논리적 오류, 문제해결 이론 이해하기

기출키워드
달리기 순위, 문제해결전략, 결합 · 분할의 오류

관찰탐구력

• 유형 : 과학상식

기출키워드
인슐린, 열의 이동, 영양소, 기화열, 샤를의 법칙, 질소 특성, 가속도 계산, 작용 · 반작용

고시넷 **경상남도교육청 교육공무직원**

영역별 기출 키워드

- **언어논리력** 어휘 의미, 표준어 맞춤법, 사자성어, 세부내용 파악, 내용 추론
- **이해력** 리더십, 갈등상황 대처, 상황에 따른 의사표현법, 공감적 대화
- **공간지각력** 블록 결합, 전개도 파악, 종이접기, 도형 회전
- **문제해결력** 조건 · 진위 추론, 명제 판단
- **관찰탐구력** 분자식, 상태변화, 역학에너지, 소화기관, 힘의 작용, 광합성, 열의 이동

경상남도교육청 소양평가

파트 1

2024 경상남도 교육청 기출문제복원

언어논리력

이해력

공간지각력

문제해결력

관찰탐구력

소양 평가

2024 경상남도교육청 기출문제복원

문항수	45문항
시험시간	50분

정답과 해설 2쪽

⊘ 시험 응시자의 후기를 바탕으로 복원한 문제입니다.

언어논리력 | 어법에 맞는 글쓰기

01. 다음 글의 밑줄 친 부분을 어법에 맞게 수정한 내용으로 옳지 않은 것은?

> 최근 들어 사람들이 많이 몰리는 곳에서 ㉠ 떼밀려 다치는 사고가 자주 발생하고 있습니다. 따라서 사람 많은 곳에서는 주의 깊게 행동하시고, 안전을 ㉡ 삼가해주시기 바랍니다. 만약 사고가 발생할 경우 즉시 구조 요청을 해야 하며, 혼란을 피하기 위해 안전 요원의 지시에 따르셔야 합니다. 위험한 행동을 하는 경우에는 즉각 ㉢ 경고하는바 입니다. 또한, 행사의 ㉣ 원할한 진행을 위해 모두가 협조하여 질서를 유지하도록 노력해 주십시오.

① ㉠의 '떼밀려'는 어법에 맞지 않으므로 '떠밀려'로 수정해야 한다.

② ㉡의 '삼가해주시기 바랍니다'는 '삼가 주시기 바랍니다'로 수정해야 한다.

③ ㉢의 '경고하는바 입니다'는 '경고하는 바입니다'로 띄어 써야 한다.

④ ㉣의 '원할한'은 '원활한'으로 수정해야 한다.

이해력 | 고객 불만 대응

02. 민원 처리를 담당하는 고객지원팀에 근무하는 A 사원이 사내 게시판에서 다음과 같은 고객의 게시글을 보게 되었다. 고객불만 처리 프로세스에 따를 때, 답변의 시작하는 말로 적절한 것은?

> 제목 : A/S가 가능한지 문의 드립니다.
>
> 안녕하세요?
>
> 제가 이어폰을 구매해서 아주 잘 사용하고 있었는데, 어느 날 갑자기 작동이 제대로 안 되네요. 혹시 A/S가 가능한지 확인하고 싶습니다.

① 금일 오후 중 새로운 제품을 보내드리겠으니 받으시면 확인 부탁드립니다.

② 고객님의 과실이 없는지 저희 A/S팀에서 점검해 드릴 수 있습니다.

③ 게시판 말고 이어폰 개발관리부에 직접 연락하시어 이어폰에 대한 불만 사항이 있다고 말씀해 주세요.

④ 당사의 이어폰을 이용해 주셔서 너무나 감사합니다. 고객님께서 이어폰 작동이 잘 안 되어 이용에 너무 큰 불편이 생기셨겠네요.

공간지각력 | 블록 결합

03. 다음 〈보기〉의 블록을 결합했을 때 나올 수 없는 형태를 고르면? (단, 회전은 자유롭다)

보기

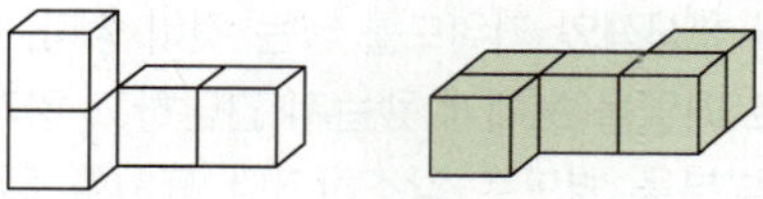

①

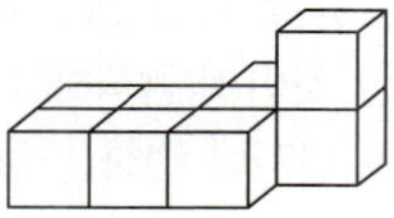

②

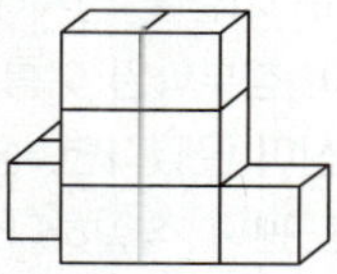

③

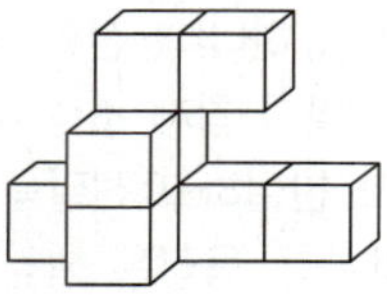

④

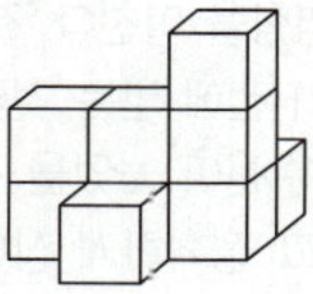

문제해결력 | 명제 판단

04. 다음에 제시된 결론이 반드시 참이 되기 위해 빈칸에 들어갈 명제로 적절한 것은?

> [전제 1] 보라는 벼락치기로 공부했다.
> [전제 2] (   )
> [결론] 보라는 성적이 나빴다.

① 벼락치기로 공부한 어떤 사람은 성적이 나빴다.
② 모든 사람이 벼락치기로 공부했다.
③ 어떤 사람은 벼락치기로 공부하지 않았다.
④ 벼락치기로 공부한 사람은 모두 성적이 나빴다.

[05 ~ 06] 다음은 인사팀에 근무하는 H 대리가 신입사원 연수교육에 사용할 자료이다. 이를 읽고 이어지는 질문에 답하시오.

업무 메일을 보낼 때 '받는 사람'에 대표자를, 그 외 관련 인원을 '참조'에 추가해서 작성한다. 제목에는 어떤 업무와 관련된 핵심적인 키워드를 넣는 것이 좋다. 본문의 첫 문단은 인사말과 함께 소속을 밝히고 무슨 용건으로 메일을 보내게 됐는지 간단하고 읽기 쉽도록 요약하도록 한다. 전달할 내용이 길 경우 중요한 부분을 별도로 강조하거나 표시를 해두는 게 좋다.

또한 사건이 발생했다면 발생 이유보다는 해결방안을 적어 마무리는 하는 것이 좋다. 회신이 필요한 경우에는 회신 요구 기한을 명시해두고 첨부파일이 있다면 메일 내용에 파일 첨부 여부를 알려주는 센스를 발휘하자. 첨부파일 이름은 바로 이해할 수 있도록 명료한 것이 바람직하다. 메일 발송 이후 상대로부터 회신이 끊겼다면, 상대의 유선 연락처를 알고 있다면 문자나 전화 등을 통해 메일 발송 사실을 알리는 편이 적절하다.

메일과 함께 신입사원이 맨 먼저 부딪히는 시련은 '전화 받기'다. 직장 내 전화 받기는 회사는 물론 본인의 이미지에 큰 영향을 미친다. 전화를 잘 받는 것은 중요한 업무 중 하나다. 전화를 받을 때는 전화벨이 세 번 울리기 전에 받는 것이 좋다. 전화를 받은 후에는 인사말과 함께 소속 부서와 이름을 밝힌다. 만약 전화 수신이 늦었을 경우 양해의 표현을 한다. 그리고 친절하고 전달력 있는 목소리로 통화하며 차분하고 정확하게 상대의 말을 경청하여 요점을 요약한다. 응답은 책임감 있게 하고 잘 모르는 내용은 책임자나 잘 아는 사람에게 물어서 대답하거나 전화를 넘겨준다.

사무실 팀원 중 부재중인 사람에게 전화가 올 때는 당겨 받는 것이 매너다. 이때 전화에서 전화 건 사람의 정보(기관명, 이름, 직책, 회신 받을 연락처 등), 용건 순으로 메모 후 담당자에게 전달하고 긴급한 건은 문자 등으로 알려야 한다. 한편 출장, 회의 등으로 장시간 자리를 비울 경우 직원 중 1인이 대신 전화를 받도록 사전에 정해두거나, 개인 휴대전화로 착신전환 조치 후 이석하는 것이 보통이다.

전화를 받는 것도 중요하지만 끊을 때도 주의해야 한다. 일반적으로 업무 전화를 건 상대방이 먼저 끊은 뒤 전화를 끊는 것이 매너이다. 상대방에게 남은 용건이 있을 수 있기 때문이다.

언어논리력 | 세부내용 이해

05. 위의 자료를 바탕으로 연수교육을 받은 신입사원들이 이해한 내용으로 적절하지 않은 것은?

① 부재중 전화를 대신 받는다면 전화가 올 때마다 담당자에게 문자로 전화 온 사실을 알려야겠군.

② 메일에 대한 답장을 보낼 때 대표자 이외에 업무관련성이 있는 사람은 참조에 추가하면 되는구나.

③ 첨부파일을 확인 못 할 수도 있으니까 메일 내용에 첨부파일이 있음을 알리는 것이 좋겠어.

④ 전화벨이 세 번 울리기 전에 전화를 받고 상대방의 말을 경청하면서 요점을 요약해서 정리하는 것이 좋겠군.

언어논리력 | 세부 내용 이해

06. 다음 중 H 대리가 위 연수교육을 준비할 때 고려한 내용으로 적절한 것은?

① 식사 및 회식 예절에 대한 내용을 포함시켜야겠다.

② 문자 메시지를 보낼 때에는 지나친 이모티콘 사용을 삼가고 문자 머리말에 소속 및 이름을 밝히도록 안내해야겠다.

③ 문서 작성 방식을 상세히 안내하여 업무에 바로 적응할 수 있도록 안내해야겠다.

④ 메일 작성 예절과 전화 예절을 상세히 안내하여 신입사원들이 회사 생활에 잘 적응할 수 있도록 안내해야겠다.

공간지각력 | 펼친 모양 추론

07. 종이를 다음과 같은 순서로 접은 후 마지막에 펀치로 구멍을 뚫었다. 다음 중 종이를 다시 펼쳤을 때 나오는 모양으로 옳은 것은?

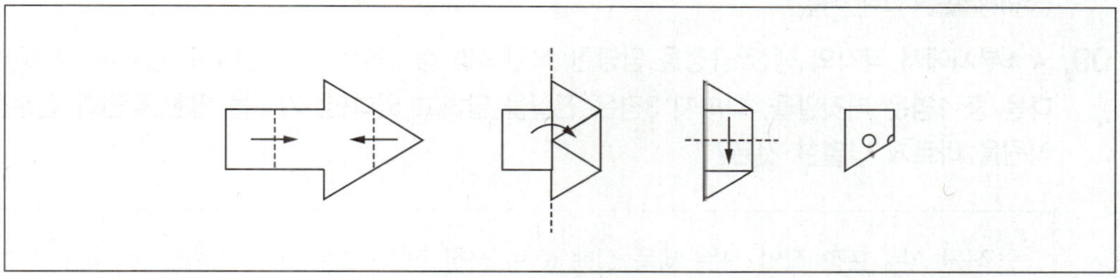

①

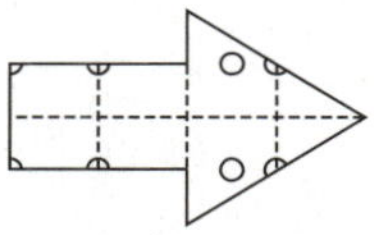

②

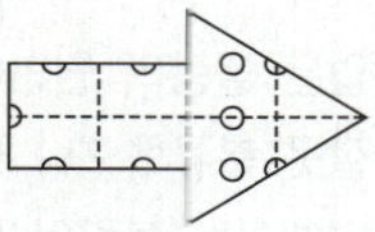

③

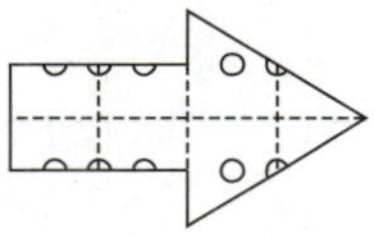

④

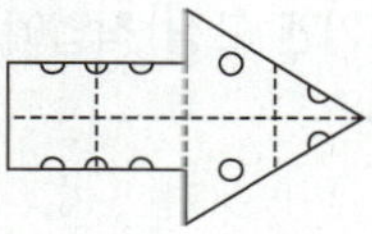

공간지각력 | 조각 개수 추론

08. 다음 왼쪽에 제시된 직각이등변삼각형으로 오른쪽의 화살표를 만들려고 한다. 이때 필요한 직각이등변삼각형의 최소 개수는?

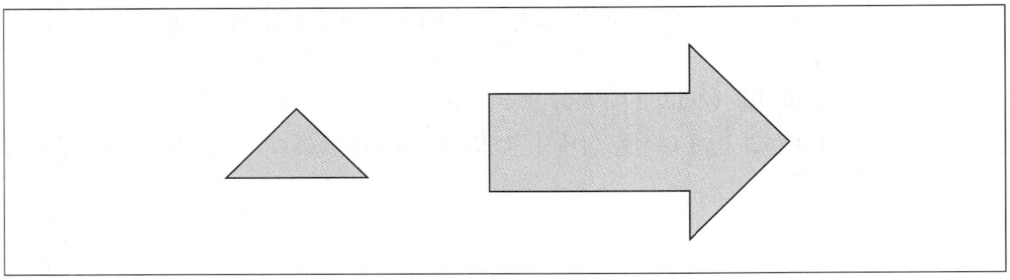

① 5개
② 6개
③ 7개
④ 8개

문제해결력 | 진위 추론

09. ★★부서에서 각각의 생산 공정을 담당한 직원 4명 중 1명의 작업 실수로 불량이 발생하였다. 다음 중 1명은 거짓말을, 나머지 3명은 진실을 말하고 있다면, 거짓을 말한 직원과 실수를 한 직원을 바르게 나열한 것은?

직원 A는 포장 작업, B는 제품 실행, C는 색칠 작업, D는 원료 분류를 담당하고 있다.

- 직원 A : 포장 작업은 불량의 원인이 아닙니다.
- 직원 B : 원료를 잘못 분류했으니 불량이 나오는 것입니다.
- 직원 C : 색칠 작업에서는 불량이 나올 수가 없습니다.
- 직원 D : 제가 보기엔 포장 작업에서 불량이 나옵니다.

① 직원 A, A
② 직원 B, D
③ 직원 D, A
④ 직원 D, D

문제해결력 | 명제 판단

10. 다음 명제에서 밑줄 친 내용에 들어갈 명제로 알맞은 것은?

> • 방 청소를 자주 하는 사람은 하루에 양치를 네 번 이상 하지 않는다.
> • ______________________________
> • 그러므로 일주일에 여섯 번 이상 쇼핑을 하는 사람은 방 청소를 자주 하지 않는다.

① 하루에 양치를 네 번 이상 하는 사람은 방 청소를 자주 한다.
② 하루에 양치를 네 번 이상 하지 않는 사람은 일주일에 여섯 번 이상 쇼핑을 하지 않는다.
③ 방 청소를 자주 하지 않는 사람은 일주일에 여섯 번 이상 쇼핑을 한다.
④ 일주일에 여섯 번 이상 쇼핑을 하지 않는 사람은 하루에 양치를 네 번 이상 하지 않는다.

관찰탐구력 | 충격량 이해

11. 고장난 자동차가 콘크리트벽에 충돌할 때보다 덤불에 충돌할 때 피해가 작다. 이와 같은 원리가 아닌 것은?

① 자동차 범퍼의 원리
② 공을 맨손으로 잡을 때 물러서면서 받으면 덜 아프다.
③ 총신이 길면 탄알이 더 멀리 날아간다.
④ 야구장 안전펜스의 원리

관찰탐구력 | 광합성 이해

12. 다음 중 광합성을 하는 것은?

① 버섯　　② 푸른곰팡이
③ 이끼　　④ 효모

문제해결력 | 조건 기반 추론

13. 기획팀 직원들은 2개 조로 나누어 프로젝트를 진행하려고 한다. 아래 조건을 토대로 할 때, 같은 조가 될 수 없는 구성은?

- 기획팀원은 A, B, C, D, E, F 6명이다.
- 각 팀은 3명씩 구성한다.
- C와 E는 같은 팀이 될 수 없다.
- B가 속한 팀에는 A 또는 F가 반드시 속해 있어야 한다.

① A, B, C　　② A, E, F
③ B, C, F　　④ D, E, F

이해력 | 올바른 칭찬 이해

14. 다음 글을 참고할 때, 칭찬하는 말하기에 가장 적합하지 않는 말은?

칭찬하는 말하기는 사람의 동기부여와 자기효능감을 증진시키는 데 중요한 역할을 한다. 진심 어린 칭찬은 개인의 성장을 촉진하고, 긍정적인 관계를 형성하며, 성과를 높이는 데 도움을 준다. 올바른 칭찬을 하기 위해서는 몇 가지 원칙을 따르는 것이 중요하다. 우선, 칭찬을 할 때는 그 내용이 구체적이고 명확해야 하며, 억지로 하는 것이 아닌 진심을 담아야 하고, 결과뿐만 아니라 그 과정에서의 노력을 인정해야 한다. 마지막으로, 긍정적이고 격려하는 언어를 사용하여 상대방이 기분 좋게 받아들일 수 있도록 해야 한다. 이러한 원칙을 바탕으로 효과적인 칭찬을 통해 상대방의 자신감을 높이고, 조직 내 긍정적인 분위기를 조성할 수 있다.

① 당신의 발표는 매우 인상적이었어요. 준비를 많이 하신 것 같은데, 많은 사람들이 깊은 인상을 받았을 거예요.
② 이번 프로젝트에서 당신의 역할이 정말 컸어요. 덕분에 좋은 결과를 얻을 수 있었어요.
③ 오전 회의 시간에 발표한 프로젝트 아이디어 정말 기발했어요. 이 아이디어는 충분히 대박 날 거예요.
④ 청소를 정말 잘하시네요! 앞으로도 계속 믿고 맡길 수 있을 것 같아요.

공간지각력 | 도형 회전

15. 다음 도형을 시계 방향으로 90° 회전했을 때의 모양으로 옳은 것은?

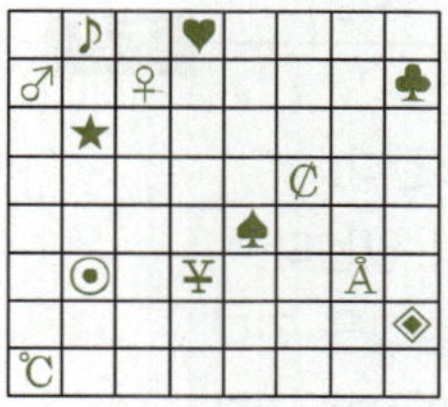

① 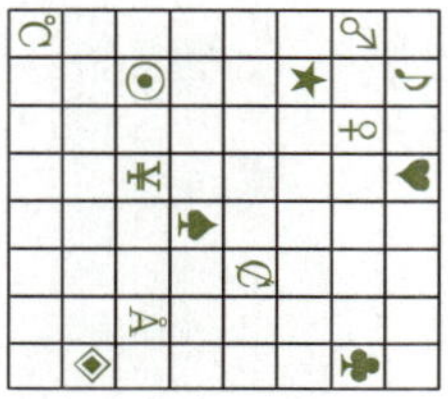

② 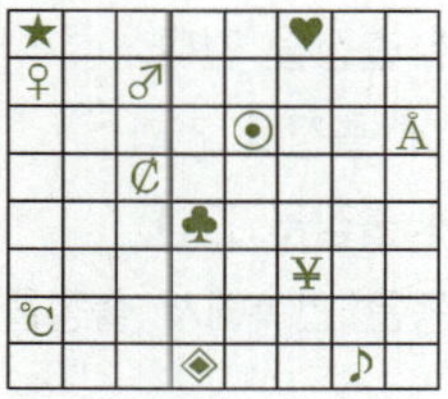

③ 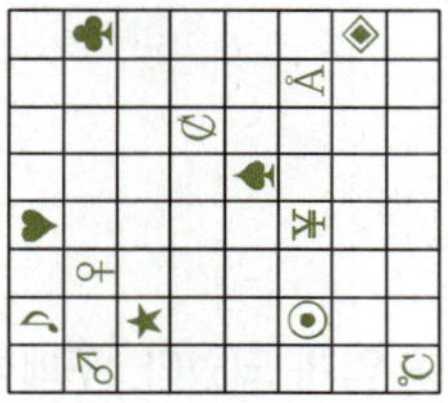

④ 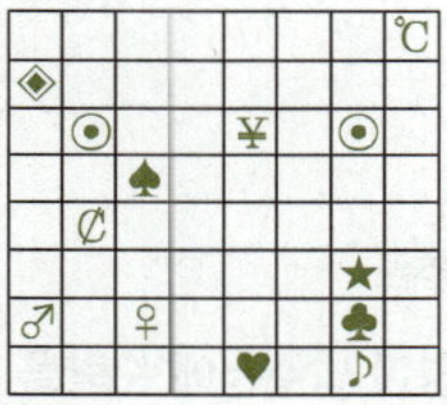

문제해결력 | 조건 기반 추론

16. 기획팀의 홍일동, 홍이동, 홍삼동, 홍사동 4명이 다음 〈조건〉과 같이 각각 3월, 6월, 9월, 12월에 출장을 간다고 할 때, 반드시 참인 것은?

조건

- 홍일동은 짝수 달에 출장을 간다.
- 홍이동은 9월에 출장을 가지 않는다.
- 홍사동은 홍일동보다 늦게 출장을 간다.
- 홍이동은 홍삼동보다 먼저 출장을 간다.

① 홍사동은 9월에 출장을 간다.
② 홍삼동은 12월에 출장을 간다.
③ 홍이동은 3월에 출장을 간다.
④ 홍일동과 홍삼동은 연속해서 출장을 간다.

문제해결력 | 진위 추론

17. 구매팀 직원 중 1명이 발주서에 수량을 잘못 기재하여 막대한 피해를 입게 되었다. 구매팀 직원은 5명이며 이들 중 1명은 거짓말을 하고 있다. 다음 중 발주서를 작성한 직원은?

- A : C는 거짓말을 하고 있다.
- B : 나는 그 발주서를 작성하지 않았다.
- C : D가 그 발주서를 작성하였다.
- D : E가 말하는 것이 진실이다.
- E : 그 발주서를 작성한 사람은 C이다.

① A
② B
③ C
④ D

언어논리력 | 다의어 파악

18. 다음 밑줄 친 말과 같은 의미로 사용된 것은?

> 공부하는 것도 다 <u>때</u>가 있는 법이다.

① 아직은 <u>때</u>가 아니다.
② 놀다가도 <u>때</u>가 되면 들어와 식사를 해야지
③ 내가 웃고 있을 <u>때</u>에 그녀가 나를 보았다.
④ 순박했던 그도 이제는 <u>때</u>가 많이 묻었다.

언어논리력 | 어휘 의미 파악

19. 다음 글의 밑줄 친 ㉠~㉣의 사전적 의미로 적절하지 않은 것은?

> 권위주의나 권위주의 문화는 기업경영의 투명성, 공정성, 합리성을 해쳐 종종 윤리적 문제를 일으킨다. 기업은 주주, 거래처, 종업원뿐만 아니라 지역사회, 생태계를 포함하는 다양한 이해관계자를 상대한다. 권위주의 문화가 ㉠ <u>팽배</u>한 사회에서 경영자는 정당한 근거 없이 거래처에 막대한 피해를 안기고는 이에 대해 책임지지 않는다. 무엇을 해도 괜찮은 갑(甲)과 힘없이 당하는 을(乙)의 관계가 당연한 거래질서로 받아들여진다. 수년 전 모 기업 최고경영자가 부하 직원에게 폭력을 행사하고 아무런 부끄럼 없이 돈으로 ㉡ <u>무마</u>하려고 했던 일이 있었다. 이것 역시 권위주의 문화가 만들어 낸 사건이다.
>
> 권위주의 문화는 모든 기업구성원의 생각과 행동에 ㉢ <u>체화</u>되어 나타나기도 한다. 누군가의 을이었던 사람이 다른 사람에게는 갑이 된다. 부패, 강압, ㉣ <u>월권</u>이 계층 피라미드를 타고 맨 아래까지 이어지고, 마침내 기업 경계를 넘어 하청업체나 대리점 같은 또 다른 을을 찾아 퍼져 나간다. 서구사회에서 기업윤리 문제는 보통 과도한 이윤추구의 결과로 이해되곤 한다. 우리의 경우에는 권위주의 문화까지 더해지면서 더욱 해결하기 어려운 윤리적 문제를 낳는다. 동쪽에서 뺨 맞고 서쪽에 가서 화풀이하는 것이 당연한 규범처럼 받아들여지다 보니 부패나 월권 같은 비윤리적인 문제에 대한 해결의 실마리가 보이지 않는다.

① ㉠–어떤 기운이나 사조 따위가 거세게 일어남.
② ㉡–분쟁이나 사건 등을 어루만져 달래거나 어물어물 덮어 버림.
③ ㉢–몸소 경험을 통해 알아지거나 이해됨.
④ ㉣–자기 권한 밖의 일에 관여함.

공간지각력 | 블록 결합

20. 〈그림〉은 어떤 직육면체를 앞과 옆에서 바라본 모습이다. A ~ D 블록 중 한 종류만을 사용하여 〈그림〉에 해당하는 직육면체를 만들고자 할 때, 사용할 수 없는 블록은? (단, 사용 가능한 블록의 개수에는 제한이 없다)

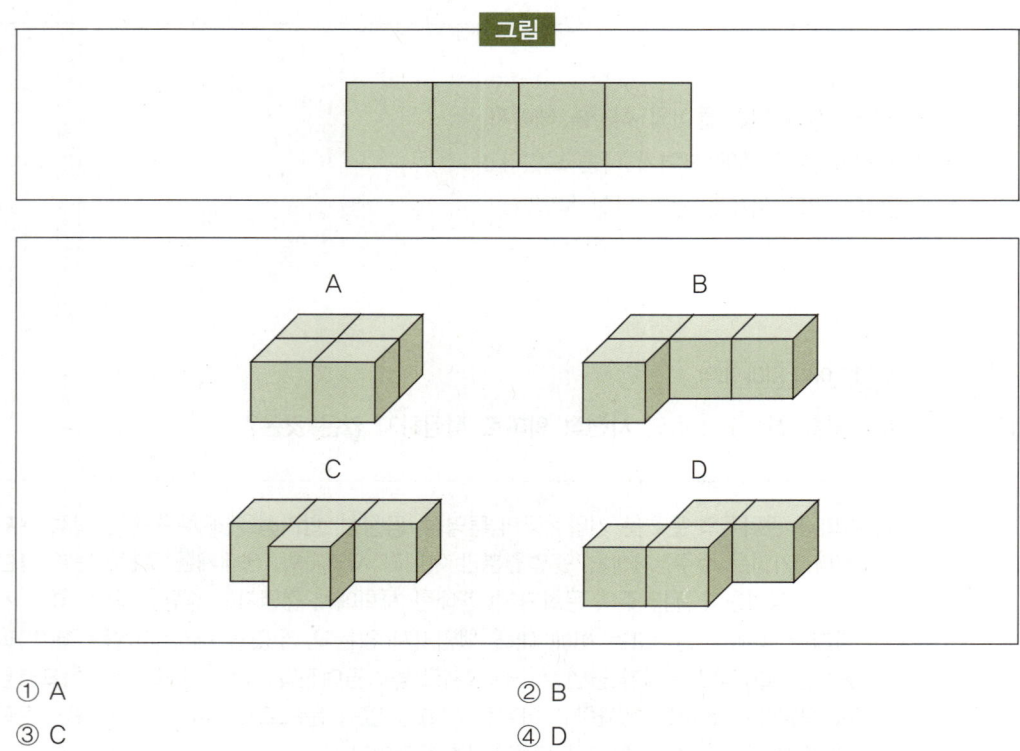

그림

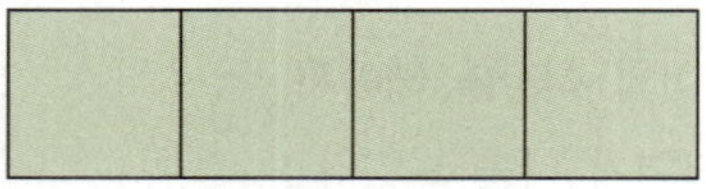

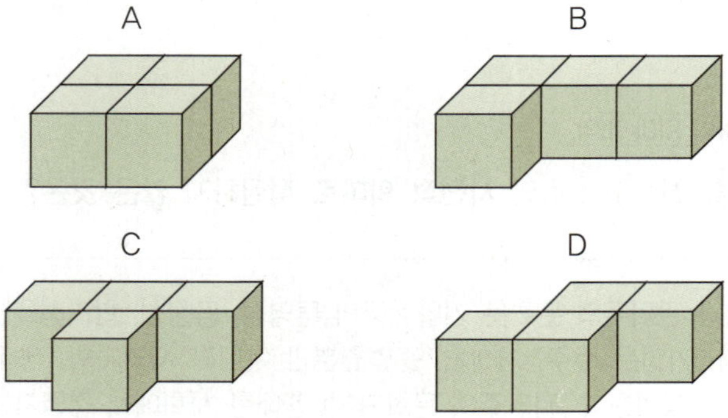

① A　　② B
③ C　　④ D

관찰탐구력 | 물리 용어 이해

21. 다음 중 빈칸 ㉠ ~ ㉣에 들어갈 내용으로 옳지 않은 것은?

- 단위 부피당 질량을 (㉠)라고 한다.
- 어떤 물질의 밀도를 4℃ 물의 밀도로 나눈 값을 (㉡)이라고 한다.
- 일정한 모양을 갖지 않고 흘러 다니는 기체와 액체를 (㉢)이라고 한다.
- 단위 면적당 작용하는 힘을 (㉣)이라고 한다.

① ㉠－밀도　　② ㉡－부력
③ ㉢－유체　　④ ㉣－압력

관찰탐구력 | 힘의 작용방향 파악

22. (가)와 같이 용수철에 나무토막을 매달아 (나)와 같이 잡아당긴 후 놓았을 때 나무토막에 작용하는 힘의 종류를 바르게 짝지은 것은?

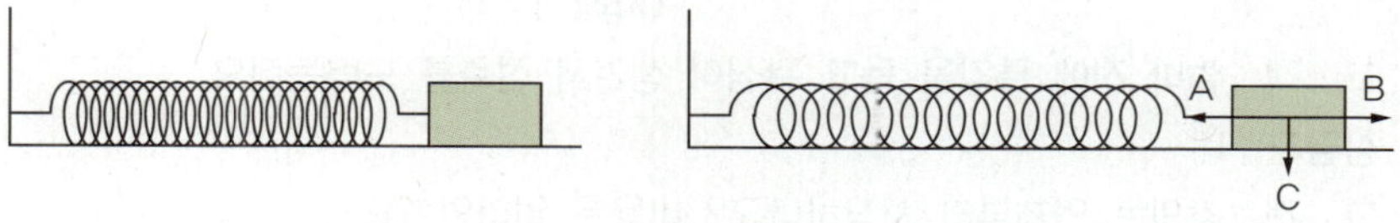

(가) (나)

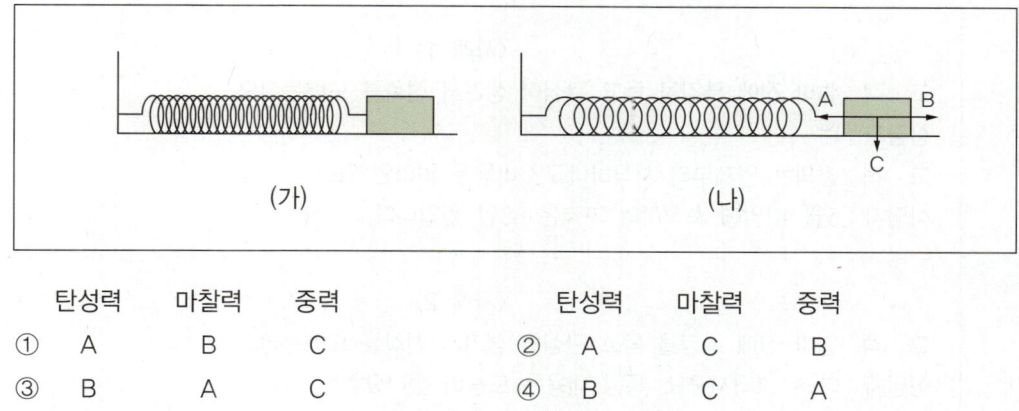

	탄성력	마찰력	중력		탄성력	마찰력	중력
①	A	B	C	②	A	C	B
③	B	A	C	④	B	C	A

언어논리력 | 사자성어 파악

23. 다음 상황에 어울리는 사자성어는?

> 수정이는 시험에 합격하기 위해서는 책 한 권의 내용을 다 공부해야 한다며 공부 계획을 짜서 보여 주었다. 하지만 정은이는 그 책의 두께를 보는 순간 그것은 불가능하다고 생각했다. 여섯 달이 지난 후 시험에 합격한 수정이는 자신도 처음에는 책 두께를 보고 포기하고 싶었지만 계획을 세우고 매일매일 빼먹지 않고 공부한 결과 그 내용을 다 공부할 수 있었다고 했다.

① 마부위침(磨斧爲針)
② 어부지리(漁父之利)
③ 설상가상(雪上加霜)
④ 상전벽해(桑田碧海)

이해력 | 전화응대법 이해

24. **다음은 성공적인 비즈니스를 위한 고객과의 전화응대법에 관한 두 가지 사례를 제시하고 있다. 〈사례 1〉과 〈사례 2〉를 바탕으로 할 때, 전화응대법에 대한 설명으로 적절하지 않은 것은?**

〈사례 1〉

고　객 : 얼마 전에 특강을 듣고 관심이 생겨서 전화를 드렸는데요.
상담자 : 네….
고　객 : 강의는 언제부터 시작하나요? 비용은 얼마인가요?
상담자 : 5월 13일에 시작하며 가격은 85만 원입니다.

〈사례 2〉

고　객 : 얼마 전에 특강을 듣고 관심이 생겨서 전화를 드렸는데요.
상담자 : 아 ~ 그러시군요. 특강 내용은 도움이 됐나요?
고　객 : 네, 괜찮았습니다.
상담자 : 오 ~ 그러셨다니 감사합니다. 특강에 참석하신 거 보니 고객님께서 이쪽 분야에 관심이 많으신가 봐요. 혹시 어떤 쪽에 관심이 있으신 건가요?
고　객 : 제가 관심이 있는 분야는요, ~ 생략

① '아 ~', '그러시군요', '오 ~' 등으로 고객의 말에 맞장구를 쳐 주면서 편안함을 주는 것이 좋다.
② 고객이 더 많은 말을 할 수 있도록 상담자는 최대한 간결하고 짧게 이야기한다.
③ 고객에게 질문을 던져서 고객이 상담 내용에 개입할 수 있도록 한다.
④ 고객에 대한 정보를 이끌어 내면서 고객이 원하는 것을 미리 짐작할 수 있도록 한다.

이해력 | 효과적인 의사표현법 이해

25. 다음 사례를 통해 알 수 있는 효과적인 의사소통의 방법으로 적절한 것은?

> 매주 수요일 업무보고시간에 참석하는 홍보팀의 팀원들은 A 과장이 입을 열자 서로 눈치를 보며 한숨을 쉰다. A 과장은 매번 회의에서 똑같은 말만 반복하는 것으로 유명하였고, 회사에서 A 과장만 모르는 그의 별명은 '앵무새'이다. 그는 그에게 익숙한 말들만 고집스레 반복하여 사용하기 좋아하는 대표적인 상사이다. 기업이미지 홍보 전략을 위한 회의에서도 A 과장은 별다른 전략적 제안 없이 무조건 부하직원들에게 "그럼 기대하겠네."라는 말을 하고, 직원 사기증진을 위한 홍보전략 회의에서도 역시나 A 과장은 별다른 전략적 제안 없이 무조건 부하직원들에게 "그럼 기대하겠네."라는 말만 반복했을 뿐이다.

① 상사로서의 위엄과 권위가 느껴지는 의사표현을 해야 한다.
② 자신의 의견이 인상적으로 받아들여지도록 노력해야 한다.
③ 직원들의 말을 더 많이 듣도록 해야 한다.
④ 말보다 이메일이나 문서 등을 통한 의사전달을 해야 한다.

문제해결력 | 조건 기반 추론

26. 다음 ○○사의 직원 3명에 대한 정보를 바탕으로 유추한 직원의 취미를 바르게 짝지은 것은?

> • 직원 갑, 을, 병의 취미는 낚시, 수영, 등산 중 하나이고, 서로 취미가 겹치지 않는다.
> • 3명의 직급은 모두 다르다.
> • 갑은 을의 부하 직원과 직급이 같다.
> • 갑은 등산이 취미인 직원보다 취미에 시간 투자를 더 많이 한다.
> • 낚시가 취미인 직원은 직급이 가장 낮고, 취미에 시간 투자도 가장 적게 한다.

① 갑－수영　　② 갑－낚시
③ 을－낚시　　④ 병－수영

공간지각력 | 도형 변환 규칙 파악

27. 다음 왼쪽의 규칙에 따라 오른쪽 '?'에 들어갈 도형으로 알맞은 것은?

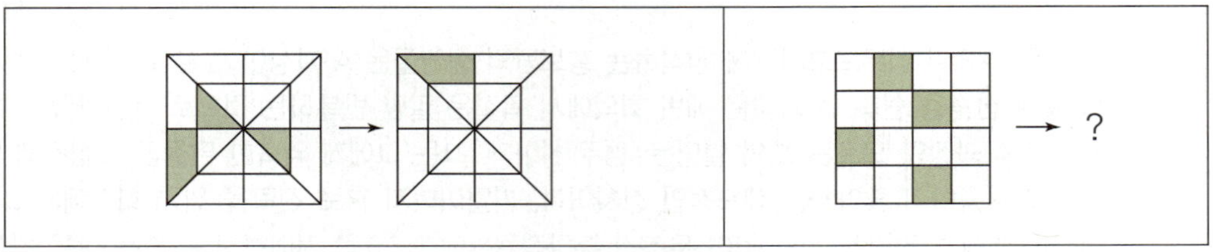

① 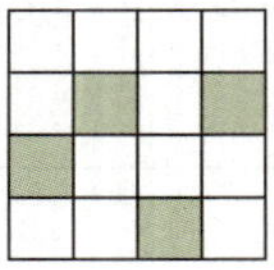

② 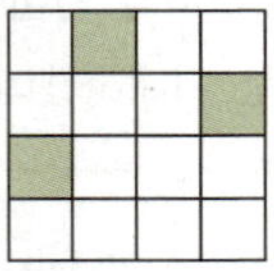

③ 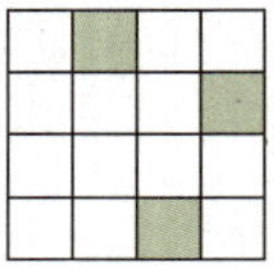

④ 

공간지각력 | 투상도 분석

28. 다음 투상도에 해당하는 입체도형을 고르면? (단, 화살표 방향은 정면을 의미한다)

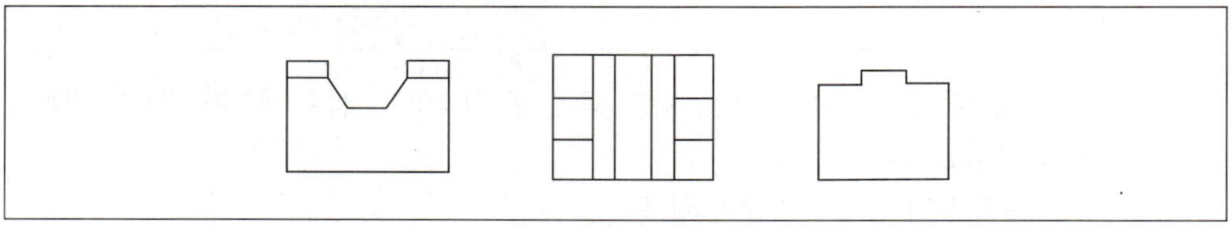

① 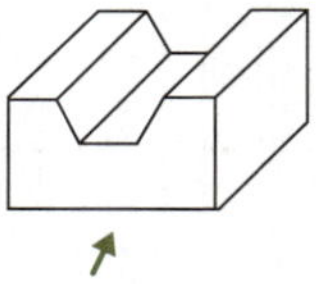

② 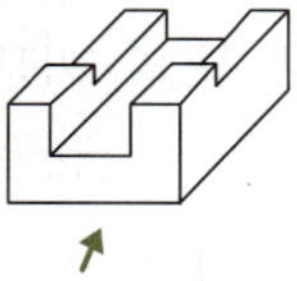

③ 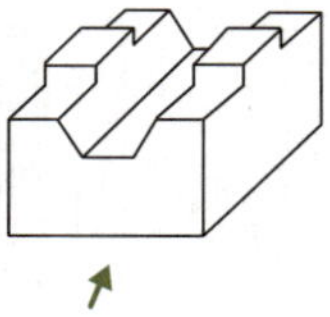

④ 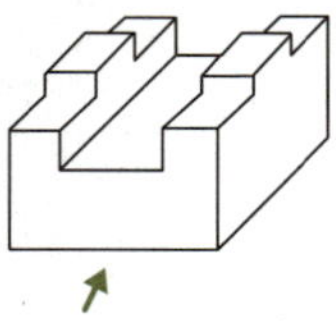

문제해결력 | 조건 기반 추론

29. 홍보팀 직원 갑, 을, 병, 정, 무는 ○○기관 사내 야구 동아리 회원이다. 다음 조건을 따를 때, 홍보팀의 야구 동아리 회원 중 이번 주 토요일 동아리 모임에 참석하는 사람을 모두 고르면?

- 사내 야구 동아리 모임은 매주 토요일에 진행한다.
- 이번 주에는 홍보팀에서 최소 3명 이상이 야구 동아리 활동에 참여한다.
- 갑과 을 중 직급이 더 낮은 직원 1명은 이번 주 토요일에 당직을 서서 모임에 참여할 수 없다.
- 병, 정, 무 중 1명은 가장 직급이 높은 해외 홍보 담당자 1명은 이번 주 수요일에 4박 5일 일정으로 해외 출장이 예정되어 모임에 참여할 수 없다.
- 사내 야구 동아리에 가입한 홍보팀 5명 중 갑이 직급이 가장 높고, 무가 가장 낮다.
- 을은 정보다 직급이 높거나 같다.
- 병은 갑보다 직급이 낮으며 을보다 높다.

① 을, 병, 무　　② 을, 정, 무
③ 갑, 병, 정　　④ 갑, 정, 무

이해력 | 상황 판단

30. 다음 상황에서 A 씨의 대처 방법으로 가장 적절하지 않은 것은?

한국의 한 기업의 외국 관련 부서에서 근무하는 A 씨는 상사가 해외출장을 간 어느 날 미국의 한 거래처 사람에게서 온 전화를 받았다. 그 거래처 사람은 일본 지사의 연락처를 요구하였는데, A 씨는 이전에 이미 일본 지사의 대표번호를 알려준 적이 있다. 그럼에도 미국 거래처 사람은 일본 직원들의 개별 연락처를 요구하고 있다.

① 일본 지사의 대표번호를 다시 한 번 안내하고, 추가적인 연락처 제공은 불가능하다고 설명한다.
② 전화를 건 상대방의 부서나 이름이 확인되면 회사 이미지를 위해 신속하게 일본 회사 직원들의 연락처를 알려준다.
③ 상사가 해외출장 중이므로 돌아오면 해당 요청을 다시 검토하겠다고 안내한다.
④ 현재 개인 연락처 제공은 어려우니, 필요시 이메일을 통해 공식적으로 요청해 달라고 안내한다.

관찰탐구력 | 분자식 이해

31. 다음 중 산소 원자가 들어가지 않는 물질은?

① 물(H_2O)
② 이산화탄소(CO_2)
③ 메틸알코올(CH_3OH)
④ 메탄(CH_4)

관찰탐구력 | 기관 특성 이해

32. 다음에서 설명하는 기관은 무엇인가?

- 혈당을 조절하는 호르몬을 분비한다.
- 소화 효소를 분비하여 녹말, 단백질, 지방을 분해하는 효소를 소장으로 보내는 역할을 한다.
- 내분비와 외분비 기능을 모두 가지고 있다.
- 이 기관의 문제는 당뇨병과 관련이 있을 수 있다.

① 간
② 위
③ 이자
④ 신장

관찰탐구력 | 에너지 전환 이해

33. 다음 그림과 같이 공기의 저항이나 마찰이 없는 오목한 그릇의 A점에서 구슬을 가만히 놓았더니 구슬이 A점과 E점 사이를 왕복 운동하였다. 이때 구슬의 위치 에너지가 운동 에너지로 전환되는 구간은?

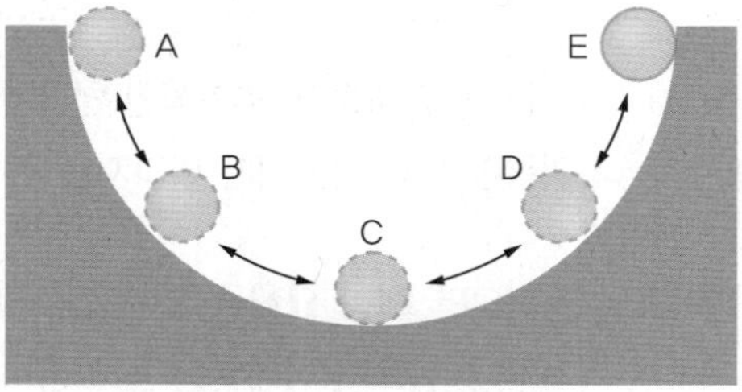

① A → C 구간
② B → D 구간
③ C → E 구간
④ A → E 구간

이해력 | 리더 역할 이해

34. 다음과 같은 상황에서 직원들이 변화에 잘 적응하도록 하기 위한 팀장의 독려 순서 중 두 번째에 들어가야 할 내용으로 가장 적절한 것은?

> 최근 회사는 새로운 시스템 도입으로 인해 큰 변화를 맞이하고 있다. 팀장은 직원들이 이 변화를 잘 받아들이고 적응할 수 있도록 돕기 위해 다음과 같은 독려 순서를 계획했다.
>
> ---
>
> 변화를 이해한다. – (　　　) – 변화를 수용한다.

① 변화를 이해하도록 독촉한다.
② 변화의 장점을 강조한다.
③ 변화에 대해 객관적인 태도를 보인다.
④ 팀워크를 강조한다.

공간지각력 | 전개도 파악

35. 다음 전개도가 한 개의 정육면체 주사위를 펼친 것이라 할 때, 이 중 같은 주사위가 아닌 것은?

①
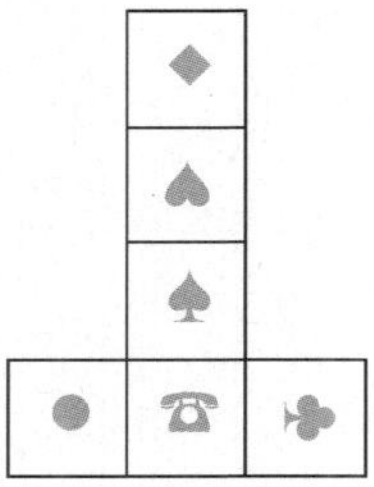

②
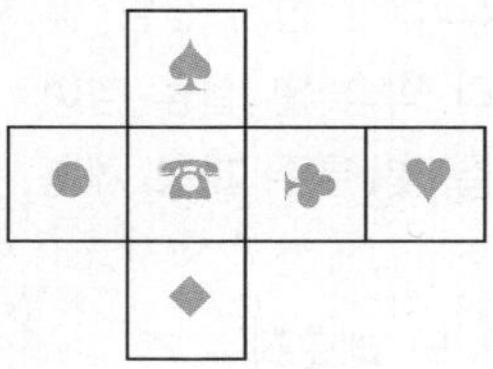

③
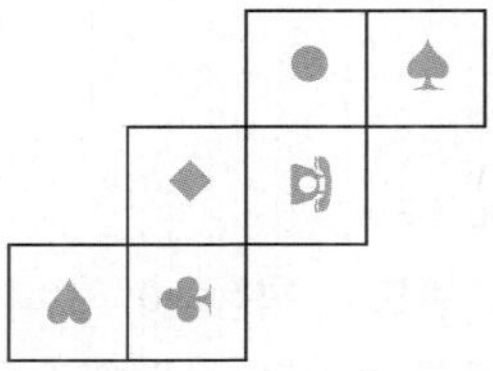

④
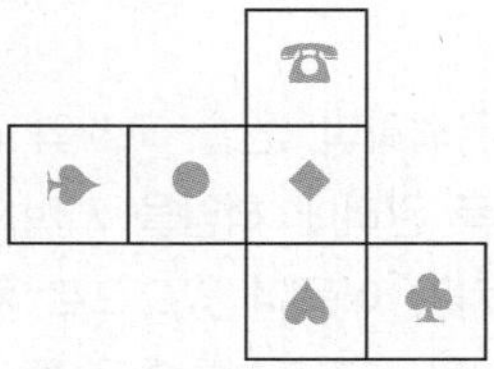

언어논리력 | 안내문 내용 이해

36. 다음은 ○○학교의 가정통신문이다. 이를 읽고 추론한 내용으로 적절하지 않은 것은?

○○학교에서는 학생들의 현장 학습 경험을 확대하고, 수업에서 배운 내용을 실제로 적용해 볼 기회를 제공하고자 현장체험학습을 계획하였습니다. 국립중앙과학관 전시 관람 및 체험 활동, 과학 원리 학습 및 실험 참여, 천체 관측 및 우주 과학 체험 등 다양한 프로그램이 준비되어 있습니다.

학생들의 안전을 위해 인솔 교사가 동행하며, 안전 수칙을 사전에 교육할 예정입니다. 장거리 이동임을 고려하여 차량 안전에도 만전을 기하겠습니다. 학부모님께서는 자녀가 필요한 준비물을 잘 챙길 수 있도록 도와주시고 건강 상태를 확인하여 참여에 무리가 없도록 해주시기 바랍니다.

1. 현장체험학습 일시 : 202X년 4월 30(금) 10:00 ~ 17:00
2. 장소 : 국립중앙과학관 (★★시 ○○구 ◆◆대로 481)
3. 대상 : 3학년 전체 학생
4. 목적
   - 과학 원리를 직접 체험하고 탐구하는 기회 제공
   - 과학에 대한 흥미와 호기심 증진
   - 학생들의 과학적 사고력 및 문제 해결 능력 향상
5. 내용
   - 국립중앙과학관 전시 관람 및 체험 활동
   - 과학 원리 학습 및 실험 참여
   - 천체 관측 및 우주 과학 체험
6. 준비물
   - 필기도구 및 메모장
   - 도시락 및 물병
   - 우비
7. 유의사항
   - 안전에 유의하며, 인솔 교사의 지시에 잘 따라주시기 바랍니다.
   - 개인 물품 관리에 책임을 지며, 분실물이 없도록 주의합니다.
   - 장시간 차량 이동이 있으므로 차량 안에서는 안전벨트를 반드시 착용해야 합니다.

학생들이 이번 현장체험학습을 통해 과학에 관한 관심과 이해를 높이고, 유익하고 즐거운 시간을 보내기를 바랍니다. 학생들이 안전하고 의미 있는 현장체험학습을 즐길 수 있도록 학부모님의 많은 관심과 협조를 부탁드립니다.

감사합니다.

① 국립중앙과학관은 과학 교육에 적합한 시설과 프로그램을 갖추고 있다.
② 학생들은 현장체험학습 시작 시각인 10시 전까지 국립중앙과학관에 집결해야 한다.
③ 학교에서 천문학 관련 수업을 진행했을 것이다.
④ 현장체험학습 당일에 비가 내린다는 일기예보가 있었을 것이다.

문제해결력 | 명제 판단

37. **다음 명제가 모두 성립할 때, 반드시 참인 것은?**

- 기획팀 구성원은 똑똑하고 야무지다.
- 찬이는 기획팀 소속이다.
- 주희는 재무팀 소속이다.

① 찬이는 야무지고 똑똑하다.
② 찬이는 주희보다 똑똑하다.
③ 똑똑하고 야무진 사람은 기획팀 구성원이다.
④ 재무팀은 전반적으로 기획팀보다 똑똑하지 않다.

이해력 | 리더 역할 이해

38. **○○기업 기획처 전력개발부에서 일하고 있는 김 대리의 업무 태도가 점점 나빠지고 있다. 김 대리는 업무에 전혀 관심이 없어 보이고 일을 지겨워하는 것이 눈에 보인다. 당신이 상사라고 가정했을 때, 이 상황을 해결하기 위한 방안 중 적절하지 않은 것은?**

① 유급 휴가를 주어 재충전할 수 있는 기회를 제공한다.
② 새로 입사한 직원을 직접 교육할 수 있는 기회를 부여한다.
③ 새로운 업무를 맡겨 업무 속도를 변화시킬 수 있게끔 유도한다.
④ 다른 팀의 직원들과 함께 일하도록 하여 자신감을 줄 수 있는 업무를 맡겨본다.

[39 ~ 40] 다음은 ○○심리상담연구소에서 주관한 '동일한 화제'에 대한 전문가들의 대화 내용이다. 이어지는 질문에 답하시오.

- 상담원 팀장 : 상담센터에는 인터넷 중독 대응 센터, 청소년 지원 센터 등이 있고 이곳에서 이루어지는 상담치료의 역할이 중요해지고 있습니다.
- 의사 : 초기 중독 증상은 상담치료로 줄일 수 있지만, 중독 증상이 심각한 경우 반드시 병원에서 진찰을 받고 약물 치료를 받아야 합니다.
- 상담원 팀장 : 증상이 심각한 경우 상담치료만으로 좋은 성과를 내기 힘들다는 점을 인정합니다. 하지만 상담치료를 통해 학생들이 인터넷 중독 심각성과 치료의 필요성을 깨닫는다면 치료의 성과가 좋아질 수 있습니다.
- 의사 : 청소년 인터넷 중독문제를 좀 더 효과적으로 해결하기 위해서 청소년 상담원과 병원이 협력적인 관계를 맺어야 할 필요가 있습니다.

언어논리력 | 올바른 토론 자세 이해

39. 위와 같은 대화에서 상대의 말을 경청하는 자세로 적절하지 않은 것은?

① 열린 마음으로 질문을 받아들이는 자세
② 자신의 경험을 맹신하는 자세
③ 모르는 건 모른다고 인정하는 자세
④ 모든 대화는 배울 것이 있다는 자세

언어논리력 | 토론 이해

40. 위 대화를 바탕으로 알 수 없는 내용은?

① 전문가들이 서로 의견을 조정하는 과정이 드러난다.
② 청소년 인터넷 중독문제의 효과적 해결방법이 중심 내용이다.
③ 사회문제를 해결하려면 관련문제에 대한 다양한 협력이 필요하다.
④ 각자의 주장을 논리적으로 펼치고 있으며, 전문성 피력에만 신경을 쓰고 있다.

관찰탐구력 | 물질의 구성 이해

41. 다음 중 물질의 구성과 관련하여 틀린 설명은?

① 물질은 원소를 기본 성분으로 하여 이루어져 있다.
② 수소는 가벼운 원소로, 연료로 사용된다.
③ 물은 물질의 기본 구성 요소이다.
④ 물질은 원자를 기본 입자로 한다.

관찰탐구력 | 물질의 상태 변화 이해

42. 다음 그림과 같이 차가운 컵 표면에 물방울이 맺히는 현상과 관련된 것은?

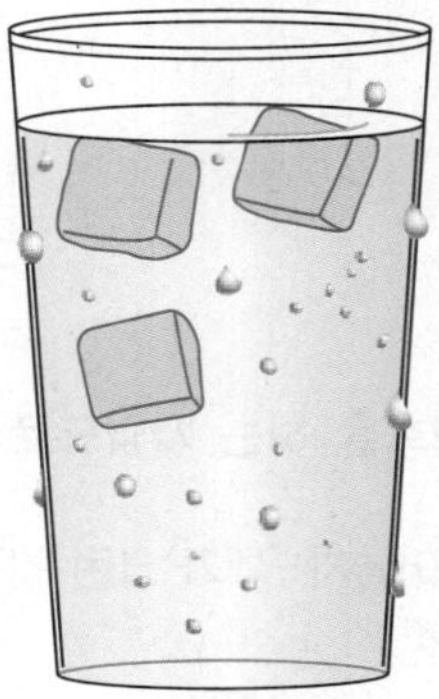

① 기화　　② 액화
③ 승화　　④ 융해

공간지각력 | 도형 변환 규칙 파악

43. 다음 규칙을 참고할 때 '?'에 올 수 있는 도형은?

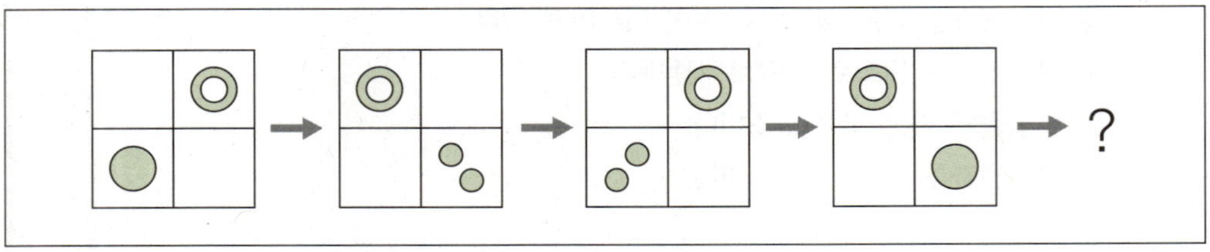

①

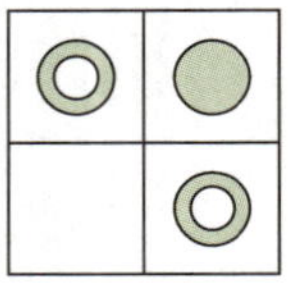

②

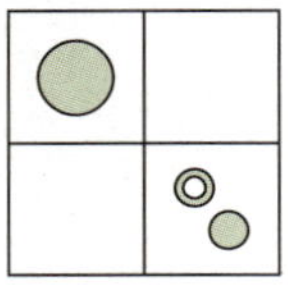

③

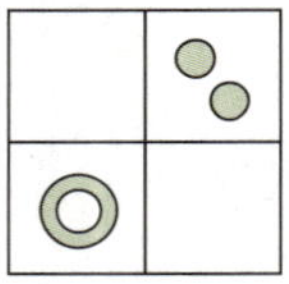

④

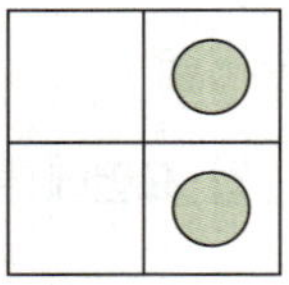

이해력 | 공감의 대화 이해

44. 다음 중 공감을 기반으로 한 대화를 하는 사람으로 가장 적절하지 않은 경우는?

① A는 친구가 실연의 아픔을 털어놓자 "네가 그런 감정을 느끼는 건 당연해. 많이 힘들었겠구나."라고 말했다.

② B는 친구가 자신의 생각과 다른 정치적 견해를 말하자 "그런 관점도 이해가 돼. 나는 좀 다르게 생각하지만, 다른 의견도 존중해."라고 말했다.

③ C는 친구가 회사에서 스트레스를 받은 상황을 이야기하자 "힘들었을 수 있지만, 그런 일은 직장 생활에서 자주 일어날 수 있는 일이야. 그러니 그 일에 너무 신경쓰지 않는 게 너에게 좋아."라고 조언했다.

④ D는 친구가 어려움을 겪고 있다고 말하자 고개를 끄덕이며 "네가 정말 힘든 상황에 처한 것 같아. 내가 어떤 도움을 주면 좋을까?"라고 말했다.

이해력 | 문제 상황 분석

45. 영업팀 서 대리는 자재 공급업체와 내년도 물량 조달 관련 중요 계약을 체결하고자 한다. 다음 업무 진행 과정에서 서 대리가 저지른 실수는 무엇인가?

> 서 대리는 자재 공급업체에 직접 방문하여 상담을 진행하게 되었다. 회의 자리에는 공급업체 담당자가 사정이 있어 참석하지 못하고 사장과 감사실장이 대신 참석하게 되었다. 서 대리는 공급업체와 계약을 성사시켜 다음 날 발주서를 전달하고자 하였으나 공급업체 담당자가 계약상 미비한 점이 있다며 2차 상담을 진행할 것을 요청하였고, 공급업체는 2차 상담에서 자재 공급가격 조정이라는 요구사항을 새롭게 들고 나오게 되었다.

① 준비되기 전에 협상을 진행하였다.
② 특정 입장만 고집하며 협상을 진행하였다.
③ 설정한 목표와 한계에서 벗어나 협상을 진행하였다.
④ 적절하지 않은 상대와 협상을 진행하였다.

영역별 출제비중

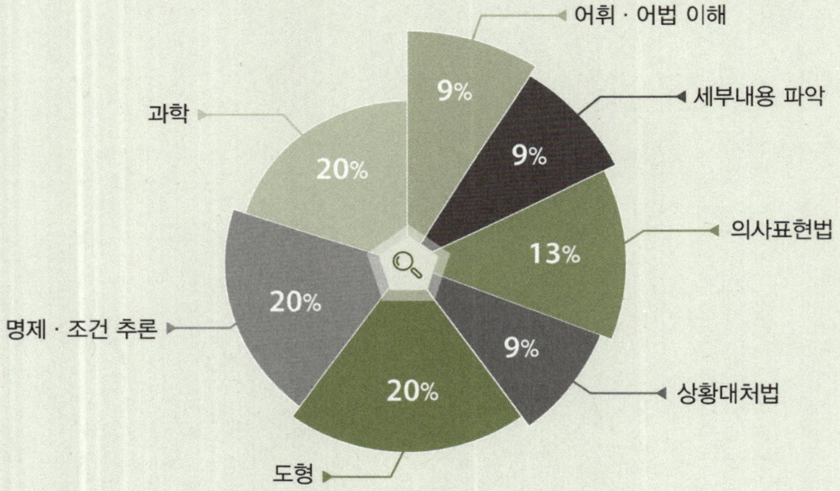

출제분석

경상남도교육청 교육공무직원 소양평가는 1. 언어논리력 2. 이해력 3. 공간지각력 4. 문제해결력 5. 관찰탐구력 다섯 가지 영역으로 출제되었다. 언어논리력에서는 어휘의 의미 또는 올바른 어법을 파악하는 문제와 제시된 글의 세부내용을 파악하는 문제가 주로 출제되었다. 이해력에서는 리더십, 올바른 의사소통에 관한 문제, 상황대처법을 묻는 문제가 출제되었다. 공간지각력에서는 블록, 전개도, 평면도 등과 같이 제시된 도형을 비교하는 문제가 출제되었다. 문제해결력에서는 삼단논법을 이용한 명제 추론 문제 또는 조건에 따라 진위 여부를 추론하는 문제가 주로 출제되었다. 관찰탐구력에서는 물리, 화학, 생물, 지구과학 등 다양한 분야의 과학 개념과 적용 예시를 묻는 문제가 출제되었다.

경상남도교육청 소양평가

파트 2
기출예상문제

1회 기출예상문제

01. 다음 ㉠~㉣ 중 맞춤법이 바르지 않은 것은 몇 개인가?

> 지난주 여러 언론에서 보도한 바에 따르면, 업종 내 시장점유율이 가장 높은 기업에 소속된 택배 기사의 연평균 소득은 7,000만 원에 육박한다. 각종 비용을 공제한 실소득도 5,000만 원이 넘는다. 인터넷 보도 기사에 달린 댓글을 보면 '금액이 ㉠ 얼마든지 택배 기사님들이 고생한 것에 대한 정당한 ㉡ 대가'라는 의견이 많다. 일견 우호적인 것으로 보인다. 과연 택배 기사들은 노고에 ㉢ 걸맞는 소득을 올리고 있는 것일까? 택배연대노조는 조사 자료가 잘못됐다는 입장이다. 노조에 따르면 월평균 소득은 329만 원으로 사측의 발표보다 월 100여만 원이 적다고 한다. 어느 것이 현실에 더 부합하는지는 따지기 어렵다. 다만 노사 간 조사 결과에서 나타난 월소득 격차보다 중요한 것은 사측의 조사가 사실이라고 해도 택배 기사가 하는 노동에 비하면 ㉣ 내로라하는 금액이 아니라는 점이다.

① 0개　　② 1개
③ 2개　　④ 3개

02. 다음 중 바람직한 의사소통 방법으로 적절한 것은?

① 원활한 의사소통을 위해서는 적극적으로 경청하는 태도가 필요하며 감정적인 표현을 최대한 자주 사용하면 말의 의도를 보다 효과적으로 전달할 수 있다.

② 의사소통은 서로에 대한 선입견을 줄일 수 있는 효율적인 수단이지만 서로에 대한 지각의 차이를 좁혀 주지는 못한다.

③ 원활한 의사소통은 조직의 효율성과 성과를 위해 필수적이나 그 성과가 의사소통에 미치는 영향은 미미하다.

④ 팀원 간 신뢰 부족과 폐쇄적인 분위기가 일단 제거되어야 바람직한 의사소통이 가능하다.

03. 다음과 같이 화살표 방향으로 종이를 접은 후 펀치로 구멍을 뚫고 다시 펼쳤을 때의 모양으로 옳은 것은?

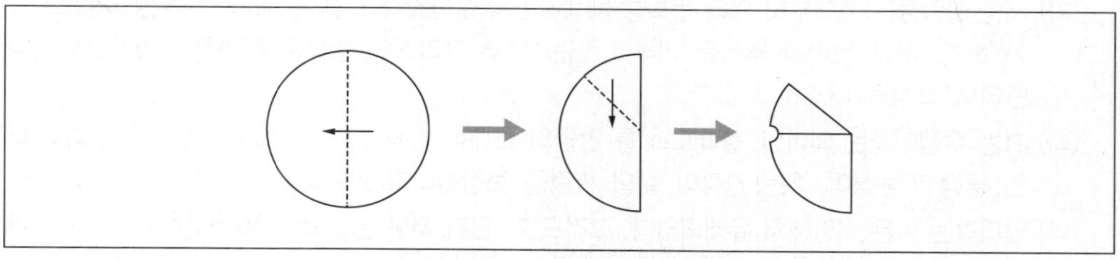

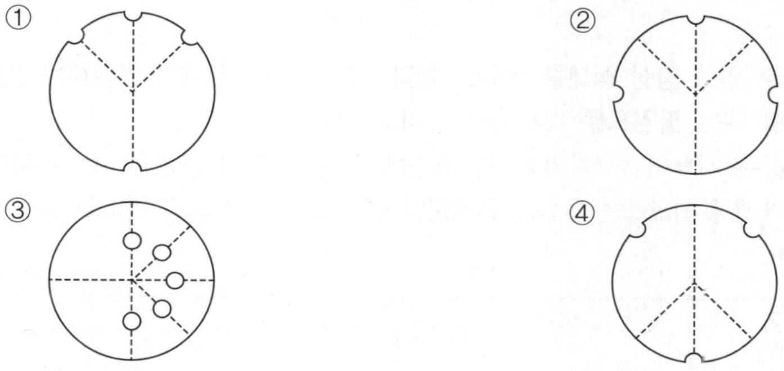

04. ○○기업에서 근무하는 갑, 을, 병, 정 4명이 다음 〈조건〉에 따라 사내 체육대회에 참여한다고 할 때, 반드시 참이라 할 수 없는 것은?

조건

- 닭싸움에 참가하지 않은 사람은 단체줄넘기에 참가한다.
- 2인 3각에 참가한 사람은 닭싸움에 참가한다.
- 박 터트리기에 참가한 사람은 단체줄넘기에 참가하지 않는다.

① 갑이 박 터트리기에 참가했다면 닭싸움에 참가한다.
② 병이 단체줄넘기에 참가하지 않았다면 닭싸움에 참가한다.
③ 을이 단체줄넘기에 참가했다면 박 터트리기에 참가하지 않았다.
④ 정이 단체줄넘기에 참가했다면 2인 3각에 참가하지 않았다.

[05 ~ 06] 다음 글을 읽고 이어지는 질문에 답하시오.

(가) 서양 사람들은 고대부터 안티 문화를 체득하면서 살아왔다고 할 수 있다. 기원전 6세기로 돌아가 보자. 서양 철학의 뿌리를 이루고 있는 고대 그리스의 철학자 헤라클레이토스의 사상도 안티의 특성을 내포하고 있다.

(나) 그는 투쟁이라는 의미인 '플레모스'를 만물의 보편적 법칙으로 파악했다. 그는 투쟁 과정 내지는 투쟁 가능성이 주는 긴장이 삶의 활력을 보장한다고 보았다.

(다) 안티라는 말은 서양에서 유래되었다. 그것도 저 멀리 서구 문명의 발상지라는 고대 그리스에서 온 것이다. 안티는 '무엇에 맞서다'라는 뜻을 기본으로 하며 반대, 적대, 대항 등의 뜻을 품고 있다.

(라) (㉠) 홀로는 존재할 수 없고 항상 상대를 필요로 한다. 글자로서도 상대와 연결되는 끈이 필요해 단독으로 표기할 때는 붙임표를 써서 'anti-'라고 쓴다.

(마) 다시 말해, 서로 대립하는 것들이 투쟁 가능성을 바탕으로 활력 있게 공존한다는 것이다. (㉡) 헤라클레이토스에게 플레모스는 투쟁과 전쟁뿐만 아니라, 인간 사고와 언어의 실천 행위로서 논쟁도 포함한다.

05. 다음 중 (가) ~ (마)를 글의 흐름에 따라 순서대로 배열한 것은?

① (가) - (나) - (다) - (라) - (마)
② (다) - (라) - (가) - (나) - (마)
③ (다) - (라) - (나) - (가) - (마)
④ (마) - (가) - (나) - (다) - (라)

06. 윗글의 빈칸 ㉠과 ㉡에 들어갈 말로 적절한 것은?

	㉠	㉡
①	그래서	더 나아가
②	그래서	그럼에도 불구하고
③	그러나	더 나아가
④	그러나	그럼에도 불구하고

07. 다음 도형의 그림자로 적절한 것은? (단, 화살표 방향은 정면을 의미한다)

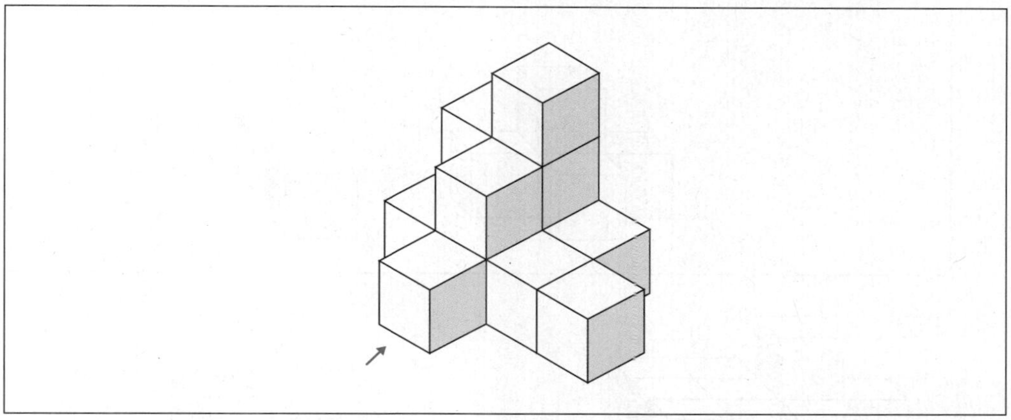

① 

②  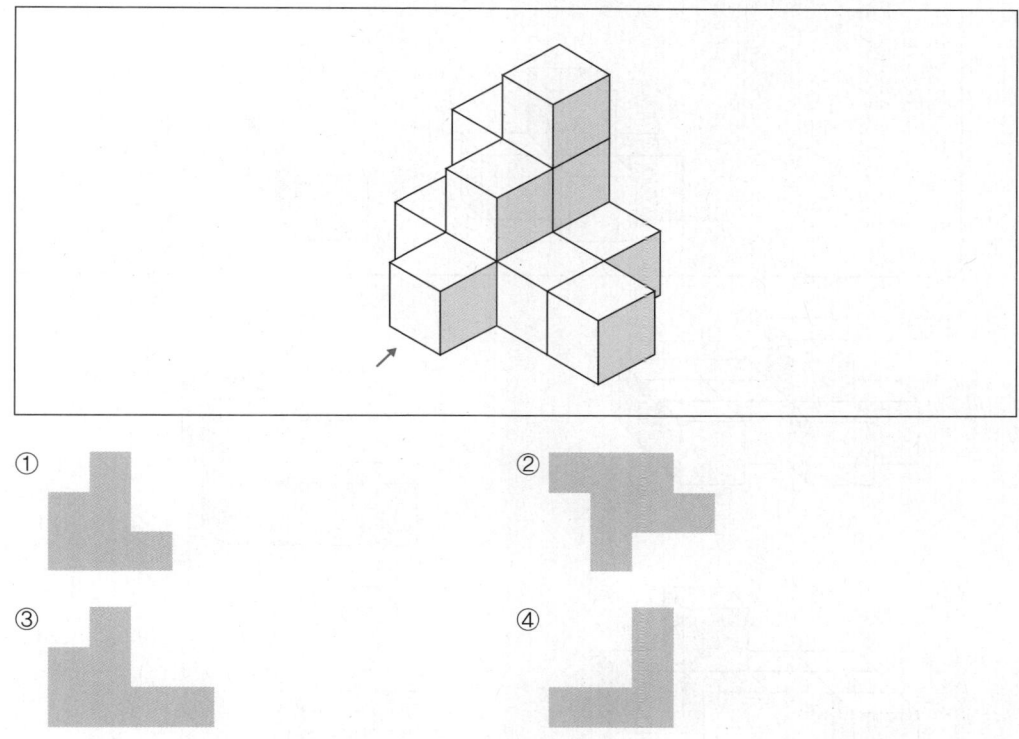

③ 

④ 

08. 다음 갑, 을, 병, 정 4명의 진술 중 1명만 거짓을 말하고 있을 때 참인 것은? (4명은 각각 대학생, 회사원, 교수, 화가 중 하나이다)

- 갑 : 난 회사원이 아니야.
- 을 : 난 교수가 아니야.
- 병 : 난 대학생과 교수가 아니야.
- 정 : 난 회사원과 화가가 아니야.

① 갑의 말이 거짓일 경우 2명의 직업만 알 수 있다.
② 을의 말이 거짓일 경우 4명 모두의 직업을 알 수 있다.
③ 병의 말이 거짓일 경우 4명의 직업을 모두 알 수 없다.
④ 정의 말이 거짓일 경우 을의 직업만 알 수 있다.

09. 다음 두 블록을 합쳤을 때 나올 수 없는 형태는? (단, 회전은 자유롭다)

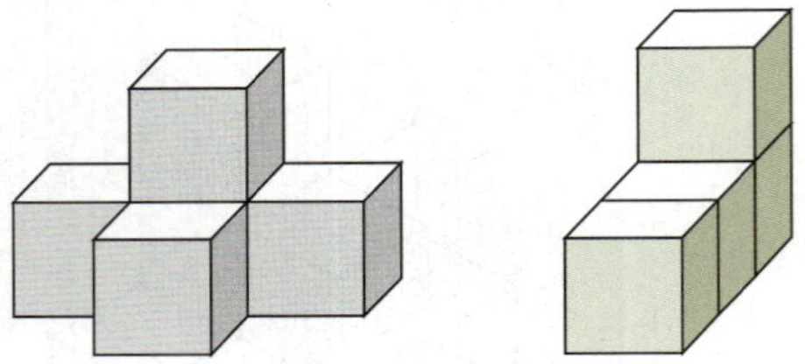

①

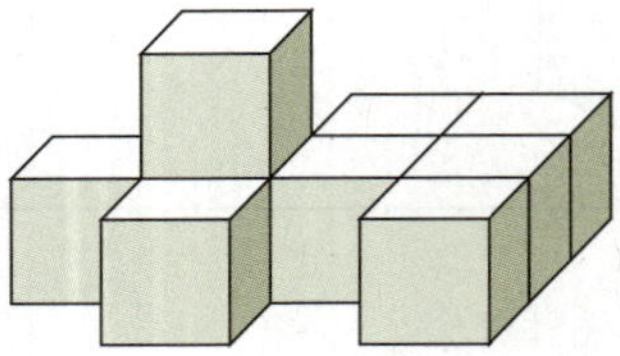

②

③

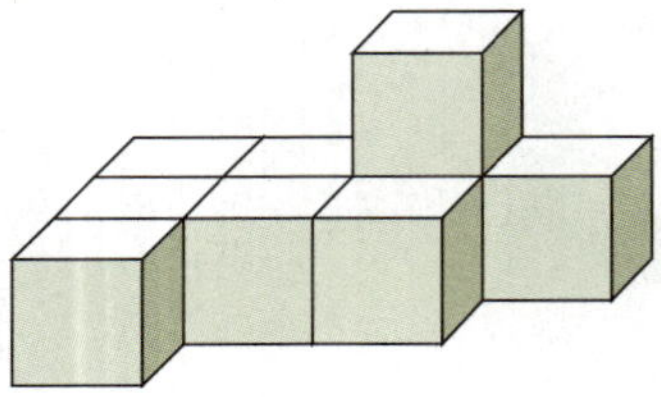

④

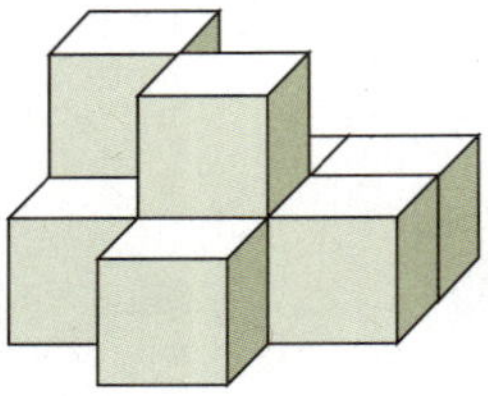

10. 다음과 같은 [결론]을 도출하기 위해 빈칸에 들어갈 명제로 적절한 것은?

> [전제 1] 모든 생명체는 물이 필요하다.
> [전제 2] (　　　　　　　　　　　　　　　　)
> [결론] 그러므로 동물은 물이 필요하다.

① 모든 생명체는 동물이다.
② 물이 필요하지 않으면 동물이 아니다.
③ 동물은 생명체이다.
④ 어떤 동물은 물이 필요하지 않다.

11. 다음 〈보기〉의 명제들이 모두 참일 때 반드시 참이 아닌 것은?

보기

- 수박을 좋아하는 사람은 복숭아를 좋아한다.
- 딸기를 좋아하는 사람은 포도를 좋아한다.
- 수박을 좋아하지 않는 사람은 딸기를 좋아한다.
- 사과를 좋아하는 사람은 복숭아를 좋아하지 않는다.

① 사과를 좋아하는 사람은 딸기를 좋아한다.
② 딸기를 좋아하는 사람은 복숭아를 좋아한다.
③ 딸기를 좋아하지 않는 사람은 수박을 좋아한다.
④ 사과를 좋아하는 사람은 수박을 좋아하지 않는다.

12. 남 대리와 신 대리는 함께 술자리에서 다음과 같이 리더로서의 직장 상사의 자질에 관한 이야기를 하고 있다. 밑줄 친 ㉠ ~ ㉣ 중 리더가 가져야 할 덕목으로 적절하지 않은 것은?

남 대리 : 우리 팀장은 큰 문제가 있다고 생각되진 않지만, 어딘가 리더로서는 좀 부족해 보인단 말이지. 리더는 무언가 계속 혁신을 추구해야 한다고 보는데, 우리 팀장은 너무 현실을 유지하는 일에만 급급한 것 같거든. 그래서 항상 새로운 상황을 창출하기보다는 ㉠ 닥친 상황에 수동적으로 반응하려는 단순 관리자로서의 모습을 자주 보게 돼. 자네 회사는 어떤가?

신 대리 : 나도 자네가 말한 모습과 크게 다르지 않은 리더를 매일 만나고 있네. 우리 팀장의 ㉡ 리더답지 못한 모습은 바로 조직과 시스템보다 사람을 너무 중요시하는 면이 강하다는 점이지. 또, 좀 도전적인 면이 있는 것 같다는 게 내 생각이야. 위험이라는 건 회피할수록 나쁠 게 없을 텐데 우리 팀장은 ㉢ 대비책을 세워두었다는 이유로 오히려 위험을 즐기는 사람 같거든. 그러다가 큰 업무 사고라도 나면 어쩔 셈인지…….

남 대리 : 그러게 말일세. ㉣ 리더는 모름지기 '어떻게 할까'보다 '무엇을 할까'를 더 중요하게 여겨야 하는 건데 우리가 모시는 팀장님들은 그런 면이 잘 보이지 않는 분들인 것 같군.

① ㉠　② ㉡
③ ㉢　④ ㉣

13. 다음 제시된 도형이 시계 방향으로 90° 회전했을 때의 모양으로 옳은 것은?

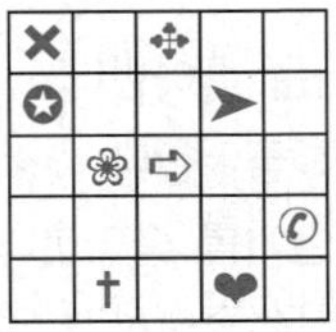

①
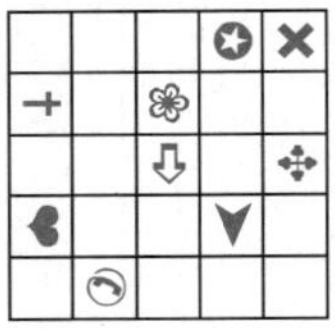

②
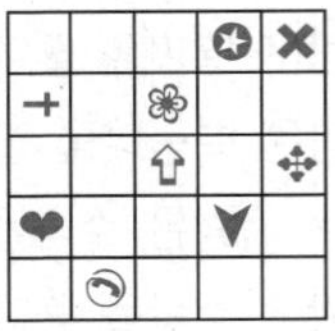

③
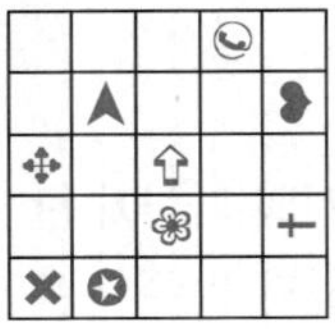

④
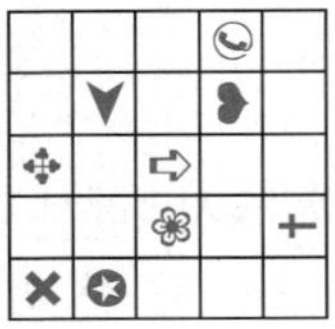

14. ○○사에는 A, B, C, D, E, F 6명의 직원이 있고 이 직원들은 3명씩 2개 조로 2교대 당직 근무를 한다. 다음 〈조건〉이 모두 참일 때, 반드시 거짓인 것은?

조건

- A가 근무하는 날은 D도 근무한다.
- B가 근무하지 않으면 A도 근무하지 않는다.
- B가 근무하는 날에는 C는 근무하지 않는다.
- C가 근무하지 않는 날에는 E와 F도 근무하지 않는다.

① A가 근무한다면 B와 D도 함께 근무한다.
② A가 근무하는 날에는 B도 근무한다.
③ A가 근무하는 날에는 E도 함께 근무한다.
④ C가 근무하는 날에는 B가 근무하지 않는다.

15. 다음 글에 나타난 저자의 견해로 적절하지 않은 것은?

> 가림토 문자는 논란이 되고 있는 〈환단고기〉라는 책에 등장하는 고대 한국의 문자이다. 이 책이 세간의 관심을 끈 것은 기원전 2181년에 이미 고대 한국의 문자가 만들어졌다는 기록 때문이다. 흥미롭게도 그 기록은 훈민정음의 서문이나 신숙주의 〈동국정운〉의 서문과 너무도 흡사하다. 그런데 문제는 만약 이러한 고대 한국의 문자가 있었다면 왜 우리의 고대 자료에 한 번도 등장하지 않았는가 하는 점이다.
>
> 일본에서는 훈민정음이 일본의 신대 문자를 본뜬 것이라는 주장이 있어 왔다. 두 문자가 모양과 음까지 너무도 닮았고, 신대 문자는 이미 오래전부터 전해 내려오고 있었다니 훈민정음이 이 문자의 영향을 받지 않았나 하는 주장이 제기되었던 것이다. 그러나 이러한 주장은 그 진위를 다시 한번 고려해 볼 필요가 있다. 일본에서의 신대 문자사용에 대한 문헌조사 결과 그 문자의 존재를 뒷받침할 근거가 불충분하여, 학계에서도 그러한 문자가 존재했을 가능성은 거의 없다는 것이 정설이다. 우리의 가림토 문자도 이와 비슷한 문제점을 가지고 있으니 언어학적으로는 그리 큰 의미가 없다고 하겠다.

① 훈민정음은 가림토 문자의 영향을 받아 만들어졌다.

② 가림토 문자는 언어학적으로 큰 의미를 가지고 있지 않다.

③ 일본의 신대 문자는 그 존재의 확실성이 부족하다.

④ 훈민정음이 일본의 신대 문자를 본뜬 것이라는 주장은 사실이 아닐 가능성이 높다.

16. 머리카락이 건조할 때 머리를 빗으면 머리카락이 빗에 달라붙는 현상이 발생한다. 다음 중 이와 같은 원리를 적용한 예가 아닌 것은?

① 진공청소기　　② 복사기

③ 포장 랩　　④ 공기 청정기

17. 물이 얼면 부피가 커지는 이유로 옳은 것은?

① 분자 사이의 인력이 감소하여 분자 간의 거리가 멀어지기 때문이다.

② 분자들의 운동이 활발해져 분자 간의 거리가 멀어지기 때문이다.

③ 물 분자들이 커져서 부피가 증가하기 때문이다.

④ 물 분자들이 만든 구조로 인하여 빈 공간이 생기기 때문이다.

18. 다음 글에 대한 설명으로 옳지 않은 것은?

> 전 세계에 불고 있는 새로운 채식주의 바람이 국내에도 불고 있다. 특히 최근 들어 빈번하게 발생하고 있는 조류독감이나 구제역 같은 가축 전염병은 이런 채식주의 바람이 더욱 거세게 불도록 부채질을 하고 있다. 여기에 웰빙 문화 및 환경에 대한 관심이 높아짐에 따라 채식을 위주로 하는 인구가 꾸준히 증가하는 추세를 보이고 있다.
>
> 한국채식연합이 발표한 보고서에 따르면 국내 채식 인구가 전체 인구의 약 2%인 100만 명을 넘어선 것으로 나타났다. 또한 국내 채식 레스토랑 및 채식 베이커리도 5년 전보다 2배 이상 늘어난 300여 곳이 운영되고 있는 것으로 파악되었다. 한국채식연합의 관계자는 "국내에서 과거와는 다른 개념의 채식주의 바람이 불고 있는 이유는 건강에 대한 염려 때문"이라고 설명하며 "고열량을 가진 육식 위주의 식생활과 운동 부족은 국내 대장암의 유병률을 위험 수위에 다다르게 만들고 있다."라고 밝혔다.
>
> 실제로 이 같은 주장을 뒷받침하는 통계치도 존재한다. 국립암센터와 통계청은 지난해 1999 ~ 2013년 암 발생 기록과 1993 ~ 2014년 암 사망률 통계자료를 근거로 대장암 발생 추이를 분석한 바 있다. 그 결과 2016년 남성 대장암 신규환자 수는 3만 7,698명으로 남성 위암 신규환자 수인 3만 4,331명을 뛰어넘은 것으로 파악됐다. 과도한 육식 문화의 확산이 또 다른 사회 문제로 대두되고 있는 것이다.
>
> 물론 채식주의라고 해서 다 몸에 좋은 것은 아니다. 오히려 일부 연령층에게는 채식주의가 안 좋은 영향을 미칠 수도 있다. 예를 들어 어린이가 채식주의를 고집한다면 칼슘 결핍으로 골연화증에 걸릴 수 있으며 단백질이나 철분, 비타민 D의 결핍을 가져올 수 있다. 하지만 단점보다는 장점이 많은 것이 바로 채식주의다. 연령대나 체질에 따라 신중하게 접근해야 하지만 채식을 위주로 하는 식생활이 육식 위주의 식생활보다는 몸에 좋다는 것이 전문가들의 의견이다.

① 암 발생 원인 중 하나는 육식 문화의 확산으로 볼 수 있다.

② 과거와 다른 개념의 채식주의 바람이 불고 있는 가장 큰 이유는 가축 전염병이다.

③ 5년 전 국내 채식 레스토랑 및 채식 베이커리의 숫자는 200여 곳보다 적었다.

④ 채식을 시작하기 전 개인의 연령 및 체질을 고려하여 식단을 구성해야 한다.

19. 다음과 같은 [결론]을 도출하기 위해 빈칸에 들어갈 명제로 적절한 것은?

> [전제 1] : 국민소득이 높은 국가는 건강식품 소비가 많다.
> [전제 2] : (　　　　　　　　　　　　　　　　　　　　　　　　)
> [결론] : 유통업이 발달한 국가는 건강식품 소비가 많다.

① 유통업이 발달한 국가는 국민소득이 높다.
② 국민소득이 높은 국가는 유통업이 발달했다.
③ 건강식품 소비가 많은 국가는 국민소득이 높다.
④ 국민소득이 높은 어떤 곳도 유통업이 발달하지 않았다.

20. 다음의 도형들을 재배치하여 만들 수 있는 것은?

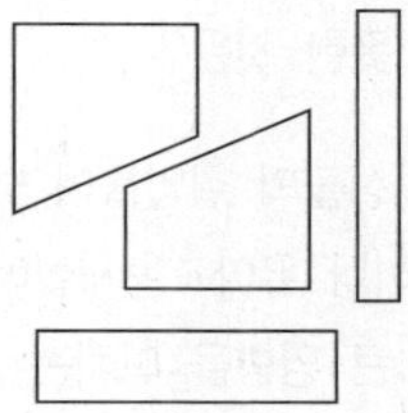

①
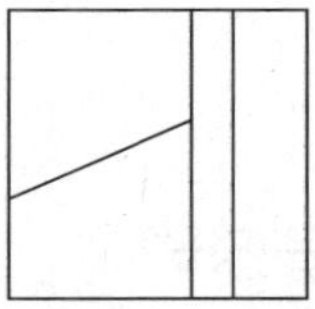

②
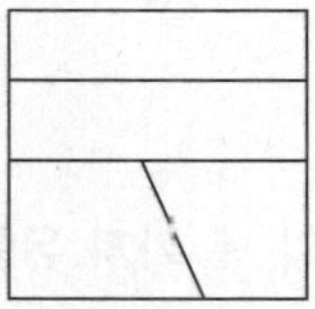

③
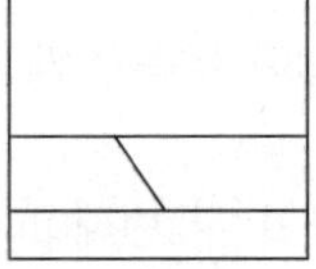

④
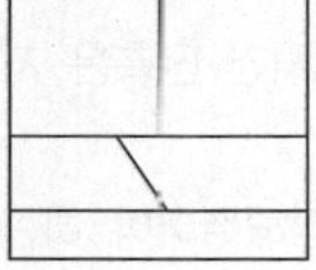

[21 ~ 22] 다음 글을 읽고 이어지는 질문에 답하시오.

보육 · 유아교육 기관의 공급이 부족한 지역에 거주하거나 근로시간이 보육 · 유아교육 기관의 통상적인 운영시간보다 긴 직장에 다니는 여성, 그리고 자녀를 직접 돌보는 시간을 중시하는 여성 등은 출산 후 전일제 근로를 기피하게 된다. 만일 출산 후 단시간의 일을 할 수 있다면 이러한 상황에 놓인 여성은 출산의 기회비용이 낮아져 육아와 경제활동을 병행할 수 있을 것이다.

우리나라에서 임신, 육아, 가사와 관련된 근로시간 단축은 네 가지 유형으로 구분된다. 첫 번째는 여성 근로자가 임신 후 12주 이내 또는 36주 이후 1일 2시간의 근로시간 단축을 신청하는 임신기 근로시간 단축이다. 두 번째는 육아휴직을 신청할 수 있는 근로자가 육아휴직 대신 근로시간 단축을 신청하는 육아기 근로시간 단축이다. 세 번째는 근로자가 가족의 질병, 사고, 노령 등으로 가족을 돌보기 위해 신청하는 가족돌봄을 위한 근로시간 단축이다. 네 번째는 근로자가 가사, 학업 등의 이유로 단시간 근로를 신청하는 그 밖의 이유로 인한 근로시간 단축이다. 위 두 번째와 세 번째의 경우는 사업주가 근로시간 단축이 사업 운영에 중대한 지장을 초래한다고 판단할 경우 근로시간 단축을 허용하지 않을 수 있다. 첫 번째 유형의 근로시간 단축을 사업주가 허용하지 않을 경우에는 과태료나 벌금이 부과된다. 단, 네 번째 유형은 사업주가 자발적으로 제공하는 유형으로 사업주가 단축 근로를 허용하지 않더라도 과태료나 벌금이 부과되는 것은 아니다.

21. 윗글의 내용을 바르게 이해하지 못한 것은?

① 단시간 근로가 가능할 경우 여성들의 취업률이 낮아질 것이다.
② 여성의 취업률은 지역의 보육이나 유아교육시설에 의해 큰 영향을 받게 된다.
③ 육아는 근로시간 단축에 가장 큰 영향을 미치는 요소이다.
④ 근로시간 단축의 유형은 여성 근로자에게만 해당되는 것이 아니다.

22. 다음 중 근로시간 단축의 네 가지 유형에 대한 설명으로 적절하지 않은 것은?

① 임신 12 ~ 36주의 기간은 비교적 근로시간 단축의 필요성이 낮은 시기이다.
② 두 번째 유형의 근로시간 단축은 지역 사회의 보육이나 유아교육 시설이 부족할 때 사용하게 될 확률이 높다.
③ 사업주가 반드시 보장해주어야 하는 근로시간 단축의 유형은 첫 번째와 두 번째이다.
④ 두 번째와 세 번째 유형의 근로시간 단축은 여성 근로자에게만 해당되는 것은 아니다.

23. 물속 깊이 잠수해서 숨을 내뿜었을 때 나온 공기 방울이 수면으로 올라갈수록 점점 커지는 이유로 옳은 것은?

① 물속에 녹아 있던 다른 공기를 흡수하기 때문이다.
② 수면으로 올라갈수록 공기의 온도가 높아지기 때문이다.
③ 물살의 흐름으로 공기가 분산되기 때문이다.
④ 수면으로 올라갈수록 공기 방울 외부의 압력이 낮아지기 때문이다.

24. 일반적으로 온도가 높아지면 화학 반응의 속도가 빨라지는 이유는?

① 입자들의 개수가 늘어나기 때문이다.
② 입자들의 운동이 빨라지기 때문이다.
③ 입자들의 질량이 커지기 때문이다.
④ 입자들의 부피가 커지기 때문이다.

25. 다음 ㉠～㉤ 중 사자성어와 비슷한 뜻을 가진 속담이 바르게 연결되지 않은 것을 모두 고르면?

㉠ 당랑거철(螳螂拒轍) – 하룻강아지 범 무서운 줄 모른다. ㉡ 적소성대(積小成大) – 수박 겉핥기 ㉢ 동병상련(同病相憐) – 과부 설움은 홀아비가 안다. ㉣ 득롱망촉(得隴望蜀) – 천 리 길도 한 걸음부터 ㉤ 삼순구식(三旬九食) – 불면 꺼질라 쥐면 터질까

① ㉠, ㉡, ㉢ ② ㉠, ㉢, ㉣
③ ㉡, ㉣, ㉤ ④ ㉢, ㉣, ㉤

[26 ~ 27] 다음은 같은 모양과 크기의 블록을 쌓아올린 그림이다. 이어지는 질문에 답하시오.

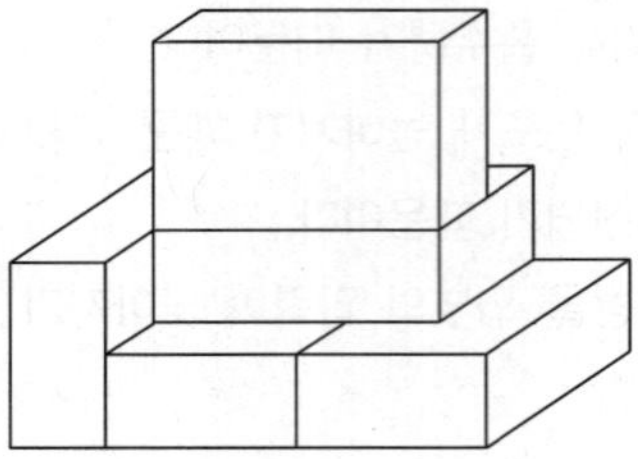

26. 그림에서 두 면만 보이는 블록은 모두 몇 개인가?

① 1개
② 2개
③ 3개
④ 4개

27. 그림에 사용된 블록은 모두 몇 개인가? (단, 보이지 않는 뒷면에 쌓인 블록은 없다)

① 5개
② 6개
③ 7개
④ 8개

28. 체내의 효소에 대한 설명으로 옳은 것은?

① 반응에 관여하며 재사용되지 않는다.
② 촉매 반응을 하면서 자신도 변한다.
③ 정상 체온 범위 내에서 반응이 활발하게 일어난다.
④ 반응에 의해 완전히 소모된다.

29. 5층으로 이루어진 건물에 인사팀, 회계팀, 마케팅팀, 홍보팀, CS팀이 다음 〈조건〉에 따라 배정되었다. 한 층에는 최대 두 개의 부서까지 배정된다고 할 때, 항상 거짓인 것은?

조건

- 회계팀의 바로 아래층은 비어 있다.
- 인사팀과 회계팀은 같은 층에 배정된다.
- 마케팅팀은 CS팀보다 높은 층에 있다.
- 홍보팀은 CS팀의 바로 위층에 있다.
- 홍보팀과 마케팅팀은 서로 다른 층에 있다.

① 2층에 아무 부서도 배정되지 않는다.

② 2층부터 5층까지 모든 층에 부서가 배정된다.

③ 인사팀의 바로 위층에 마케팅팀이 배정된다.

④ 3층에 인사팀이 배정되지 않는다.

30. 김 대리는 회사 워크숍을 위해 숙소로 사용할 호텔을 예약하려고 한다. 다음 〈조건〉에 따라 최종적으로 선택할 호텔로 적절한 것은?

조건

– 호텔의 위치는 회사에서 30km 내의 거리에 있어야 한다.
– 총인원 200 ~ 220명이 사용할 예정이다.
– 객실 1개의 숙박료는 하루에 5만 원 이내로 한다.
– 전자칠판을 사용할 예정이다.
– 조건을 모두 만족하는 호텔이 2곳 이상일 경우 거리가 더 가까운 곳을 선정한다.

구분	A	B	C	D
숙박료(원/1박)	50,000	42,000	45,000	48,000
수용가능인원(명)	280	320	300	300
거리(km)	25	28	15	17
전자칠판 유무	○	○	X	○

※ 숙소 사용일에는 코로나19의 영향으로 수용가능인원의 25%를 감축한다.

① A　　② B

③ C　　④ D

31. 그림과 같이 무게가 각각 5kg, 10kg인 물체 A, B를 같은 높이의 옥상 위에서 떨어뜨렸을 때, 먼저 지면에 도착하는 물체는? (단, 공기의 저항은 무시한다)

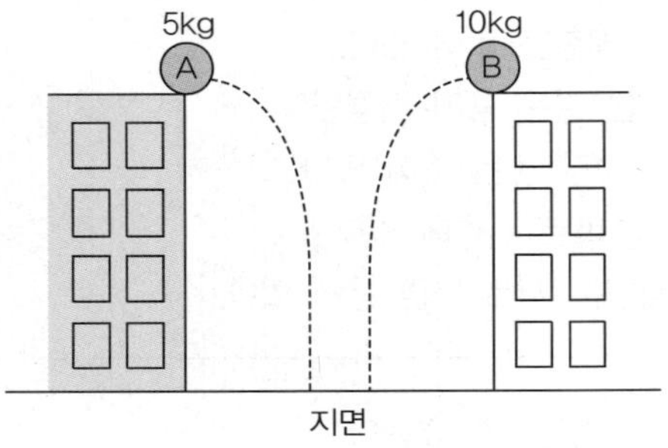

① A
② B
③ 동시에 떨어진다.
④ 주어진 조건만으로는 알 수 없다.

32. 다음 기사의 제목으로 적절한 것은?

> 10대는 성인보다 니코틴 중독에 더욱 취약하고, 금연을 하지 못하고 평생 흡연으로 이어질 가능성이 높아 청소년 흡연에 대한 경각심이 높아지고 있다. 하지만 미질병통제예방센터(CDC)가 발표한 20X8년 청소년 흡연 실태 보고서에 따르면 고등학생의 27.1%, 중학생의 7.1%가 최근 30일 이내에 담배 제품을 흡입한 적이 있고, 최근 30일 이내에 흡연 경험이 있는 10대는 20X7년 360만 명에서 20X8년 470만 명으로 증가했음을 알 수 있다. 한편 미국에서는 18세 이상이면 담배를 구입할 수 있는 현행법이 청소년 흡연율과 연관성이 있다는 주장이 지속적으로 제기되면서 담배 구입 가능 연령 상향 조정의 필요성이 제기되고 있다. 이에 하와이, 캘리포니아, 뉴저지, 오레곤, 메인, 매사추세츠, 알칸소 주에서는 21세부터 담배 구매가 가능하도록 현행법을 바꾸었고, 20X8년 7월 1일부터 일리노이주와 버지니아주를 시작으로 워싱턴, 유타주에서도 담배 구매 가능 연령을 향후 상향할 것이라고 발표했다.

① 미국, 청소년 흡연 실태 조사 결과 대다수의 중 · 고등학생이 흡연 유경험자로 나타나
② 미국, 심각한 청소년 흡연율로 인한 미 전역 담배 구입 연령 상향 조정
③ 흡연 연령과 청소년 흡연율의 관계가 밝혀짐에 따라 담배 구입 연령 상향 조정
④ 미국, 심각한 청소년 흡연율에 다수의 주들 담배 구입 연령 21세로 상향 조정

33. 다음 글을 참고했을 때, 올바른 거절 방법으로 적절하지 않은 것은?

> 전국 직장인 2천 명을 대상으로 착한 아이 콤플렉스에 더한 설문조사를 실시한 결과 응답자의 약 83.9%가 착한 아이 콤플렉스로 인해 거절이 어렵다고 밝혔다. 이들 중 약 84.2%는 직장에서 착한 아이 콤플렉스를 경험했다고 답했는데, 그 상황으로는 '동료의 부탁을 거절하지 못할 때', '상사의 무리한 주문에 싫은 티를 내지 못할 때' 등이 언급되었다. 직장인들은 착한 아이 콤플렉스에 대해 사회생활에서 피할 수 없다는 태도를 보였으며 착한 아이 콤플렉스를 갖는 이유로는 '누구에게나 좋은 사람으로 기억되고 싶어서', '작은 것 하나로 평가되는 사회 분위기 때문', '소심한 성격 때문에 거절을 못해서', '나에 대한 사람들의 뒷담화가 두려워서'라고 응답하였다.

① 거절의 의사결정 전에 신중하게 고민하는 시간을 충분히 가진다.
② 거절을 할 때에는 분명한 이유가 있어야 한다.
③ 상대방이 부탁할 때에는 주의를 기울여 문제의 본질을 파악한다.
④ 무작정 거절 의사만 밝히기보다는 대안을 함께 제시한다.

34. 다음 그림은 빛을 공기 중에서 물로 비추었을 때의 빛의 진행 경로를 나타낸 것이다. 이와 같은 빛의 성질과 관련이 있는 현상은?

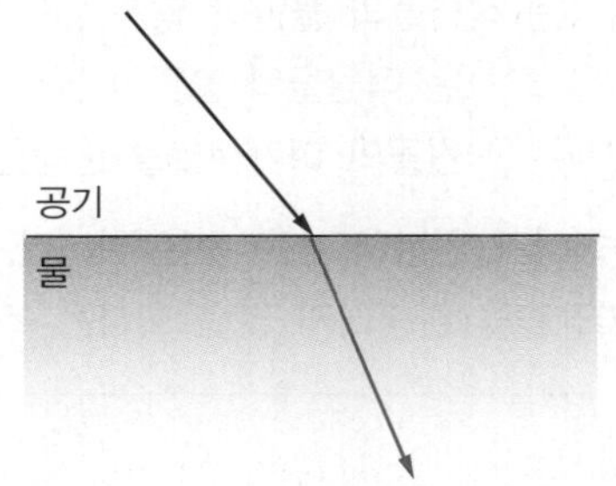

① 거울에 얼굴을 비추어 볼 수 있다.
② 수영장 물속에 잠긴 다리가 짧아 보인다.
③ 호수에 주변의 경치가 비추어 보인다.
④ 구름 사이로 햇살이 비친다.

35. 다음 전개도를 접었을 때 나올 수 있는 도형을 고르면?

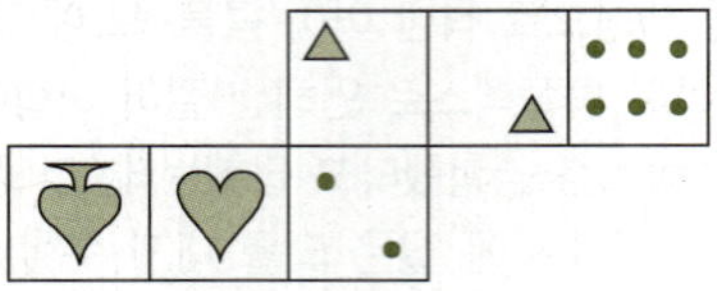

① 

② 

③ 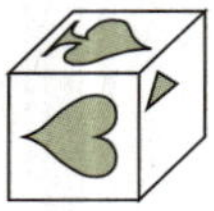

④ 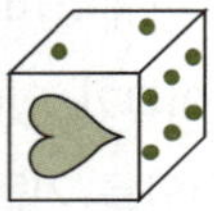

36. 다음 [전제]를 참고할 때, [결론]에 대한 설명으로 옳은 것은?

[전제] • 복지가 좋은 회사는 직원들의 불만이 많지 않다.
• 연봉이 높지 않은 회사는 직원들의 불만이 많다.
• 복지가 좋은 회사는 직원들의 여가생활을 존중한다.

[결론] A : 복지가 좋은 회사가 연봉이 높은 것은 아니다.
B : 직원들의 여가생활을 존중하지 않는 회사는 복지가 좋지 않다.

① A만 옳다.
② B만 옳다.
③ A, B 모두 옳다.
④ A, B 모두 옳지 않다.

37. GPS에 대한 설명으로 옳지 않은 것은?

① GPS는 인공위성을 이용하여 자신의 위치를 정확하게 알 수 있는 시스템이다.
② GPS는 처음의 사용 목적과 달리 군사 목적에 더 활용도가 높아지고 있다.
③ 정확한 시계가 필요한 GPS위성에 원자시계를 탑재하여 사용하기도 한다.
④ 최근에는 스마트폰의 친구 찾기 애플리케이션 등에서도 GPS를 이용하고 있다.

38. 다음 글을 읽고 보고서 작성법에 대해 바르게 이해한 사람은?

첫 번째, 반드시 상사가 원하는 결론을 낼 필요는 없지만 상사가 궁금해하는 점에 대해 놓치면 안 된다. 상사가 보고서 작성을 지시하는 이유는 자신이 업무에 대해 모르고 있는 부분, 놓치고 있는 부분을 발견하기 위해서이다. 따라서 상사가 알고 싶은 부분을 정확히 짚어 주는 보고서가 성공적인 보고서다.

두 번째, 보고를 받는 사람이 결론을 확실하게 알 수 있도록 작성해야 한다. 보고서에서 결론은 앞에 올 수도, 뒤에 올 수도 있다. 중요한 것은 결론을 정확히 인지할 수 있도록 구별해서 써야 한다는 것이다.

세 번째, 조사 자료와 자신의 생각을 합치지 말고 분리해서 작성해야 한다. 자료와 의견을 분리하지 않고 표현하게 되면 보고를 받는 사람은 혼돈을 겪게 된다. 따라서 자료는 자료대로, 의견은 의견대로 명확하게 분리를 하는 것이 중요하다.

네 번째, 반드시 첫 장에 할 말을 다 담아야 한다. 보고서는 1장이 될 수도, 100장이 될 수도 있다. 하지만 일단 보고서를 받게 된다면 첫 장을 먼저 보게 되고 바쁜 결정권자들은 첫 장에서 흥미를 잃게 되면 뒷부분은 정독을 포기하는 경우가 많다. 따라서 핵심 사항은 반드시 첫 장에 담도록 한다.

다섯 번째, 두리뭉실한 표현은 피하고 확실하게 표현해야 한다. 보고서를 받은 상사로부터 "그래서 하자는 거야, 말자는 거야?"와 같은 반응이 나온다면, 두리뭉실한 표현 때문일 것이다. 따라서 보고서를 작성할 때는 확실한 표현을 사용하는 것이 좋다.

마지막으로, 보고서의 의미와 정보가 축소되거나 왜곡되도록 줄이지 않아야 한다. 보고서와 문장은 짧을수록 좋지만 의미와 정보의 전달이 약해지는 지경까지 줄이는 것은 적절하지 않다. 이를 위해서는 꾸준한 연습과 조율이 필요하다.

① 보고서는 짧을수록 좋으므로 최대한 간략하게 쓰는 것이 중요하다.
② 적절한 보고서의 양은 부서별로 그 길이가 다르다.
③ 자료와 의견을 적절히 섞어 주관과 객관의 경계를 없앤다면 보다 타당한 보고서가 된다.
④ 결론의 위치는 무방하지만 보고받는 사람이 결론을 명확하게 알도록 적어야 한다.

39. 다음 글의 주제로 적절한 것은?

> 어떤 경제 주체의 행위가 자신과 거래하지 않는 제3자에게 의도하지 않게 이익이나 손해를 주는 것을 '외부성'이라 한다. 과수원의 과일 생산이 인접한 양봉업자에게 벌꿀 생산과 관련한 이익을 준다든지, 공장의 제품 생산이 강물을 오염시켜 주민들에게 피해를 주는 것 등이 대표적인 사례이다.
>
> 외부성은 사회 전체로 보면 이익이 극대화되지 않는 비효율성을 초래할 수 있다. 개별경제 주체가 제3자의 이익이나 손해까지 고려하여 행동하지는 않기 때문이다. 예를 들어 과수원의 이윤을 극대화하는 생산량이 Q라고 할 때, 생산량을 Q보다 늘리면 과수원의 이윤은 줄어든다. 하지만 이로 인한 과수원의 이윤 감소보다 인접 양봉업자의 이윤 증가가 더 크다면, 생산량을 Q보다 늘리는 것이 사회적으로 바람직하다. 하지만 과수원이 자발적으로 양봉업자의 이익까지 고려하여 생산량을 Q보다 늘릴 이유는 없다.
>
> 전통적인 경제학은 이러한 비효율성에 대한 해결책이 보조금이나 벌금과 같은 정부의 개입이라고 생각한다. 보조금을 받거나 벌금을 내게 되면 제3자에게 주는 이익이나 손해가 더 이상 자신의 이익과 무관하지 않으므로 자신의 이익에 충실한 선택이 사회적으로 바람직한 결과로 이어진다는 것이다.
>
> 그러나 전통적인 경제학은 모든 시장 거래와 정부 개입에 시간과 노력, 즉 비용이 든다는 점을 간과하고 있다. 외부성은 이익이나 손해에 관한 협상이 너무 어려워 거래가 일어나지 못하는 경우이므로, 보조금이나 벌금뿐만 아니라 협상을 쉽게 해 주는 법과 규제도 해결책이 될 수 있다. 어떤 방식이든, 정부 개입은 비효율성을 줄이는 측면도 있지만 개입에 드는 비용으로 인해 비효율성을 늘리는 측면도 있다.

① 외부성이 초래하는 문제를 해결하기 위한 경제 주체의 개입

② 외부성에 따른 사회적 비효율과 그에 대한 정부의 개입

③ 제3자의 손익을 고려하지 않는 개별경제 주체

④ 비효율성 해결을 위한 정부의 개입이 초래하는 해악

40. 다음 중 광합성량과 이산화탄소의 관계를 나타낸 그래프로 옳은 것은?

①

②
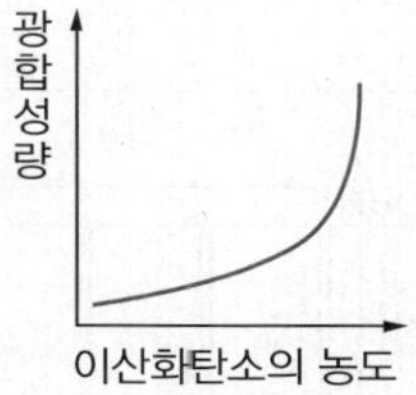

③
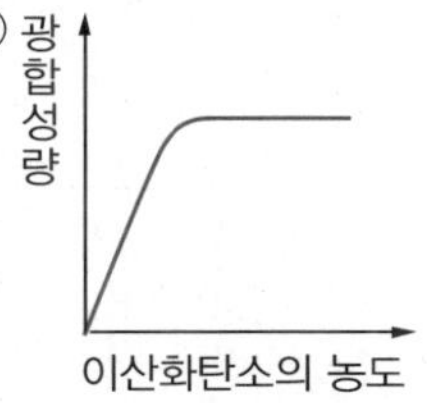

④

41. 다음 〈보기〉 중 전기력에 대한 설명으로 옳은 것은 모두 몇 개인가?

보기

㉠ 단위는 뉴턴(N)을 사용한다.
㉡ 같은 종류의 전하 사이에는 서로 밀어내는 힘이 작용한다.
㉢ 전기력은 두 전하량의 곱에 비례한다.
㉣ 전기력은 두 전하 사이의 거리에 반비례한다.

① 1개
② 2개
③ 3개
④ 4개

42. 버스가 일정한 속력으로 달리고 있을 때 버스 안에 매달려 있던 손잡이가 바닥으로 떨어졌다. 다음 그림의 A ~ C 중 손잡이가 떨어진 방향은?

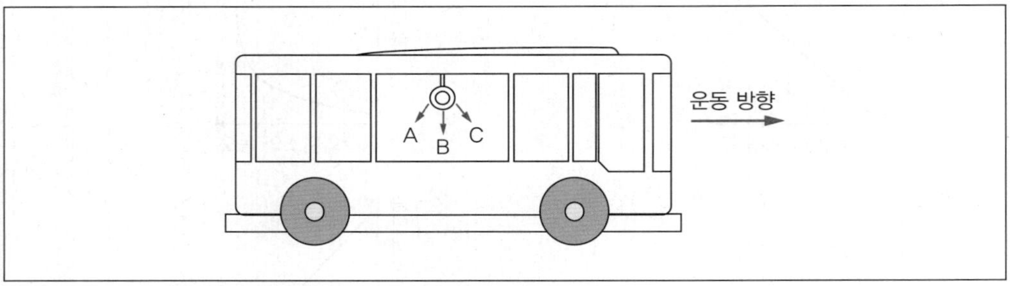

① A　　② B

③ C　　④ 알 수 없다.

43. 다음 입체도형을 다음과 같이 잘랐을 때 나오는 단면도로 적절한 것은?

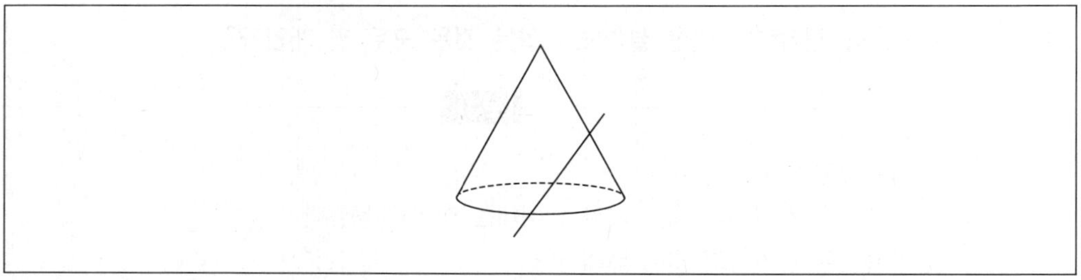

① 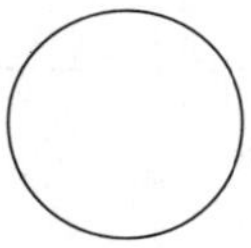

② 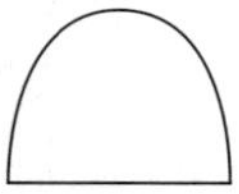

③ 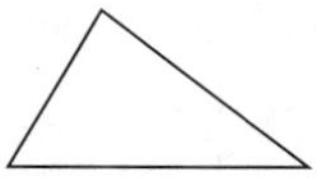

④ 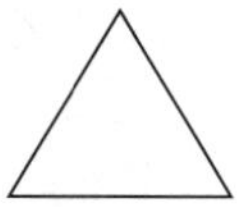

44. 다음 〈사례〉를 통해 알 수 있는 J 대리의 경청 태도와 가장 연관 있는 것은?

사례

A 팀장은 회의 시간에 열심히 프로젝트에 대하여 발표를 하고 있다. J 대리는 회의 시간 동안 별다른 말을 하진 않았지만, A 팀장이 발표하는 내내 고개를 끄덕이거나 갸우뚱하거나 어떤 때는 살짝 미소를 짓기도 하였다.

① 비판하며 듣기
② 요약하며 듣기
③ 질문하며 듣기
④ 반응하며 듣기

45. 다음의 상황에 처한 최 사원의 대처 방법으로 올바른 것은?

최 사원은 여느 때와 같이 출근 후 민원 전화를 받으며 업무를 수행하고 있는데, 현재 출장 중인 직원이 많아 사무실에는 최 사원과 동기인 추 사원 두 명만 있어 전화 연결이 평소보다는 지연되고 있는 상황이다. 전화를 받아 본인이 맡고 있는 업무가 아닐 경우에는 고객 정보를 받아 두고 순차적으로 연락하기로 했다. 그러자 한 민원인은 전화도 오래 기다려서 겨우 연결했는데 민원을 처리해 줄 때까지 전화를 끊지 않겠다며 거칠게 불만을 터뜨리고 있다.

① 처리할 수 있는 선까지 처리한 후 나머지 부분은 담당자가 해결하도록 한다.
② 이야기를 경청하고 맞장구치며 치켜세워서 민원인이 스스로 기분이 풀려 전화를 끊을 때까지 기다려 본다.
③ 바로 처리를 하지 못하는 업무라도 우선 처리해 줄 수 있을 것처럼 자신감 있게 말하여 기대감을 갖게 한다.
④ 최대한 심기를 건드리지 않기 위해 간접적으로 돌려 길게 말해 시간을 끌며 추 사원과 대책을 마련해 본다.

2회 기출예상문제

소양평가

문항수	45문항
시험시간	50분

정답과 해설 17쪽

01. 다음 밑줄 친 부분의 띄어쓰기가 적절하지 않은 것은?

① 여름 날씨치고 선선하다.
② 공부는 하면 할 수록 더 어렵다.
③ 이번 공모전에 선정이 안 되다.
④ 많이 아팠다고 하더니 얼굴이 많이 안됐구나.

02. 다음 〈대화〉를 읽고 성 사원에게 해줄 수 있는 조언으로 적절한 것은?

보기

김 부장 : 성 사원, 지난주에 보고한 계약 건은 어떻게 마무리되었나요?
성 사원 : 직접 그곳 사장을 만나 보니, 인상이 좋고 신뢰해도 될 거 같습니다.
김 부장 : 그래서요?
성 사원 : 품질도 우수하고 납기 시기도 맞출 수 있을 것 같습니다. 또 그곳 공장에 방문해 보니 시설 투자도…….
김 부장 : 아니, 그런데 지난주에는 가격 협상만 남았다고 하지 않았나요? 가격 협상이 제대로 끝났는지를 물어본 거예요, 저는.
성 사원 : 그러니까…… 그게…… 아직 결정이…….

① 상대의 감정에 충분히 공감하면서 대화에 참여해야 한다.
② 대화 분위기를 고려하여 적절한 단어를 사용해야 한다.
③ 대화 상대가 요구하는 것이 무엇인지 파악하고 말해야 한다.
④ 대화 상대의 기분이 어떠한지를 파악하고 대답해야 한다.

03. 종이를 다음과 같은 순서로 접은 후 펀치로 구멍을 뚫고 다시 펼쳤을 때의 모양으로 옳은 것은?

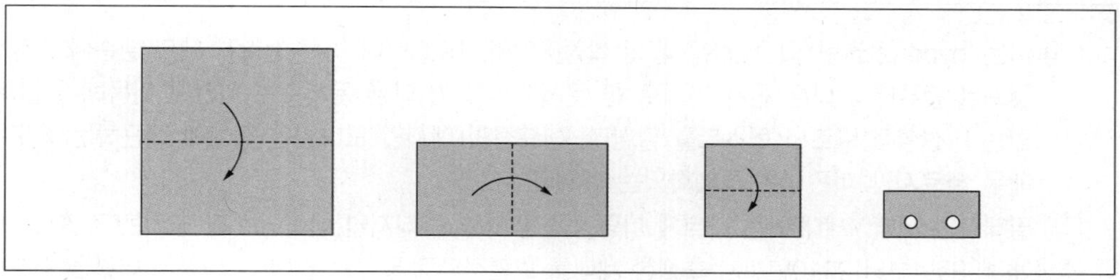

①
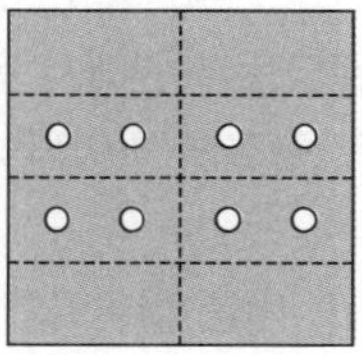

②
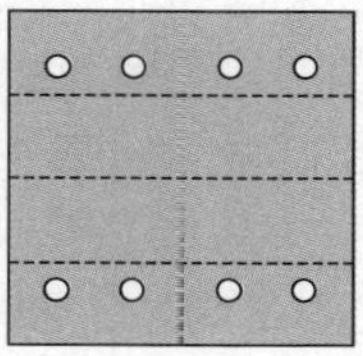

③
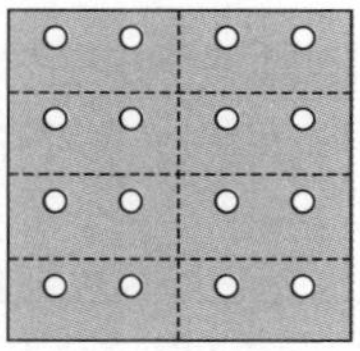

④
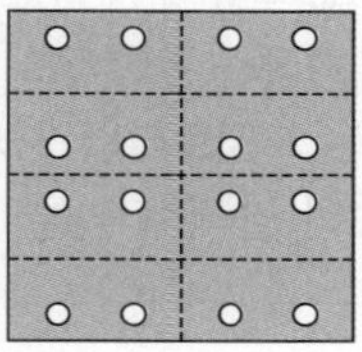

04. 다음 A, B 두 개의 명제가 모두 참일 때, 빈칸에 들어갈 명제로 적절한 것은?

A. 게으르지 않은 사람은 운동을 싫어하지 않는다.
B. 긍정적이지 않은 사람은 운동을 싫어한다.
C. 그러므로 (   )

① 긍정적이지 않은 사람은 게으르다.
② 운동을 싫어하는 사람은 긍정적이다.
③ 운동을 싫어하지 않는 사람은 긍정적이지 않다.
④ 긍정적이지 않은 사람은 운동을 싫어하지 않는다.

[05 ~ 06] 다음 글을 읽고 이어지는 질문에 답하시오.

(가) 이는 'hyper(초월한)'와 'text(문서)'의 합성어이며, 1960년대 미국 철학자 테드 넬슨이 구상한 것으로 컴퓨터나 다른 전자 기기로 한 문서를 읽다가 다른 문서로 순식간에 이동해 읽을 수 있는 비선형적 구조의 텍스트를 말한다. 대표적인 예시인 모바일은 정보에 접근하는 속도는 매우 빠르지만 파편성은 극대화되는 매체다.

(나) 밀레니엄 세대(Y세대)와는 다르게 다양성을 중시하고 '디지털 네이티브'라 불리는 Z세대는 대개 1995년부터 2010년까지 출생한 세대를 보편적으로 일컫는 말이다. 이들은 어렸을 때부터 인터넷 문법을 습득하여 책보다는 모바일에 익숙하다. 책은 선형적 내러티브의 서사 구조를 갖는 반면, 인터넷은 내가 원하는 정보에 순식간에 접근할 수 있게 해 준다는 측면에서 정보들 사이의 서사적 완결성보다는 비선형적 구조를 지향한다. 이러한 텍스트 구조를 하이퍼텍스트라고 한다.

(다) 따라서 앞으로는 무한하게 확장된 정보 중에서 필요한 정보를 선별하고, 이를 올바르게 연결하는 개인의 능력이 중요하게 부각될 것이다.

(라) 이러한 경우, 정보의 시작과 끝이 없으므로 정보의 크기를 무한대로 확장할 수 있다는 특징을 가진다. 기존 문서로는 저자로부터 일방적인 정보를 받았지만 하이퍼텍스트로는 독자의 필요에 따라 원하는 정보만 선택해 받을 수 있다.

05. 윗글의 (가) ~ (라)를 문맥에 따라 순서대로 나열한 것은?

① (가) – (나) – (다) – (라)
② (가) – (다) – (나) – (라)
③ (나) – (가) – (라) – (다)
④ (나) – (라) – (가) – (다)

06. 윗글을 읽고 추론한 내용으로 적절하지 않은 것은?

① 구슬이 서 말이라도 누가 언제 어떻게 꿰느냐에 따라 보배의 가치가 달라질 수 있는 것처럼, 정보를 활용할 때도 사용자의 능력이 중요하다.
② 쓰레기를 넣으면 쓰레기가 나온다는 말이 있듯 잘못된 데이터는 잘못된 결정을 유발하는 큰 실패 요인이 될 수 있다.
③ 아날로그 매체는 처음부터 순서대로 정보를 찾아야 하지만, 디지털 미디어는 해당 키워드를 클릭해 원하는 정보를 바로 찾을 수 있는 구조다.
④ 하이퍼텍스트 구조는 파편적이고 확장성이 제한되어 있으나, 다양한 구성요소가 다양한 방식으로 결합되어 있다는 점에서 효율적이다.

07. 다음 두 블록을 합쳤을 때 나올 수 없는 형태는? (단, 회전은 자유롭다)

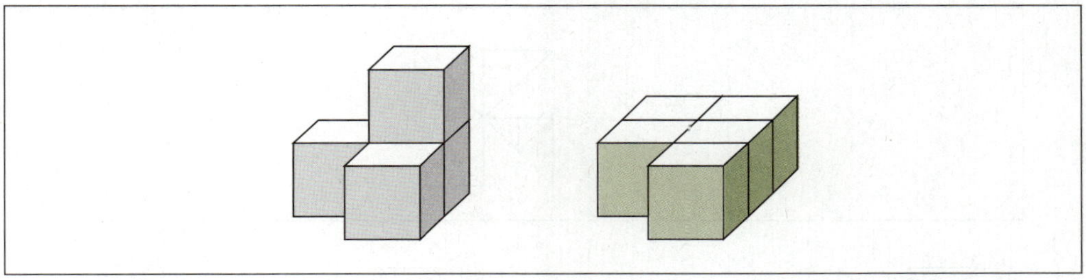

①

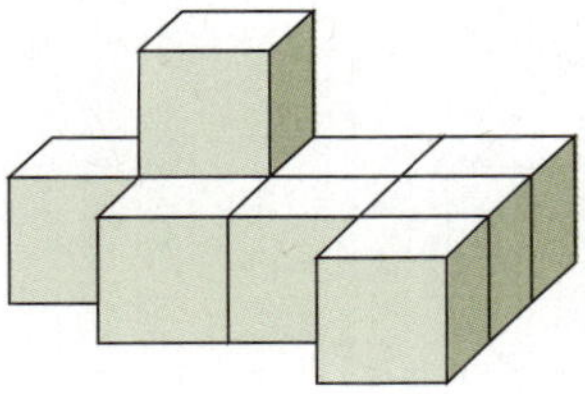

②

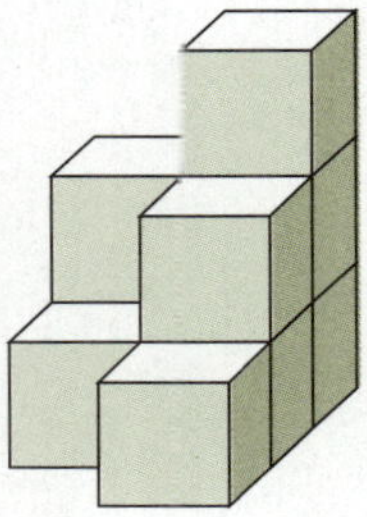

③

④

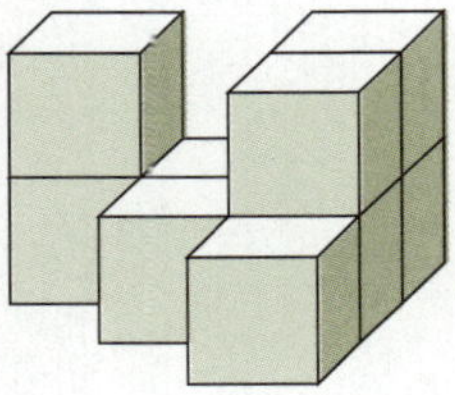

08. 다음 제시된 도형과 동일한 것은?

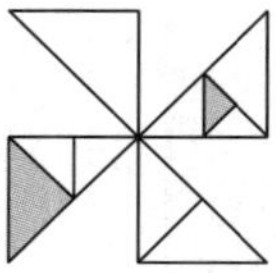

①

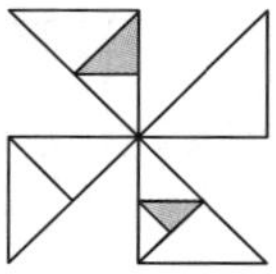

②

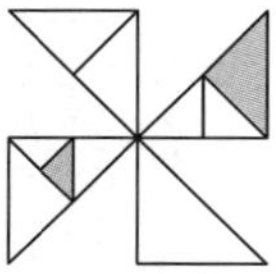

③

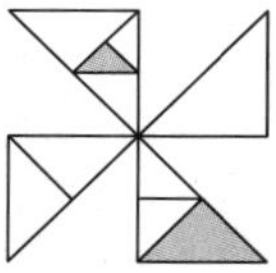

④

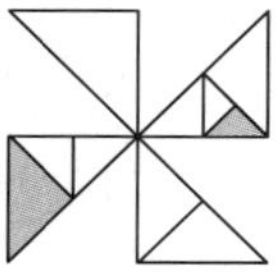

09. 부장, 과장, 대리, 사원 A, 사원 B는 기획안에 관한 회의 진행을 위해 6인용 원형 테이블에 앉아 있다. 앉은 위치가 다음 〈조건〉과 같다고 할 때, 부장의 오른쪽 옆자리에 앉은 사람은?

조건

- 대리와 사원 A는 나란히 앉아 있다.
- 사원 B의 왼쪽 옆자리에는 아무도 앉아 있지 않다.
- 과장은 대리의 왼쪽 옆자리에 앉아 있다.
- 사원 A는 부장과 마주 보고 앉아 있다.

① 과장　　② 대리

③ 사원 B　　④ 아무도 앉아 있지 않다.

10. 다음의 [사실]을 참고할 때, [결론]에 대한 설명으로 옳은 것은?

[사실] • 떡볶이를 좋아하는 사람은 화통하다.
• 화통한 사람은 닭강정을 좋아하지 않는다.
• 떡볶이를 좋아하는 사람은 닭강정을 좋아하지 않는다.

[결론] A. 닭강정을 좋아하는 사람은 떡볶이를 좋아하지 않는다.
B. 닭강정을 좋아하지 않는 사람은 화통하다.

① A만 항상 옳다.
② B만 항상 옳다.
③ A, B 모두 항상 옳다.
④ A, B 모두 항상 그르다.

11. 다음 중 심장박동 조절에 관한 설명으로 옳은 것은?

① 자율신경계에 의해 조절을 받는다.
② 조절의 중추는 대뇌이다.
③ 교감신경에 의해 심박동이 느려진다.
④ 아세틸콜린이 분비되면 심박동이 빨라진다.

12. 다음 〈보기〉에서 사람의 혈액 중 혈구에 대한 설명으로 옳은 내용을 모두 고른 것은?

보기

㉠ 적혈구, 백혈구, 혈소판에는 모두 핵이 있다.
㉡ 세균에 감염되면 백혈구의 수가 증가한다.
㉢ 혈구 중 백혈구의 수가 가장 많다.
㉣ 혈소판은 혈액 응고에 관여한다.

① ㉠, ㉡
② ㉡, ㉣
③ ㉠, ㉢, ㉣
④ ㉡, ㉢, ㉣

13. 지난 금요일 오후 10시에 용인의 ○○화랑에 도둑이 들어 그림을 도난당했다. 용의자는 A, B, C, D, E 5명으로 이 중 두 사람이 거짓을 말하고 있고, 거짓을 말한 사람들 중 한 명이 그림을 훔친 범인이다. 용의자들의 진술이 다음과 같을 때, 그림을 훔친 범인은?

- A : 나는 지난 금요일 오후 10시에 종로에 있었다.
- B : 나는 그날 오후 10시에 A와 C랑 함께 있었다.
- C : B는 그날 오후 10시에 A와 함께 인천에 있었다.
- D : C는 그날 오후 10시에 나와 단둘이 있었다.
- E : B의 진술은 참이다.

① A　　② B

③ C　　④ D

14. 다음 펼쳐진 전개도를 접어 완성했을 때 나올 수 없는 주사위의 모양은?

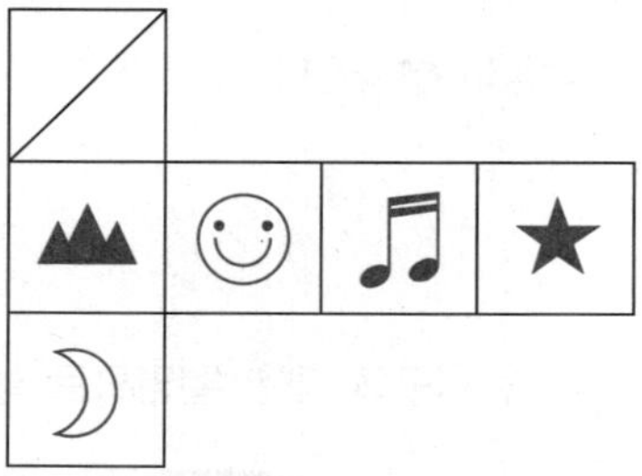

①

②

③

④

15. 다음 글을 읽고 알 수 있는 내용으로 옳지 않은 것은?

> 향수는 뿌린 후 시간이 지남에 따라 향기도 미묘하게 변해 간다. 향수 속에는 서로 다른 여러 향료가 조합되어 있는데, 각 향료마다 휘발하는 속도가 다르기 때문에 향기도 변하는 것이다. 향은 발향 순서에 따라 톱노트(Top note), 미들노트(Middle note), 베이스노트(Base note) 세 가지로 분류되며 그 느낌은 사람에 따라 조금씩 차이가 있다. 이러한 향의 조합은 미술에서 그림을 그리거나 음악에서 작곡하는 것에 비유되기도 한다.
>
> 노트(Note)는 원료나 여러 가지 배합에서 나오는 하나의 향에 대한 후각적인 인상을 가리키는 말로, 음악에서 음표를 의미하는 단어에서 따온 것이다. 여기서 톱노트는 향의 첫 느낌으로 향수를 개봉했을 때나 피부에 뿌렸을 때 그 즉시 맡을 수 있으며 가볍고 휘발성이 강한 베르가모트, 오렌지, 레몬 등 시트러스(감귤류)가 여기에 속한다. 미들노트는 향의 중간 느낌으로 하트노트(Heart note)라고도 한다. 미들노트는 톱노트보다 느리게 휘발되며 피부에서 완전히 발산되려면 10분 정도 소요된다. 시트러스 계열을 뺀 나머지 오일들은 대부분 미들 노트에 해당한다. 베이스노트는 향의 마지막 느낌으로 향의 기본 성격과 지속적인 품질을 결정하는 데 중요한 역할을 한다. 아로마 에센셜 오일 중 베티베르, 재스민, 장미, 파촐리 등이 여기에 속하며, 향이 몇 주에서 몇 달간 지속되기도 한다.
>
> 노트별로 향을 구분하는 방법 외에도 계열별로 분류하는 방법이 있는데, 이때는 향을 플로럴, 그린, 시프레, 시트러스, 오리엔탈, 알데히드, 푸제르 등으로 나눌 수 있다. 이를 다시 세분화하여 싱글 플로럴, 플로럴 부케 등 동일한 계열에서 나눌 수도 있고 플로렌탈, 시트러스 우디, 우디 프루티 플로럴 등 다른 계열과 합쳐진 향을 만들어 내기도 한다. 그린 노트는 막 베어낸 풀이나 나뭇잎, 나뭇가지를 연상시키는 상쾌한 향의 종류이며, 플로럴 노트는 남성용 향수까지 포함하여 꽃에서 추출한 모든 향으로 장미, 재스민, 백합 등의 향이 여기에 속한다. 오리엔탈 노트는 베이스의 은은한 동물적인 향 위에 화장품 향과 비슷한 바닐라가 주를 이루는 향수의 한 계열이다. 시트러스 노트는 감귤류의 향기가 특징이며 신선하고 상큼하며 가벼운 느낌이 들고 휘발성이 강하다. 스파이시 노트는 시나몬, 정향, 너트맥(육두구의 씨) 등으로 후추향을 연상시키는 효과를 지닌다.

① 시트러스 계열 향은 재스민향보다 휘발 속도가 빠르다.

② 장미향 향수는 베이스노트이면서 오리엔탈 노트에 해당한다.

③ 베티베르향은 감귤향보다 지속력이 더 좋다.

④ 계열별로 향을 구분할 때 후추향과 장미향은 서로 다른 계열이다.

16. 다음 글의 중심내용으로 적절한 것은?

> 정보 사회라고 하는 오늘날, 우리는 실제적 필요와 지식 정보의 획득을 위해서 독서하는 경우가 많다. 사실은 일정한 목적의식이나 문제의식을 안고 달려드는 독서일수록 능률적인 것이다. 르네상스 시대의 만능 인물이었던 괴테는 그림에 열중하기도 했다. 그는 그를 의아해 하는 주위 사람들에게 그림의 대상이 되는 집이나 새를 더 관찰하기 위해서 그림을 그리는 것이라고 대답했다 전해진다. 그림을 그리겠다는 목적의식을 가지고 집이나 꽃을 관찰하면 평소보다 분명하고 세세하게 그 대상이 떠오를 것이다. 마찬가지로 일정한 주제의식이나 문제의식을 가지고 독서를 할 때, 보다 창조적이고 주체적인 독서 행위가 성립될 것이다.

① 특정 목적이나 문제의식을 가진 독자일수록 효율적인 독서를 할 수 있다.
② 독서의 목적은 독자들이 무엇을 필요로 하느냐에 따라 달라진다.
③ 독자들은 각자 필요한 지식 정보를 획득하기 위해 다양한 책을 읽는다.
④ 독자들이 그림을 그린다면 주체적인 독서를 하는 데에 도움이 될 것이다.

17. 다음 중 직업인의 기본자세로 적절하지 않은 것은?

① 직업을 통해 자아를 실현할 수 있으므로 자신의 직업을 사랑하며 자부심을 가져야 한다.
② 각자 맡은 업무를 충실히 수행하여 조직의 효율적인 운영에 기여하며, 자신이 맡은 분야에서 개인의식을 발휘한다.
③ 일을 할 때에는 내 일을 필요로 하는 사람들에게 봉사한다는 마음가짐을 갖고, 동료들을 신뢰하고 협동해야 한다.
④ 직무상 요구되는 윤리적 기준과 법규를 준수하며 공정하고 투명하게 업무를 수행해야 한다.

18. 주사위를 다음 전개도와 같이 펼쳤을 때 A에 들어갈 눈의 개수는? (단, 주사위의 마주 보는 면에 그려진 눈의 합은 7이다)

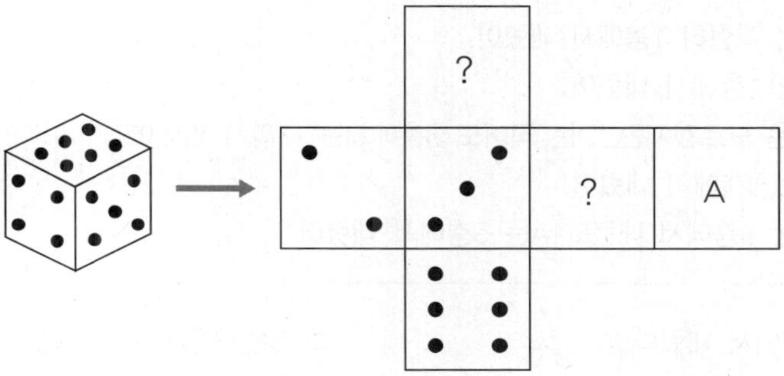

① 1개
② 2개
③ 4개
④ 5개

19. 다음의 조건을 토대로 리그를 구성할 때 적절한 구성은?

> 여섯 개의 야구 팀 A, B, C, D, E, F를 세 팀씩 두 리그로 나누고자 한다. 단, E와 F 팀은 다른 리그에 속해야 하며, C가 소속된 리그에는 A 혹은 B 팀이 반드시 소속되어야 한다.

① B, C, F
② A, B, E
③ A, B, C
④ B, E, F

20. 같은 엘리베이터에 탄 사원 A ~ E 중 한 명은 거짓말을 하고 있다. 〈보기〉를 고려할 때 다음 중 항상 참인 것은? (단, 같은 층에서 내린 사람은 없다)

보기

- A : B는 확실히 1층에서 내렸어.
- B : C는 1층에서 내렸어.
- C : 잘은 모르겠지만, D는 적어도 3층에서는 내리지 않았어.
- D : E는 4층에서 내렸어.
- E : 나는 4층에서 내렸고 A는 5층에서 내렸어.

① A는 4층에서 내렸다.
② B는 3층에서 내렸다.
③ C는 1층에서 내렸다.
④ D는 2층에서 내렸다.

21. 다음 제시된 (가) ~ (다) 현상들의 명칭을 순서대로 나열한 것은?

(가) 마당에 뿌린 물이 마르는 현상
(나) 천연가스가 냉각 혹은 압축 과정을 거쳐 새로운 상태가 되는 현상
(다) 옷장에 넣어둔 나프탈렌이 사라지는 현상

① 승화, 액화, 기화
② 승화, 기화, 액화
③ 기화, 액화, 승화
④ 기화, 승화, 액화

22. 다음에서 설명하는 영양소의 명칭으로 적절한 것은?

- 결핍 시 골다공증을 유발할 수 있고, 허리가 굽고 키도 작아지며 약한 충격에도 골절을 당할 수 있다.
- 체액의 산 · 알칼리의 균형조절과 생리작용에 대한 촉매활동을 수행한다.
- 물과 같은 수분의 평형조절 등 인체에서 중요한 역할을 한다.

① 단백질
② 비타민
③ 무기질
④ 지방

23. **부탁이나 요구를 들어줄 수 없는 일에 대해서는 반드시 거절을 할 줄 알아야 한다. 다음 중 상대방의 부탁을 효율적이고 완곡하게 거절하는 방법으로 적절한 것은?**

① 상대방의 부탁을 듣자마자 '안된다'고 거절하기보다는 '제가 도와드릴 수 있다면 좋겠지만'과 같은 부드러운 표현을 사용하여 상대방이 불쾌감을 느끼지 않도록 한다.

② 부탁을 하는 상대방이 무안하지 않도록 우선은 '알겠다'고 답한 후 어느 정도 시간이 지나고 나서 상대방에게 거절 의사를 전한다.

③ 상대방이 부탁을 할 때마다 '다음 기회에 도와드릴게요'라고 대답한다.

④ 누구의 부탁은 들어주고, 누구의 부탁은 들어주지 않을 수 없으므로, 부탁을 들어줄 수 있는 상황이더라도 '들어드리기 어려울 것 같네요'라고 말하며 모두 일관되게 거절한다.

24. **다음과 같은 상황에서 박 팀장이 직원들에게 공통적으로 해야 할 효과적인 대응으로 적절한 것은?**

- 상황 1 : 갑은 업무를 완료하는 시간이 점차 길어지고 있고 업무에 대한 열의도 많이 식은 듯하며 최근에는 업무 자체를 버거워하는 것처럼 보인다.
- 상황 2 : 상사와 동료들로부터 성실성을 인정받고 있는 을은 업무 성과도 높아서 믿음직스럽다. 그런데 최근 한 직원으로부터 을이 이직 준비를 하는 것 같다는 이야기를 전해 들었다.
- 상황 3 : 병은 영업실적 면에서 가장 상위권인 직원이지만 그에게 한 가지 문제가 있다. 서류 작업을 항상 미뤄 다른 직원들과 팀 전체의 생산성에 부정적인 영향을 주는 것이다.
- 상황 4 : 정은 업무 능력의 질이 급격히 떨어지고 있다. 일주일 전에 제출한 업계 동향 보고서에 오타가 많고 체계가 엉망이다.

① 경고 ② 설득

③ 권한위임 ④ 동기부여

25. 다음 중 업무에 사용하는 용어와 그 의미가 잘못 연결된 것은?

① 최종 결정금액이 지급될 것으로 예정된 날에서 유예될 수 있다. → 미루다.
② 총 비용에 시설보수비용을 계상하였다. → 임의로 계산하다.
③ 조직의 공동목표 달성을 위해 분파주의적인 태도를 지양해야 한다. → 하지 않다, 피하다.
④ 부서 간 바로잡아야 할 관행이나 문제점이 있다면 그 예를 적시해 주십시오. → 구체적으로 제시하다.

26. 다음 밑줄 친 부분에 들어갈 문장으로 적절한 것은?

축구를 좋아하는 사람은 유산소 운동을 열심히 한다. 야구를 좋아하는 사람은 유산소 운동을 열심히 한다. 그러므로 ______________________________

① 유산소 운동을 열심히 하는 사람은 축구도 야구도 좋아한다.
② 유산소 운동을 열심히 하지 않는 사람은 축구도 야구도 좋아하지 않는다.
③ 축구를 좋아하는 사람은 야구를 좋아한다.
④ 야구를 좋아하는 사람은 축구를 좋아하지 않는다.

27. 다음 중 논리적 오류가 발생하지 않는 문장은?

① 난간에 기대면 추락 위험이 있다고 적혀 있으므로 난간에 기대는 사람은 추락하고 싶은 것이다.
② 눈이 내리는 곳에 꽃이 핀다. 그 지역은 눈이 내리지 않았으므로 꽃이 피지 않는다.
③ 내가 고양이를 좋아하는 것보다 동생이 고양이를 더 많이 좋아한다.
④ 제훈이네 어머니가 수학과 교수님이시니 제훈이도 틀림없이 수학을 잘할 것이다.

28. 다음 그림은 같은 모양과 크기의 블록을 쌓아 놓은 것이다. 그림에 사용된 블록의 총 개수는? (단, 보이지 않는 뒷부분의 블록은 없다)

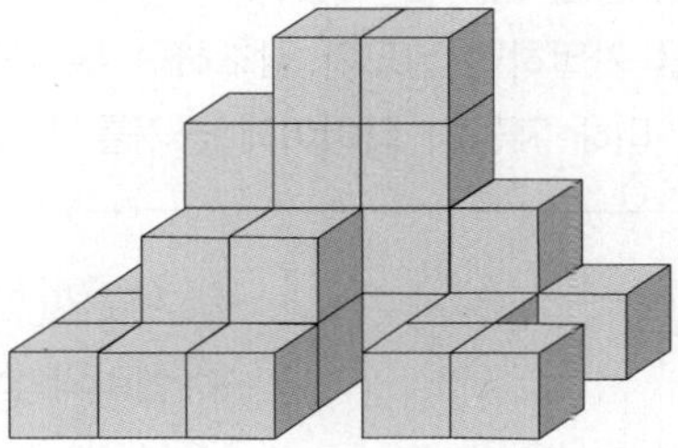

① 24개 ② 25개
③ 26개 ④ 27개

29. 다음 그림에서 만들 수 있는 크고 작은 정사각형의 총 개수는?

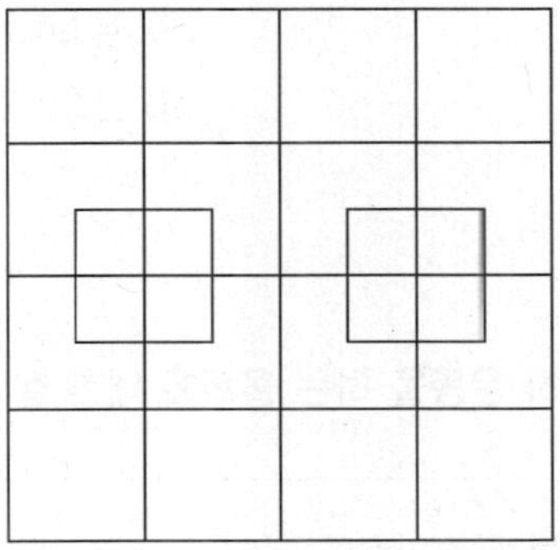

① 36개 ② 38개
③ 40개 ④ 42개

30. 다음 〈보기〉의 현상들과 관련 있는 과학법칙으로 적절한 것은?

보기

- 따뜻한 물에 찌그러진 공을 넣으면 펴진다.
- 열기구 내부의 공기를 가열하면 밀도가 감소하여 부력으로 기구가 떠오른다.
- 여름철에는 겨울철에 비해 자동차 타이어에 공기를 적게 넣는다.

① 보일의 법칙
② 샤를의 법칙
③ 아보가드로의 법칙
④ 헨리의 법칙

31. 다음 설명에 해당하는 원소로 알맞은 것은?

- 상온에서 기체 형태이며 원자번호는 7번이다.
- 해녀들이 급격히 수면 위로 올라오게 되면 혈액 속에 녹아 있는 이것이 기포로 변해 잠수병을 유발할 수 있다.
- 수소와 결합하면 암모니아가 생성된다.

① 헬륨(He)
② 질소(N)
③ 탄소(C)
④ 염소(Cl)

32. 다음 중 진공에서 자유 낙하 운동을 하는 물체에 대한 설명으로 옳은 내용을 모두 고른 것은?

ㄱ. 물체의 속력은 일정하게 증가한다.
ㄴ. 물체의 운동 방향과 같은 방향으로 중력이 작용한다.
ㄷ. 물체의 질량이 클수록 속력은 빠르게 증가한다.

① ㄱ
② ㄴ
③ ㄷ
④ ㄱ, ㄴ

33. 다음 중 글의 주제로 적절한 것은?

> 원시공동체의 수렵채취 활동은 그 집단이 소비할 수 있는 정도의 식품을 얻는 선에서 그친다. 당장 생존에 필요한 만큼만 채취할 뿐 결코 자연을 과다하게 훼손하지 않는 행태는 포악한 맹수나 원시 인류나 서로 다를 바 없었다. 이미 포식한 뒤에는 더 사냥하더라도 당장 먹을 수 없고, 나중에 먹으려고 남기면 곧 부패되므로 욕심을 부릴 까닭이 없기 때문이었다. 또 각자 가진 것이라고는 하루분 식품 정도로 강탈해도 얻는 것이 별로 없으니 목숨을 걸고 다툴 일도 없었다. 더 탐해도 이익이 없으므로 더 탐하지 않기 때문에 원시공동체의 사람이나 맹수는 마치 스스로 탐욕을 절제하는 것처럼 보인다.
>
> 신석기시대에 이르면 인류는 수렵채취 중심의 생활을 탈피하고 목축과 농사를 주업으로 삼기 시작한다. 목축과 농사의 생산물인 가축과 곡물은 저장 가능한 내구적 생산물이다. 당장 먹는 데 필요한 것보다 더 많이 거두어도 남는 것은 저장해 두었다가 뒷날 쓸 수 있다. 따라서 본격적인 잉여의 축적도 이 시기부터 일어나기 시작하였다. 그리고 축적이 늘어나면서 약탈로부터 얻는 이익도 커지기 시작했다. 많이 생산하고 비축하려면 그만큼 힘을 더 많이 들여야 한다. 그런데 그 주인만 제압해 버리면 토지와 비축물을 간단히 빼앗을 수 있다. 내 힘만 충분하면 토지를 빼앗고 원래의 주인을 노예로 부리면서 장기간 착취할 수도 있으니 가장 수익성 높은 생산 활동은 약탈과 전쟁이다. 이렇게 순수하고 인간미 넘치던 원시 인류도 드디어 탐욕으로 오염되었고 강한 자는 거리낌 없이 약한 자의 것을 빼앗기 시작하였다.

① 저장의 시작에서 발현한 인류의 탐욕
② 목축과 농사의 인류학적 가치
③ 약탈 방법의 다양성과 진화
④ 사적 소유의 필요성

34. 다음에서 설명하는 사자성어는?

> 달아난 양을 찾다가 여러 갈래 길에서 길을 잃었다는 뜻으로, 학문의 길이 나뉘어져 진리를 찾기 어려움.

① 곡학아세(曲學阿世)
② 다기망양(多岐亡羊)
③ 입신양명(立身揚名)
④ 읍참마속(泣斬馬謖)

35. 다음 (A)와 (B)와 같이 책상 위의 나무 도막을 당겼더니 각각 일정한 속력으로 움직였을 때, 각각의 나무 도막에 작용하는 마찰력의 방향을 올바르게 연결한 것은?

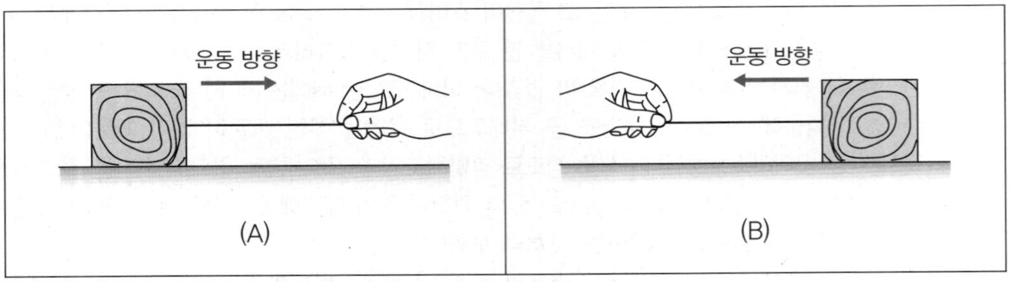

	(A)	(B)
①	→	←
②	←	→
③	→	→
④	←	←

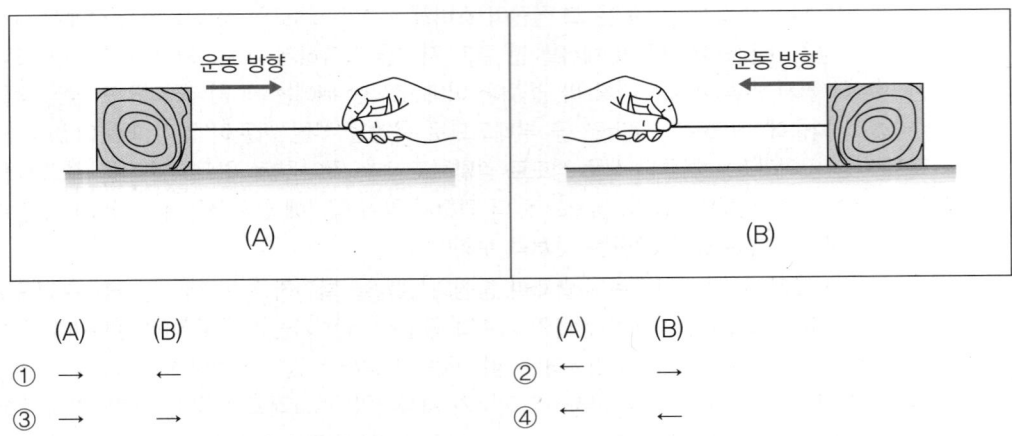

36. 다음 〈보기〉의 도형들을 합쳤을 때, 나올 수 없는 형태는?

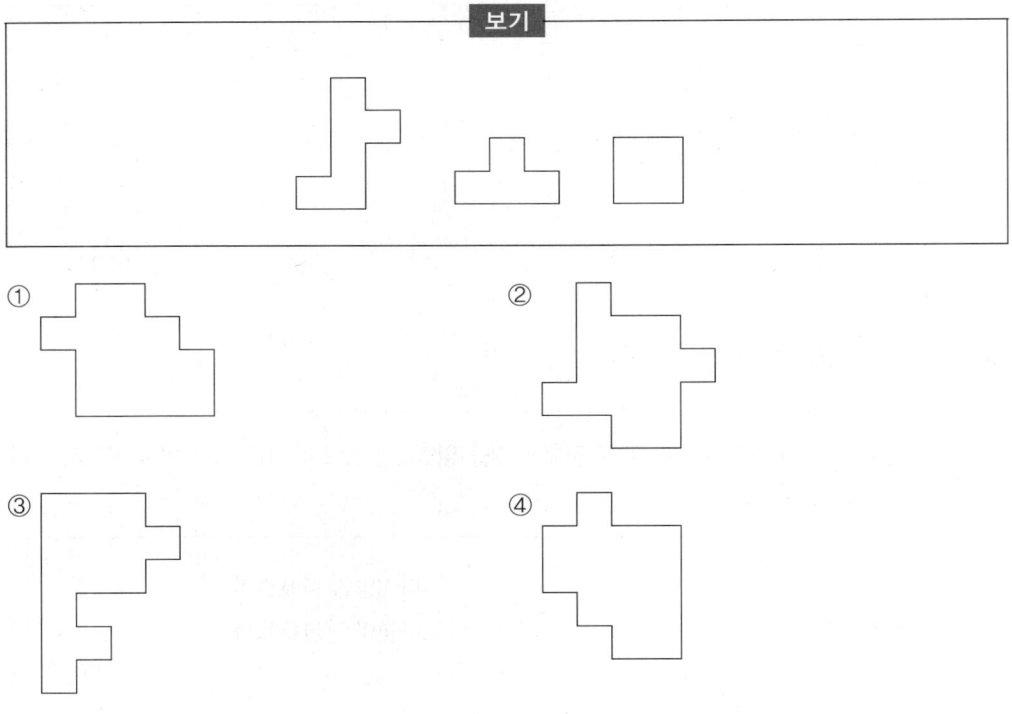

보기

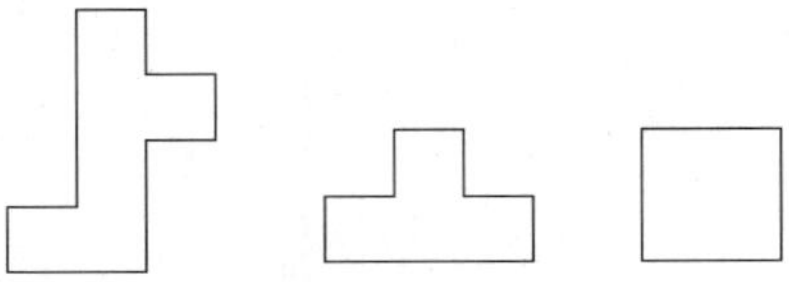

①

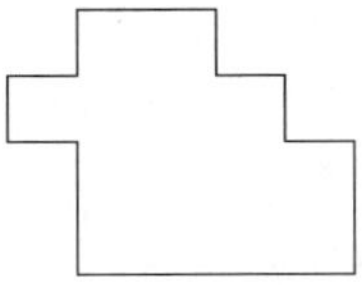

②

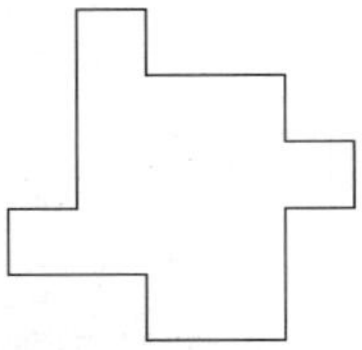

③

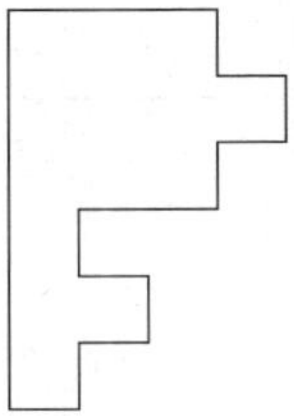

④

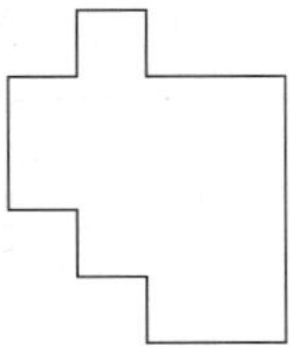

37. 다음 평가 기준에 따라, 우주인을 선발할 때, A ~ D 지원자 중 최종적으로 선정되는 사람은?

〈평가기준〉

- 1차 평가(선정인원 : 3명)
  - 3.5km 달리기에서 빨리 들어온 순으로 선정한다.
- 2차 평가(선정인원 : 2명)
  - 윗몸일으키기, 팔굽혀펴기 개수의 총합이 많은 순으로 선정한다.
- 3차 평가(선정인원 : 1명)
  - 상황대처능력 평가 점수가 가장 높은 사람을 선정한다.

〈지원자 기록〉

구분	A	B	C	D
3.5km 달리기	21분 33초	22분 12초	20분 5초	22분 19초
윗몸일으키기(개)	63	58	61	73
팔굽혀펴기(개)	52	56	52	45
상황대처능력(점)	88	86	85	91

① A ② B

③ C ④ D

38. 다음 ㉠ ~ ㉤은 화학 반응과 관련된 일상생활의 예이다. 반응 원리가 같은 것끼리 A, B 두 그룹으로 나눌 때 바르게 연결한 것은?

㉠ 철못을 공기 중에 오랫동안 방치하면 녹이 슨다.
㉡ 생선회의 비린내를 제거하기 위해 레몬즙을 뿌린다.
㉢ 동물이 호흡을 통해 포도당을 분해하여 에너지를 낸다.
㉣ 개미에 물린 상처에 암모니아수를 바른다.
㉤ 겨울철 난방을 위해 화석 연료를 태운다.

	A	B
①	㉠, ㉢	㉡, ㉣, ㉤
②	㉡, ㉤	㉠, ㉢, ㉣
③	㉡, ㉣	㉠, ㉢, ㉤
④	㉢, ㉣	㉠, ㉡, ㉤

39. 다음은 ○○공사에서 진행하는 4호선 탐방학습 패키지에 대한 자료이다. 이에 대한 설명으로 적절한 것은?

〈탐방학습 패키지〉

• 역사와 미래가 공존하는 4호선으로 탐방학습 오세요!
어린이 및 청소년들이 △△시의 역사가 스며들어 있는 동래읍성 임진왜란 역사관 및 충렬사 등을 탐방하고 동시에 미래형 도시철도 무인전철의 우수성을 경험해 볼 수 있는 4호선 탐방학습 패키지 코스에 여러분을 초대합니다.

• 운영기준
– 대상 : 20인 이상 단체
– 일자 : 화 ~ 금요일(공휴일 · 공사 지정 휴일 제외)
– 개방시간 : 10:00 ~ 17:00

• 안내 순서
– 한 단체당 단체 승차권 1매로 A 코스 또는 B 코스를 선택하여 이용함.

〈A 코스〉

출발역		수안역		안평차량기지
단체 승차권 구매	➜	동래읍성 임진왜란 역사관 견학	➜	경전철홍보관, 관제센터, 테마공원 견학

〈B 코스〉

출발역		수안역		충렬사역
단체 승차권 구매	➜	동래읍성 임진왜란 역사관 견학	➜	충렬사 견학

① 유치원생이 탐방학습 패키지에 참여하기 위해서는 청소년 이상의 보호자가 필요하다.
② 매주 월요일은 임진왜란 역사관이 휴관하므로, 패키지 코스를 이용할 수 없다.
③ 개방시간은 오전 10시부터 7시간으로, 1회 탐방에는 약 1시간 30분이 소요된다.
④ 15인의 청소년으로 구성된 단체는 단체 승차권을 구매할 수 없다.

40. 다음과 같은 상황에서 남 대리가 취해야 할 행동으로 가장 적절한 것은?

> 일요일을 맞아 모처럼 봉사 활동을 하게 된 남 대리는 평소 틈만 나면 방문하던 집 근처 고아원을 찾아가기로 하였다. 자신의 초등학생 아들과 동갑인 현호를 유달리 챙기고 귀여워해 주는 남 대리는 현호에게 줄 선물까지 준비하고 맛있는 저녁도 함께하며 즐거운 시간을 선사해 주고 올 생각에 흐뭇한 마음을 감출 수 없었다.
>
> 그러던 중 갑자기 베트남 지사로부터 전화가 걸려 왔고, 내일 도착하기로 했던 외국인 근로자 연수단 일행 중 두 명이 현지 비행기 사정으로 인해 오늘 오후 항공편으로 입국하게 되었다는 연락을 받았다. 그들의 입국부터 2박 3일간의 모든 일정은 남 대리가 밀착 동행하며 연수 프로그램 완수를 책임지는 것으로 계획된 터라, 남 대리는 공항 픽업부터 호텔 투숙, 저녁 식사 대접에 이르기까지 오늘의 향후 일정은 느닷없이 외국 손님들과의 시간으로 보내야 할 상황이 되었다.

① 손님을 맞이하기 위한 모든 일정에 현호를 대동하고 나간다.
② 무상 긴급한 상황이지만 일요일인 만큼 계획대로 현호와의 시간을 갖는다.
③ 현호에게 아쉬움을 전하며 다음 기회를 약속하고 손님을 맞이하기 위해 공항으로 나간다.
④ 베트남 지사에 전화를 걸어 늦더라도 내일 이후에 입국해 줄 것을 재차 요청한다.

41. 다음에서 설명하는 소화기관의 명칭으로 적절한 것은?

> • 90%의 영양소가 흡수된다.
> • 간과 췌장에서 생성된 소화액이 이곳에서 분비된다.
> • 연동운동과 분절운동이 일어난다.
> • 대부분의 소화 과정이 완료되는 곳이며, 단당류, 아미노산, 지방산 및 물과 같은 소화 생성물이 흡수된다.

① 위　　② 간
③ 소장　　④ 대장

42. 다음은 태양의 일주운동의 경로를 나타낸 것이다. 이에 대한 설명으로 옳지 않은 것은?

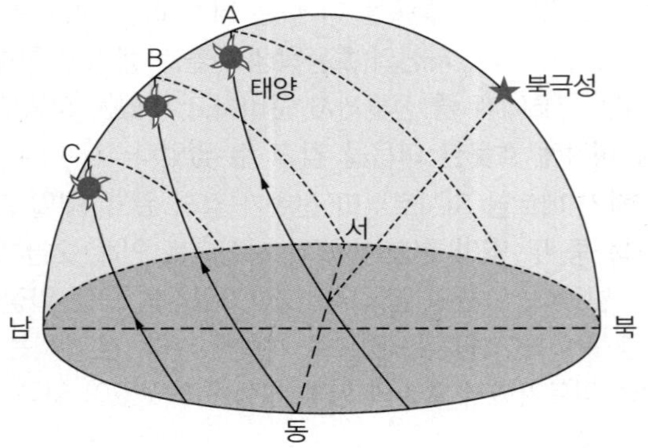

① 하지 때는 태양의 고도가 가장 낮다.

② A의 태양 고도가 가장 높고, C가 가장 낮다.

③ B는 춘 · 추분 때 태양의 일주운동 경로이다.

④ C일 때 태양 복사에너지의 양이 가장 적다.

43. 거울에 비친 도형을 180° 회전시켰을 때의 모양으로 옳은 것은?

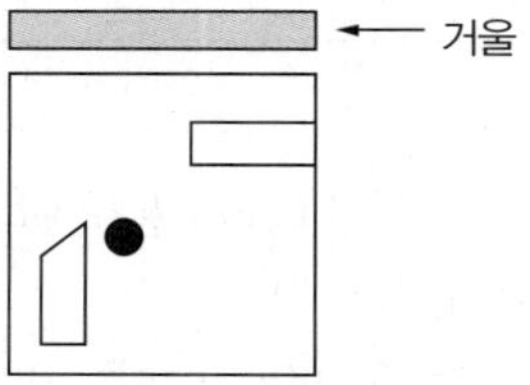

①
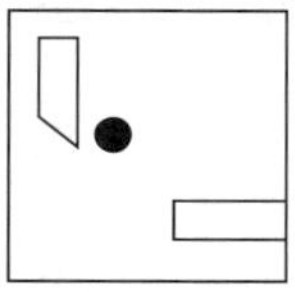

②
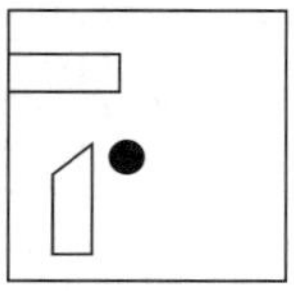

③
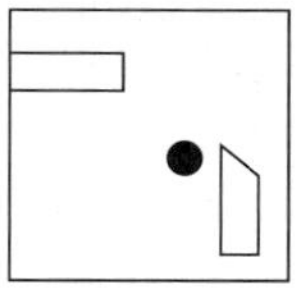

④
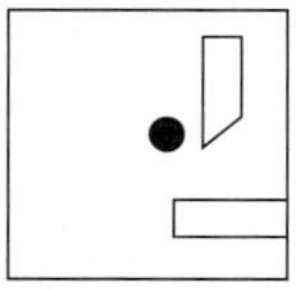

[44 ~ 45] 다음 글을 읽고 이어지는 질문에 답하시오.

전문인의 양성은 어느 시대에나 필요하다. 그것은 4차 산업혁명의 시대 역시 마찬가지이다. 문제는 이 시대의 전문인은 과거와 같이 폐쇄적인 영역 내에 머물러 있던 전문인과는 전혀 다르다는 점이다. 과거의 전문인들은 자신의 고유한 지식 체계로 다른 지식들을 환원시켜 흡수하는 전략을 취했다면, 4차 산업혁명 시대의 전문인은 유연한 지식 체계를 기초로 교차와 협력을 통한 확장 전략을 취해야 한다. 그리고 이러한 전략의 토대는 전공교육이 아닌 교양교육을 통해 마련될 수 있다. 이는 교양교육의 이념 속에서 확인할 수 있다.

교양교육이란 대학교육 전반에 요구되는 기본적 지식 및 자율적 학구능력의 함양을 포함하여 인간, 사회, 자연에 대한 폭넓은 이해를 바탕으로 올바른 세계관과 건전한 가치관을 확립하는 데 기여하는 교육으로 학업분야의 다양한 전문성을 넘어서서 모든 학생들에게 요구되는 보편적 교육이다. 특히 글로벌 정보사회라는 새로운 시대상을 맞아 비판적 · 창의적 사고와 원활하고 개방적인 의사소통을 통해 공동체의 문화적 삶을 자율적으로 주도할 수 있는 자질을 함양하는 교육이다. 이것이 교양교육의 기본 이념이라고 할 때, 4차 산업혁명을 맞이하면서 새롭게 요구되는 산업계의 역량 수요는 교양교육의 교육 이념과 조우하게 된다. 교양교육은 '지적 연결지평'을 제공할 수 있다. 4차 산업혁명의 시대에는 해결해야 할 문제들이 총체적 맥락 속에서 그 맥락과 더불어 한꺼번에 다가온다면 문제해결 방식도 총체적일 수밖에 없다. 따라서 각 전문분야들의 지식을 폭넓고 깊이 있는 안목 아래서 조망하고 연결시켜주는 (㉠) 사고력이 요구되는 것이다.

44. 다음 중 윗글을 이해한 내용으로 적절한 것은?

① 4차 산업혁명 시대에는 전공교육의 필요성이 증대된다.
② 4차 산업혁명 시대에는 다양하고 폭넓은 지식이 요구된다.
③ 교양교육에 필요한 사고는 논리적이고 과학적인 지식이다.
④ 교양교육은 각기 다른 지식 간의 역할 구분을 명확하게 해 준다.

45. 다음 중 문맥상 윗글의 빈칸 ㉠에 들어갈 단어로 적절한 것은?

① 감성적
② 다면적
③ 과학적
④ 객관적

3회 기출예상문제

소양평가

문항수	45문항
시험시간	50분

정답과 해설 26쪽

01. 다음 제시된 두 단어 쌍의 관계가 같아지도록 빈칸에 들어갈 단어를 순서대로 나열한 것은?

> 물고기 : 지렁이 = (　　) : (　　)

① 불, 나무
② 잉크, 종이
③ 연체동물, 환형동물
④ 물, 얼음

02. 다음 중 효과적인 팀의 특징으로 적절한 것을 모두 고르면?

> ㉠ 어떤 일의 결과에 초점을 둔다.
> ㉡ 팀의 사명과 목표를 명확히 기술한다.
> ㉢ 팀원 각자의 역할과 책임을 명확히 구분하지 않는다.
> ㉣ 리더십의 역량을 한 사람에게 집중시킨다.

① ㉠, ㉡
② ㉡, ㉣
③ ㉠, ㉡, ㉢
④ ㉡, ㉢, ㉣

03. 다음 중 동맥, 정맥과 다른 모세 혈관의 특징으로 옳지 않은 것은?

① 혈관 벽이 세포 한 층으로 이루어져 있다.
② 온몸에 그물 모양으로 퍼져 있다.
③ 혈압이 가장 낮다.
④ 혈류 속도가 가장 느리다.

04. 다음 두 블록을 합쳤을 때 나올 수 있는 형태는? (단, 회전은 자유롭다)

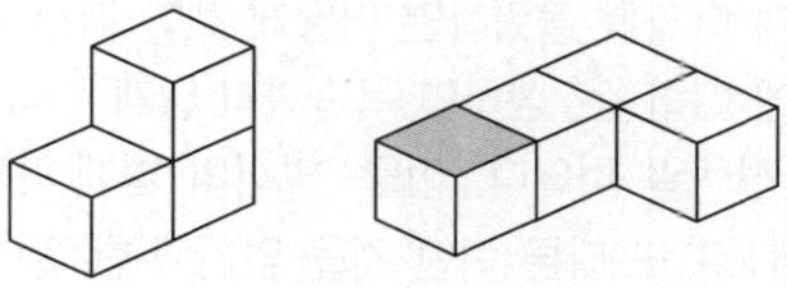

①

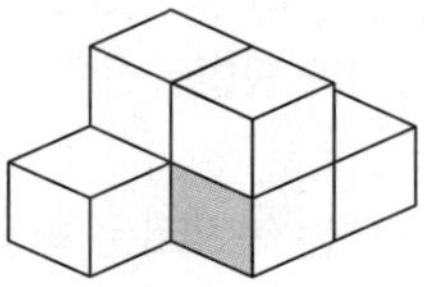

②

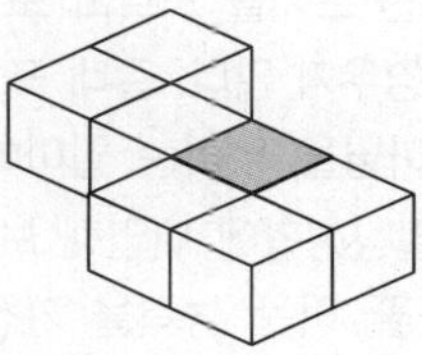

③

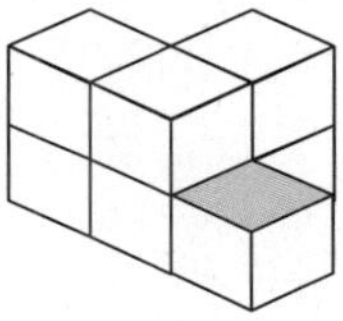

④

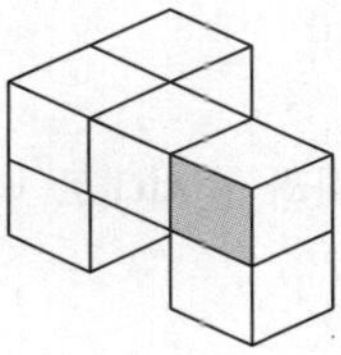

05. 다음 명제들이 모두 참일 때, 밑줄 친 부분에 들어갈 문장으로 적절한 것은?

- 축구를 잘하는 사람은 감기에 걸리지 않는다.
- 감기에 걸리지 않는 사람은 휴지를 아껴 쓴다.
- 나는 축구를 잘한다.
- 그러므로 ________________

① 나는 감기에 자주 걸린다.
② 환자는 휴지를 아껴 쓴다.
③ 나는 축구를 자주 한다.
④ 나는 휴지를 아껴 쓴다.

[06 ~ 07] 다음 글을 읽고 이어지는 질문에 답하시오.

> (가) 만약 정글에서 악어에게 다리를 물렸다면 어떻게 해야 가장 좋을까. 손을 사용해 다리를 빼내려고 발버둥치면 다리에 이어 손, 심하면 목숨까지 잃게 된다. 할 수 없이 다리 하나만 희생하는 것이 가장 현명한 선택일 것이다. 이를 '악어의 법칙'이라고 부른다.
> (나) 포기를 한다는 것은 반대로 또 다른 어떤 것을 얻기 위한 길이기도 하다. 뭔가를 어쩔 수 없이 포기해야 될 때, 빠른 판단을 통해 오히려 더 많은 것을 얻게 될 수도 있는 것이 인생이다.
> (다) 하지만 주위를 보면 포기를 모르고 포기하는 고통을 두려워하다 결국은 더 큰 고통을 피하지 못하는 안타까운 경우가 많다. 절대 포기한다고 해서 끝나는 것이 아니며 방법이 오직 그 하나밖에 없는 것이 아님을 우리는 알아야 한다.
> (라) '악어의 법칙'을 일상생활에 대입해 보면, 결정적 순간에 포기할 줄 아는 지혜로운 마음과 시기적절하게 버릴 줄 아는 능력을 가진 사람이 결국 빛을 발할 수 있다는 이론이다.

06. (가) ~ (라)를 문맥에 따라 순서대로 나열한 것은?

① (가)－(라)－(다)－(나)
② (나)－(다)－(가)－(라)
③ (라)－(가)－(다)－(나)
④ (라)－(나)－(다)－(가)

07. 윗글을 이해한 내용으로 적절하지 않은 것은?

① 욕심이 과하면 망한다는 말처럼 제때 포기하지 않으면 더 큰 손해를 볼 수도 있다.
② 악어의 법칙은 한쪽 다리를 잃더라도 일단 살아서 다른 길을 모색하는 것이 더 현명함을 설명하는 법칙이다.
③ 불가능한 것을 포기하지 못한다면, 스스로에게 고통을 주고, 그 고통은 결국 스트레스로 작용할 것이다.
④ 포기를 많이 하는 사람이 결국 현명한 사람이다.

08. 다음 〈보기〉의 왼쪽 전개도를 접어 오른쪽 주사위 모형을 만들 때, 오른쪽 방향에서 바라본 면의 모습으로 적절한 것은?

보기

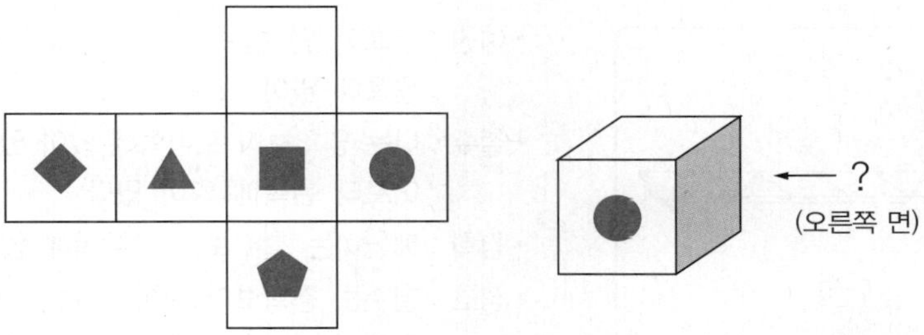

①

②

③

④

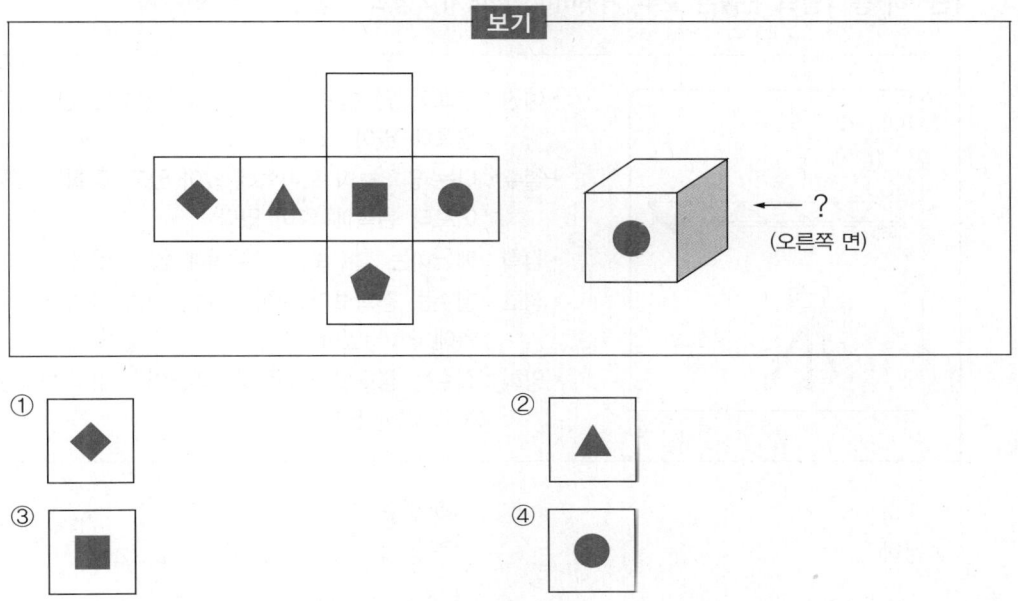

09. 다음은 같은 모양과 크기의 블록을 쌓아 놓은 것이다. 그림과 같이 쌓기 위해 필요한 블록의 개수는? (단, 보이지 않는 뒷부분의 블록은 없다)

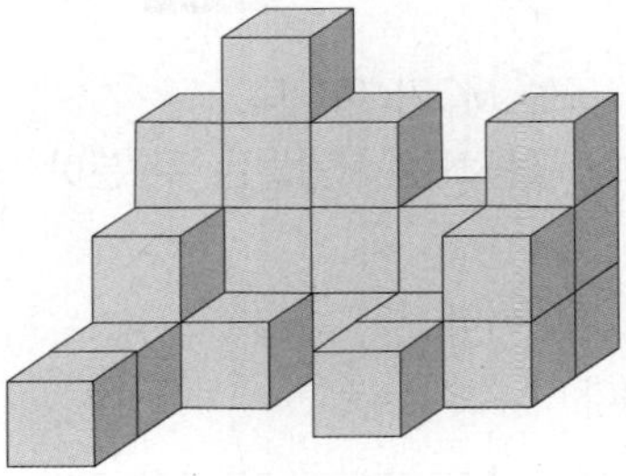

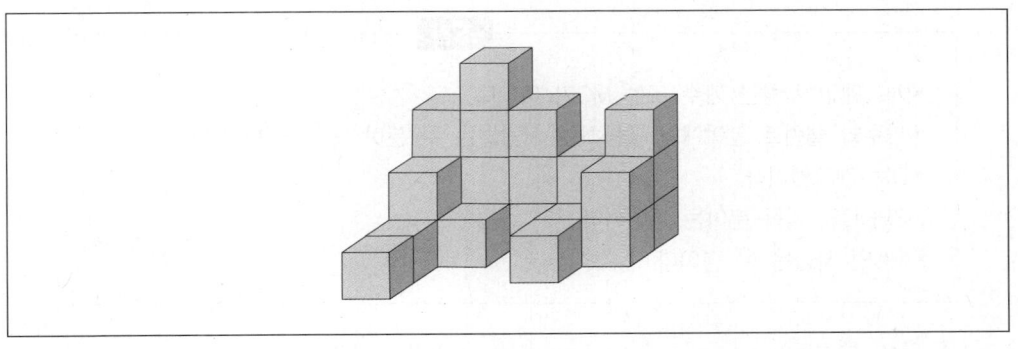

① 20개　② 22개
③ 24개　④ 26개

10. 예원, 철수, 경희, 정호, 영희 5명은 다음과 같이 긴 의자에 일렬로 앉아 사진을 찍었다. 사진을 보고 앉은 순서에 대해 다음과 같이 말하였을 때, 사진상 정호의 바로 왼쪽에 앉아 있는 사람은? (단, 이 중 1명의 진술은 모두 거짓이며, 나머지 4명의 진술은 모두 참이다)

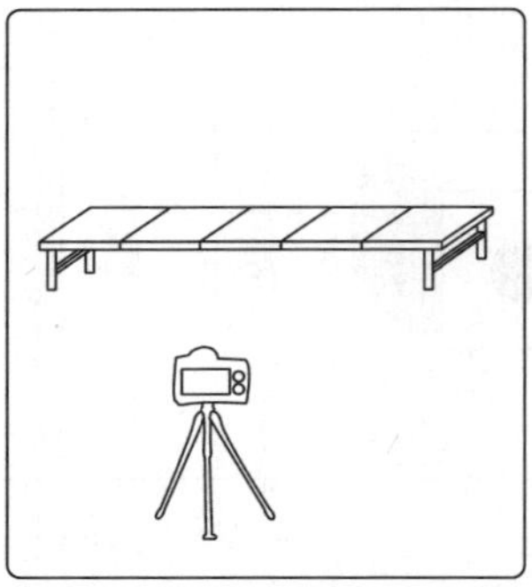

- 예원 : 영희가 맨 왼쪽에 앉아 있고, 정호는 경희보다 왼쪽에 앉아 있다.
- 철수 : 나는 영희보다 오른쪽에 앉아 있고, 경희는 예원이보다 왼쪽에 앉아 있다.
- 경희 : 예원이는 철수보다 오른쪽에 앉아 있다.
- 정호 : 철수는 경희보다 왼쪽에, 예원이는 나보다 오른쪽에 앉아 있다.
- 영희 : 철수는 정호보다 왼쪽에, 예원이는 경희보다 왼쪽에 앉아 있다.

① 예원 ② 철수
③ 경희 ④ 영희

11. A, B, C, D는 모두 가수, 탤런트, 개그맨, MC 네 개의 분야 중 두 분야에서 활동하고 있다. 이들의 활동 영역에 대한 〈조건〉이 다음과 같을 때 B의 활동 분야는?

조건

- 개그맨인 사람은 가수 또는 MC가 아니다.
- 가수와 탤런트 분야에서 활동하는 사람들은 두 분야 모두 3명씩이다.
- D는 개그맨이다.
- B와 C의 활동 분야는 동일하다.
- MC인 사람은 한 명이다.

① 가수, 탤런트 ② 가수, MC
③ 개그맨, 탤런트 ④ MC, 탤런트

12. **다음 중 과학적 원리가 다른 하나는?**

① 놀이동산의 롤러코스터가 360° 회전을 한다.
② 젖은 옷을 탈수기에 넣고 탈수한다.
③ 쥐불놀이를 할 때 깡통 속 내용물이 튀어나오지 않는다.
④ 피겨스케이팅 선수가 스핀 기술 중에 팔을 접는다.

13. **다음 중 기화열과 관련된 예로 적절한 것은?**

① 아이스크림을 포장할 때 흰 연기가 뿜어져 나오는 드라이아이스를 넣는다.
② 비가 오기 직전의 기온이 가장 높다.
③ 액체 상태의 핫팩은 점점 딱딱해지는 과정을 거치면서 열을 방출한다.
④ 땀이 날 때 선풍기 바람을 쐬면 시원하다.

14. **다음 〈보기〉에서 설명하고 있는 집단 아이디어 발상법으로 옳은 것은?**

보기

이 기법은 두 가지로 설명될 수 있다. 하나는 친숙한 것을 이용해 새로운 것을 창안하는 것이고, 다른 하나는 친숙하지 않은 것을 친숙한 것으로 보도록 하는 것이다. 우리가 주변의 사물로부터 무엇인가를 추출하려면 먼저 너무나 친숙해서 달리 보이는 것이 하나도 없는 상황을 벗어나야 한다. 우리는 친숙하지 않은 것을 보면 기존의 인지 구조 내에서 이들을 탐색한 후에 무관심의 영역으로 내던져 버리는 때가 많다. 그러나 창의적인 사고를 하기 위해서는 주변에서 접하게 되는 친숙하지 않은 상황도 수용할 수 있어야 한다는 것이다. 이 기법에는 직접적 유추, 의인적 유추, 상징적 유추, 공상적 유추 등 4가지 방법이 있다.

① NM법 ② 시네틱스
③ 로직트리 ④ 체크리스트

15. 김 대리는 다음과 같은 경청 태도를 지니고 있다. 올바른 경청 태도마다 2점씩 점수를 부여한다면 김 대리의 점수는 총 몇 점인가?

- 상대방의 발언을 정확하게 이해했는지 확인하기 위해 상대방의 대화를 요약한다.
- 상대방의 이야기에 관심을 보이고 주의를 기울인다.
- 상대방의 기분을 생각해서 자신의 의견과 상관없이 상대방의 주장에 동의한다.
- 상대방의 말을 들으며 상대방의 말이 끝나면 할 이야기를 미리 준비한다.
- 상대방의 경험을 인정하고 더 많은 정보를 요청한다.

① 2점　② 4점
③ 6점　④ 8점

16. 다음 그림 안에 나타나 있지 않은 조각은?

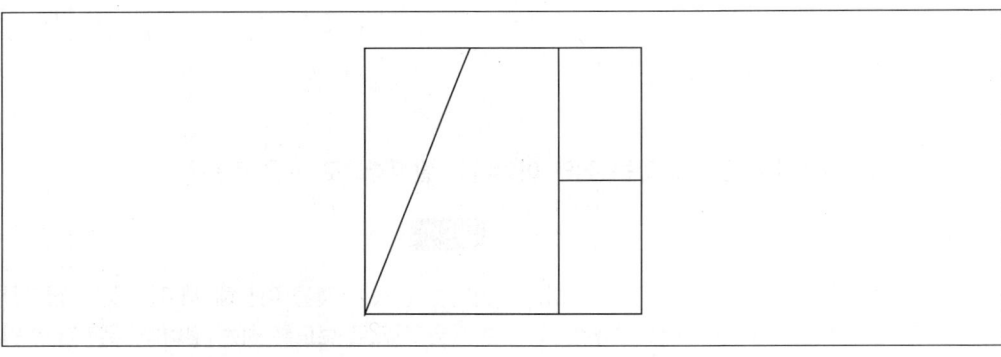

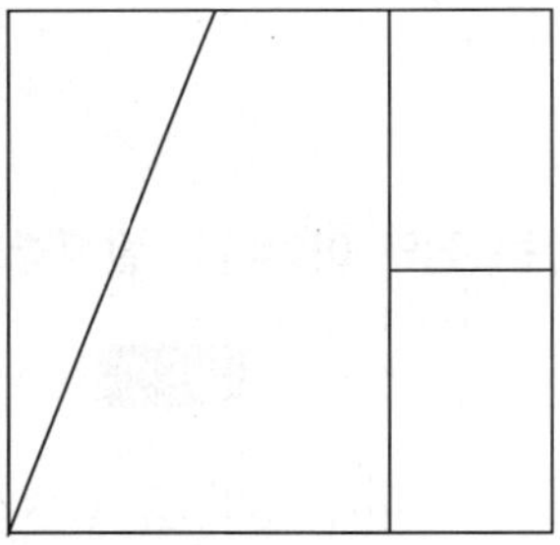

①
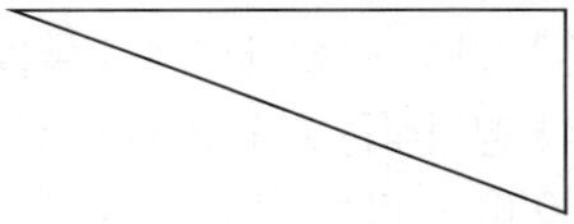

②
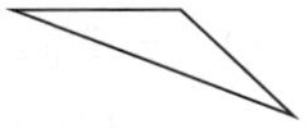

③
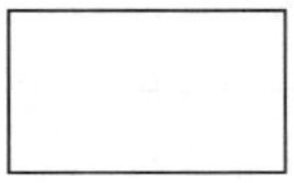

④
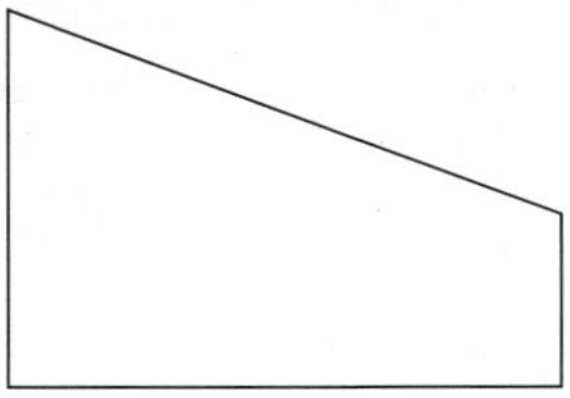

17. A, B, C, D, E, F, G, H사 8개 회사의 빌딩이 길을 사이에 두고 네 개씩 마주 보고 서 있다. 위치관계가 다음 〈조건〉과 같을 때, 이에 대한 설명으로 옳은 것은?

조건

- F사의 빌딩은 B사와 D사의 빌딩 사이에 서 있다.
- E사 빌딩의 양 옆에는 A사와 G사 빌딩이 있다.
- C사와 D사의 빌딩은 길을 사이에 두고 서로 마주 보고 있다.
- E사의 빌딩을 등 뒤로 하고 서면, 오른쪽 대각선상에 F사의 빌딩이 있다.
- B사 빌딩의 옆에는 H사 빌딩이 있다.
- A사의 빌딩과 마주 보는 곳에는 H사의 빌딩이 있다.

① B사의 빌딩과 E사의 빌딩은 대각선 위치에 서 있다.
② A사의 빌딩은 C사의 빌딩과 이웃하고 있다.
③ 길을 사이에 두고 B사 빌딩의 정면에 G사의 빌딩이 있다.
④ G사의 빌딩과 F사의 빌딩은 서로 마주 보고 서 있다.

18. 다음 글의 중심내용으로 적절한 것은?

문학 작품은 실로 일국(一國)의 언어 운명을 좌우하는 힘을 가지고 있다. 왜냐하면 문학 작품은 그 예술적 매력으로 하여 대중에게 다가가고 지상(紙上)에 고착됨으로써 큰 전파력을 발휘하기 때문이다. 이렇게 볼 때 문학 작품을 산출하는 작가야말로 매우 존귀한 위치에 있으며, 동시에 국가나 민족에 대하여 스스로 준엄하게 책임을 물어야 하는 존재라고 할 수 있다. 사실, 수백 번의 논의를 하고 수백 가지의 방책을 세우는 것보다 한 사람의 위대한 문학가가 그 언어를 더 훌륭하게 만든다고 할 수 있다. 괴테의 경우가 그 좋은 예이다. 그의 문학이 독일어를 통일하고 보다 훌륭하게 만드는 데 결정적인 역할을 했다는 것은 이미 주지의 사실이기도 하다.

① 작가는 언어에 대하여 막중한 책임을 지고 있다.
② 문학 작품은 국어에 큰 영향력을 미친다.
③ 작가는 문학 작품을 씀으로써 사회에 기여한다.
④ 언어는 문학 작품에 영향을 끼친다.

19. 다음 글의 밑줄 친 부분과 바꿔 쓰기에 적절한 단어는?

> 하얀색을 돋보이게 하고 싶을 때 하얀색만 보여 주기보다는 그 옆에 정반대되는 색, 즉 검정색을 가져다 놓으면 더 눈에 띄게 된다. 이와 마찬가지로 글쓴이도 자신의 의견을 두드러지게 하기 위해서 자신의 의견과 정반대인 일반론이나 개념을 가져오는 경우가 있다.

① 강세(強勢)　　② 모색(摸索)

③ 약조(弱調)　　④ 강조(强調)

20. 다음에 제시된 도형과 동일한 것은?

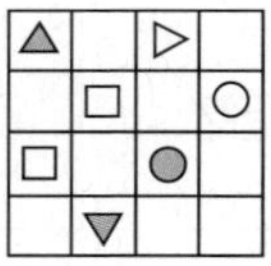

①
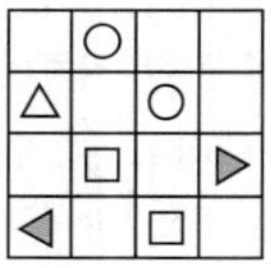

②
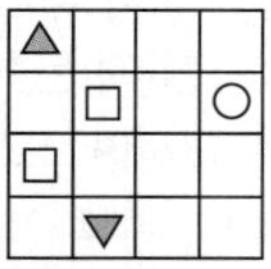

③
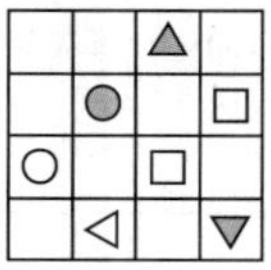

④
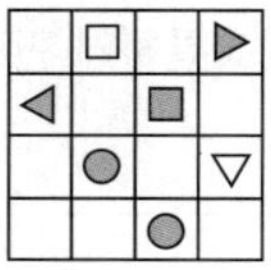

21. 다음의 [사실]을 참고할 때 [결론]에 대한 설명으로 옳은 것은?

> [사실] • 쇼핑을 좋아하면 신용카드가 많다.
> • 구두가 많으면 쇼핑을 좋아한다.
> • 구두가 많지 않으면 신용카드가 많지 않다.
>
> [결론] A. 쇼핑을 좋아하면 구두가 많다.
> B. 신용카드가 많지 않으면 구두가 많지 않다.

① A만 항상 옳다.
② B만 항상 옳다.
③ A, B 모두 항상 옳다.
④ A, B 모두 항상 그르다.

22. 다음은 여러 가지 생명 현상의 예이다. (가) ~ (다)와 가장 관련이 깊은 생명 현상을 바르게 연결한 것은?

> (가) 개구리의 긴 혀는 곤충을 잡아먹기에 적당하다.
> (나) 미모사 잎에 물체가 닿으면 잎을 접는다.
> (다) 벼는 빛에너지를 이용하여 양분을 합성한다.

	(가)	(나)	(다)
①	적응과 진화	발생과 생장	물질 대사
②	발생과 생장	항상성 유지	물질 대사
③	적응과 진화	자극과 반응	물질 대사
④	유전	항상성 유지	자극과 반응

23. **박 대리는 '임원 보고용 발표 자료를 만들면서 발표의 요지를 어느 정도 알게 되었다. 발표 전날, 회사 정문에서 만난 임원이 박 대리에게 "내가 내일 발표에 참석하지 못하는데, 지금 간단하게 설명해 달라"고 요청했다. 이때 박 대리가 취해야 할 행동으로 적절한 것은?**

① 작성 중인 자료를 꺼내 중요한 부분을 위주로 보여 주면서 설명한다.
② 본인이 준비했던 기본데이터를 위주로 간략하게만 설명한다.
③ 잘못된 내용을 전달할 경우 문제가 될 수 있으므로 준비가 안 되었음을 밝히고 양해를 구한다.
④ 발표의 요지에 대해 간략히 설명하고 추후 완성된 발표자료를 보내 드리겠다고 말한다.

24. **다음은 식품용 금속제 기구 · 용기에 대한 사용방법과 주의사항에 관한 글이다. ㉠ ~ ㉥의 맞춤법에 대한 설명으로 옳지 않은 것은?**

> 식품의약품안전처는 식품용 금속제 기구 · 용기를 일상생활에서 안전하게 사용할 수 있도록 ㉠ 옳바른 사용방법과 ㉡ 사용 시 주의사항을 다음과 같이 발표하였다.
>
> • 금속제 프라이팬은 사용하기 전에 매번 기름코팅을 하면 조리과정에서 중금속 성분이 용출되는 것을 방지할 수 있다.
> – 세척한 팬의 물기를 닦아내고 불에 달군 후, 식용유를 ㉢ 엷게 바르며 가열하는 과정을 3 ~ 4회 반복한 후 사용한다.
> • 금속제 프라이팬이나 냄비에 조리한 음식은 다른 그릇에 옮겨 담아 먹거나, 보관할 경우 전용용기에 담아 보관하도록 한다.
> – 식초 · 토마토소스와 같이 산도가 강하거나, ㉣ 절임 · 젓갈류와 같이 염분이 많은 식품은 금속 성분 용출을 ㉤ 증가시킴으로 금속재질의 용기에 장기간 보관하지 않는 것이 바람직하다.
> • 금속제 조리 기구는 ㉥ 전자렌지에 넣어 사용하지 않도록 주의한다.
> – 금속재질은 마이크로파가 투과되지 못하고 반사되어 식품이 가열되지 않을 뿐 아니라, 끝이 날카로운 금속에서는 마이크로파가 집중되어 스파크가 일어날 수 있으므로 사용하지 않도록 한다.

① ㉠ '옳바른'은 '올바른'으로 표기해야 한다.
② ㉡ '사용 시'는 '사용시'로 붙여 쓰는 것이 원칙이다.
③ ㉢ '엷게'와 ㉣ '절임'은 맞춤법에 맞는 표현이다.
④ ㉤ '증가시킴으로'는 '증가시키므로'로, ㉥ '전자렌지'는 '전자레인지'로 고쳐 쓰는 것이 적절하다.

25. 다음 글을 이해한 내용으로 옳지 않은 것은?

> 프랑스와 이탈리아 사람들은 @를 '달팽이'라고 부른다. 역시 이 두 나라 사람들은 라틴계 문화의 뿌리도 같고, 디자인 강국답게 보는 눈도 비슷하다. 그런데 독일 사람들은 그것을 '원숭이 꼬리'라고 부른다. 그리고 동유럽의 폴란드나 루마니아 사람들은 꼬리를 달지 않고 그냥 '작은 원숭이'라고 부른다. 더욱 이상한 것은 북유럽의 핀란드로 가면 '원숭이 꼬리'가 '고양이 꼬리'로 바뀌게 되고, 러시아로 가면 그것이 원숭이와는 앙숙인 '개'로 둔갑한다는 사실이다. 아시아는 아시아대로 다르다. 중국 사람들은 @를 점잖게 쥐에다 노(老)자를 붙여 '라오수(小老鼠)' 또는 '라오수하오(老鼠號)'라 부른다. 일본은 쓰나미의 원조인 태풍의 나라답게 '나루토(소용돌이)'라고 한다. 혹은 늘 하는 버릇처럼 일본식 영어로 '앳 마크'라고도 한다. 팔이 안으로 굽어서가 아니라 30여 개의 인터넷 사용국 중에서 @와 제일 가까운 이름은 우리나라의 '골뱅이'인 것 같다. 골뱅이 위의 단면을 찍은 사진을 보여 주면 모양이나 크기까지 어느 나라 사람이든 무릎을 칠 것이 분명하다.

① 사람들은 문화에 따라 같은 대상을 다르게 표현한다.
② 프랑스는 라틴계 문화의 영향을 받았다.
③ 다른 나라 사람들은 현재 @를 골뱅이라고 부르는 것에 동의한다.
④ 핀란드에서는 @를 고양이 꼬리로 부른다.

26. 다음 중 〈보기〉와 유사한 원리를 이용한 현상으로 적절한 것은?

> **보기**
>
> 냄비의 손잡이는 대개 플라스틱으로 되어 있다.

① 고기를 프라이팬에 굽는다.
② 뜨거운 물을 보온병에 넣어 보관한다.
③ 온찜질을 할 때 물이 들어간 핫팩을 쓴다.
④ 모닥불을 끄기 위해 담요를 덮는다.

27. 다음 〈보기〉는 같은 크기의 블록을 쌓아 만든 입체도형을 앞에서 본 정면도, 위에서 본 평면도, 오른쪽에서 본 우측면도를 그린 것이다. 이에 해당하는 입체도형으로 알맞은 것은? (단, 화살표 방향은 정면을 의미한다)

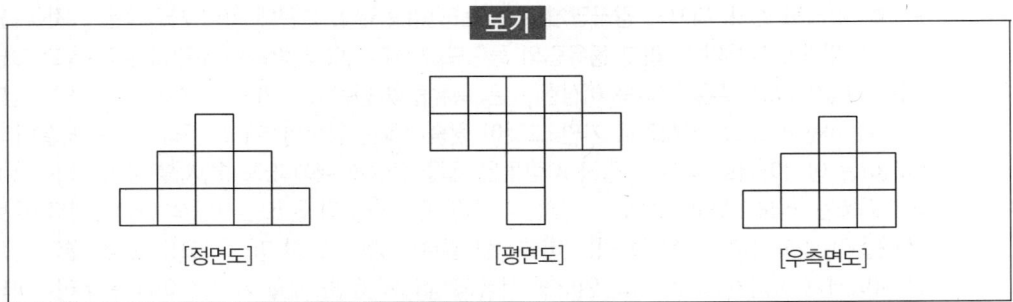

보기

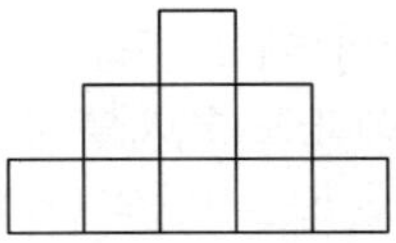
[정면도]

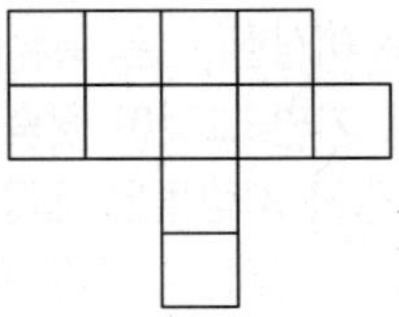
[평면도]

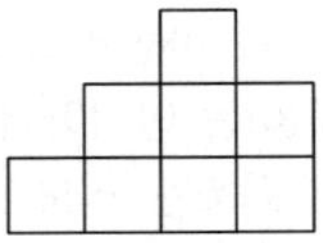
[우측면도]

①
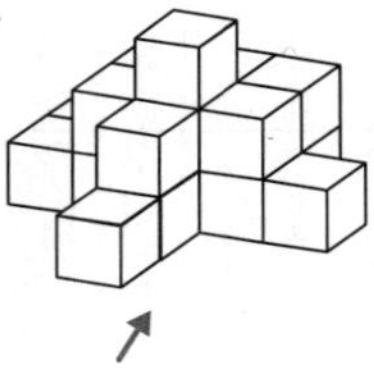

②
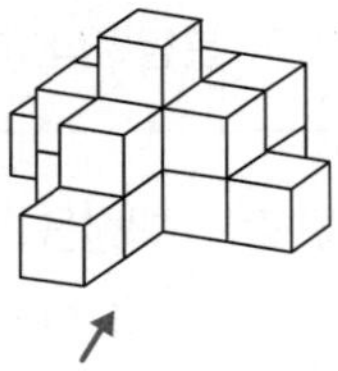

③
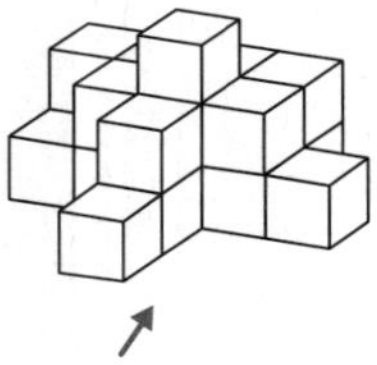

④
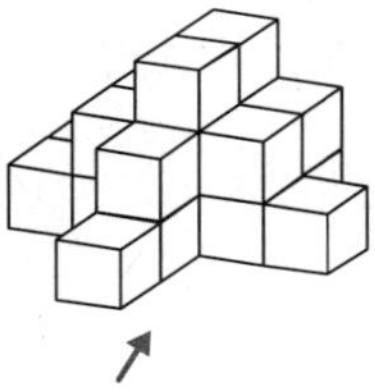

28. 다음의 도형이 반시계 방향으로 90° 회전했을 때의 모양으로 옳은 것은?

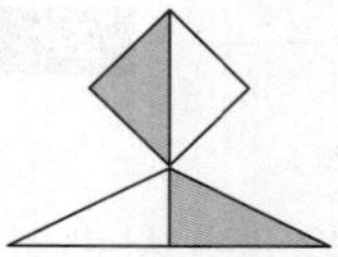

①
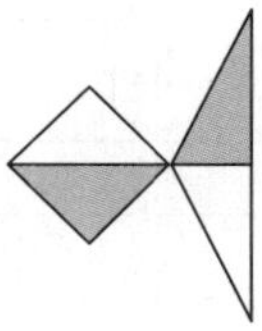

②
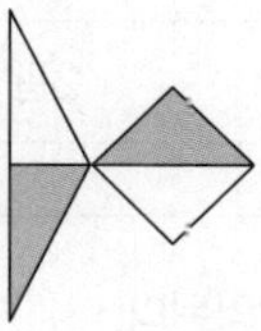

③
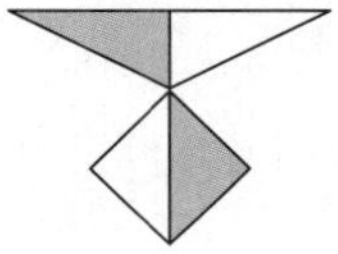

④
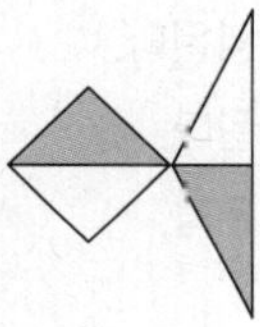

29. 다음 글에 나타난 논리적 오류와 같은 형태의 오류를 범하고 있는 것은?

> 이번 수학능력시험에서 A 고등학교의 평균 점수가 B 고등학교의 평균 점수보다 더 높았대. 그러니 아마 A 고등학교에 다니는 민수가 B 고등학교에 다니는 철수보다 더 높은 점수를 받았을 거야.

① 세상에서 이 TV가 가장 성능이 좋을 거야. 왜냐하면 이 TV는 최고 성능의 부품들로 만들어졌거든.

② 영민이의 아버지가 축구 국가대표 출신이래. 분명 영민이도 축구를 잘할 거야.

③ 우리나라 국민 5명 중 1명이 이 영화를 보았대. 따라서 이 영화가 올해 최고의 영화라고 할 수 있지.

④ 미선이는 일류 대학에 들어갈 수 있어. 작년에 그녀가 다니는 학교에서 가장 많은 일류 대학 합격자를 배출했으니까.

30. ○○시네마에는 4개(1 ~ 4관)의 상영관이 있고, 영화 A, B, C, D가 각각 겹치지 않게 상영되고 있다. 〈조건〉을 참고할 때 옳은 것은?

조건

- 영화 B는 2관에서 상영된다.
- 영화 A와 C가 상영되는 두 상영관은 서로 이웃한다.
- 4관에서는 영화 C를 상영하지 않는다.

1관	2관	3관	4관

① 1관에서는 영화 A가 상영된다.
② 1관에서는 영화 C가 상영된다.
③ 영화 D는 3관에서 상영된다.
④ 영화 C는 3관에서 상영된다.

31. 마찰이 없는 수평면에 질량이 10kg인 물체가 정지해 있는 상황에서 수평 방향으로 30N의 힘이 작용하고 있다. 이때 물체의 가속도는 얼마인가?

① $2m/s^2$　　② $3m/s^2$
③ $20m/s^2$　　④ $30m/s^2$

32. 다음 중 단백질에 대한 설명으로 옳지 않은 것을 모두 고르면?

ㄱ. 우리의 몸을 구성한다.
ㄴ. 유전 정보를 저장한다.
ㄷ. 효소의 주성분이다.
ㄹ. 에너지원으로 사용된다.
ㅁ. 아미노산으로 구성되어 있으며, 다양한 형태를 가질 수 있다.
ㅂ. 모든 단백질은 우리 몸에서 자체적으로 생성할 수 있다.

① ㄴ, ㅂ　　② ㄷ, ㅂ
③ ㄱ, ㄹ, ㅁ　　④ ㄴ, ㄷ, ㅁ

33. 다음 중 대륙 이동설에 대한 설명으로 옳지 않은 것은?

① 대륙 이동의 원동력은 지진과 화산 활동이다.
② 과거의 대륙이 분리 · 이동하였다고 주장하였다.
③ 한 덩어리로 붙어 있던 대륙을 판게아라고 한다.
④ 발표 당시에 많은 사람들에게 인정받지 못했다.

34. 다음 글의 빈칸에 들어갈 단어로 적절하지 않은 것은?

> 기후변화의 발생원인과 그 영향 그리고 이에 대한 대책 등에 대한 논란은 여전히 매우 무성하다. 그리고 이에 대한 논의들이 제대로 정리되지 못하고 있을뿐더러 기후변화에 대한 논의의 특수성 때문에 실효성 있는 대응방안이 강구되지 못하고 있다. 여기서 특수성이란 다양한 학문분야가 관련되어 있는 데다가 수많은 집단의 (　　　　)을(를) 조정해야 하는 정치성이라는 특수성을 말한다. 기후변화 문제 대응에는 다양한 주체들의 심각한 이해가 걸려 있고, 관련된 논의의 참여 구조 또한 복잡할 수밖에 없다.
>
> 그렇다면 우리가 기후변화 문제에 현명하게 대응하기 위해서 취할 수 있는 방안에는 무엇이 있을까? 가장 중요한 것은 지금의 기후변화 현상과 그 영향 그리고 대응방안들에 대해 보다 정확한 정보를 모으고 분석하는 것이다. 보다 정확한 지구 기후조율체계 분석, 기후변화 관련 정보의 수집과 분석, 기후변화 예측 모델과 대응정책 등으로 기후변화 현상을 정확하게 알고 행동하는 것이 필요하다.
>
> 그런데 (　　　　)과(와) (　　　　)이(가) 높고 그 영향이 광범위한 기후변화 문제를 완벽하게 파악해 행동에 옮기는 것은 극히 어렵다. 그래서 비록 정보는 조금 부족하더라도 실천을 미뤄서는 안된다는 주장이 강한 설득력과 실질적인 당위성을 가진다. 이런 관점에서 인간 활동에 의한 기후변화로부터 지구를 구하고자 다양한 의견들이 등장하고 있다.

① 불확실성　　② 비가역성
③ 인과관계　　④ 이해관계의 충돌

35. 다음 글에서 전통문화를 바라보는 입장과 가장 유사한 사자성어는?

> 한국의 전통문화는 근대화의 과정에서 보존되어야 하는가, 아니면 급격한 사회 변동에 따라 해체되어야 하는가의 문제는 오랫동안 논란이 되어왔다. 그러나 전통의 유지와 변화에 대한 견해 차이는 단순하게 진보주의와 보수주의로 나뉠 성질의 것이 아니다. 한국 사회는 한 세기 이상의 근대화 과정을 거쳐 왔으며 앞으로도 광범하고 심대한 사회 구조의 변동을 가져올 것이다. 이런 변동 때문에 보수주의적 성향을 가진 사람들도 전통문화의 변질을 어느 정도 수긍하지 않을 수 없고, 진보주의 성향을 가진 사람 또한 문화적 전통의 가치를 인정하지 않을 수 없다. 또 이 논란은 단순히 외래문화나 전통문화 중 양자택일을 해야하는 문제도 아니다. 근대화는 전통문화의 계승과 끊임없는 변화를 다 같이 필요로 하며 외래문화의 수용과 토착화를 동시에 요구하기 때문이다. 근대화에 따르는 사회 구조적 변동이 문화를 결정짓기 때문에 전통문화의 변화 문제는 보편성과 특수성이나 양자택일이라는 기준으로 다룰 것이 아니라 끊임없는 사회 구조의 변화라는 시각에서 바라보고 분석하는 것이 중요하다.

① 격세지감(隔世之感)　② 진퇴유곡(進退維谷)
③ 탁상공론(卓上空論)　④ 여세추이(與世推移)

36. 종이를 다음과 같이 접은 후 펀치로 구멍을 뚫고 다시 펼쳤을 때의 모양으로 옳은 것은?

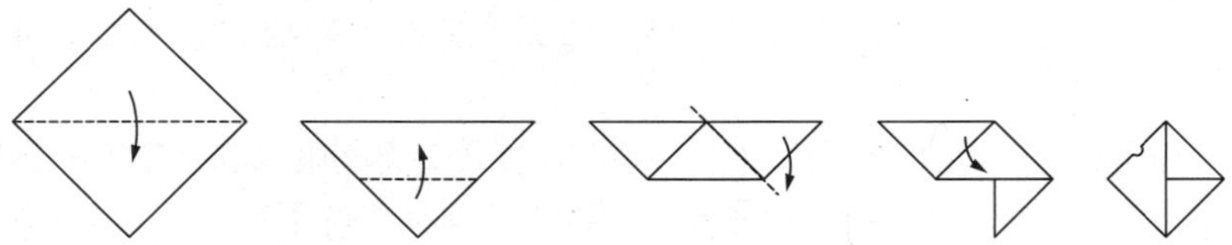

①
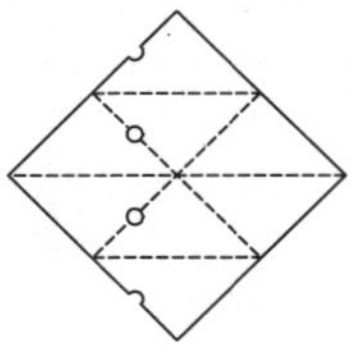

②
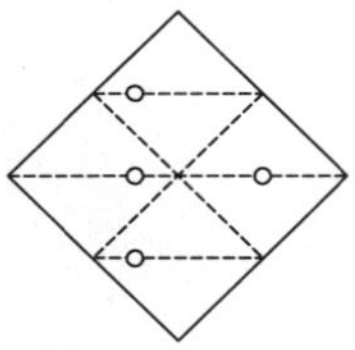

③
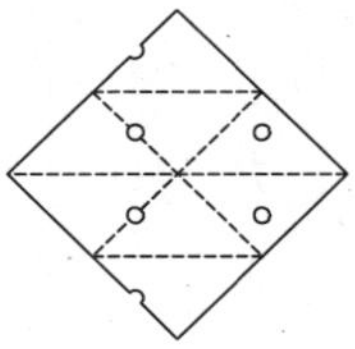

④
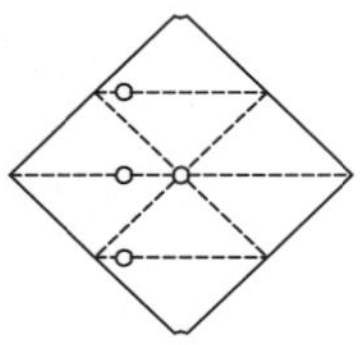

37. ○○공사의 김 대리는 세미나 장소를 대관하려고 한다. 〈평가 기준〉에 근거하여 다음의 5개 후보지 중 총점이 가장 높은 곳을 대관하려고 할 때, 김 대리가 대관하게 될 세미나 장소는?

〈세미나 장소 정보〉

구분	○○공사로부터 이동시간	수용 가능인원	대관료	세미나 참석자들을 위한 교통편	빔 프로젝터 사용가능 여부
갑 센터 401호	1.5시간	400명	65만 원	불량	O
을 구민회관 2층	2시간	500명	60만 원	양호	O
병 교통회관 302호	1시간	350명	90만 원	양호	O
정 지역 상공회의소 3층	3시간	700명	70만 원	양호	O
무 빌딩 5층	2.5시간	600명	100만 원	매우 양호	X

〈평가 기준〉

- ○○공사로부터 이동시간, 수용가능인원, 대관료를 기준으로 각 장소마다 1 ~ 5점을 부여한다.
- ○○공사로부터 이동시간과 대관료는 적을수록, 수용가능인원은 많을수록 높은 점수가 부여된다.
- 세미나 참석자들을 위한 교통편이 매우 양호하면 5점, 양호하면 4점, 불량하면 2점이 부여된다.
- 빔 프로젝터 사용이 가능하면 가점 2점이 붙는다.

① 갑 센터 401호　　② 을 구민회관 2층
③ 병 교통회관 302호　　④ 정 지역 상공회의소 3층

[38 ~ 39] 다음 글을 읽고 이어지는 질문에 답하시오.

크게는 인텔리전스 빌딩에서부터 작게는 스마트폰에 이르기까지 우리 생활 전반을 채우고 있는 것은 융합이다. 융합은 현대를 살아가는 필수적 소양이다. 이것은 기존의 분과주의나 전문주의의 사고와는 전혀 다른 재능이다. 분과의 전문을 충분히 기른 다음에 그것을 합침으로써 터득할 수 있는 간단한 합산이 아니기 때문에 더욱 그렇다. 더욱이 우리 사회는 근본적으로 융합적이다. 우리 사회를 지배하고 있는 생산력은 문화로 옮겨간 지 오래다. 식량이나 주거, 의복의 생산도 이제는 인간의 생존을 위한 것이 아니다. 어떤 면에서 생존을 위한 물자 생산이라는 산업 혁명은 지난 셈이다. 우리는 인간답게 살기 위하여 물자를 소비한다. 그것이 우리 시대의 문화를 이루고 있다. 그 문화야말로 가장 융합적이다. 예컨대, 이야기는 이야기만으로 그치지 않는다. 거기에 영상이 입혀지고 노래가 첨가되며 원초적인 다섯 가지 감각으로 복합 감각화된다. TV의 프로그램을 보면 그런 복합적 현상은 얼마든지 볼 수 있다. 아까까지 노래를 부르고 심각한 표정을 짓던 가수나 배우가 조금 있으면 토크의 장에 나와 에피소드를 이야기하면서 관객과 호흡을 같이 한다.

음식 사업은 문화 사업으로 바뀐 지 오래다. 아이스크림이나 스테이크는 더 이상 아이스크림이나 스테이크만 파는 것이 아니다. 그곳에 가는 것 자체가 하나의 문화 행사이고 스토리를 간직한 것으로 바뀌었다. 그래서 콘서트를 가고 공연을 가는 것이 하나의 이야기 속 과정인 것과 마찬가지인 것처럼 그것은 음식을 먹는 것이 아니라 이야기 속의 과정으로 된 것이다. 한 마디로 외식 사업체는 음식을 파는 것이 아니라 문화를 팔고 있는 셈이다.

38. 다음 중 윗글을 이해한 내용으로 적절하지 않는 것은?

① 융합은 현대인들이 갖추어야 할 필수 소양이 되었다.
② 분과주의나 전문주의의 단순한 합산을 융합이라고 볼 수 없다.
③ 융합은 인간이 인간답게 살기 위하여 필요한 요소이다.
④ 우리 사회의 생산의 원동력은 문화이다.

39. 다음 중 저자의 견해를 바르게 이해하지 못한 것은?

① 인간의 소비는 생존 문제가 해결되면 바로 융합을 탄생시키는구나.
② 선호하는 음식점을 고를 때는 음식의 맛 하나만 기준이 되는 건 아니겠구나.
③ TV 프로그램에서 융합적 가치를 찾아보는 일은 어렵지 않은 시대야.
④ 음식 사업이나 TV 프로그램 외에도 사회 곳곳에서 융합을 찾아볼 수 있겠다.

40. 다음 글을 참고할 때 직장에서 가장 선호하는 직원의 사례로 적절한 것은?

> 현재 재직 중인 직장인을 대상으로 설문조사를 한 결과 앞으로 동료를 선택할 수 있다면 평소 업무 수행 태도와 성격(76.0%), 예의(63.6%), 뛰어난 성과 및 역량(54.1%), 넓은 인간관계(53.6%) 순으로 고려할 것이라는 응답이 나타났다. 특징적인 점은 직장 내에서 가장 선호하는 유형으로 성실성과 예의를 꼽았는데, 반대로 직장 동료로 가장 선호하지 않는 유형으로 예의가 없는 사람(67.5%)을 언급한 비율이 가장 높았다는 것이다. 직장에서 함께 일하고 관계를 맺고 싶은 동료는 업무 능력도 중요하지만 무엇보다 예의 등의 '기본적인 태도'를 갖춘 사람이라는 것을 다시 한 번 확인해볼 수 있는 결과였다.
> ※ 제시된 설문은 모두 복수 응답이 가능한 설문이었다.

① 김 사원은 분석적 능력이 뛰어나서 남들이 예측하지 못하는 부분까지도 세세하게 알고 있다.
② 정 사원은 재미있는 얘기를 자주하여 경직된 사무실 분위기를 풀어주는 동료이다.
③ 박 대리는 시간을 정확하게 준수하여 남들에게 절대 피해를 끼치지 않으려고 노력한다.
④ 최 대리는 사람들에게 항상 존댓말을 사용하며 상대방을 배려하는 태도로 의견을 구한다.

41. 다음 중 〈보기〉에서 설명하는 이론으로 인해 나타나는 현상으로 적절하지 않은 것은?

> **보기**
>
> 파동이 진행하다 장애물을 만나거나 어떤 틈을 지날 때, 그 주위를 돌아 원래의 방향과는 다른 방향으로 파동이 전달되어 퍼져 나가는 현상을 말한다.

① 산간 지방에서는 AM 방송이 FM 방송보다 더 잘 들린다.
② 문틈을 통해 바깥에서 부는 바람 소리를 들을 수 있다.
③ 항구의 방파제에 직각 방향으로 들어온 파도는 방파제 안쪽에도 전달된다.
④ 멀리 떨어진 곳에서 나는 소리는 낮보다 밤에 잘 들린다.

42. 들풀과 토끼, 독수리로 이루어진 생태 피라미드가 다음의 그림과 같이 변화하였다. 이러한 변화가 발생한 요인으로 적절한 것은?

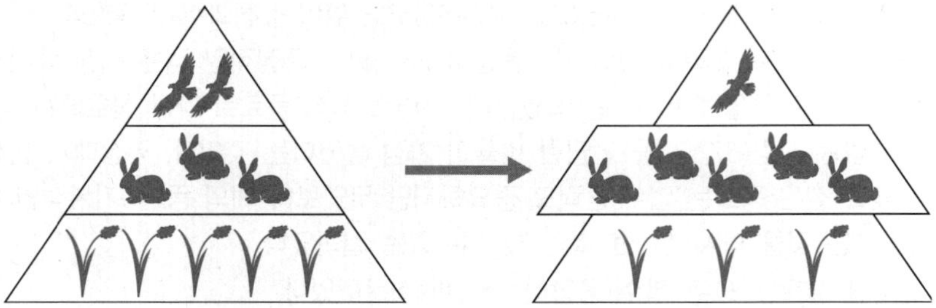

① 독수리의 천적인 인간의 수렵이 증가하였다.

② 인근 초원에서 토끼의 개체 수가 급증하였다.

③ 뱀의 개체 수 급증에 따라 들풀이 감소하였다.

④ 산성비의 강수로 인해 토양이 오염되었다.

43. 다음에서 설명하고 있는 행성으로 적절한 것은?

- 낮과 밤의 온도차가 매우 크다.
- 행성의 표면이 암석으로 이루어져 있다.
- 태양계 행성 중 태양에서 가장 가까운 곳에 위치한다.

① 수성　② 금성

③ 화성　④ 목성

44. 다음 정육면체를 꼭짓점 A, B를 잇는 선분으로부터 점 C, D를 잇는 선분까지 잘랐을 때의 단면 모양으로 옳은 것은?

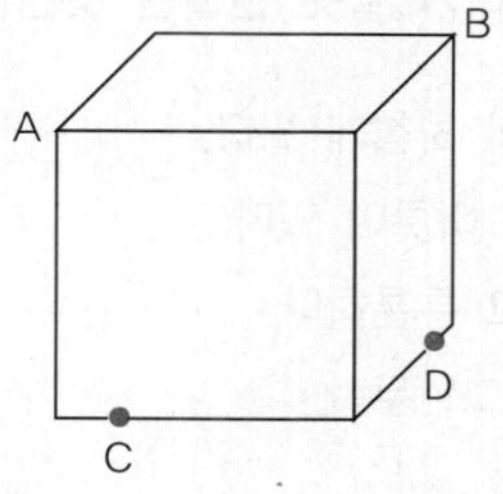

①
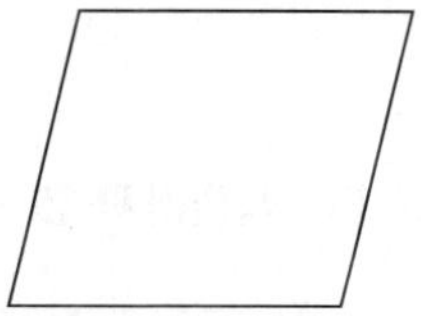

②
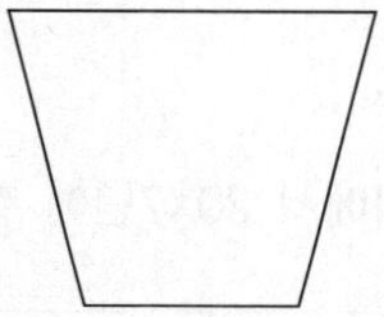

③

④
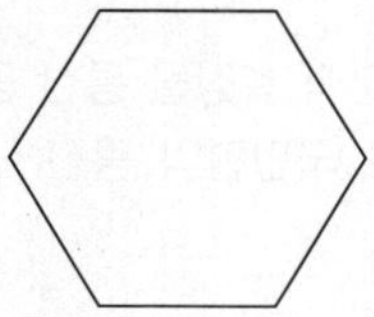

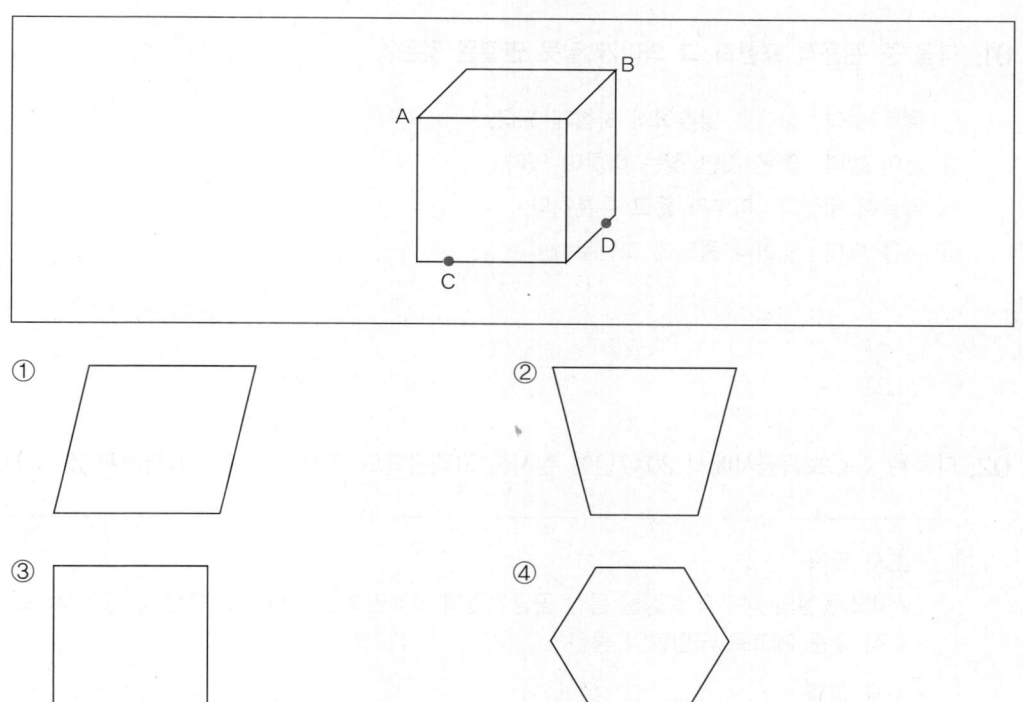

45. 다음 고객서비스 관련 성공 사례에서 중요하게 여긴 요소로 가장 적절한 것은?

> 미국의 집 관련 가전, 가구, 제품, 설비 등을 제공하는 기업인 홈디포는 그들이 목표로 한 고객층이었던 DIY(Do－It－Yourself)족이 나이를 먹어감에 따라 이들의 욕구도 변할 것이라고 생각하였다. 따라서 그들은 점포에서 무료 상담 및 낮은 가격으로 직접 카펫이나 또는 난방 시스템 등을 설치해 주는 서비스를 시작해서 대성공을 거두었다.

① 고객의 가치
② 고객의 감성
③ 고객의 신뢰
④ 고객의 변화하는 욕구

4회 기출예상문제

소양평가

문항수	45문항
시험시간	50분

정답과 해설 33쪽

01. 다음 중 관용적 표현과 그 의미가 잘못 연결된 것은?

① 물로 보다 : 상대를 낮추어서 하찮게 보다.
② 눈이 높다 : 좋은 것만 찾는 버릇이 있다.
③ 얼굴이 두껍다 : 피부가 좋고 튼튼하다.
④ 손을 떼다 : 벗어나 중도에 그만두다.

02. 다음은 ○○보증공사에서 20X7년에 실시한 고객만족도 조사결과이다. 적절하지 않는 것은?

> • 조사 목적
> 서비스품질의 객관적 측정을 통한 공공기관의 고객만족경영 마인드 확산 및 공공서비스의 질적 수준 제고로 국민편익 증진
>
> • 조사 설계
> – 조사대상 : 최근 1년간(20X6. 9. ~ 20X7. 8.) 해당 서비스를 경험한 만 20세 이상 65세 이하 고객
> – 표본 수 : 총 454명(보증 393명, 융자수탁 18명, 보증이행 43명)
> – 조사방법 : 구조화된 설문지를 이용한 전화조사
> – 조사기간 : 20X7. 12. 4. ~ 20X8. 2. 22.

① 고객만족도 조사의 목적은 서비스품질의 객관적 측정을 통한 공공기관의 고객만족경영 마인드 확산이다.
② ○○보증공사는 공공기관이므로 공공서비스의 질적 수준 제고를 통한 국민편익의 증진을 목적으로 하고 있다.
③ 조사대상은 최근 1년간 해당 서비스를 경험한 만 20세 이상 65세 이하 고객이다.
④ 조사기간은 20X6년 9월부터 20X7년 8월까지 1년 동안 실시하였다.

03. 다음 그림은 같은 크기의 블록을 쌓아 놓은 것이다. 그림에 사용된 블록은 모두 몇 개인가? (단, 보이지 않는 뒷면에 쌓인 블록은 없다)

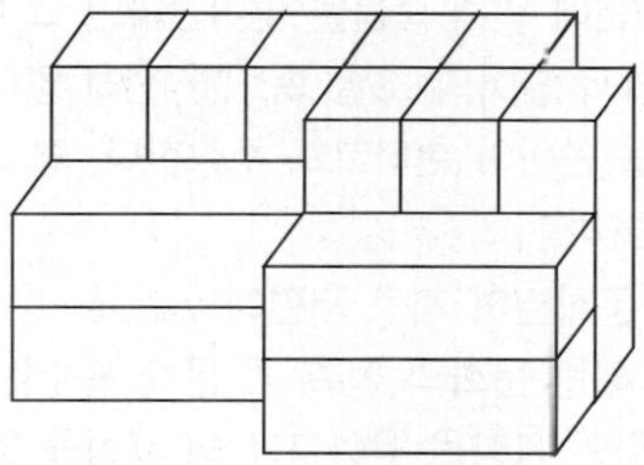

① 12개
② 13개
③ 14개
④ 15개

04. 다음 <보기>의 밑줄 친 부분에 들어갈 명제로 알맞은 것은?

보기

[전제] • ______________________________

• 맵고 짠 음식을 좋아하는 사람은 라면보다 칼국수를 더 좋아하지 않는다.

[결론] • 그러므로 형진이는 맵고 짠 음식을 좋아하지 않는다.

① 형진이는 라면보다 칼국수를 더 좋아한다.
② 형진이는 라면보다 칼국수를 더 좋아하지 않는다.
③ 맵고 짠 음식을 좋아하는 사람은 형진이다.
④ 맵고 짠 음식을 좋아하지 않는 사람은 형진이다.

[05 ~ 06] 다음 글을 읽고 이어지는 질문에 답하시오.

언어가 소멸하고 있다는 사실은 언뜻 보면 자연스러워 보일 수 있다. 예를 들어, 같은 언어를 쓰고 있던 사람 모두가 천재지변에 의해 죽음을 맞이한다면 그 언어는 흔적도 없이 사라질 것이다. 하지만 많은 학자는 현대에 와서 언어의 소멸 속도가 전례 없이 빨라졌다고 입을 모아 얘기한다. 또한, 언어의 보존에 많은 힘을 쏟아야 한다고도 주장한다. 왜 그럴까? 그리고 언어가 사라진다고 해서 우리와 무슨 관련이 있을까?

세계화가 진행되면서 어떤 문화권이 지구 저편에 있는 (㉠) 문화권과 접하게 되는 것은 전혀 놀라운 일이 아니다. 이런 문화의 접촉 중 문화 흡수는 언어의 쇠퇴에 큰 영향을 끼친다. 한 문화가 좀 더 지배적인 문화의 영향을 받아 자신의 특성을 잃기 시작하면서 구성원들이 새로운 행동 양식을 받아들이며 원래 언어를 버리게 되는 것이다.

이를 조금 더 자세히 살펴보면 세 가지 단계를 밟으며 진행됨을 알 수 있다. 첫 번째 단계에서는 지배 언어를 말해야 한다는 거대한 사회적 압력이 가해진다. 일제강점기의 창씨개명과 같은 하향식 압력일 수도 있고, 2000년대 초반 우리나라에 있었던 영어 공용화 이슈처럼 소속 사회의 유행이나 동류 집단의 압력 형태를 띠는 상향식 압력일 수도 있다. 두 번째 단계는 병용 단계이다. 압력에 못 이긴 사람들이 새로운 언어를 점점 능숙히 구사하는 과정이다. 대개 기존의 언어가 새로운 언어에 자리를 내주고 쇠퇴의 길을 걷는다. 그렇게 세 번째 단계인 언어의 소멸에 이르게 된다.

이 일련의 과정은 폭력성을 함축하기도 한다. 유럽과 아프리카, 미국과 인디언, 일제강점기 등 세계의 역사에서 그 예를 무수히 많이 찾아볼 수 있다. 그리고 이러한 예들을 계속 들여다보면 19세기의 제국주의부터 두 번의 세계대전, 세계화와 개발도상국의 도시화까지 비교적 최근의 기류에 의해 발생한 것이 많다는 것을 알 수 있다. 도시화나 세계화 같은 최근의 경향을 비난하거나 매도할 수는 없지만, 이에 의한 언어 소멸은 인재이고 언어의 생존에 가장 치명적이다.

05. 다음 중 윗글에 이어질 내용으로 가장 적절한 것은?

① 언어의 멸종을 막아야 하는 이유
② 언어의 소멸로 인한 개인의 피해
③ 언어가 소멸하는 구체적 이유
④ 언어의 멸종으로부터 얻을 수 있는 이익

06. 윗글의 빈칸 ㉠에 들어갈 단어로 적절한 것은?

① 점진적인　　② 폐쇄적인
③ 이질적인　　④ 가학적인

07. 다음에 제시된 〈보기〉의 입체도형과 동일한 것은?

보기

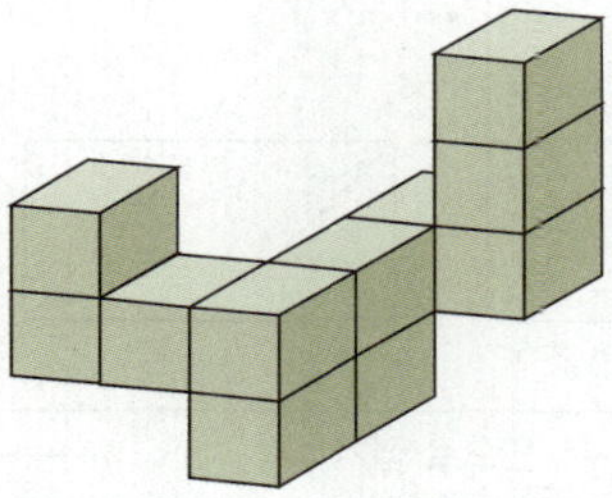

①

②

③

④

08. 다음 글을 토대로 추론한 내용으로 적절한 것은?

인사팀 오 대리는 잔업을 마친 후 업무를 위해 참고한 서류 파일을 서류꽂이에 다시 꽂아 두었다. 근태기록 파일, 출장보고서 파일, 경비집행 내역서 파일을 좌측부터 차례로 꽂은 다음, 인사기록 파일을 출장보고서 파일보다 좌측에, 퇴직금 정산 파일을 인사기록 파일보다 우측에 꽂아 두었다.

① 어느 파일이 맨 우측에 있는지 알 수 없다.

② 근태기록 파일이 맨 우측에 있다.

③ 출장보고서 파일이 맨 우측에 있다.

④ 경비집행 내역서 파일이 맨 우측에 있다.

09. 정사각형 모양의 종이를 다음과 같이 접은 후 뒤에서 본 모양으로 알맞은 것은?

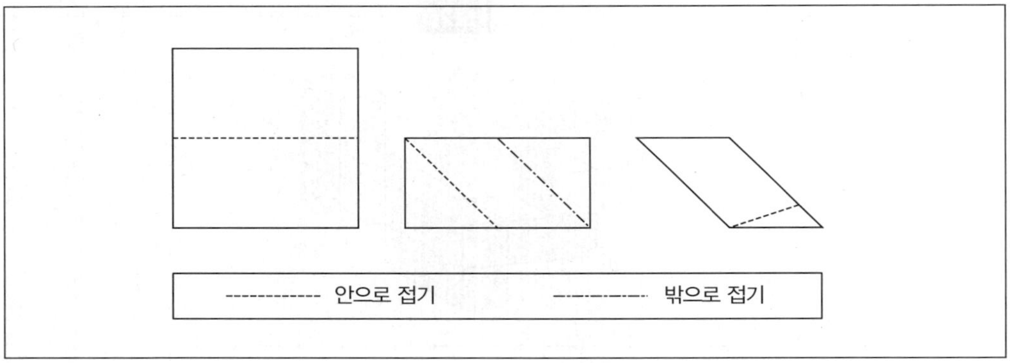

①
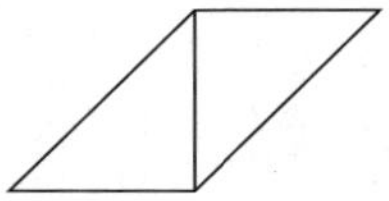

②
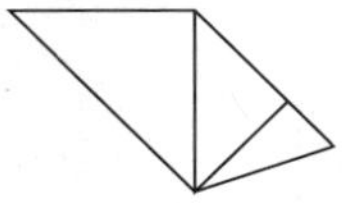

③
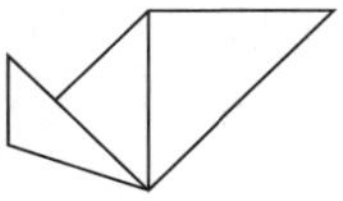

④
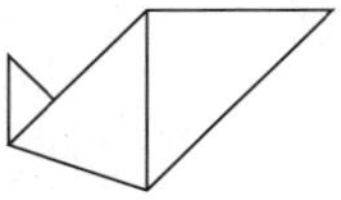

10. 갑과 을은 휴대폰 비밀번호를 다음과 같은 규칙으로 설정하였을 때 이들의 비밀번호를 바르게 연결한 것은?

- 비밀번호는 1 ~ 9까지 아홉 개의 숫자 중 4개로 조합되어 있다.
- 비밀번호에 중복된 숫자는 없으며 짝수, 홀수 각각 2개가 번갈아 사용되었다.
- 갑은 2, 을은 3으로 비밀번호가 시작한다.
- 두 사람의 비밀번호 모두 네 개의 숫자를 합하면 20이며 마지막 숫자는 처음 숫자보다 작다.
- 두 사람의 비밀번호 모두 가운데 숫자는 연이어 있다.

① 갑 – 2891

② 갑 – 2981

③ 을 – 3672

④ 을 – 3692

11. 다음 중 혈구의 기능으로 옳은 것은?

① 산소 운반 ② 혈액 역류 방지
③ 혈관 수축 ④ 혈소판 생성

12. 다음 중 풍선에 공기를 불어 넣으면 부풀어 오르는 원리에 대한 설명으로 옳은 것은?

① 풍선 내 기체 분자들이 스스로 움직여 퍼져나가기 때문이다.
② 공기 중의 열에너지를 흡수해 분자운동이 활발해지기 따문이다.
③ 풍선 내 기체 분자들은 가볍고 촘촘하게 배열되어 있기 때문이다.
④ 기체 분자 수가 증가해서 풍선 벽에 작용하는 힘이 커지기 때문이다.

13. 회의 참석자들이 다음 〈조건〉에 따라 앉을 때, 이에 대한 설명으로 옳은 것은?

조건

- 4개 회사에서 각 2명씩 나와 총 8명이 회의를 하려고 한다. 참석자들에게 부여된 참석번호는 A, a, B, b, C, c, D, d이며 알파벳이 같으면 같은 회사의 직원이다.
- 회의는 두 개의 사각형 테이블에서 진행되며, 각 테이블의 한 면에는 1개씩의 자리가 있다.
- a와 d, A와 b는 각각 서로 마주보고 앉는다.
- C의 한쪽 옆에는 d가 앉으며, c의 한쪽 옆에는 A가 앉는다.
- b는 B, a와 같은 테이블에 앉지 않는다.

① a는 반드시 D와 같은 테이블에 앉는다.
② 같은 회사에 소속된 직원끼리는 같은 테이블에 앉지 않는다.
③ B는 반드시 D와 마주보고 앉는다.
④ 8명이 앉는 위치가 모두 확정된다.

14. 다음 서 과장과 김 사원 간의 대화에서 나타난 문제점으로 적절하지 않은 것은?

> 서 과장 : 오전에 말한 서류정리 다 완료됐어요? 퇴근시간 다 됐는데.
> 김 사원 : 아, 과장님. 제가 오늘 외부 미팅이 있었습니다.
> 서 과장 : 나 참, 아직 정리가 다 안 됐다는 말인가요?
> 김 사원 : 그게요, 과장님.
> 서 과장 : 아, 됐어요. 김 사원은 늘 일을 제시간에 끝내지를 않네요. 이제는 별로 놀랍지도 않아요.
> 김 사원 : 아니, 그게 아니고 갑자기 과장님이 미팅 다녀오라고 하셨잖아요. 저는 단지 두 가지 일을 시간 내에 끝내기 어려웠던 건데…….

① 상대방의 말을 열린 마음으로 수용하지 않았다.
② 서로의 가치관을 존중하지 않았다.
③ 상대에 대해 우호적 태도를 취하지 않았다.
④ 상대의 처지를 고려하지 않았다.

15. 종이를 다음과 같이 접은 후 펀치로 구멍을 뚫고 다시 펼쳤을 때의 모양으로 옳은 것은?

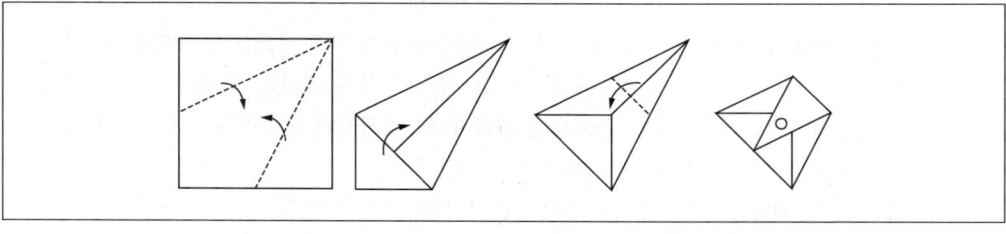

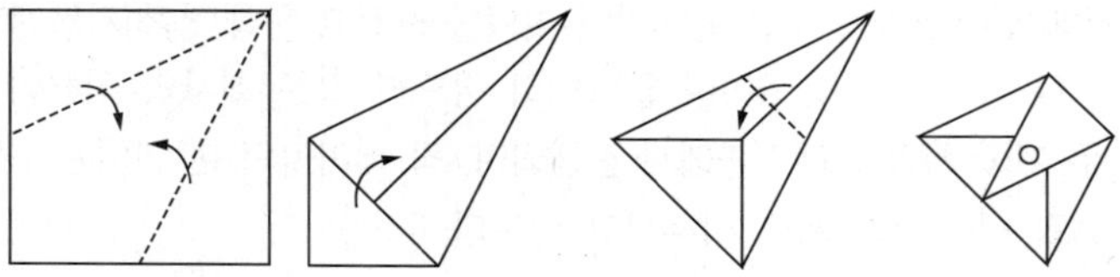

①
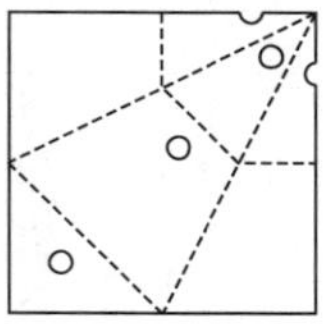

②
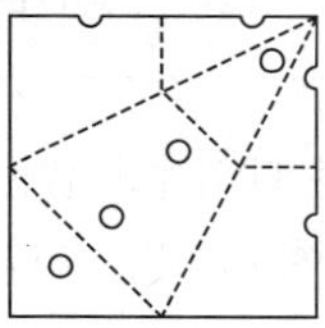

③
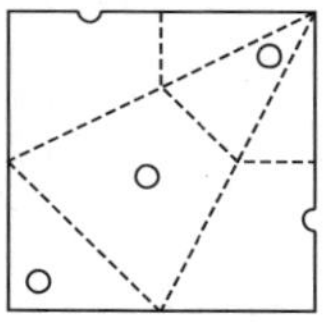

④
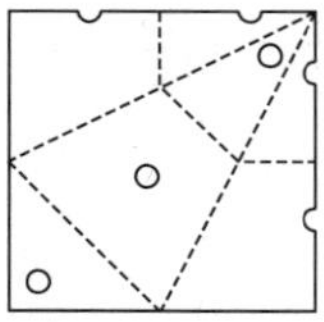

16. SWOT 분석 중 WO 전략에 해당하는 예시로 적절한 것은?

내부환경 \ 외부환경	강점(Strengths)	약점(Weaknesses)
기회(Opportunities)	SO	WO
위협(Threats)	ST	WT

① 사업 분야의 다각화
② 고수익 중심의 차별화 전략
③ 사업의 다변화와 기술개발
④ 저수익 사업 철수 및 매각

17. 올해 ○○사에 입사한 P는 신입사원을 대상으로 한 '올바른 맞춤법 사용하기' 교육을 수강하였다. 다음 중 P가 문장의 밑줄 친 단어를 수정한 내용으로 적절하지 않은 것은?

① 박 과장님, 계약이 잘 성사되야 할 텐데요. → '돼야'로 수정한다.
② 오 팀장님, 방금 들었는데 김 사원이 지난주에 결혼을 했대요. → '했데요'로 수정한다.
③ 이 대리님, 휴가 잘 다녀오시길 바래요. → '바라요'로 수정한다.
④ 최 대리님, 새로운 팀장님이 오신다는 소문이 금새 퍼졌나 봐요. → '금세'로 수정한다.

18. 다음 그림에서 크고 작은 삼각형을 만들 때, 나오는 삼각형은 모두 몇 개인가?

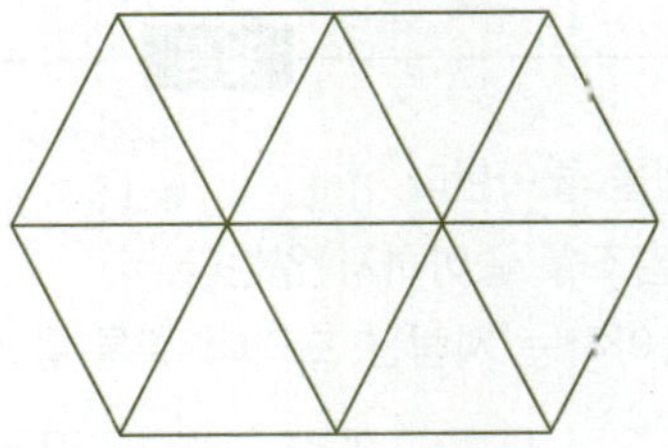

① 10개
② 11개
③ 12개
④ 13개

19. 다음 글의 중심내용으로 가장 적절한 것은?

> 소위 말하는 특종을 잡기 위해서는 재정적 뒷받침이 필요한데, 그럴 여력이 없는 상태에서 언론사가 선택할 수 있는 가장 좋은 전략은 정치적 지향성을 강하게 드러내는 것이다. 구독자들은 언론사와 자신의 정치적 지향점이 같다고 느끼면 더 많은 후원을 하는 경향이 있기 때문이다. 특히 대안언론은 재정적으로 매우 열악하여 자체적인 수익 없이 구독자들의 후원을 통해 유지되는 곳이 대부분이다. 구독자 수가 많지 않은 언론에 광고를 내겠다는 회사를 찾기가 쉬운 것도 아니고, 광고를 수주해도 수익성이 낮은 실정이니 사실상 구독자들에게 받는 후원금이 대안언론의 가장 큰 수입원이 된다. 따라서 대안언론에게는 후원금을 많이 받아 내는 전략이 곧 생존전략인 것이다.

① 대안언론이 정치성을 띠는 것은 불가피한 측면이 있다.
② 언론사에 대한 기부 활동은 제한되어야 한다.
③ 대안언론에 대한 지원을 확대해야 한다.
④ 언론은 공정해야 하므로 정치적인 행태를 보여서는 안된다.

20. 다음 명제를 바탕으로 〈결론〉에서 옳은 설명을 모두 고른 것은?

- 드라마 셜록 홈즈를 좋아하는 사람은 영화 반지의 제왕을 좋아하지 않는다.
- 영화 반지의 제왕을 좋아하지 않는 사람은 영화 해리포터 시리즈를 좋아하지 않는다.
- 영화 반지의 제왕을 좋아하는 사람은 영화 스타트렉을 좋아한다.
- 갑은 영화 해리포터 시리즈를 좋아한다.

결론

(가) 갑은 영화 스타트렉을 좋아한다.
(나) 갑은 드라마 셜록 홈즈를 좋아하지 않는다.
(다) 영화 스타트렉을 좋아하는 사람은 드라마 셜록 홈즈를 좋아하지 않는다.

① (가) ② (나)
③ (가), (나) ④ (가), (다)

21. 다음 중 무기질의 종류와 기능이 잘못 연결된 것은?

① 칼슘－뼈와 이를 구성하는 영양소로 근육의 수축 및 이완 작용을 조절하며, 결핍증으로는 구루병과 골다공증이 있다.

② 나트륨－몸속의 수분이 세포 안팎으로 고루 퍼져 있게 하며, 과다 섭취 시 고혈압이나 심장질환을 유발할 수 있다.

③ 인－세포핵과 인단백질의 구성 성분이며, 결핍 시 기운이 없고 몸이 허약해지며 빈혈에 걸리기 쉽다.

④ 철－적혈구를 구성하는 헤모글로빈의 성분으로 신체의 각 조직에 산소를 운반하며 간, 살코기, 진한 녹색 채소에 많이 함유되어 있다.

22. 스노보드는 밑면이 넓어 눈에 잘 빠지지 않고 미끄러지는 원리를 이용한다. 이와 같은 원리가 적용되는 것은?

① 트럭은 승용차보다 바퀴의 개수가 더 많다.

② 스케이트의 날을 뾰족하게 만든다.

③ 보온병의 꼭지를 누르면 물이 밀려 나온다.

④ 마약 탐지견이 마약의 위치를 탐지한다.

23. 직업의식과 관련하여 다음 사례에서 드러나는 포드의 문제점으로 적절한 것은?

> 핀토(Pinto)는 1970년대에 미국 포드사에서 생산했던 자동차의 이름이다. 1978년 8월에 시속 50마일로 달리던 밴이 핀토를 뒤에서 들이받는 사건이 일어났다. 사고 당시 핀토의 연료탱크에서 발생한 화재로 인하여 핀토에 탑승하고 있던 세 사람이 사망하였다. 이에 유가족들은 포드사에 소송을 걸었고 담당 검사는 부주의에 의한 살인(Reckless Homicide)이라는 혐의로 포드를 기소하였다. 그는 포드가 핀토의 설계 결함을 이미 알고 있었고, 그것이 상당한 위험을 야기할 것을 예상했지만 핀토를 계속 판매했다는 점을 주장하였다. 실제로 포드의 과학기술자들은 핀토가 20마일 정도의 후미충격으로도 화재가 발생할 수 있는 결함을 가지고 있고, 6.65달러 정도의 추가 비용을 들여 안전장치를 설치하면 사고를 예방할 수 있다는 사실을 알고 있었다고 한다. 그러나 당시 사고차량은 연료텅크 뚜껑이 열려 있었고, 그로 인해 휘발유가 새어 나와 화재 위험이 많았다는 이유로 포드가 소송에서 승리했다.

① 기업의 신용 구축의 미흡

② 소비자에 대한 믿음 부족

③ 공 · 사 구분의 모호

④ 사회 · 윤리적 직업의식의 결여

24. 다음의 상황에 처한 한 사원의 대처 방법으로 올바른 것은?

> 한 사원의 업무는 콜택시 이용을 원하는 고객들의 전화를 받아 접수한 후 원활하게 배차가 이루어질 수 있도록 하는 것이다. 평소와 같이 전화를 받고 있는데, 한 시간째 배차가 안 되고 있다며 따지는 고객의 전화를 받게 되었다. 고객은 이용하려는 거리가 짧아서 일부러 누락시킨 건 아니냐며 막무가내로 언성을 높이고 있다. 그런데 고객의 이용정보를 조회해 본 결과 실제로 고객이 콜택시를 신청한 내역은 없었다.

① 해당 지역은 일하기 피곤하다고 생각하며 전근을 신청한다.

② 억지를 부리는 민원인이 안타깝지만 업무에 방해가 되므로 경찰을 불러 인계한다.

③ 불편을 느낀 것에 동감하고 전화 목록을 확인시켜 주며 누락한 것이 아니라고 충분히 설명 후 배차를 진행한다.

④ 퇴근 시간이 얼마 남지 않았으므로 조금만 기다려 달라고 안내한 후에 직접 고객이 원하는 장소로 모셔다 드린다.

25. 다음 (가) ~ (마)를 문맥에 맞게 순서대로 나열한 것은?

> (가) 도자기 접시를 포크로 긁는 소리나 칠판에 분필이 잘못 긁히는 소리에 대해서는 대부분의 사람들이 혐오스럽다고 생각한다.
> (나) 고주파에 오래 노출될 경우 청각이 손상될 수 있어서 경계심이 발동되기 때문이다.
> (다) 세상에는 혐오스러운 소리가 수없이 많다.
> (라) 최근까지 혐오감을 일으키는 원인은 소리의 고주파라고 생각해 왔다.
> (마) 왜 이런 소리들이 혐오감을 유발할까?

① (가)－(마)－(라)－(나)－(다)　　② (다)－(가)－(마)－(나)－(라)

③ (다)－(가)－(마)－(라)－(나)　　④ (라)－(가)－(나)－(다)－(마)

26. 다음 〈보기〉의 도형들을 합쳤을 때 나올 수 없는 형태는? (단, 회전은 자유롭다)

보기

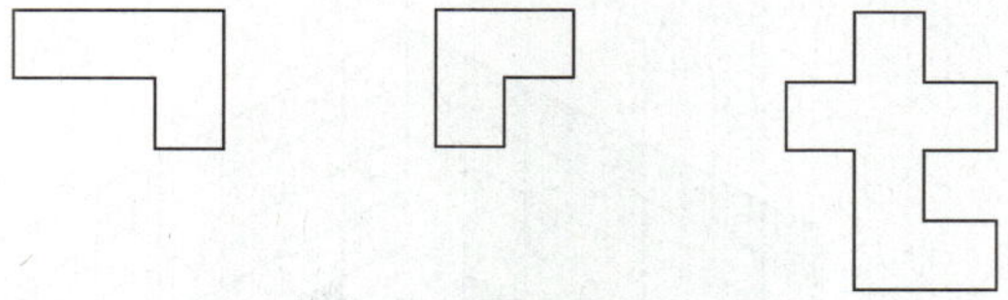

①

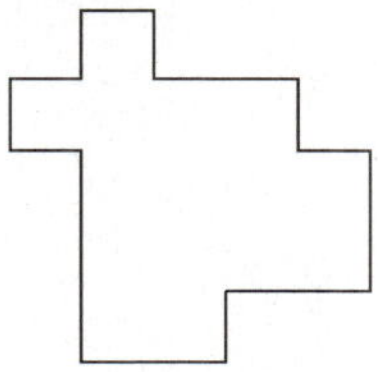

②

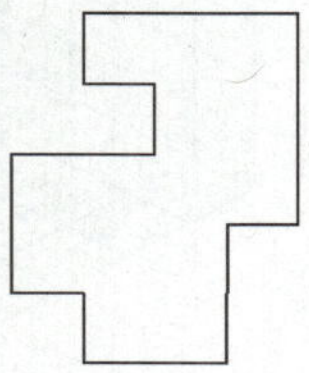

③

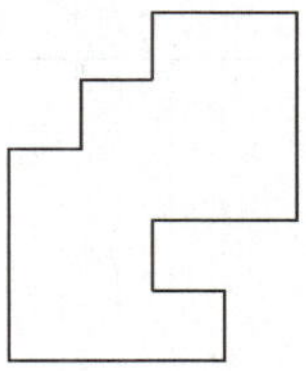

④

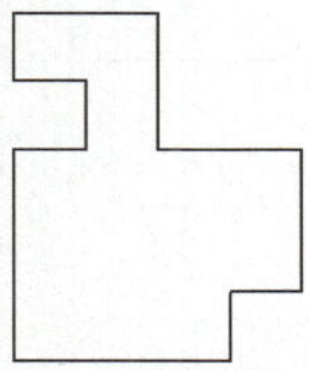

27. 다음은 ○○사의 진급대상자인 A ~ D의 특성을 정리한 표이다. A ~ D 중 책임감과 신중함 점수의 합이 가장 높은 사람을 선정한 후 그중에서 실적이 가장 높은 사람을 진급시키려고 한다. 다음 중 선발될 사람은?

구분	근속연수(년)	실적	교육이수 학점	건강상태	인성		
					사회성	책임감	신중함
A	19	하	중	상	상	중	상
B	15	중	중	중	중	중	상
C	13	하	상	상	하	상	하
D	13	중	중	중	상	중	중

※ 근속연수를 제외한 모든 특성에 다음과 같이 점수를 부여함.
(상 : 3점, 중 : 2점, 하 : 1점)

① A　　② B
③ C　　④ D

28. 다음 〈보기〉의 3차원 공간에서 세 면에 비친 그림자에 해당하는 입체도형은?

보기

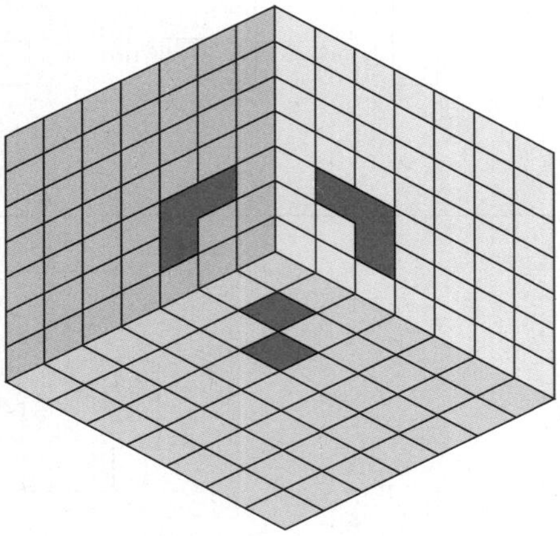

①

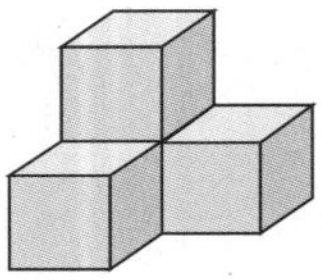

②

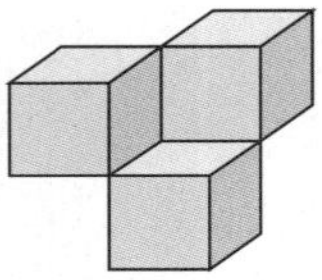

③

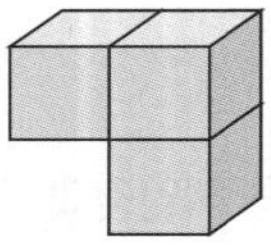

④

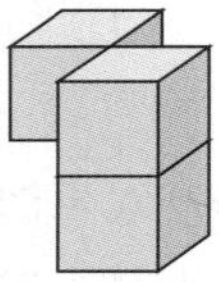

29. A ~ E는 올해 여름 휴가 계획에 대해 다음과 같이 말했다. 한 명을 제외하고 모두 진실을 말했다고 할 때, 다음 중 거짓말을 한 사람은?

A : 나는 올해 여름에 E 바로 다음으로 휴가를 가는군.
B : 올해 여름에는 내가 마지막으로 휴가를 가는구나.
C : 나는 올여름 휴가를 D보다 늦게 가겠네.
D : 나는 올여름 휴가를 B, C보다 늦게 가겠구나.
E : 올해 여름에는 내가 가장 먼저 휴가를 가네.

① A 사원
② B 사원
③ C 사원
④ D 사원

30. 다음 중 열의 이동 방식이 나머지와 다른 하나는?

① 에어컨은 높은 곳에 설치하고 난로는 방의 아래쪽에 설치한다.
② 뜨거운 국에 넣어 둔 숟가락이 뜨거워진다.
③ 주전자 바닥을 가열했더니 주전자에 담긴 물 전체가 따뜻해졌다.
④ 방의 한쪽 구석에 놓인 난로를 틀었더니 방 전체가 따뜻해졌다.

31. 다음 중 자유 낙하 운동에 대한 설명으로 옳지 않은 것은?

① 속력이 일정하게 증가하는 운동이다.
② 진공 중에는 공기 저항력이 없다.
③ 공기 중에서는 깃털과 구슬 중 구슬이 먼저 떨어진다.
④ 진공 중에서는 깃털과 구슬 중 구슬이 먼저 떨어진다.

32. 다음과 같이 빈 화물선에 짐을 가득 실었을 때 나타나는 변화로 옳은 것을 모두 고르면?

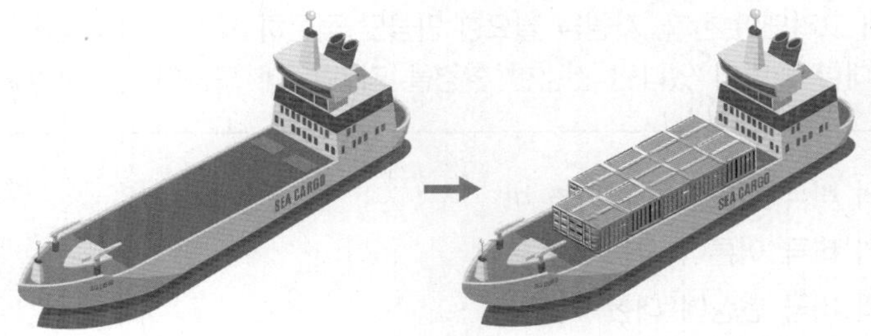

ㄱ. 화물선에 작용하는 부력이 작아진다.
ㄴ. 물속에 잠기는 만큼 화물선의 부피가 작아진다.
ㄷ. 화물선에 작용하는 중력이 커진다.

① ㄱ ② ㄴ
③ ㄷ ④ ㄱ, ㄴ

33. 다음 글을 통해 알 수 없는 내용이 아닌 것은?

> 공유지의 비극은 공적 자원의 남용을 설명하는 경제 이론으로, 수요가 공급을 압도적으로 추월하여 결과적으로 자원을 사용할 수 없게 되는 비극을 말한다. 다시 말하면, 사적 이익에 따라 행동하는 개인들이 모여 자원을 고갈시키거나 훼손시킴으로써 모든 사용자의 공동 이익에 반하는 문제를 일으키는 것이다. 크게는 대기와 수도, 작게는 사무용 냉장고와 같이 다수의 사용자가 공유하면서 어떠한 규제도 없는 자원들이 이에 해당한다. 이 이론은 모든 사용자가 개방된 자원에 동일 확률로 접근할 수 있는 경우에 일어나는 문제를 다룰 때 사용된다.
>
> 이를테면 어느 초원에서 가축을 사육한다고 가정해 보자. 초원의 주인은 없고 누구나 자신의 가축을 방목하여 풀을 먹일 수 있다. 사람들은 초원의 사용에 관한 일체의 대화도, 함께 일을 하지도 않는다. 만약 가축 10마리를 수용할 정도의 초원에 풀이 10마리가 먹을 수 있는 양만 있다면, 수용능력 이상으로 가축을 방목할 경우 동물들이 초원의 풀을 모두 먹어 초원과 동물들의 가치를 떨어뜨리고 말 것이다. 동물들의 건강은 위험에 처하고 더 낮은 품질의 자원을 제공할 것이다. 결과적으로는 손실 구조임에도 불구하고 가축업자들은 동물이 주는 당장의 이익만을 본다. 훼손된 목초지에 대한 비용은 모든 사용자가 부담하지만 각 개인마다 그중 일부만 지불하는 방식은 자원을 과도하게 사용하는 이유 중 하나일 것이다. 가축업자들은 이러한 유인책에 유혹되어 자신에게 이득이 되는 한 가축의 수를 계속 늘리거나 더 오랜 시간 방목한다.
>
> 한정된 자원에 대한 자유로운 접근과 끝없는 요구가 과도한 개발을 유도하고 자원을 감소시키는 것이다. 환경뿐만 아니라 정치나 경제, 인문학, 사회학 분야에서도 비슷한 문제가 발생한다. 이처럼 모두가 함께 사는 세상에서 극단적인 비극을 맞이하지 않으려면 정부 차원의 해결책이 고려돼야 한다. 자원을 필요한 만큼만 적절히 사용할 때 지급되는 인센티브와 과다 사용에 대한 처벌이 있다면 건강한 환경을 지키는 데 도움이 될 것이다.

① 공유지의 비극 이론이 주장하는 바

② 공유지의 비극 이론이 사용되는 분야

③ 공유지의 비극 현상에 대한 해결책

④ 공유지의 비극 이론을 처음 주장한 학자

34. 다음 중 오목 거울의 특징을 이용하여 가까이 있는 물체를 크게 볼 수 있도록 만든 장치로 가장 적절한 것은?

① 자동차 측면거울　　② 편의점 내 감시 거울
③ 치과용 거울　　④ 도로 안전 거울

35. 다음 전개도를 접었을 때 나올 수 있는 입체도형은?

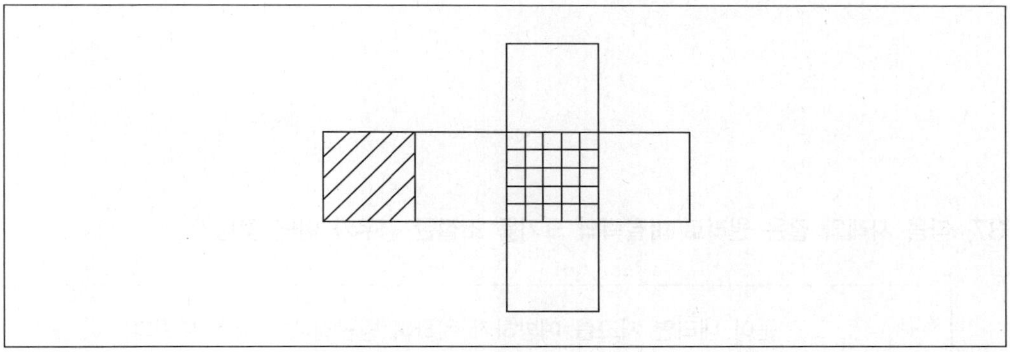

①
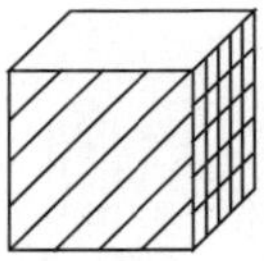

②
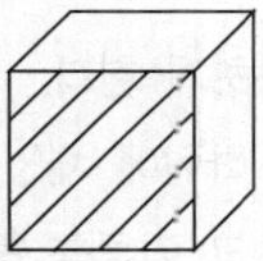

③
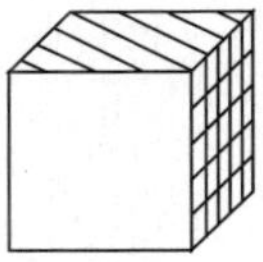

④
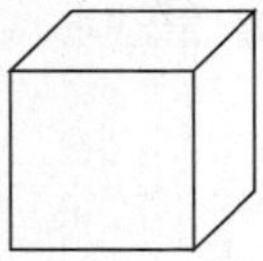

36. 다음 〈보기〉의 빈칸에 들어갈 명제로 적절한 것은?

보기

• A가 보를 내면 B는 가위를 낸다.
• C가 바위를 내면 B는 가위를 내지 않는다.
• 그러므로 (   )

① B가 가위를 내면 C는 바위를 낸다.
② C가 바위를 내면 A는 보를 내지 않는다.
③ A가 보를 내면 C는 바위를 낸다.
④ B가 가위를 내면 A가 보를 낸다.

37. 다음 사례와 같은 원리로 마찰력의 크기를 조절한 경우가 아닌 것은?

눈이 내리면 사고를 예방하기 위하여 빙판길에 모래를 뿌린다.

① 등산화 바닥을 울퉁불퉁하게 한다.
② 눈길을 달릴 때 자동차 바퀴에 체인을 감는다.
③ 암벽을 오를 때 손에 초크 가루를 묻힌다.
④ 창문 아래에 작은 바퀴를 붙인다.

38. 다음 글을 통해 유추한 내용으로 적절하지 않은 것은?

> 한 마리의 개미가 모래 위를 기어가고 있다. 개미가 기어감에 따라 모래 위에는 하나의 선이 생긴다. 개미가 모래 위에서 방향을 이리저리 틀기도 하고 가로지르기도 하여 형성된 모양이 아주 우연히도 이순신 장군의 모습과 유사한 그림같이 되었다고 하자. 이 경우, 그 개미가 이순신 장군의 그림을 그렸다고 할 수 있는가? 개미는 단순히 어떤 모양의 자국을 남긴 것이다. 우리가 그 자국을 이순신 장군의 그림으로 보는 것은 우리 스스로가 그렇게 보기 때문이다. 선 그 자체는 어떠한 것도 표상하지 않는다. 이순신 장군의 모습과 단순히 유사하다고 해서 그것이 바로 이순신 장군을 표상하거나 지시한다고 할 수 없다는 것이다.
>
> 반대로 어떤 것이 이순신 장군을 표상하거나 지시한다고 해서 반드시 이순신 장군의 모습과 유사하다고 할 수도 없다. 이순신 장군의 모습을 본뜨지도 않았으면서 이순신 장군을 가리키는 데에 사용되는 것은 활자화된 '이순신 장군'과 입으로 말해진 '이순신 장군' 등 수없이 많다.
>
> 개미가 그린 선이 만약 이순신 장군의 모습이 아니라 '이순신 장군'이란 글자 모양이라고 가정해 보자. 그것은 분명히 아주 우연히 그렇게 된 것이므로, 개미가 그리게 된 모래 위의 '이순신 장군'은 이순신 장군을 표상한다고 할 수 없다. 활자화된 모양인 '이순신 장군'이 어느 책이나 신문에 나온 것이라면 그것은 이순신 장군을 표상하겠지만 말이다. '이순신'이란 이름을 책에서 본다면 그 이름을 활자화한 사람이 있을 것이고, 그 사람은 개미와는 달리 이순신 장군의 모습을 생각하고 있었으며, 그를 지시하려는 의도를 분명히 가졌을 것이기 때문이다.

① 이름이 어떤 것을 표상하기 위해서 의도는 필요조건이다.

② 어떤 것을 표상하기 위해서 유사성은 충분조건이 아니다.

③ 이순신 장군을 그리고자 그린 그림이라도 이순신 장군과 닮지 않았다면 그를 표상하는 그림이라고 볼 수 없다.

④ 이름이 어떤 대상을 표상하기 위해서는 그 이름을 사용한 사람이 그 대상에 대해서 생각할 수 있는 능력이 있어야 한다.

[39 ~ 40] 다음은 ○○그룹 CEO가 사원들을 대상으로 발표한 글이다. 이어지는 질문에 답하시오.

> 인간은 굉장히 똑똑한 동물입니다. 물론 침팬지도 도구를 만들어 쓰지만 인간에 비할 수는 없죠. 인간은 마이크도 쓰고, 화성에 우주발사체까지 보내니까요.
>
> 그런 인간들이 왜 정작 자신들의 터전을 이렇게 파괴했다는 걸 모르는 것일까요? 우리 후손들에게 이런 아름다운 행성을 그 짧은 시간 안에 파괴한 것을 보여 줄 생각을 하니 정말 부끄러울 따름입니다. 어쩌면 우리는 다음 주주총회 등 당장 눈앞의 이익에만 관심을 보이며 당장의 이익을 위해 살아가느라 우리 후손들을 생각하는 지혜가 사라진 건 아닐까요?
>
> 우리는 현재 머리와 마음의 연결고리가 끊어진 듯합니다. 이 연결고리가 이어져야 좀 더 멀리 보는 시각으로 더 나은 길을 찾을 수 있을 텐데 말이죠. 전 여러분 세대가 그 연결고리를 이을 수 있을 것이라고 믿습니다.

39. 윗글의 성격에 대한 설명으로 옳은 것은?

① 각종 행사에서 발표하기 위해 행사의 성격과 상황에 어울리는 내용을 담은 글이다.
② 일정한 주제를 가지고 청중 앞에서 강의 형식으로 말하기 위해 쓴 글이다.
③ 상황에 대한 이해나 분석이 아니라 자신의 감정이나 느낌을 우선시하는 글이다.
④ 대립되는 문제 상황에 대하여 긍정 측과 부정 측으로 나누어 의견을 제시하기 위한 글이다.

40. 윗글을 바탕으로 파악한 '청자 지향적 말하기'의 태도로 적절하지 않은 것은?

① 청자가 주제에 대해 어느 정도 관련성을 느끼는지 파악한다.
② 청자가 현재 진행 중인 이야기를 얼마나 이해하고 있는지 파악한다.
③ 청자가 주제에 대해 얼마만큼의 배경지식을 가지고 있는지 파악한다.
④ 청자가 화자의 생각과 느낌을 일방적으로 잘 전달받고 있는지 파악한다.

41. 다음 글의 내용과 관련된 사자성어로 적절한 것은?

> 중국 전국시대 조괄은 아버지로부터 배운 병법에는 매우 익숙하였지만 실전 경험은 없었다. 그의 부모는 그가 군사적 직책에 배치되는 것을 원하지 않았지만, 결국 조나라 왕이 그를 대장으로 임명하고 전투에 참가시켰다. 그리고 진나라 장군 백기는 조나라 군대를 유인하여 공격할 수 있는 기회를 놓치지 않았다. 이때 조괄은 병법에만 의존하고 융통성 없이 공격을 감행하다가 진나라의 화살에 맞아 사망하였고, 수십만 조ㄴ라 군사들은 항복한 후 생매장되었다.

① 절차탁마 ② 탁상공론

③ 미증유 ④ 와신상담

42. 다음 그림은 태양을 중심으로 하는 행성의 궤도를 나타낸 것이다. A ~ D 중 속력과 가속도가 최대인 지점을 바르게 연결한 것은?

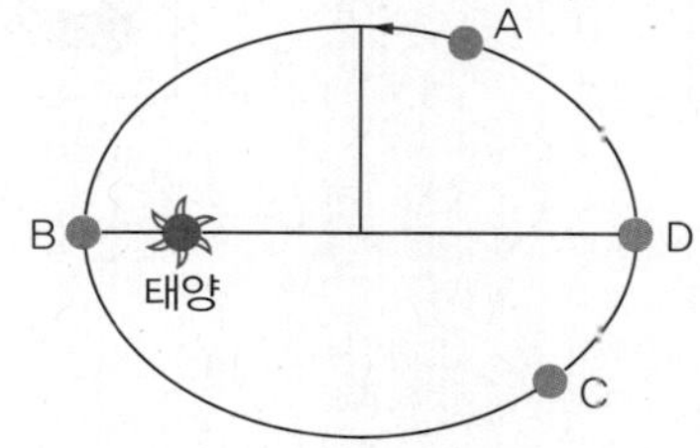

	속력	가속도		속력	가속도
①	A	A	②	A	C
③	B	B	④	B	D

43. 다음 제시된 도형이 180° 회전했을 때의 모양으로 옳은 것은?

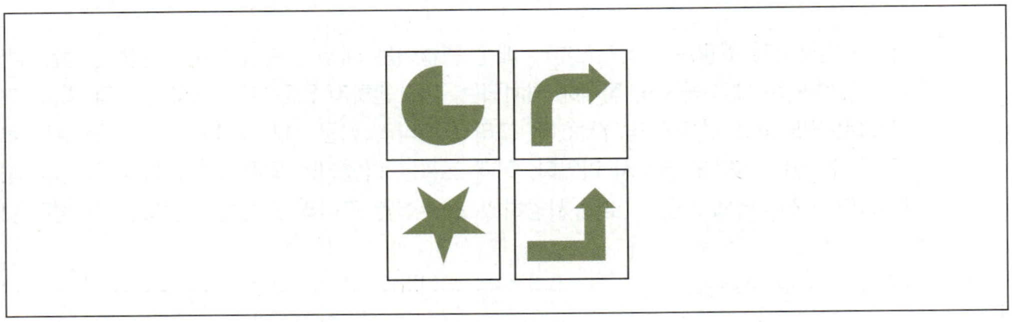

①

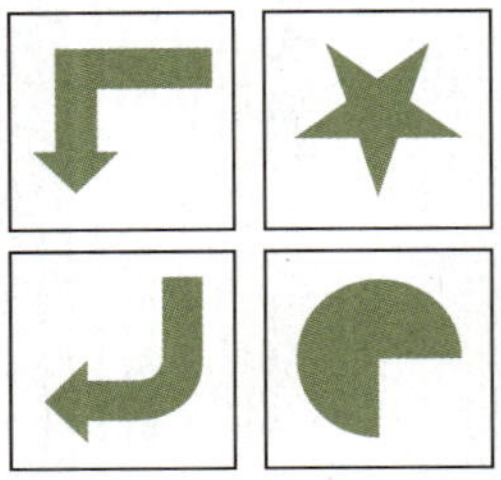

②

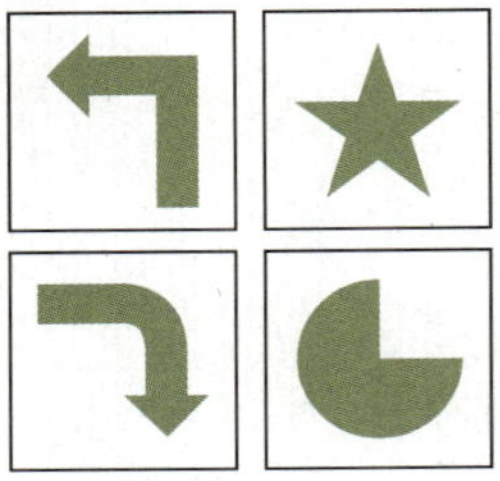

③

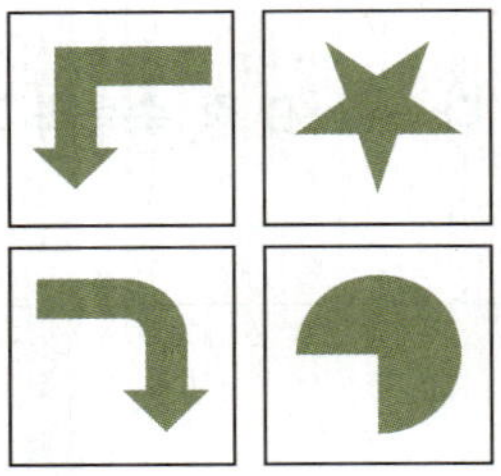

④

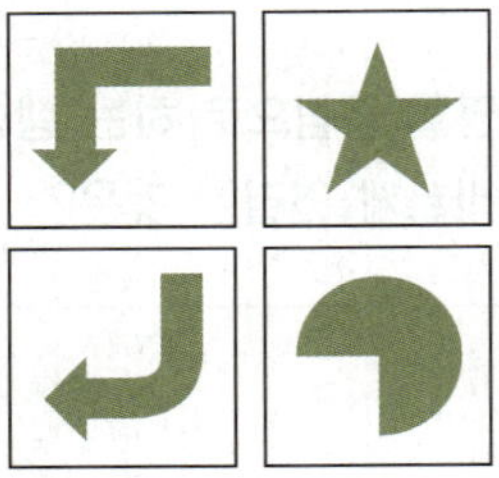

44. 다음의 대화를 통해 알 수 있는 발언 (A)의 가장 큰 문제점은?

① 상대방의 말에 공감하지 못하고 있다.

② 상대방의 말에 숨겨져 있는 의도를 파악하지 못하고 있다

③ 상대방의 말을 멋대로 해석하여 자기 방식대로 이해하고 있다.

④ 상대방의 말을 있는 그대로만 이해하고 있다.

45. 다음 (가) ~ (라)는 모두 뉴턴의 운동법칙 제1 ~ 3에 해당한다. 각각 해당하는 법칙의 숫자를 모두 합한 값은?

> (가) 달리던 선수가 결승선을 통과하고 바로 멈추기는 어렵다.
> (나) 달리고 있는 자동차의 액셀을 계속 밟으면 속도가 빨라진다.
> (다) 노를 저어 물을 뒤로 밀어내면 배가 앞으로 나아간다.
> (라) 옷의 먼지를 털 때 옷을 두드려서 털어낸다.

① 6　　② 7

③ 8　　④ 9

5회 기출예상문제

소양평가

문항수 | 45문항
시험시간 | 50분

정답과 해설 41쪽

01. 다음 나열된 단어의 관계가 나머지와 다른 하나는?

① 옷감 – 홍두깨 – 다듬이질
② 나무 – 불 – 연소
③ 공책 – 펜 – 필기
④ 셔틀콕 – 라켓 – 배드민턴

02. 다음 상황에서 대학생 A가 선택할 수 있는 행동으로 적절한 것은?

> 대학생인 A는 평소 자기주장을 강하게 내세우지 않는 성향으로, 다른 사람들과 조화를 이루는 것을 중요하게 여긴다. 어느 날, 대학교 강의가 끝나고 A의 대학 친구들 중 커피를 즐겨 마시는 친구 한 명이 점심을 먹은 후 함께 커피 맛이 정말 좋은 근처의 ○○카페에 가자고 제안을 하였다. 평소에 A는 커피를 마시지는 않지만 사람들과 수다를 떨며 어울리는 것은 좋아한다. 그래서 친구들과 함께 시간을 보내고 싶은 마음이 들었다.

① 친구들에게 본인은 커피를 마시지 않기 때문에 다른 장소를 가자고 제안한다.
② ○○카페에 가서 친구들과 함께 커피를 마신다.
③ ○○카페에 가서 커피 외의 음료를 시키고 친구들과 함께 있는 시간을 즐긴다.
④ 친구들과 카페에 가지 않고 혼자 다른 활동을 한다.

03. 다음 밑줄 친 어휘 중 올바른 단어를 골라 순서대로 짝지은 것은?

> • 첨단산업단지에 <u>걸맞는/걸맞은</u> 인공지능 아파트를 건설할 예정이다.
> • 이 일을 반대하려면 그에 <u>알맞는/알맞은</u> 명분을 찾아야 한다.

① 걸맞는, 알맞는
② 걸맞는, 알맞은
③ 걸맞은, 알맞는
④ 걸맞은, 알맞은

[04 ~ 05] 다음 글을 읽고 이어지는 질문에 답하시오.

오컴의 면도날(Occam's razor)이라는 표현이 있다. 경제성의 원리(Principle of economy)라고도 불리는 이 용어는 14세기 영국의 논리학자였던 오컴의 이름에서 탄생하였으며, 어떤 현상을 설명할 때 필요 이상의 가정과 개념들은 면도날로 베어낼 필요가 있다는 권고로 쓰인다.

인간의 욕구에 대한 대표적인 이론에는 20세기 미국의 심리학자인 매슬로(Maslow)의 욕구단계설이 있다. 인간의 다양한 욕구들은 강도와 중요성에 따라 피라미드 모양의 다섯 단계로 이루어진다는 것이다. 이 이론의 전제는 아래 단계의 기본적인 하위 욕구들이 채워져야 자아 성취와 같은 보다 고차원적인 상위 욕구에 관심이 생긴다는 것이다. 하지만 매슬로의 이론에 의문을 제기해 볼 수 있다. 왜 사람은 세상에서 가장 뛰어난 피아니스트가 되려 하고, 가장 빠른 기록을 가지려고 할까? 즉, 왜 자아 성취를 하려고 할까? 그동안 심리학자들은 장황한 이유를 들어 설명하려 했다. 그러나 진화 생물학적 관점에서는 모든 것이 간명하게 설명된다. 자아 성취를 위해 생리적 욕구를 채우는 것이 아니라, 식욕이나 성욕과 같은 인간의 본질적 욕구를 채우는 데 도움이 되기 때문에 자아 성취를 한다는 것이다.

행복도 오컴의 면도날로 정리할 필요가 있다. 행복은 가치나 이상, 혹은 도덕적 지침과 같은 거창한 관념이 아닌 레몬의 신맛처럼 매우 구체적인 경험이다. 그것은 쾌락에 뿌리를 둔, 기쁨과 즐거움 같은 긍정적 정서들이다. 쾌락이 행복의 전부는 아니지만, 이것을 뒷전에 두고 행복을 논하는 것은 (　　　㉠　　　)이다.

04. 윗글에 대한 이해로 적절하지 않은 것은?

① 진화 생물학적 견해는 불필요한 사고의 절약에 도움을 준다.
② '오컴의 면도날'은 어떤 현상을 설명할 때 경제성의 측면에서 권고사항으로 쓰인다.
③ 매슬로와 진화 생물학적 관점은 인간의 본질에 대한 해석이 근본적으로 같다.
④ 매슬로는 하위 욕구가 전제되지 않으면 고차원적 욕구에 관심이 생기지 않는다고 본다.

05. 윗글의 흐름을 고려할 때, ㉠에 들어갈 사자성어로 적절한 것은?

① 중언부언(重言復言)
② 어불성설(語不成說)
③ 교언영색(巧言令色)
④ 유구무언(有口無言)

06. 다음 〈보기〉의 명제가 모두 참일 때 반드시 참인 것은?

보기

- 껌을 좋아하는 아이는 사탕도 좋아한다.
- 초콜릿을 좋아하지 않는 아이는 사탕도 좋아하지 않는다.
- 감자칩을 좋아하는 아이는 사탕도 좋아한다.

① 감자칩을 좋아하는 아이는 초콜릿도 좋아한다.
② 감자칩을 좋아하는 아이는 껌을 좋아하지 않는다.
③ 초콜릿을 좋아하는 아이는 감자칩도 좋아한다.
④ 껌을 좋아하는 아이는 초콜릿은 좋아하지 않는다.

07. 다음 〈보기〉의 도형들을 합쳤을 때, 나올 수 없는 형태는? (단, 각 도형은 회전할 수 없다)

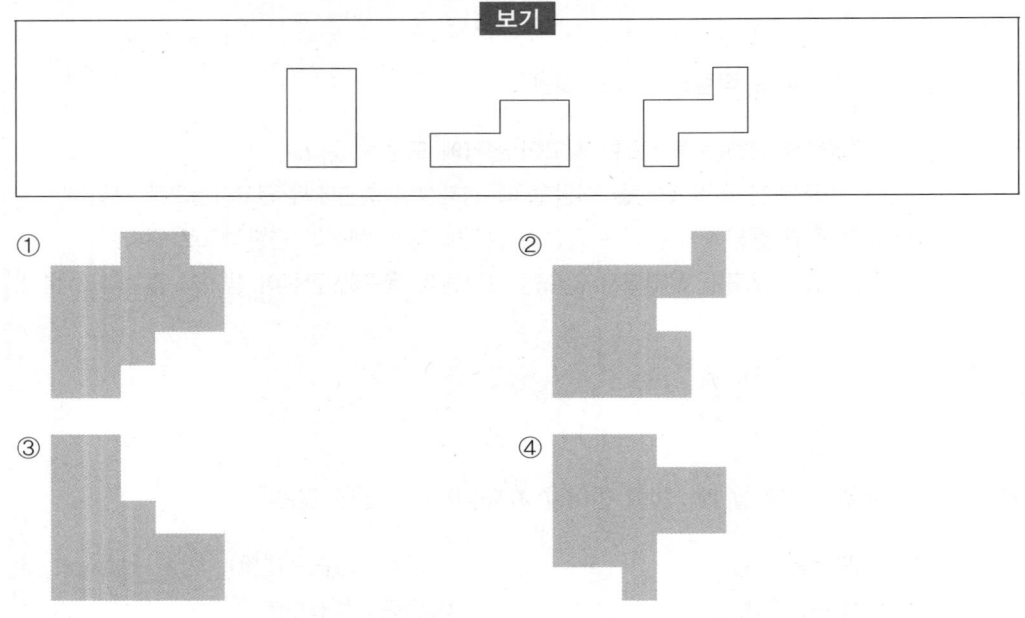

보기

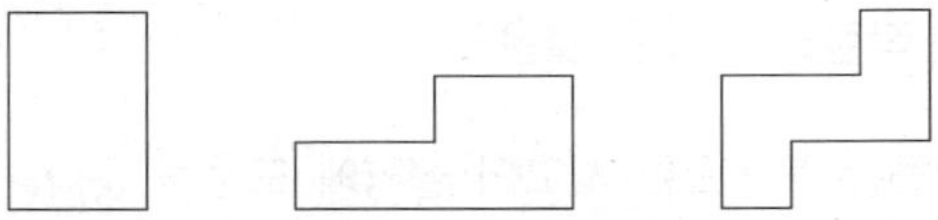

①

②

③

④

08. 다음 왼쪽의 도형이 오른쪽에 나타난 각도만큼 회전했을 때의 모양으로 옳은 것은?

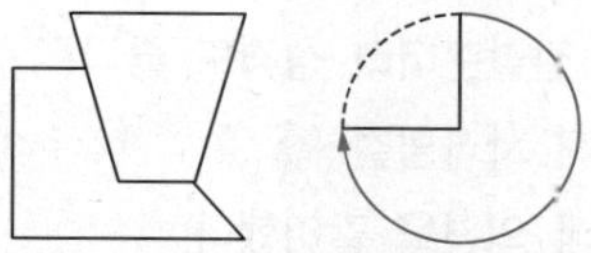

① 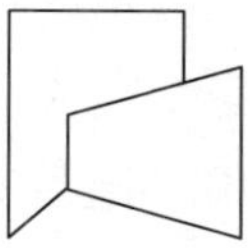

② 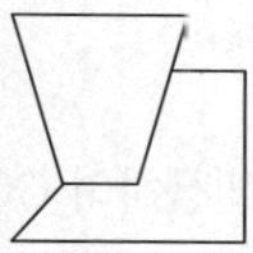

③ 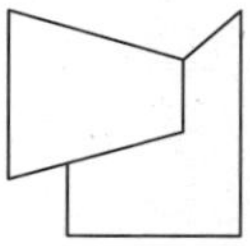

④ 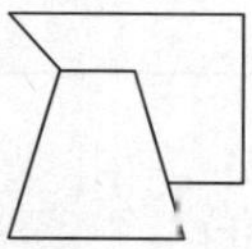

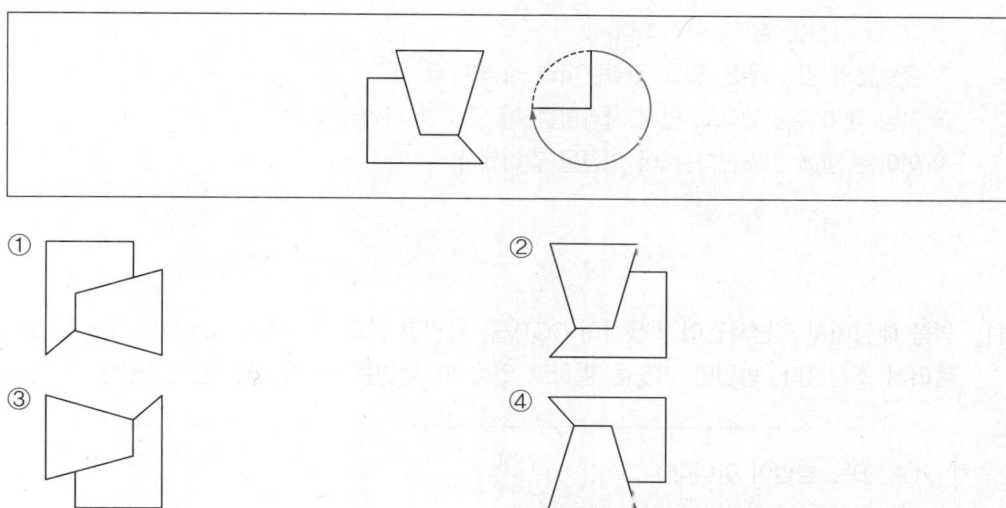

09. ○○사는 신입사원을 다음 〈조건〉에 따라 2개의 조로 나누려고 한다. A와 E가 같은 조일 때, 같은 조가 될 수 없는 사원의 조합은?

조건

- 신입사원 중 남자사원은 갑, 을, 병, 정으로 4명, 여자사원은 A, B, C, D, E, F로 6명이다.
- 한 조마다 남자사원은 2명, 여자사원은 3명씩 배치한다.
- 을과 D는 다른 조이다.
- 병과 F는 다른 조이다.
- B와 F는 같은 조이다.
- D와 병은 같은 조이다.

① 갑, D
② 을, A
③ 병, E
④ 정, F

10. 다음 중 문장의 띄어쓰기가 적절하지 않은 것은?

① 그 집 사정이 참 딱하데 그려.
② 홍보팀의 김 사원은 일을 잘할뿐더러 성격도 좋다.
③ 그냥 내가 잘못했다고 먼저 사과할걸.
④ 여야는 함께 협조한다는 데 의견을 같이했다.

11. 명품 매장에서 도난사건이 발생하여 CCTV를 확인한 결과, A ~ E가 포착되어 이들을 용의자로 불러서 조사했다. 범인만 거짓을 말하고 있을 때 범인은 누구인가? (단, 범인은 한 명이다)

- A : B는 범인이 아니다.
- B : C 또는 D가 범인이다.
- C : 나는 절도하지 않았다. B 또는 D가 범인이다.
- D : B 또는 C가 범인이다.
- E : B와 C는 범인이 아니다.

① A ② B
③ C ④ D

12. 소프라노 A 씨는 작은 소리로 높은 '도' 음을 내고, 바리톤 B 씨는 큰 소리로 낮은 '도' 음을 낼 때, 다음 보기 중 옳은 것을 모두 고르면?

보기

ㄱ. 두 사람이 내는 음파 중 진폭이 큰 소리를 내는 사람은 B씨이다.
ㄴ. 높은 도가 낮은 도보다 진폭이 크다.
ㄷ. 두 사람이 내는 음파 중 진동수가 큰 소리를 내는 사람은 A씨이다.
ㄹ. 큰 소리가 작은 소리보다 진동수가 크다.

① ㄱ, ㄴ ② ㄱ, ㄷ
③ ㄴ, ㄷ ④ ㄷ, ㄹ

13. 다음 사진과 같이 빨랫줄에 널려 있는 옷이 마르는 과정에서 변하는 것은?

① 물질의 부피
② 분자의 개수
③ 물질의 성질
④ 분자의 질량

14. 사내 체육대회에서 각 부서별 대표 총 7명(A, B, C, D, E, F, G)이 달리기 시합을 하였다. 시합 결과가 다음과 같을 때, 첫 번째로 결승점에 들어온 사람은?

- 네 번째로 들어온 사람은 D이다.
- F보다 나중에 D가 들어왔다.
- G보다 나중에 F가 들어왔다.
- B보다 나중에 E가 들어왔다.
- D보다 나중에 E가 들어왔다.
- G보다 나중에 B가 들어왔다.
- A보다 나중에 F가 들어왔으나 A가 1등은 아니다.

① A
② B
③ E
④ G

15. 다음 글에 나타난 공공기관의 도덕적 해이의 특징에 대한 설명으로 옳지 않은 것은?

도덕적 해이(Moral Hazard)란 상대방의 행동을 관측할 수 없을 때 바람직하지 않은 행위를 하는 것을 말한다. 특히 공공기관은 도덕적 해이의 유혹에 빠지기 쉽다. 조직 활동에서는 개인적 이익을 앞세우기보다는 조직의 목적에 충실해야 한다는 윤리적 책무가 최고의 덕목이 되어야 한다. 하지만 공적업무를 빙자해서 개인적인 이익을 꾀하는 공공기관의 '차공제사'(借公濟私, 직권을 남용하여 사복을 채운다는 뜻) 행위가 자주 언론에 등장한다. 조직에서 대놓고 비리를 저지르는 경우는 드물며 조직 활동 중에 교묘하게 개인적 일탈행위를 끼워 넣는 경우가 대부분이다. 따라서 공공기관의 도덕적 해이가 무엇인지, 도덕적 해이에 어떤 요인들이 영향을 주는지 구체적으로 이해할 필요가 있다. 흔히 관료들의 사익추구 행태로 정의되는 도덕적 해이는 정보의 비대칭적 상황에서 도덕적으로 충분한 주의를 기울이지 않는 행위를 지칭한다.

도덕적 해이는 사익추구, 방만경영, 국가의존, 무사안일 등의 4가지 요인과 요인별로 7가지의 세부 항목으로 구성된다. 4가지 요인의 총합이 곧 도덕적 해이 수준이 되는 것이다. 이 도덕적 해이는 몇 가지 특징이 있다.

① 업무를 충실히 수행하지 않는 행위를 의미하는 것으로 적발과 입증이 어렵다.
② 사적 영역에서 도덕적 의무를 다하지 않는 도덕적 일탈행위도 포함된다.
③ 사익을 추구하지 않더라도 효율적인 운영을 위해 최선을 다하지 않는 업무 태도도 포함된다.
④ 실적이 기대되더라도 위험이 따르는 새로운 업무에는 관심을 두지 않으려는 소극적인 행동방식을 취한다.

16. 갑, 을, 병 세 명의 직업은 사진작가, 프로그래머, 엔지니어 중 하나이다. 다음 〈조건〉을 바탕으로 할 때, 을의 직업은 무엇인가?

조건

• 세 명의 나이는 모두 다르다.
• 갑은 을의 동생과 친구이다.
• 갑은 사진작가보다 수입이 많다.
• 프로그래머는 나이가 가장 어리고 수입도 가장 적다.

① 사진작가　　② 프로그래머
③ 엔지니어　　④ 알 수 없다.

17. 다음 글에 이어질 내용으로 적절한 것은?

나라를 위해 헌신한 이들을 위해 나라에서 적절한 보상과 지원제도를 마련하는 것은 당연하다. 따라서 관련법을 제정하고 이에 따라 최선의 지원이 될 수 있도록 나라에서는 심혈을 기울이고 있다. 그런데 이를 실행하기 위해서는 적지 않은 국가 재정이 소요되므로 신중하고 합리적인 집행이 될 수 있도록 해야 한다. 나라를 위해 헌신한 이들에게 최대한 지원을 아끼지 않아야 하겠으나, 그렇다고 무한정 지원을 해 줄 수는 없다. 그렇기 때문에 한정된 재정을 활용하여 그 효과를 극대화하기 위한 고민을 해야 한다.

여기에는 다른 측면의 고민 또한 포함되어 있다. 지원을 위한 재정이 국민들의 세금에 의해 마련된다는 점이다. 국민들의 세금이 어떤 의미를 담고 있으며 어떤 법적 근거에 의해 납부되는지를 생각한다면 결코 허투루 사용되어서는 안 된다.

① 세금이 의무사항이기는 하지만 나라는 국민에 의해 이러한 예산을 신중하게 사용해야 한다.
② 나라를 위해 헌신한 이들도 국민의 한 사람으로서 세금을 납부해야 할 의무를 가지고 있다.
③ 세금으로 마련한 나라의 예산은 사용 목적에 따라 적절히 구분하여 집행되어야 한다.
④ 나라를 위해 헌신한 이들은 세금을 통해 마련한 지원을 받을 만한 자격이 충분히 있다.

18. 다음 〈보기〉는 같은 크기의 블록을 쌓아 만든 입체도형을 가지고 앞에서 본 정면도, 위에서 본 평면도, 오른쪽에서 본 우측면도를 그린 것이다. 이에 해당하는 입체도형으로 알맞은 것은? (단, 화살표 방향은 정면을 의미한다)

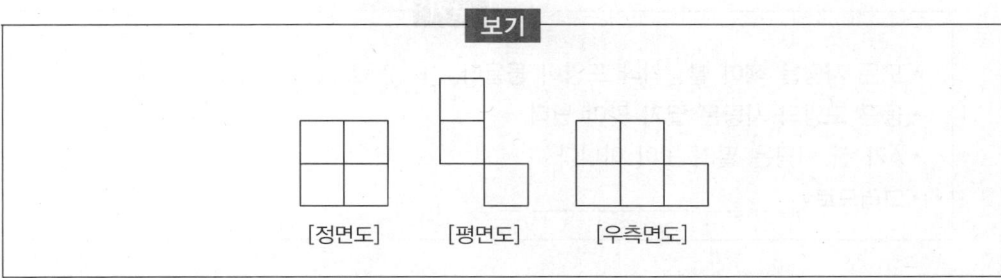

보기

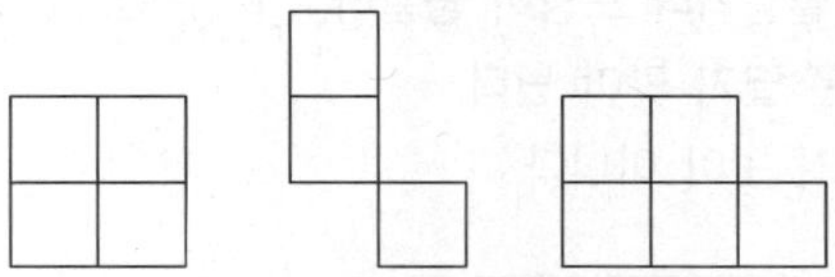

[정면도] [평면도] [우측면도]

①
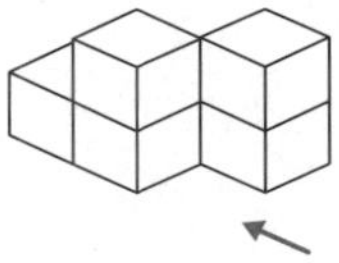

②
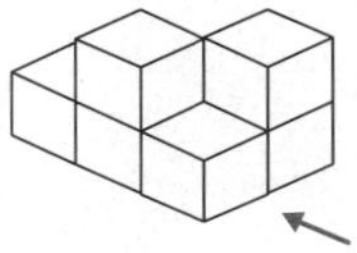

③
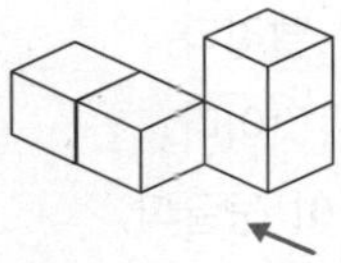

④
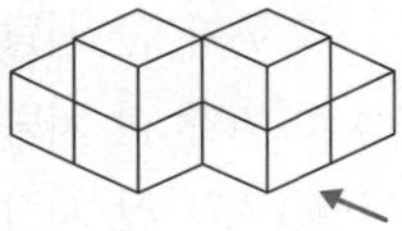

19. 종이를 다음과 같은 순서로 접은 후 펀치로 구멍을 뚫고 다시 펼쳤을 때의 모양으로 옳은 것은?

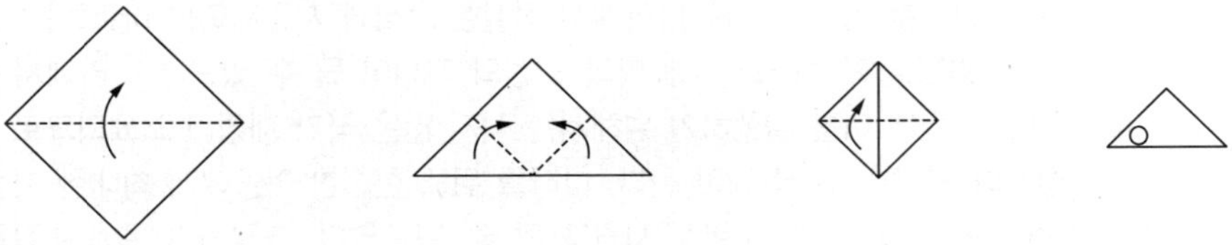

①

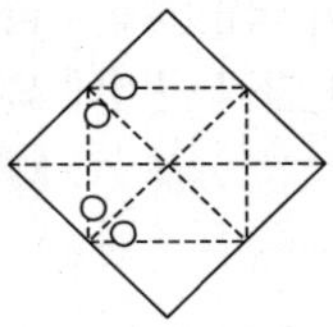

②

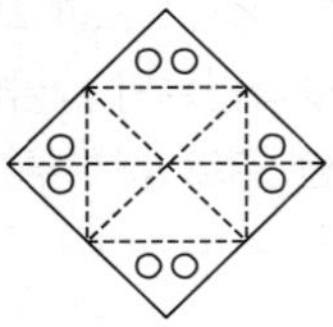

③

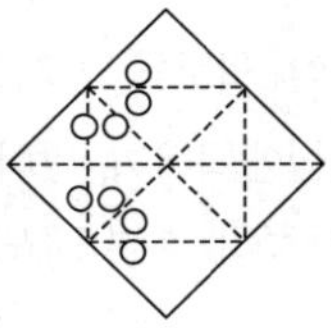

④

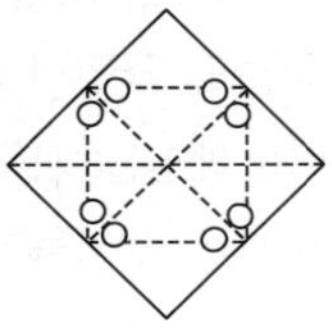

20. 다음 〈보기〉의 명제들을 참고할 때 밑줄 친 부분에 들어갈 문장으로 알맞은 것은?

보기

- 모든 사탕은 색이 빨갛거나 모양이 둥글다.
- 둥근 모양의 사탕은 딸기 맛이 난다.
- A가 산 사탕은 딸기 맛이 아니다.
- 그러므로 ________________

① 모든 사탕은 딸기 맛이 아니다.

② A가 산 사탕은 색이 빨갛다.

③ A가 산 사탕은 레몬 맛이다.

④ A가 산 사탕은 모양이 둥글다.

21. 다음 글의 밑줄 친 ㉠～㉣을 어법에 맞게 수정한 내용으로 적절하지 않은 것은?

> 일반적으로 감기는 겨울에 걸린다고 생각하지만 의외로 여름에도 걸린다. 여름에는 찬 음식을 많이 먹거나 냉방기를 과도하게 사용하는 경우가 많은데, 그렇게 되면 체온이 떨어져 면역력이 약해지기 때문이다. ㉠ 감기를 순우리말로 고뿔이라 한다.
>
> 여름철 감기를 예방하기 위해서는 찬 음식은 적당히 먹어야 하고 냉방기에 장시간 ㉡ 노출되어지는 것을 피해야 한다. ㉢ 또한 충분한 휴식을 취하고, 집에 돌아온 후에는 손발을 꼭 씻어야 한다.
>
> 만약 감기에 걸렸다면 탈수로 인한 탈진을 방지하기 위해 수분을 충분히 섭취해야 한다. 특히 감기로 인해 ㉣ 열이나 기침을 할 때에는 따뜻한 물을 여러 번에 나누어 소량으로 먹는 것이 좋다.

① ㉠은 글의 통일성을 해치므로 삭제해야겠어.

② ㉡은 피동 표현이 중복되므로 '노출되는'으로 수정해야겠어.

③ ㉢은 문맥의 자연스러운 흐름을 위해 '그러므로'로 바꾸어야 겠어.

④ ㉣은 호응 관계를 고려하여 '열이 나거나 기침을 할 때'로 고쳐야겠어.

22. 다음 글에서 필자가 주장하는 바로 적절한 것은?

> 완벽한 글을 써 나가겠다는 압박감은 글을 쓰지 못하게 한다. 이 글에서는 이것만 써야 하는데, 저것도 안다고 말하고 싶어 하거나 좀 더 멋있게 표현하고 싶을 것이다. 그러다 보면 글쓰기 진도가 나가지 않을뿐더러 글도 나빠진다. 핵심에서 벗어나 중언부언하기 십상이다. 형용사, 부사가 난무하여 글이 느끼해진다. 글의 성패는 여기서 갈린다. 취사선택의 분별력과 결단이 필요하다.

① 글을 잘 쓰려는 욕심 버리기

② 누군가에게 잘 보이려는 욕심 버리기

③ 아는 것을 최대한으로 표현하기

④ 자신의 현재 상태를 그대로 받아들이기

[23 ~ 24] 다음은 같은 크기의 블록을 쌓아 올린 그림이다. 이어지는 질문에 답하시오.

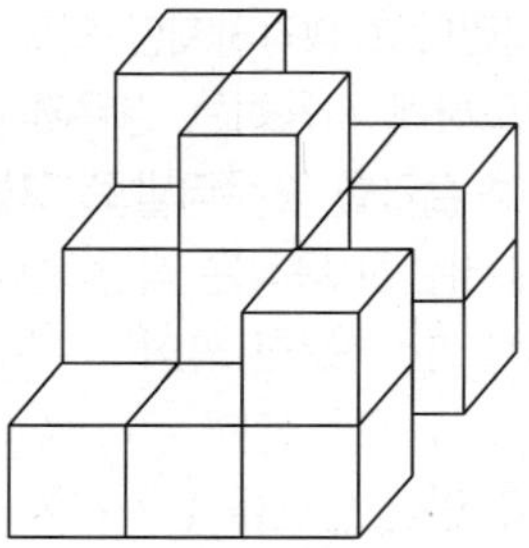

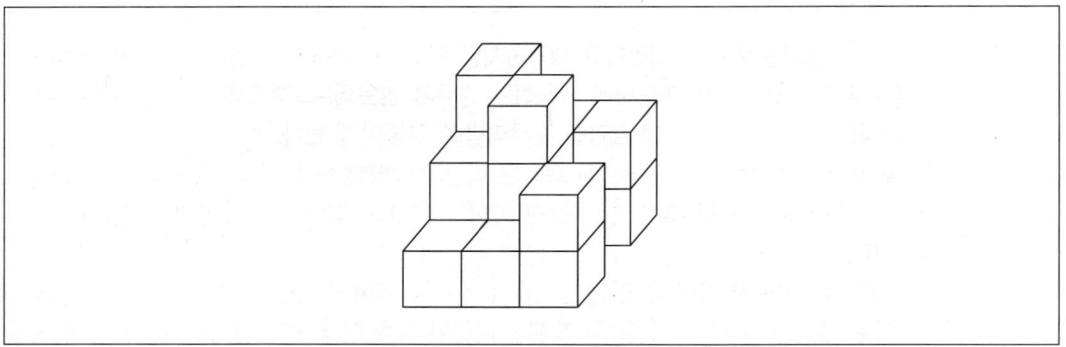

23. 그림에 사용된 블록은 모두 몇 개인가? (단, 보이지 않는 뒷면에 쌓인 블록은 없다)

① 13개
② 14개
③ 15개
④ 16개

24. 위 블록에서 밑면을 제외한 모든 면에 페인트를 칠할 때 2개의 면이 칠해지는 블록은 모두 몇 개인가? (단, 보이지 않는 뒷면에 쌓인 블록은 없다)

① 4개
② 5개
③ 6개
④ 7개

25. 다음 중 원시지구 생성과정을 순서대로 배열한 것은?

보기

원시지구의 생성, 핵 · 맨틀의 분리, 원시지각 · 바다 생성, 마그마의 바다

① 마그마의 바다 → 핵 · 맨틀의 분리 → 원시지각 · 바다 생성 → 원시지구의 생성
② 핵 · 맨틀의 분리 → 원시지각 · 바다 생성 → 원시지구의 생성 → 마그마의 바다
③ 원시지각 · 바다 생성 → 원시지구의 생성 → 마그마의 바다 → 핵 · 맨틀의 분리
④ 원시지구의 생성 → 마그마의 바다 → 핵 · 맨틀의 분리 → 원시지각 · 바다 생성

26. 다음 중 작용 · 반작용 법칙의 예시를 적절하게 말한 사람을 모두 고르면?

> 갑 : 물병을 책상 위에 놓았을 때, 지구가 물병을 당기는 힘과 책상이 물병을 떠받치는 힘이 한 예라고 볼 수 있어.
> 을 : 나는 새벽마다 수영을 하는데, 수영장 벽을 발로 밀어서 앞으로 나아가는 경우가 있어. 이때 내가 벽을 미는 힘과 벽이 나를 미는 힘이 한 예라고 볼 수 있어.
> 병 : 나는 볼링 동아리에서 활동을 하는데, 내가 볼링공을 잡는 힘과 볼링공이 핀을 미는 힘이 예가 될 수 있지 않을까?

① 갑　　② 을
③ 병　　④ 갑, 을

27. 부장, 차장, 과장, 대리, 사원 A, 사원 B가 다음 〈조건〉에 따라 6인용 승합차에 앉을 때, 과장의 자리는? (단, 운전석의 위치는 1이다)

조건

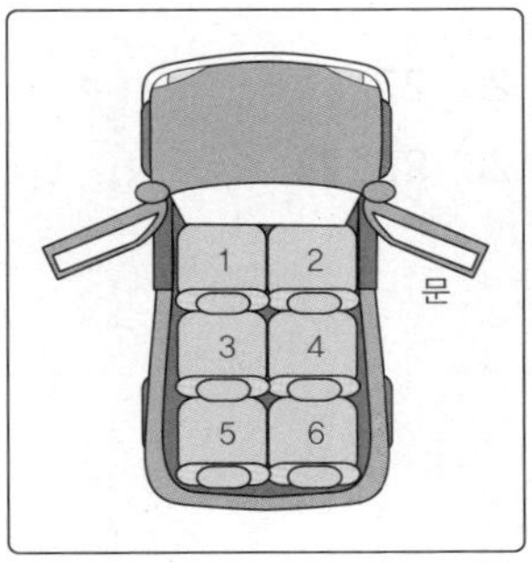

(가) 스틱 승합차를 운전할 수 있는 사람은 과장과 대리뿐이다.
(나) 부장 옆에는 차장이 앉아야 한다.
(다) 차장은 멀미 때문에 맨 뒷줄에 앉을 수 없다.
(라) 사원 A와 사원 B는 같이 앉을 수 없다.
(마) 부장은 짝수 번호 좌석에는 앉지 않는다.
(바) 과장은 부장의 대각선 자리에 앉아야 한다.

① 1　　② 2
③ 5　　④ 6

28. A는 피트니스 센터에 쿠폰제로 수강 등록을 하였고 구매한 쿠폰을 모두 소진하려 할 때, 〈보기〉를 참고하여 A가 X월의 남은 기간 중 운동을 가야 하는 날을 모두 고르면?

보기

A 씨가 구매한 쿠폰은 총 10회로 당월에 모두 소진해야 하며 이월되지 않는다. X월 3일 등록한 당일에 운동을 시작하였으나 첫날은 체험 수업이라 무료로 진행되었다. 무리하지 않기 위해 운동을 시작한 주에는 운동을 한 다음날에는 쉬었고, 공휴일과 주말에는 센터가 운영하지 않아 하루를 더 쉬고 그다음 날 운동을 하러 갔다. 그다음 주에는 월, 수, 금 주 3회 운동을 하였고, 오늘 17일까지 운동을 다녀왔다. 5일, 19일은 공휴일이며 매주 화요일에는 모임이 있고, 매달 세 번째 금요일에는 회식이 있으며, 매달 말일에는 야근을 하여 시간상 운동을 하러 가기 어렵다.

〈X월 달력〉

일	월	화	수	목	금	토
						1
2	3	4	5	6	7	8
9	10	11	12	13	14	15
16	17	18	19	20	21	22
23	24	25	26	27	28	29
30	31					

① 19, 21, 24, 26
② 20, 24, 26, 27
③ 19, 21, 24, 26, 27
④ 20, 24, 26, 27, 28

29. 다음 중 빛의 굴절과 관련이 없는 현상은?

① 컵에 동전을 넣고 물을 부으면 동전이 떠올라 보인다.
② 사막에서 신기루가 보인다.
③ 물속의 막대가 꺾여 보인다.
④ 성화 채화경으로 성화에 불을 붙였다.

30. 다음은 현미경으로 관찰한 혈액의 구성물질과 그 특징을 나타낸 자료이다. 이에 대한 설명으로 옳지 않은 것은?

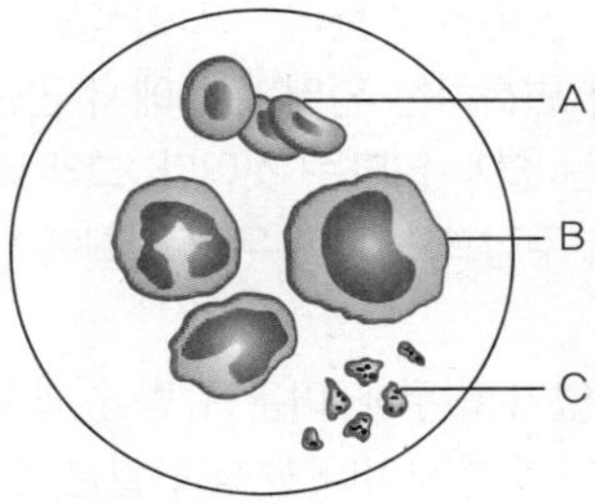

구분	생성장소	파괴장소	수명	핵의 유무
(가)	골수	간, 지라	120일	없음
(나)	골수	지라	2 ~ 3일	없음
(다)	골수, 림프절, 지라	지라, 골수	1 ~ 2주	있음

① (가)가 부족하면 빈혈 증세가 나타난다.
② 병원체가 침입하면 B가 증가한다.
③ C는 혈액 응고 인자를 포함하고 있다.
④ A와 C는 모세혈관 벽을 통과할 수 있다.

31. 다음 〈사례〉를 읽고 김 대리에게 할 수 있는, 조언으로 적절하지 않은 것은?

사례

김 대리는 회의나 대화를 할 때 머리카락을 돌린다든지, 손가락을 만지작거린다든지 불필요한 행동을 한다. 시종일관 안절부절 못하는 김 대리를 보고 있으면 회의나 대화가 지루해 딴청을 피우고 있는 것처럼 느껴지곤 한다.

① 상대방의 말에 집중하며 진정성을 가지고 마음을 쏟아 귀를 기울여야 합니다.
② 고개를 끄덕거리거나 눈을 맞추는 등 대화에 적절한 반응을 보이는 것이 좋습니다.
③ 상대방의 말을 듣는다는 것은 언어뿐만 아니라 상대방의 과제에 집중한다는 의미도 포함됩니다.
④ 상대방의 이야기에 충분히 공감하고 숙지한 후 동의의 의사 표현을 하는 것이 좋습니다.

32. 다음 글의 주제로 적절한 것은?

> 우리는 학교에서 한글 맞춤법이나 표준어 규정과 같은 어문 규범을 교육받고 학습한다. 어문 규범은 언중들의 원활한 의사소통을 위해 만들어진 공통된 기준이며 사회적으로 정한 약속이기 때문이다. 그러나 문제는 급변하는 환경에 따라 변화하는 언어 현실에서 언중들이 이와 같은 어문 규범을 철저하게 지키며 언어생활을 하기란 쉽지 않다는 것이다. 그래서 이러한 언어 현실과 어문 규범과의 괴리를 줄이고자 하는 여러 주장과 노력이 우리 사회에 나타나고 있다.
>
> 최근 어문 규범이 언어 현실을 따라오기에는 한계가 있기 때문에 어문 규범을 폐지하고 아예 언중의 자율에 맡기자는 주장이 있다. 또한 어문 규범의 총칙이나 원칙과 같은 큰 틀만을 유지하되, 세부적인 항목 등은 사전에 맡기자는 주장도 있다. 그러나 어문 규범을 부정하는 주장이나 사전으로 어문 규범을 대신하자는 주장에는 문제점이 있다. 전자의 경우, 언어의 생성이나 변화가 언중 각각의 자율에 의해 이루어져 오히려 의사소통의 불편함을 야기할 수 있다. 후자는 우리나라의 사전 편찬 역사가 짧기 때문에 어문 규범의 모든 역할을 사전이 담당하기에는 무리가 있으며, 언어 현실의 다양한 변화를 사전에 전부 반영하기 어렵다는 문제점이 있다.

① 의사소통의 편리함을 위해서는 어문 규범을 철저히 지켜야 한다.

② 언어 현실과 어문 규범의 괴리를 해소하기 위한 방법을 모색하는 노력이 나타나고 있다.

③ 언어의 변화와 생성은 사람들의 의사소통을 혼란스럽게 할 수 있기 때문에 최대한 자제해야 한다.

④ 어문 규범과 언어 현실의 괴리를 없애기 위해서는 언중의 자율과 사전의 역할 확대가 복합적으로 진행되어야 한다.

33. 다음 상황에서 A 과장에게 추천할 만한 대처 방법으로 적절하지 않은 것은?

> 직장생활 15년 차인 영업3팀 A 과장은 오전에 예정된 상반기 실적에 관한 B 이사와의 미팅을 앞두고 골머리를 앓고 있다. B 이사는 전형적인 권위주의적 상사로 자신이 항상 옳다고 생각하며 팀원들에게 자신의 생각을 강요하는 스타일이다. 칭찬도 인색하고 팀원들이 열심히 노력해도 만족하지 못하며, 상대방의 흠을 잡아 비난하고 질책하기만 한다. A 과장은 오랫동안 B 이사와 함께 일해 왔지만 늘 B 이사의 미팅만 생각하면 가슴이 답답해져 온다.

① 우선 업무의 경계를 분명히 정하여 B 이사가 그 이상을 쓸데없이 침범하지 않도록 한다. B 이사가 업무 경계를 넘어와 갈등이 발생할 경우에 대한 대안을 요구한다.

② 우선 B 이사에게 부드럽고 관대하게 대한다. 작은 마찰이 더 큰 갈등으로 번지는 것을 막아줄 객관적인 입장의 중재자를 두고 이를 활용한다.

③ B 이사가 말할 때마다 그의 의견을 끝까지 들어주고 업무의 핵심을 정확하게 이해시키려고 한다. 책임한계를 분명히 정하여 각자의 역할을 분명하게 구분하려고 한다.

④ B 이사를 인정해 주고 그의 의견에 동의를 나타낸다. 이후 확실한 근거를 가진 다음 서서히 B 이사를 변화시킬 실행방안을 준비한다.

34. 다음 중 전개도를 접었을 때 모양이 다른 하나를 고르면?

①
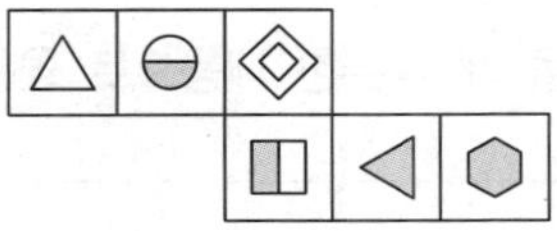

②
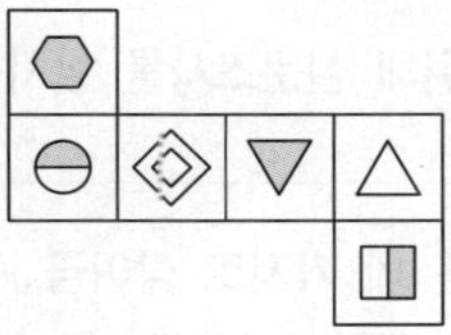

③
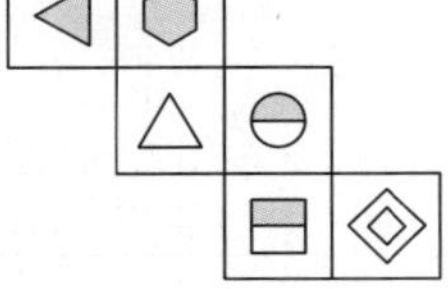

④
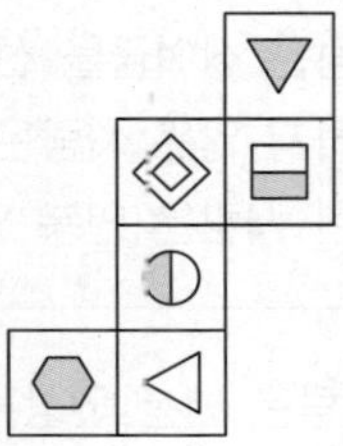

35. 다음 두 블록을 합쳤을 때 나올 수 있는 형태를 고르면? (단, 회전은 자유롭다)

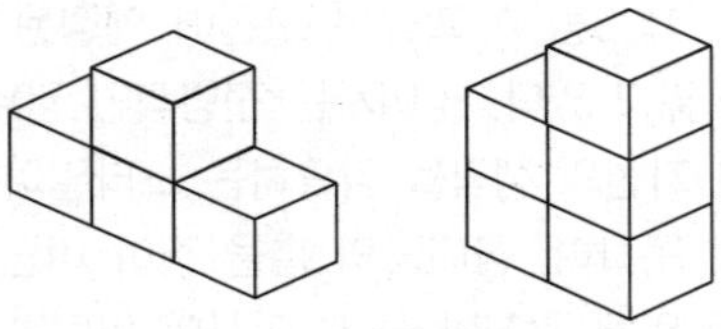

①

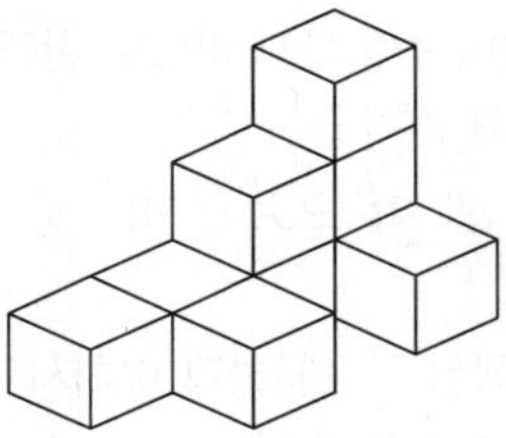

②

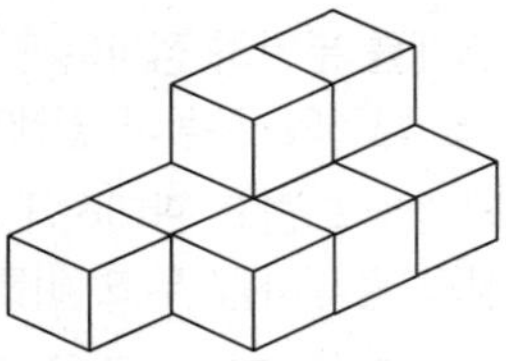

③

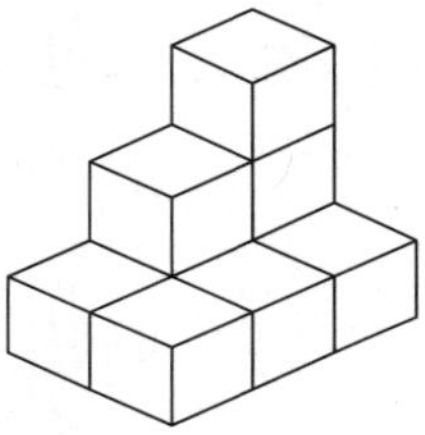

④

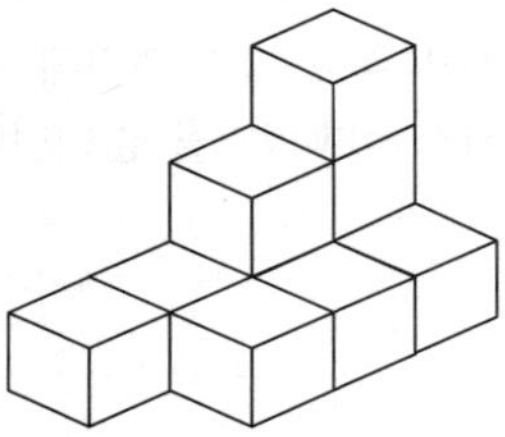

36. A사에서 포상을 위해 설문조사를 실시한 결과가 다음과 같을 때 추론한 내용으로 옳은 것은?

- 포상의 종류는 네 가지로 상여금, 진급, 유급 휴가, 연봉 인상이 있다.
- 설문지에는 '선택함'과 '선택하지 않음'의 두 가지 선택지만 존재한다.
- 진급을 선택한 사람은 상여금을 선택하지 않는다.
- 유급 휴가를 선택하지 않은 사람은 상여금을 선택한다.
- 유급 휴가를 선택한 사람은 연봉 인상을 선택하지 않는다.

① 상여금을 선택한 사람은 연봉 인상을 선택한다.
② 진급을 선택한 사람은 연봉 인상을 선택한다.
③ 유급 휴가를 선택한 사람은 진급을 선택하지 않았다.
④ 연봉 인상을 선택한 사람은 진급을 선택하지 않는다.

37. 다음 글을 이해한 내용으로 옳은 것은?

> 우리나라에서 바람에 관련된 최초의 기록은 삼국시대로 거슬러 올라간다. 고구려 모본왕(慕本王) 2년 3월(서기 49년 음력 3월)에 폭풍으로 인해 나무가 뽑혔다는 기록이 전해온다. 당시 바람의 세기를 현재의 기준으로 짐작해 보면, 평균풍속 30m/s 이상인 중형급 태풍으로 예상해 볼 수 있다.
>
> 태양으로부터 오는 열에너지는 지구의 날씨를 변화시키는 주된 원인이다. 지구는 구체의 형태이기 때문에 저위도 지역과 고위도 지역 간에 열에너지 불균형이 발생한다. 적도 부근의 경우, 태양의 고도각이 높아 많은 열에너지를 축적하게 되어 바다에서 대류구름들이 만들어진다. 때때로 이러한 대류구름들이 모여 거대한 저기압 시스템으로 발달하게 되는데, 이를 태풍이라고 부른다. 태풍은 바다로부터 수증기를 공급받아 바람의 강도를 유지하면서 고위도로 이동하게 된다. 이와 같은 과정을 통해 태풍은 지구 남북 간의 에너지 불균형을 해소한다.
>
> 태풍은 열대저기압의 한 종류이다. 세계기상기구(WMO)는 열대저기압 중에서 중심 부근의 최대풍속이 33m/s 이상이면 태풍(TY), 25 ~ 32m/s이면 강한 열대폭풍(STS), 17 ~ 24m/s이면 열대폭풍(TS), 17m/s 미만이면 열대저압부(TD)로 구분한다. 반면, 우리나라와 일본에서는 최대풍속이 17m/s 이상인 열대저기압 모두를 태풍이라고 부른다. 또한 태풍은 전향력 효과가 미미한 남북위 5° 이내에서는 거의 발생하지 않으며, 일반적으로 우리나라에 영향을 미치는 태풍은 7 ~ 10월 사이에 발생한다.
>
> 한편, 태풍은 지역에 따라 각기 다른 이름으로 불리는데, 북서태평양에서는 태풍(Typhoon), 북중미에서는 허리케인(Hurricane), 인도양과 남반구에서는 사이클론(Cyclone)이라고 부른다.

① 고구려 모본왕 이전에 우리나라에 태풍이 발생한 적이 없다.
② 우리나라에서 태풍이 발생할 확률이 적도 지방에서 태풍이 발생할 확률보다 높다.
③ 중심 부근의 평균풍속이 24m/s인 경우 세계기상기구에서는 이를 강한 열대폭풍으로 분류한다.
④ 전 세계적으로 태풍을 칭하는 용어는 동일하다.

38. 다음 중 물체에 부력이 작용하여 나타나는 현상을 모두 고른 것은?

ㄱ. 튜브를 이용하면 더 쉽게 물에 뜰 수 있다.
ㄴ. 달에서는 지구에서보다 공중으로 뛰어오르기 더 쉽다.
ㄷ. 열기구가 하늘 위로 올라간다.
ㄹ. 운동장에서 굴러가던 공이 멈춘다.

① ㄱ, ㄴ
② ㄱ, ㄷ
③ ㄴ, ㄹ
④ ㄷ, ㄹ

39. 다음 글의 전개 방식에 대한 설명으로 적절하지 않은 것은?

현재 아라비아반도의 대부분은 사우디아라비아(이하 사우디)가 차지하고 있다. 그러나 19세기까지만 해도 사우디는 존재하지 않은 나라였다. 아라비아반도는 16세기경부터 오스만 제국이 지배하고 있었는데, 20세기 초 영국의 지원으로 오스만 제국은 붕괴하였고 아랍의 내부 세력 사이에서 주도권 싸움이 벌어졌다. 이때 리야드를 통치하던 사우드(Saud) 가문이 메카의 하심(Hashemite) 가문을 물리치고 아라비아반도를 장악하게 되었다. 이후 영국은 사우드 가문의 아라비아 지배를 허용하였고, 1932년 '사우디아라비아(Saudi Arabia)'가 건국되었다.

영국은 아라비아반도뿐만 아니라 그에 이웃한 페르시아(오늘날 이란)에서도 활약했다. 영국인 윌리엄 녹스 다아시는 페르시아의 독점적 석유 탐사권을 가지고 석유 탐사를 진행하였다. 그러나 그는 7년간 실패를 거듭하였는데, 사막이라는 열악한 작업 환경과 자금 확보의 어려움 속에서도 종교적인 믿음으로 탐사를 지속하였다. 그 결과 1908년 페르시아 남부의 마제드 솔레이만에서 거대한 유전이 발견되었다. 이 발견으로 1909년 페르시아에 BP(British Petroleum)의 전신인 '앵글로－페르시안(Anglo－Persian Oil Company)'이라는 석유 회사가 설립되었다. 이후 이 회사는 이란의 석유 개발을 주도하며 이란의 정치와 경제에 지대한 영향을 끼치게 되었다.

① 글이 전개되면서 설명하는 대상에 변화가 있다.
② 일관되게 특정 국가가 세워지게 된 계기를 설명하고 있다.
③ 시간적인 순서에 따라 역사적 사건들이 전개되고 있다.
④ 광범위한 공간이 아닌 몇몇 특정한 공간을 배경으로 글을 전개하고 있다.

40. 다음의 두 현상이 일어나는 공통적인 원인으로 적절한 것은?

> • 젖은 빨래를 햇볕에 널어두면 시간이 지나면서 빨래가 마른다.
> • 멀리서도 꽃향기를 맡을 수 있다.

① 고체 표면의 입자 중 일부가 기체로 떨어져 나오기 때문이다.
② 지구의 중력이 작용하기 때문이다.
③ 주위의 온도가 높기 때문이다.
④ 입자가 스스로 끊임없이 운동하기 때문이다.

41. 다음 중 풍선을 털가죽으로 문지르면 일어나는 현상으로 올바른 것은?

① 풍선은 + 전하로 대전되고, 털가죽은 − 전하로 대전된다.
② 풍선은 − 전하로 대전되고, 털가죽은 + 전하로 대전된다.
③ 풍선과 털가죽 모두 전하를 잃어 중성으로 된다.
④ 풍선과 털가죽 모두 + 전하로 대전된다.

42. 다음 중 우리 몸의 체온이 떨어질 때 체온을 높이는 작용과 관련이 깊은 현상을 모두 고른 것은?

> ㄱ. 피부 근처의 혈관이 수축한다.
> ㄴ. 얼굴이 벌겋게 달아오른다.
> ㄷ. 땀이 많이 난다.
> ㄹ. 근육 떨림 현상이 나타난다.

① ㄱ, ㄴ　　② ㄱ, ㄹ
③ ㄴ, ㄹ　　④ ㄷ, ㄹ

43. 다음 사례에서 드러나는 효과적인 팀의 특징으로 옳지 않은 것은?

> A 부서장은 연초에 부서의 목표를 규정하는 과정에 부서원들이 관여하도록 하고 있으며, 부서원들이 실패에 대한 두려움 없이 새로운 프로세스를 도입하도록 격려한다. 부서원들은 열정적으로 협력하여 일하는 것을 선호하며, 서로 직접적이고 솔직하게 대화한다. 또한 A 부서장은 모든 부서원이 감독자로서 능력을 발휘할 기회를 제공하여 역할을 이해할 기회를 제공하고 있다.

① 팀의 풍토를 계속 발전시켜 나간다.
② 팀을 운영하는 방식이 창조적이다.
③ 팀 내 구성원 간 불화 및 의견 불일치가 발생하지 않는다.
④ 팀 내 구성원에게 리더십 역량이 공유된다.

44. 다음 그림은 우리나라의 어느 지점(37°N)에서 관측한 별의 일주운동을 나타낸 모식도이다. 이에 대한 설명으로 옳지 않은 것은?

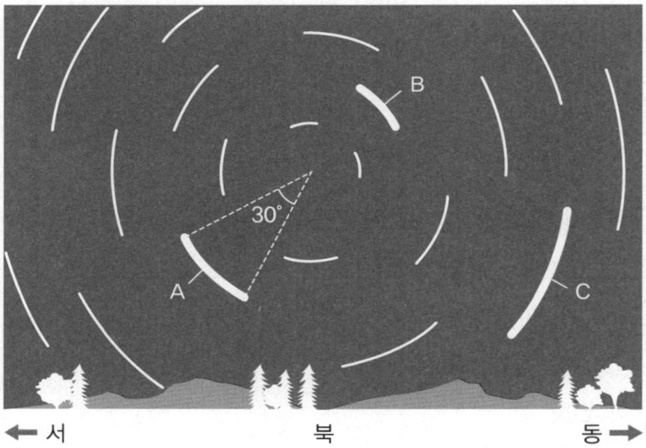

① 약 2시간의 노출 시간으로 촬영한 것이다.
② 천정에 위치한 별의 적위는 53°이다.
③ 별 A의 고도는 별 B의 고도보다 낮다.
④ 별 C는 촬영 시간 동안 반시계방향으로 일주운동하였다.

45. 다음에 제시된 그림과 동일한 것은?

① 

② 

③ 

④ 

6회 기출예상문제

소양평가

문항수	45문항
시험시간	50분

정답과 해설 49쪽

01. 다음 글에 대한 설명으로 적절한 것은?

> 우리가 자유를 제한하지 않을 수 없는 이유는 모든 사람들에게 무제한의 자유를 허용했을 경우에 생기는 혼란과 일반적 불이익에 있다. 모든 사람들이 제멋대로 행동하는 것을 허용한다면 서로가 서로의 길을 방해하게 될 것이고, 결국 대부분의 사람들이 심한 부자유의 고통을 받는 결과에 이르게 될 것이다. 자유의 역리(逆理)라고 부를 수 있는 이러한 모순을 방지하기 위하여 자유의 제한은 불가피하다. 자유를 제한하는 것이 바람직하기 때문이 아니라, 더 큰 악(惡)을 막기 위해 자유를 제한한다는 사실을 근거로 우리는 하나의 원칙을 얻게 된다. 자유의 제한은 모든 사람들을 위해서 불가피할 경우에만 가해야 한다는 것이다. 자유에 대한 불필요한 제한은 정당화될 수 없다. 사회의 질서와 타인의 자유를 해치지 않는 한 최대한의 자유를 허용하는 것이 바람직하다.

① 자유의 역리란 무조건 사람들의 자유를 빼앗아야 한다는 이론이다.
② 사람들의 자유를 제한하는 행위는 매우 바람직하다.
③ 사람들이 서로의 자유를 침해하지 않는다면 자유를 보장해야 한다.
④ 사람들에게 법률에 의한 자유침해는 전혀 필요치 않다.

02. 다음 〈보기〉의 빈칸에 들어갈 전제로 적절한 것은?

> **보기**
>
> [전제] 하얀 옷을 입는 사람은 모두 깔끔하다.
> 깔끔한 사람들은 모두 안경을 쓴다.
> (   )
>
> [결론] 따라서 A는 하얀 옷을 입지 않는다.

① 하얀 옷을 입지 않는 사람은 A가 아니다.
② A는 안경을 쓰지 않는다.
③ 안경을 쓰는 사람들은 모두 하얀 옷을 입는다.
④ 깔끔하지 않은 사람들은 모두 안경을 쓰지 않는다.

03. 다음 회의 내용에서 회의가 원활하게 진행되지 않는 이유로 가장 적절한 것은?

> 최 부장 : 다음 달 워크숍 주제에 대해 이야기해 봅시다. 우리 강 대리님은 좋은 아이디어가 있습니까?
>
> 강 대리 : 지난번 주제가 '우리 회사 복지의 현주소'였잖아요. 사실 마무리가 안 된 채로 끝났기 때문에 이번에 마무리를 지…
>
> 정 과장 : 그건 얼추 해결된 걸로 아는데요? 웬만하면 새로운 주제가 좋지요.
>
> 홍 대리 : '90년대생이 온다'라는 책 읽어 보셨어요? 우리 회사 직원만 해도 30%가 90년대생이니까 이 책을 읽고 워크숍에서 토론하면 어떨…
>
> 정 과장 : 책을 읽자고요? 다들 바쁘다는 핑계로 읽어 올 직원은 몇 안 될 것 같은데요.

① 최 부장이 독단적으로 의사결정을 내렸다.

② 강 대리가 발언권을 얻지 않은 채 발언했다.

③ 홍 대리가 주제와 무관한 아이디어를 제시했다.

④ 정 과장이 다른 사람의 의견에 특별한 대안 없이 반대했다.

04. 다음 제시된 도형의 그림자로 적절한 것은? (단, 화살표 방향은 정면을 의미한다)

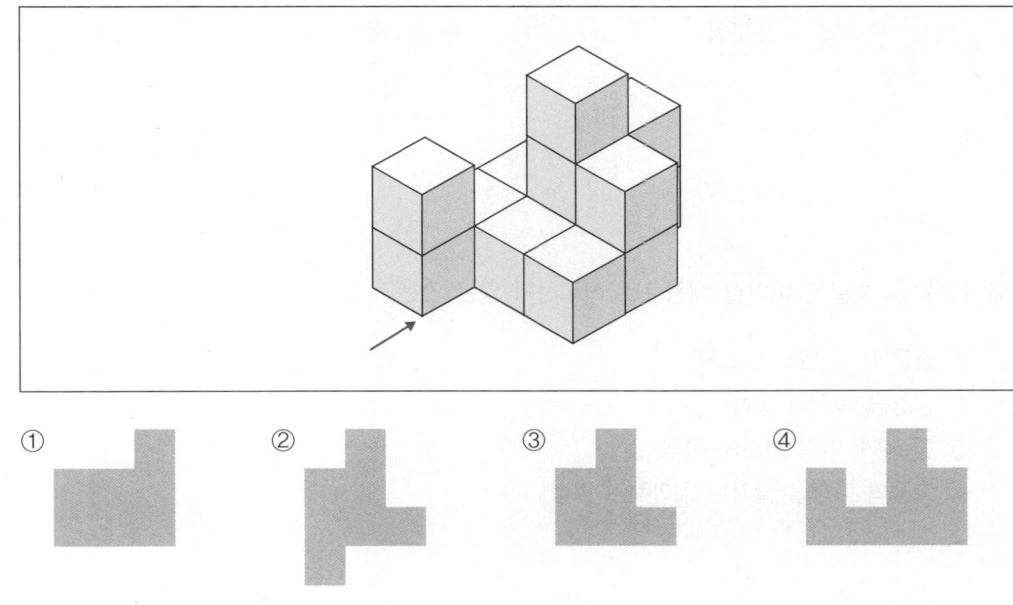

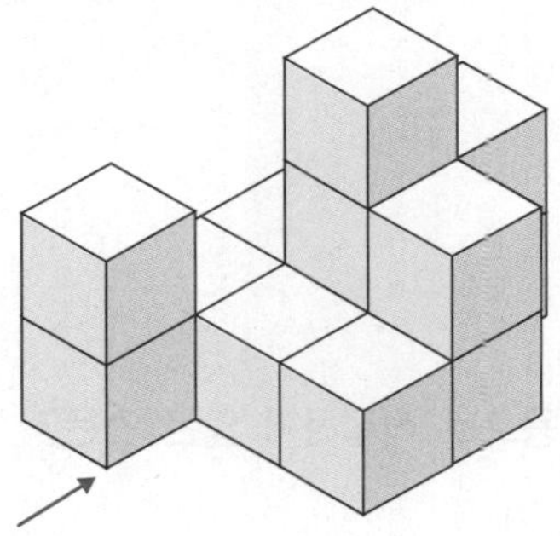

①

②

③

④

[05 ~ 06] 다음 글을 읽고 이어지는 질문에 답하시오.

> 야경 하면 빠질 수 없는 곳이 성곽길인데, 가을철 최고 야경 포인트는 두말할 것 없이 낙산이다. 조선 개국과 함께 축조됐다는 서울 성곽은 사적 제10호다. 동대문과 혜화문을 연결하는 2.1km 성곽이 지금은 산책로와 함께 복원돼 있다. 이곳 야경이 남다른 것은 ㉠ 오롯이 옛것의 낭만이 남아 있다는 점이다. 성곽길은 복원한 것이지만, 낙산공원 정상에서 혜화동으로 내려오는 내리막길 한쪽에 놓인 성벽은 복원 없이 예전 그대로 원형을 ㉡ 고스란이 간직하고 있다. 밤에는 그 맞은편에 딱 성곽 높이만큼 키를 맞추고 있는 자그마한 집들이 ㉢ 오붓함을 더한다. 사실 낙산의 애칭은 프랑스 야경 명소로 손꼽히는 '몽마르트르 언덕'이다. 낙산은 해발 125m로서, 이는 해발 129m인 파리 몽마르트르 언덕과 비슷한 높이이다.
>
> 성곽길과 함께 지금 꼭 찍어야 할 야경 명소는 고궁이다. 마침, 경복궁과 창경궁 두 곳이 다음 달 3일과 2일까지 야간 개방을 한다. 일반적으로 알려진 경복궁 야경 포인트는 경회루다. 국가적 경사가 있을 때마다 왕이 연회를 베풀었던 경회루는 국보 제224호이다. 대한민국에서 가장 큰 누각건물인 ㉣ 데다 앞에 연못을 두고 있으니, 어떤 각도에서 사진을 찍어도 '작품 사진'이다. 야간 개장 타임 때는 은밀한 관람 포인트가 따로 있는데 바로 근정전이다. 중요한 나라 행사가 거행되었던 대형 공간으로, 현존하는 최대 목조 건물이다.

05. 다음 중 윗글의 밑줄 친 ㉠~㉣을 맞춤법에 따라 바르게 수정한 것은?

① ㉠ : 오롯이 → 오롯히
② ㉡ : 고스란이 → 고스란히
③ ㉢ : 오붓함 → 오븟함
④ ㉣ : 데다 → 대다

06. 다음 중 윗글에 이어질 내용으로 적절하지 않은 것은?

① 숨은 야경 명소의 소개
② 창경궁 야경의 모습
③ 전 세계 야경 명소의 특징
④ 고궁의 야경을 즐기는 효과적인 방법

07. 다음에 제시된 도형과 동일한 것은?

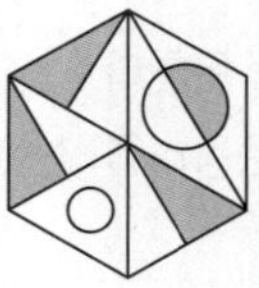

①
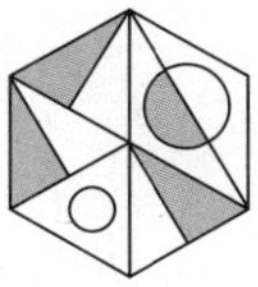

②
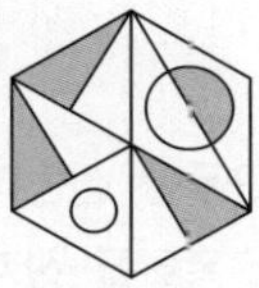

③
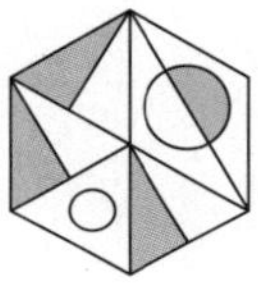

④
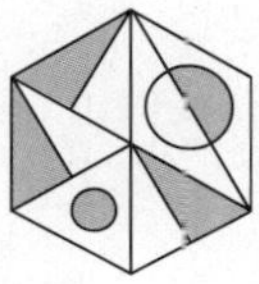

08. 다음은 어떤 입체도형의 투상도이다. 이에 해당하는 입체드형으로 옳은 것은?

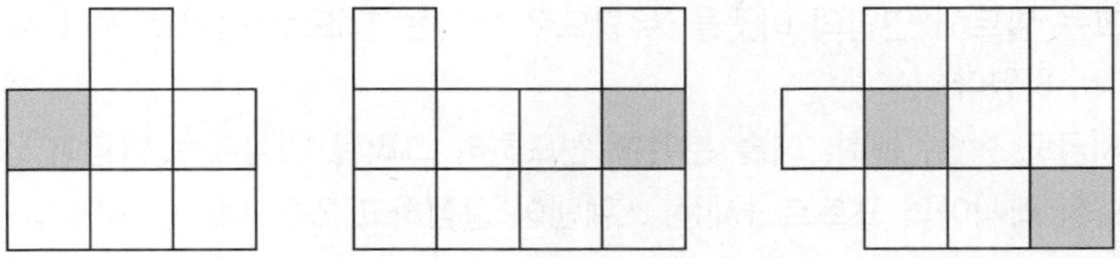

①
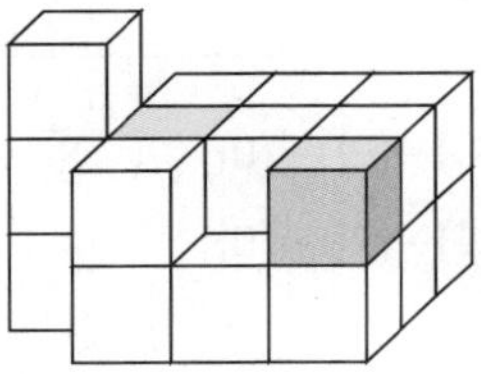

②
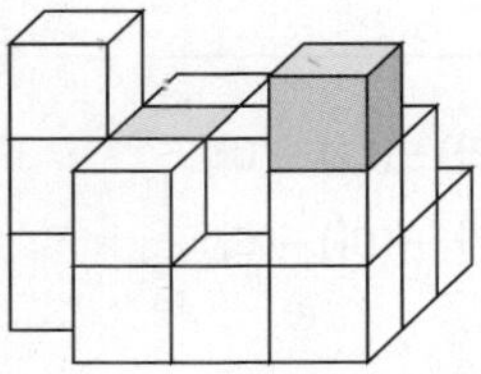

③
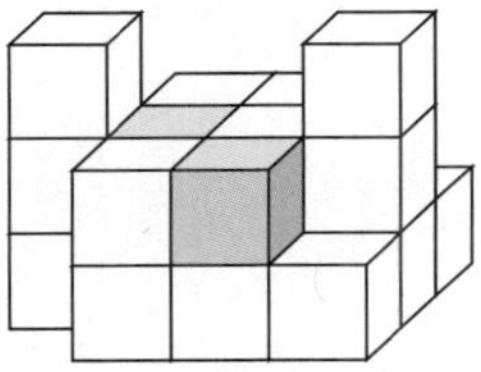

④
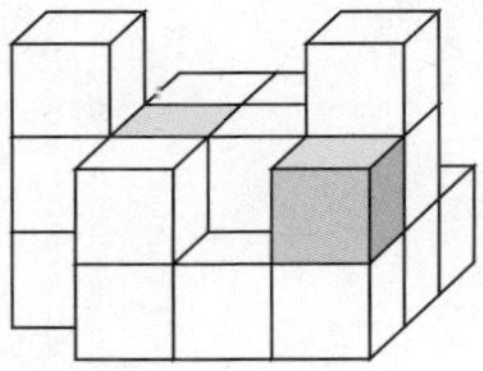

09. 다음 〈보기〉의 명제들이 참이라 할 때 항상 옳은 것은?

보기

- 달리기를 못하는 사람은 수영을 못한다.
- 달리기를 잘하는 사람은 항상 운동화를 신는다.
- B는 항상 구두를 신는다.

① B는 달리기를 잘한다.
② B는 수영을 못한다.
③ 수영을 잘하는 사람은 구두를 신는다.
④ 수영을 못하는 사람은 운동화를 신지 않는다.

10. 다음 (가) ~ (마)를 문맥에 따라 순서대로 나열한 것은?

(가) 자신의 이름을 따 상트페테르부르크로 도시명을 정한 그는 1712년 이곳으로 수도를 옮길 정도로 애착과 기대가 컸다.
(나) 그는 발트해 연안의 이곳을 '유럽으로 향하는 항'으로 삼기로 하고 새로운 도시건설에 착수하였다.
(다) 지금도 학술, 문화, 예술 분야를 선도하며 그러한 위상에는 변함이 없다.
(라) 제정 러시아의 표트르 1세는 스웨덴이 강점하고 있던 네바강 하구의 습지대를 탈환하였다.
(마) 이렇게 시작된 이 도시는 이후 발전에 발전을 거듭하여 러시아 제2의 대도시가 되었다.

① (다)－(가)－(라)－(나)－(마)
② (다)－(나)－(가)－(라)－(마)
③ (라)－(나)－(가)－(마)－(다)
④ (라)－(나)－(다)－(가)－(마)

11. 발표 수업에서 한 조가 된 영희와 철수, 미정이는 발표 순서를 정하고 다음과 같이 발표 순서에 대한 발언을 하였다. 두 번째로 발표를 하게 되는 사람은? (단, 철수는 항상 거짓말을 하고, 미정이는 사실만을 말하며, 영희는 거짓말을 하는지 사실을 말하는지 알 수 없다)

> ㉠ 첫 번째로 발표하는 사람 : 두 번째로 발표하는 사람은 영희이다.
> ㉡ 두 번째로 발표하는 사람 : 세 번째로 발표하는 사람은 철수이다.
> ㉢ 세 번째로 발표하는 사람 : 세 번째로 발표하는 사람은 영희가 아니다.

① 영희 ② 철수
③ 미정 ④ 알 수 없다.

12. 다음에서 설명하는 힘은 무엇인가?

> • 질량이 있는 물체 사이에 상호 작용하는 힘이다.
> • 지구가 물체를 당기는 힘을 말한다.
> • 지구 중심 방향으로 작용한다.

① 마찰력 ② 중력
③ 전기력 ④ 탄성력

13. 다음 중 젖을 먹는 포유류가 아닌 것은?

① 고래 ② 상어
③ 돼지 ④ 바다표범

14. ○○사 영업부는 부장, 차장, 과장, 대리, 사원, 인턴 6명이 근무하는데, 이들 중 4명이 해외 출장을 가게 되었다. 사원이 갈 수 없게 되었을 때, 다음 〈조건〉을 모두 만족하는 조합은?

조건

- 부장 또는 차장은 반드시 가야 하지만, 부장과 차장이 함께 갈 수는 없다.
- 대리 또는 사원은 반드시 가야 하지만, 대리와 사원이 함께 갈 수는 없다.
- 만일 과장이 가지 않게 된다면 대리도 갈 수 없다.
- 만일 차장이 가지 않게 된다면 인턴도 갈 수 없다.

① 차장, 대리, 사원, 인턴
② 차장, 과장, 대리, 인턴
③ 부장, 차장, 대리, 인턴
④ 부장, 과장, 대리, 인턴

15. 다음의 상황에 처한 장 사원의 대처 방법으로 올바른 것은?

○○기관 신입사원인 장 사원은 과장으로부터 한 달 동안 신입사원들끼리 진행해야 하는 업무를 부여받았다. 부여받은 업무 내용은 홍보 콘텐츠를 기획하고 제작하는 것으로, 목적은 신입사원들의 업무 능력 및 실무 능력을 향상시키는 데 있다. 또한, 해당 업무의 결과는 신입사원 평가 항목에도 포함될 예정이다. 그러나 과제를 부여받은 장 사원은 잘 해낼 수 있을지 의심스러웠다. 입사한 지 얼마 안 된 신입사원끼리만 해결하기에는 어려운 프로젝트였기 때문이다.

① 평가 항목이므로 신입사원들끼리 협력해 진행한 후 과장에게 진행 상황과 결과를 자세히 설명하고 피드백을 받는다.
② 과장에게 해당 업무는 신입사원끼리 해결하기에는 역량이 부족하다고 감정적으로 호소한다.
③ 업무 능력이 좋은 선배들에게 찾아가 선배들이 신입사원일 때 진행했던 자료를 얻어 해당 내용을 반영한다.
④ 신입사원끼리 모여 회의를 연 후 과반수의 의견에 따라 해당 업무를 시작할지, 바꿔달라고 요구할지 결정한다.

16. 마름모 종이를 그림의 점선 1 부분에서 안쪽으로 접은 다음에 겹쳐진 부분도 함께 점선 2 부분을 따라 안쪽으로 접었다. 이것을 다시 좌우대칭이 되는 선에 따라 안쪽으로 접었을 때 도형은?

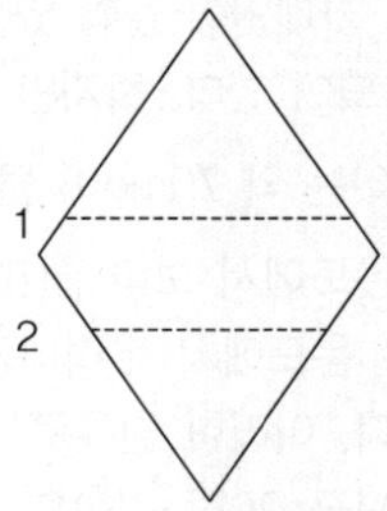

①
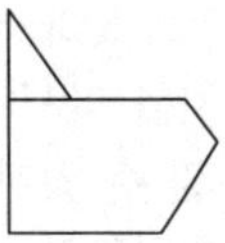

②
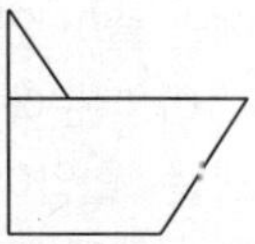

③
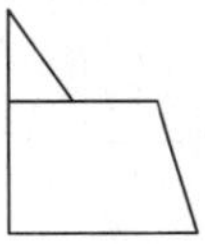

④
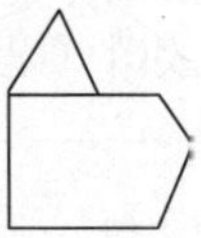

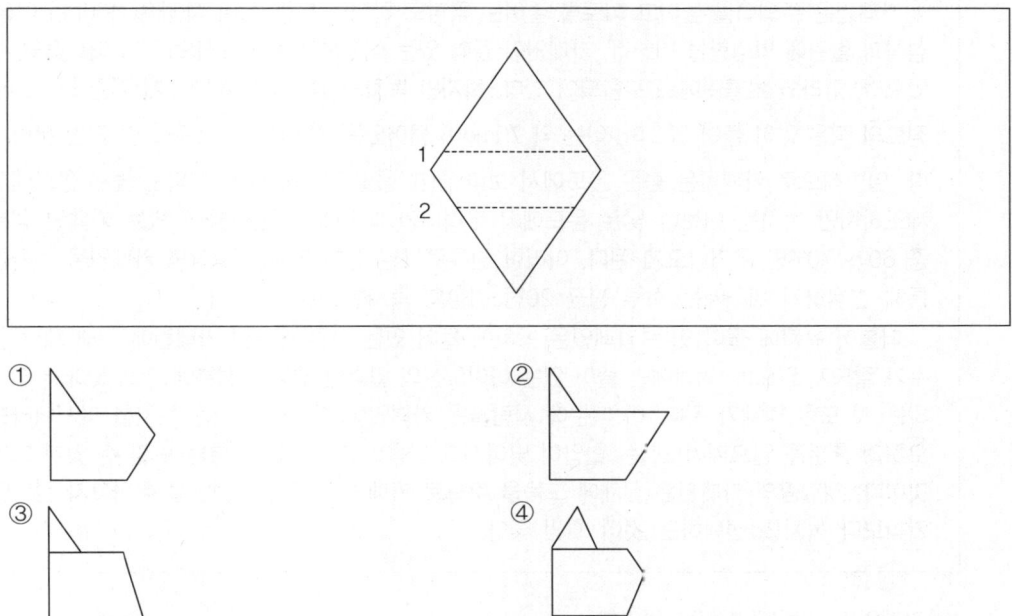

17. ○○사에 도둑이 들어 목격자를 찾기 위해 전날 야근한 사람에 대해 물어보니 A, B, C, D, E가 다음 〈보기〉와 같이 진술했다. 이 중 두 명은 거짓말을 하고 있으며 야근을 한 사람은 한 명일 때, 전날 야근을 한 사람은?

보기

- A : E는 항상 진실만을 말해.
- B : C가 야근을 했어.
- C : 나는 야근을 하지 않았어.
- D : B의 말이 맞아.
- E : A가 야근을 했어.

① A　② B　③ C　④ D

18. 다음 글의 주제로 가장 적절한 것은?

> 카페인은 주의력을 높이고 피로를 줄이는 역할도 하지만 다량 섭취 시(매일 400mg 이상) 심장과 혈관에 악영향을 미친다. 카페인이 들어 있는 식품으로는 대표적으로 커피를 꼽을 수 있으며, 콜라와 초콜릿에도 포함되어 있다. 하지만 녹차의 경우 1잔(티백 1개 기준)에 15mg 정도의 적은 양이 들어 있으며, 이는 약 70mg이 들어있는 커피의 $\frac{1}{4}$ 수준도 안 되는 분량이다. 일반적으로 카페인은 높은 온도에서 보다 쉽게 용출되는데, 보통 커피는 높은 온도에서 제조하지만 녹차는 이보다 낮은 온도에서 우려내기 때문에 찻잎에 들어 있는 카페인 성분 중 60 ~ 70%만 우러나오게 된다. 이러한 연유로 1일 섭취 기준치 이상의 카페인을 녹차를 통해 섭취하기 위해서는 하루 평균 20잔 이상의 녹차를 마셔야 한다.
>
> 더불어 녹차에 들어 있는 카페인은 녹차에 들어 있는 다른 성분인 카테킨에 의해 체내 흡수가 잘되지 않으며, 녹차에만 들어 있는 아미노산의 일종인 테아닌 성분에 의해 뇌에서 작용하는 것 또한 억제가 된다. 이 때문에 사람들은 카페인이 함유되어 있는 녹차를 마시더라도 오히려 흥분을 일으키기보다는 혈압이 낮아지고 마음이 가라앉는 기분을 느낄 수 있게 되는 것이다. 적정량의 카페인은 신체에 도움을 주므로 카페인이 주는 장점만을 취하고자 한다면 커피보다 녹차를 선택하는 것이 훨씬 좋다.

① 카페인이 인체에 미치는 악영향
② 커피와 녹차의 최적온도에 대한 연구
③ 카페인 섭취 시 녹차와 커피의 비교우위성
④ 녹차에 들어 있는 카페인에 대한 오해와 진실

19. 다음의 (가) ~ (라)에 들어갈 내용이 바르게 연결된 것은?

> (가)을 접종하면 체내의 (나)이 발동하여 몸에 침투한 특정 (다)에 대하여 특정한 (라)을/를 생성하게 된다. 우선 (가)을 통해 (라)이/가 만들어지면 같은 종류의 (다)이/가 몸속에 다시 들어왔을 때, 이를 기억하는 세포가 처음보다 빠르고 강하게 (나) 반응을 나타낼 수 있다. 예방 (가)은 이러한 기억 세포들을 만듦으로써 병원균에 대한 저항 능력을 키우는 것이라 볼 수 있다.

	(가)	(나)	(다)	(라)
①	백신	면역	항원	항체
②	백신	항원	항체	면역
③	항원	면역	항체	백신
④	백신	항원	면역	항체

20. 갑, 을, 병, 정은 함께 카페에 들러 커피 2잔과 홍차 2잔을 주문하였고 내용물을 보지 않은 채 무작위로 받았다. 〈보기〉를 참고할 때 옳은 것은?

보기

- 갑은 자신이 주문한 음료를 받지 않았다.
- 병은 자신이 주문한 음료를 받았다.
- 병은 홍차를 주문했으나 커피를 받았다.
- 정은 커피를 받았다.

① 을은 커피를 받았다.
② 정은 자신이 주문한 음료를 받지 않았다.
③ 정은 홍차를 주문했다.
④ 갑은 커피를 주문했다.

21. 종이를 다음과 같이 접은 후 색칠된 부분을 자르고 다시 펼쳤을 때의 모양으로 옳은 것은?

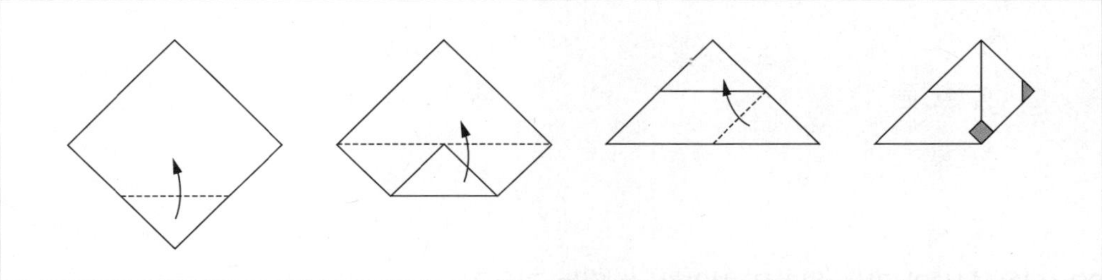

①

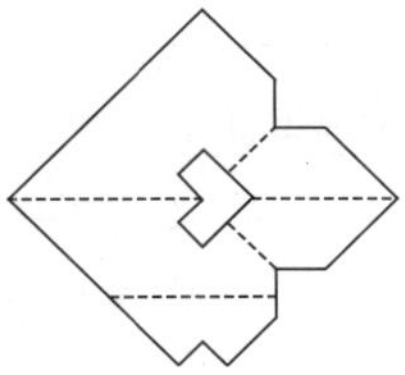

②

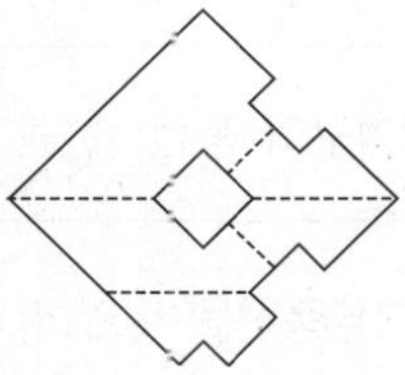

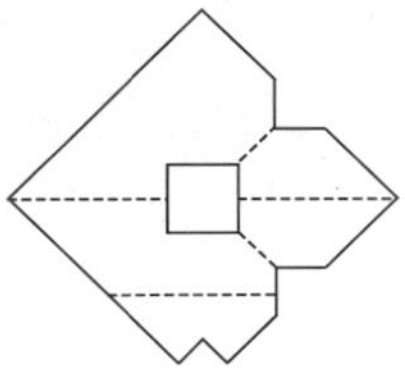

④

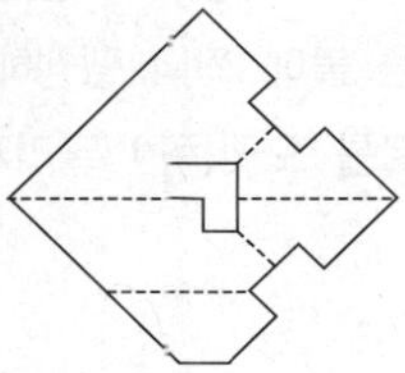

22. 다음은 해저면의 변위에 의해 발생한 지진 해일(쓰나미)에 대한 그림이다. 〈보기〉에서 이에 대한 설명으로 옳은 것을 모두 고르면?

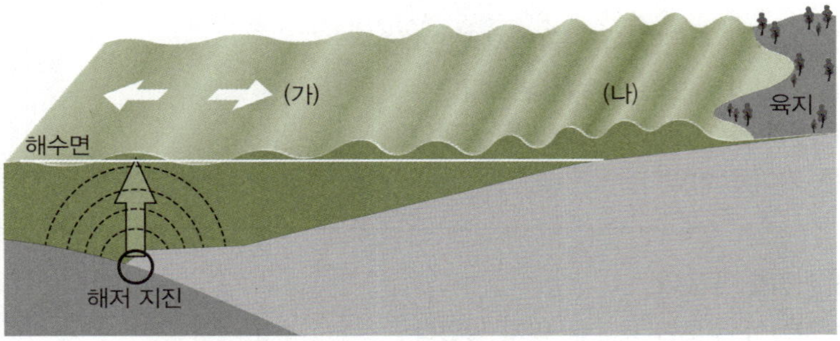

보기

㉠ (가)에서 (나)로 갈수록 파장이 짧아진다.
㉡ (가)에서 (나)로 갈수록 파고가 높아진다.
㉢ (가)에서 (나)로 갈수록 전파 속도가 빨라진다.
㉣ 지진 해일은 해수면의 갑작스러운 수직 변동에 의해 발생한다.

① ㉠, ㉡　　② ㉢, ㉣
③ ㉠, ㉡, ㉣　　④ ㉡, ㉢, ㉣

23. 다음 현상과 같은 원리로 설명할 수 없는 것은?

열기구의 풍선 속 공기를 가열하였더니 열기구가 떠올랐다.

① 액체 질소 속에 고무풍선을 넣었더니 풍선이 쭈그러들었다.
② 높은 산에 올라가면 과자봉지가 팽팽해진다.
③ 찌그러진 탁구공을 불에 쬐니 팽팽해졌다.
④ 자동차로 고속도로를 오랫동안 달리자 타이어가 팽팽해졌다.

[24 ~ 25] 다음은 신입직원 연수 자료의 일부이다. 이어지는 질문에 답하시오.

> 기술이 일, 직업, 임금에 미치는 영향에 관한 논쟁은 산업시대 역사만큼이나 오래되었다. 새로운 기술 진보가 나타날 때마다 노동자들은 자신들의 일자리가 빼앗길지도 모른다는 두려움을 느꼈다. 1800년대 운송수단의 핵심이었던 말 노동의 역사가 이를 잘 보여준다. 1900년대에 이르러 내연기관이 도입되면서 수십 년간 급증해 온 말이 반세기 만에 88%나 감소하게 되었고, 제대로 된 기술이 개발되자 노동력으로서 말의 운은 끝나게 되었다.
>
> 그러나 인간은 말과 다르다. 내연기관은 말을 대체하는 데 성공했지만, 우리 인간은 인간노동력에 대한 수요를 전적으로 인공지능이나 로봇으로 대체하고 싶어 하지 않는다. 이것이 완전 자동화된 경제로 나아가는 데 있어 가장 큰 장벽이며, 인간의 노동이 완전히 사라지지는 않을 가장 큰 이유다. 인간은 철저히 사회적인 동물이며 인간관계에 대한 욕망이 경제생활로 이어진다. 우리가 소비하는 돈의 대부분은 대인관계와 관련되어 있다. 우리는 연극이나 스포츠 행사에 참석해서 인간의 표현력이나 능력에 대해 찬사를 보낸다.
>
> 사람들이 특정 바나 레스토랑을 자주 찾는 이유는 단지 음식이나 음료 때문이 아니라, 그들이 베푸는 환대 때문이다. 코치와 트레이너들은 운동에 관한 책이나 비디오에서는 찾을 수 없는 동기를 부여한다. 좋은 교사는 학생들이 배움에 대한 의지를 계속 유지하도록 격려하고, 상담사와 치료사들은 고객과 유대를 형성해서 치료에 도움을 준다. 이와 같이 인간의 상호작용은 경제적 거래에 있어 부수적 요소가 아닌 핵심이 된다. 인간욕구에 있어 양이 아닌 질에 집중하는 것이다. 인간의 경제적 욕구는 오로지 다른 인간만이 충족할 수 있다. 이것이 우리가 말이 걸어간 길을 ㉠ <u>답습</u>할 가능성을 줄여 준다. 인간의 모든 욕구를 기계가 대신해 줄 수 없기 때문이다.

24. 다음 중 윗글을 바르게 이해하지 못한 신입직원은?

① 박△△ : 대인관계가 경제활동의 중심요소이구나.
② 이□□ : 인간의 욕망은 과학 발전의 필수요소이구나.
③ 정○○ : 인간의 경제적 욕구를 로봇이 완전히 충족시킬 수는 없겠구나.
④ 김☆☆ : 인간은 로봇이나 인공지능과 달리 동기와 의지를 부여할 수 있겠구나.

25. 윗글에서 밑줄 친 ㉠의 뜻으로 올바른 것은?

① 어떤 사회에서 오랫동안 지켜 내려와 그 구성원들이 널리 인정하는 질서
② 어떤 행위를 오랜 기간 되풀이하여 저절로 익혀진 행동이나 그 방식
③ 이미 배운 이론을 토대로 하여 실제로 해 보고 익히는 일
④ 예로부터 해 오던 방식이나 수법을 좇아 그대로 행함.

26. 다음 중 '무척 위태로운 일의 형세'나 '매우 다급하고 절박한 순간'을 뜻하는 사자성어로 적절하지 않은 것은?

㉠ 풍전등화(風前燈火)	㉡ 초미지급(焦眉之急)
㉢ 우공이산(愚公移山)	㉣ 위기일발(危機一髮)
㉤ 누란지세(累卵之勢)	㉥ 백척간두(百尺竿頭)

① ㉡　　② ㉢
③ ㉠, ㉣　　④ ㉤, ㉥

[27 ~ 28] 다음은 같은 모양과 크기의 블록을 쌓아 올린 그림이다. 이어지는 질문에 답하시오.

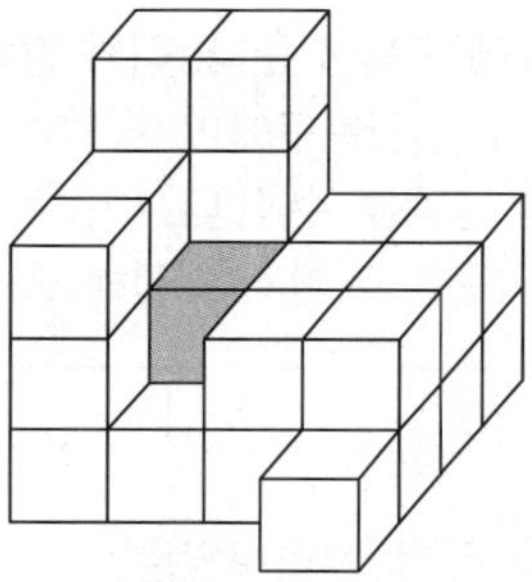

27. 블록을 더 쌓아 정육면체를 만들려면 최소 몇 개의 블록이 추가로 필요한가?

① 30개　　② 32개
③ 34개　　④ 36개

28. 색칠된 블록에 직접 접촉하고 있는 블록은 모두 몇 개인가?

① 2개　　② 3개
③ 4개　　④ 5개

29. 다음 글에서 나타난 논리적 오류는?

> 몇몇 신문들은 이번 사건에 대하여 사설을 통해 북 공격설을 제기했다. 어떤 사설은 전시 태세를 갖추어야 한다며 '전쟁을 무서워하는 국민은 매국노'라고 못 박기도 했다.

① 원천봉쇄의 오류
② 흑백 논리의 오류
③ 인신공격의 오류
④ 성급한 일반화의 오류

30. 다음 밑줄 친 부분에 들어갈 문장으로 알맞은 것은?

> 아기는 천사다. 천사는 번개를 부릴 수 있다. 천사가 아니면 신의 노예다. 그러므로 ________________________________

① 천사는 아기다.
② 아기는 번개를 부릴 수 없다.
③ 번개를 부릴 수 있으면 아기다.
④ 신의 노예가 아니면 번개를 부릴 수 있다.

31. 다음 글의 밑줄 친 '이 기관'에 해당하는 소화 기관으로 가장 적절한 것은?

> 소화 과정에서 음식물은 다양한 소화기관을 통과하면서 분해되고 흡수된다. 연동운동은 소화관의 근육이 리드미컬하게 수축하여 음식물을 앞으로 이동시키는 운동이다. 반면, 분절운동은 음식물을 섞고, 영양소를 흡수하기 위해 음식물을 여러 부분으로 나누어주며, 주로 <u>이 기관</u>에서 일어난다. 이러한 운동은 소화가 효율적으로 일어나게 도와준다.

① 위
② 소장
③ 대장
④ 식도

32. 다음은 일주운동에서 나타나는 현상이다. ㉠～㉢에 들어갈 내용을 바르게 연결한 것은?

> 북두칠성은 (　　㉠　　)을/를 중심으로 1시간에 약 (　　㉡　　)씩 일주운동을 하는데, 이것은 지구의 (　　㉢　　) 때문에 나타나는 현상이다.

	㉠	㉡	㉢
①	황도	15°	공전
②	천구의 적도	10°	자전
③	천구의 북극	15°	자전
④	천구의 북극	10°	공전

33. 다음 글의 내용과 일치하는 것은?

> 1950년대 프랑스의 영화 비평계에는 작가주의라는 비평 이론이 새롭게 등장했다. 작가주의란 감독을 단순한 연출자가 아닌 '작가'로 간주하고, 작품과 감독을 동일시하는 관점이다.
>
> 작가주의는 상투적인 영화가 아닌 감독 개인의 영화적 세계와 독창적인 스타일을 일관되게 투영하는 작품들을 옹호한다. 감독의 창의성과 개성은 작품 세계를 관통하는 감독의 세계관 혹은 주제 의식, 그것을 표출하는 나름의 이야기 방식, 고집스럽게 되풀이되는 특정한 상황이나 배경 혹은 표현 기법 같은 일관된 문체상의 특징으로 나타난다는 것이다.
>
> 한편, 작가주의적 비평은 할리우드 영화를 재발견하기도 했다. 작가주의적 비평가들에 의해 복권된 대표적인 할리우드 감독이 바로 스릴러 장르의 거장인 알프레드 히치콕이다. 히치콕은 제작 시스템과 장르의 제약 속에서도 일관된 주제 의식과 스타일을 관철한 감독으로 평가받았다. 그는 관객의 오인을 부추기는 '맥거핀' 기법을 자신만의 이야기 법칙을 만들어 가는 데 하나의 극적 장치로 종종 활용하였다. 즉, 특정 소품을 맥거핀으로 활용하여 확실한 단서처럼 보이게 한 다음 일순간 허망한 것으로 만들어 관객을 당혹스럽게 한 것이다.

① 작가주의 비평 이론은 감독을 연출자로 고정시켜 버리는 관점을 말한다.
② 작가주의는 할리우드를 영화의 범주에 들이지 않으며 무시해 버렸다.
③ 맥거핀은 관객의 오인을 부추겨 당혹스럽게 만드는 영화적 장치이다.
④ 알프레드 히치콕은 할리우드 감독으로 작가주의와는 거리가 멀다.

34. 다음 중 경청을 실천하기 위한 다섯 가지 행동 가이드에 따라 적절하게 경청하고 있는 경우는?

> 1. 공감을 준비하라.
> 나의 마음속에 있는 판단과 선입견, 충고하고 싶은 생각들을 비우고 그냥 들어준다.
> 2. 상대를 인정하라.
> 상대방 역시 나만큼 소중하고 독립적인 인격체임을 인정한다.
> 3. 말하기를 절제하라.
> 상대방을 이해하기 위해 말하기보다는 듣기를 우선한다.
> 4. 겸손하게 이해하라.
> 상대방의 말을 진정으로 들어주고 그를 존중하고 이해하려고 노력한다.
> 5. 온몸으로 응답하라.
> 상대의 말에 귀 기울이고 있음을 몸짓과 눈빛으로 반응을 보인다.

① 갑 : 출근하는데 길이 너무 많이 막혔어요. 평소보다 10분이나 일찍 출발했는데도 늦었네요. 죄송해요.
을 : 당신은 언제나 늦죠. 처음 있는 일도 아닌데요.

② 갑 : 오늘은 저녁식사를 같이 하고 싶어요. 드릴 말씀도 있고요. 제 상황에 대해 조언을 듣고 싶어요.
을 : (눈을 쳐다보지 않고 팔짱을 낀 자세로) 꼭 오늘이어야 하나요?

③ 갑 : 오늘 저녁은 회덮밥을 먹고 싶어요. 지금 장마기간이지만 제가 아는 곳 중에 위생상태가 좋은 식당이 있어요.
을 : 여름장마인 이 상황에서 회를요? 어린애같이 행동하지 말고 생각 좀 하고 사세요.

④ 갑 : 이번 여름은 힘들었어요. 날씨는 더운데 거기다 일은 너무 많았어요. 아, 회사에 대한 불만을 이야기하려던 것은 아니에요.
을 : (상대를 향해 몸을 돌리며) 괜찮습니다. 고민이 있으면 털어놓는 게 훨씬 좋죠.

35. 다음 중 파동이 전파되면서 에너지를 전달하여 나타나는 현상으로 적절하지 않은 것은?

① 지진파로 인해 도로가 무너졌다.
② 오랜 시간 파도로 해안가에 절벽이 형성되었다.
③ 바람이 불어 깃발이 흔들린다.
④ 소리 때문에 유리잔이 깨졌다.

36. 다음 〈보기〉의 도형들을 합쳤을 때 나올 수 없는 형태는? (단, 각 도형은 회전할 수 없다)

보기

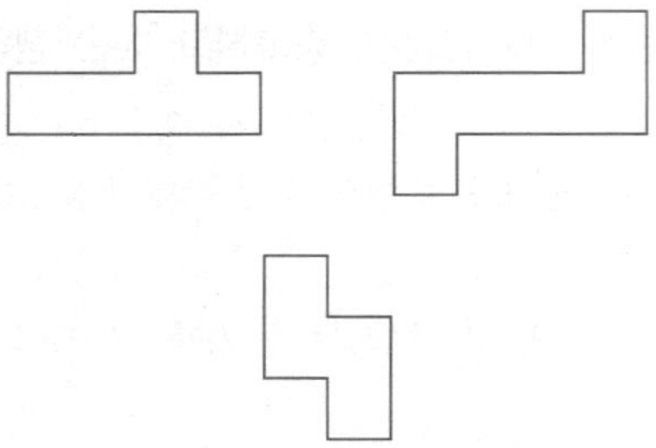

①

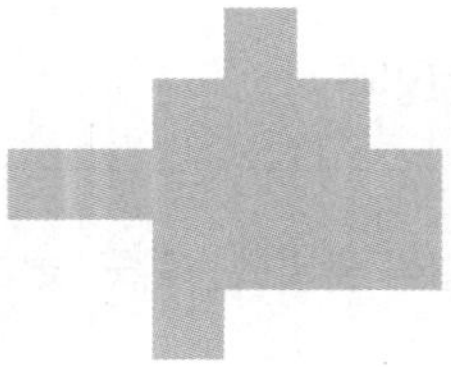

②

③

④

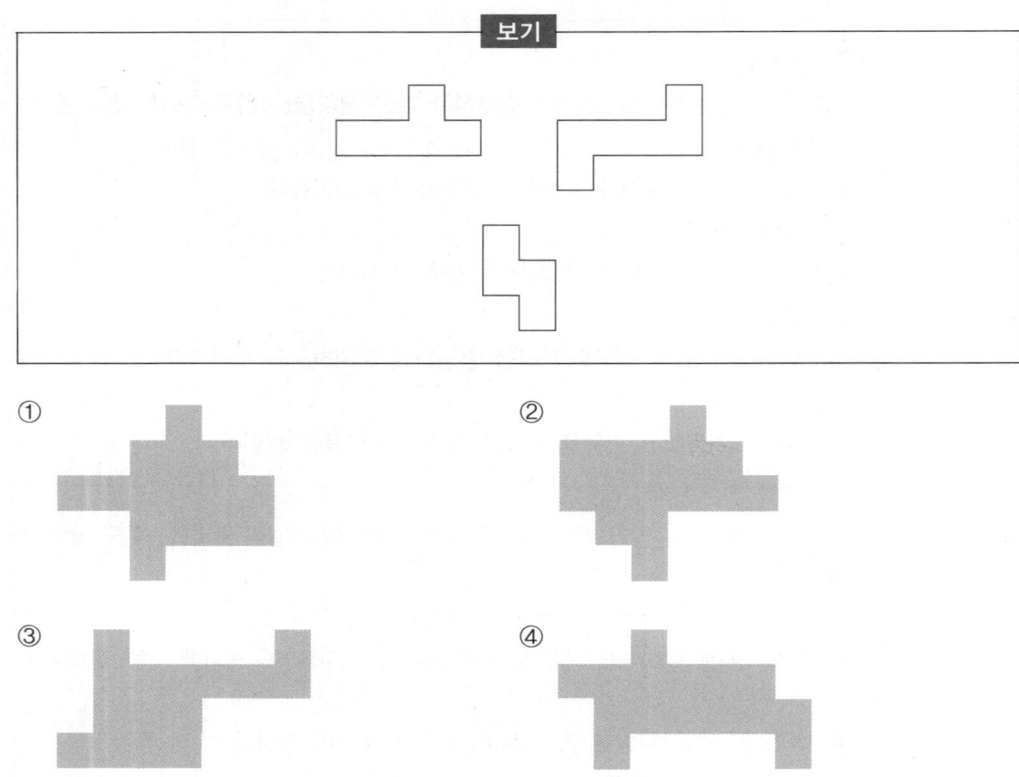

37. 다음 단어의 사전적 의미를 참고할 때, 밑줄 친 단어의 의미가 나머지와 다른 하나는?

> 손 명 1. 사람이나 몇몇 원숭이류의 팔목에 달린, 무엇을 잡거나 만지는 데 쓰이는 부분
> 2. 농사일 따위의 육체적인 노동을 하기 위한 일손이나 품
> 3. 어떤 목적하는 일을 처리하거나 해결할 수 있는 힘이나 노력, 능력

① 너의 손을 빌려야 이 문제를 빨리 해결할 수 있을 것 같다.
② 이 일의 성사는 너의 손에 달려 있다.
③ 그런 일에는 전기를 좀 다뤄 본 사람의 손이 필요하다.
④ 손이 턱없이 부족해서 제날짜에 물건을 납품하지 못하겠다.

38. ○○무역 비서실에 근무하는 H 씨가 다음 휴가 신청 안내 사항을 고려하여 휴가를 신청하고자 할 때, 휴가를 갈 수 있는 기간은?

〈휴가 신청 안내〉

1. 휴가 신청 가능 기간 : 1월 5일 ~ 1월 28일
2. 휴가 기간 : 5일 (주말 포함)
3. 유의사항
   가. 비서실장과 교대로 근무하는 것을 원칙으로 함.
   나. 사장님 및 다른 팀 휴가 일정이 겹치지 않도록 함.
   다. 사장님 업무 일정이 있는 날은 모든 팀이 근무하는 것을 원칙으로 함,
   라. 휴가 일정을 나눠서 신청할 수는 없음.

〈1월 달력〉

<table>
<tr><th>일</th><th>월</th><th>화</th><th>수</th><th>목</th><th>금</th><th>토</th></tr>
<tr><td></td><td>1</td><td>2</td><td>3</td><td>4</td><td>5</td><td>6</td></tr>
<tr><td>7</td><td>8</td><td>9</td><td>10</td><td>11</td><td>12</td><td>13</td></tr>
<tr><td></td><td colspan="3">사장님 중국 출장 (8 ~ 10)</td><td></td><td></td><td>비서실장
휴가</td></tr>
<tr><td>14</td><td>15</td><td>16</td><td>17</td><td>18</td><td>19</td><td>20</td></tr>
<tr><td colspan="4">비서실장 휴가 (13 ~ 17)</td><td>사장님
거래처 대표
만남</td><td></td><td></td></tr>
<tr><td>21</td><td>22</td><td>23</td><td>24</td><td>25</td><td>26</td><td>27</td></tr>
<tr><td></td><td></td><td></td><td colspan="4">총두팀 휴가 (24 ~ 27)</td></tr>
<tr><td>28</td><td>29</td><td>30
사장님
국내지사
방문</td><td>31</td><td></td><td></td><td></td></tr>
</table>

① 1월 8일 ~ 1월 12일
② 1월 11일 ~ 1월 15일
③ 1월 19일 ~ 1월 23일
④ 1월 24일 ~ 1월 28일

39. 다음 글을 읽고 추론할 수 있는 내용으로 적절하지 않은 것은?

원효는 일반적으로 우리나라 불교사상가 중 최고의 인물로 평가되고 있다. 그의 사상과 방향이 다방면에 이르러 미치지 않는 바가 거의 없는지라 그의 사상을 한마디로 일축해 무어라고 말하기는 쉽지 않지만, 핵심은 일심(一心)과 화쟁(和諍)이라 말할 수 있다.

일심은 어느 책에서 원효가 무덤 속에서 해골 물을 먹고 깨달은 것으로 되어 있다. 즉 해골 물인 줄 모르고 마셨을 때에는 아주 달고 시원한 물이라 생각하며 마셨는데 해골 물인 줄 알고 나서는 구역질이 나와 다 토할 지경이 되고서야 이 모든 것이 마음의 장난이라는 것을 깨달았다는 것이다. 어쨌든 원효는 마음의 중요성을 깨달았고 바로 일심에 그의 모든 사상의 중심을 두었다. 결국 다시 말하자면 일심은 같은 사물이지만 마음에 따라 보는 것이 달라진다면 결국 모든 것의 근본은 마음이 될 수 있으니 마음을 고쳐먹음으로써 해탈을 얻을 수 있다는 것이 되겠다.

원효의 일심 사상을 사상사적 맥락에서 보자면 그 직접적인 연결 관계는 여래장 사상에서 찾을 수 있다. 여래장 사상은 모든 존재는 여래가 될 가능성을 그 안에 가지고 있다는 것으로, 다른 말로 하면 모든 중생의 본성이 여래라는 이론이다. 결국 모든 것이 마음의 탓인데 그 마음의 근본은 순수하고 깨끗하므로 만약 그 근본을 회복하게 된다면 인간은 누구나 부처가 될 수 있다는 매우 실천적인 이론이다.

다음으로 화쟁은 언어로 표현된 이론적인 다툼을 화해시키는 것이므로 언어에 대한 이해가 중요하다. 원효는 언어에 대한 잘못된 이해가 쟁론을 유발한다고 보았다. 화쟁의 방법은 세 단계로 이루어져 있다고 말할 수 있다. 우선 언어에 대한 집착에서 벗어나기 위해서 모든 이론들을 부정한다. 그것을 위해 동의하지도 그렇다고 이의를 제기하지도 않으면서 말한다. 그리고 여러 경전들의 내용에 대해 폭넓게 이해하는 것이다.

이와 같이 원효의 사상은 화합과 조화가 절실히 요구되는 현재의 우리 사회에 큰 가르침을 줄 수 있다. 원효의 입장에서 우리가 배워야 할 것은 근본적인 일심의 자리에서 비로소 참된 화해가 이루어진다는 것이다.

① 마음에 따라 같은 사물이라도 다르게 보일 수 있으므로 모든 것의 근본은 마음에 달려 있다.

② 순수하고 깨끗한 마음의 근본을 회복한다면 인간은 누구나 부처가 될 수 있다는 것이 여래장 사상이다.

③ 언어에 대한 이해를 바탕으로 이론적인 다툼을 화해시키는 것을 화쟁이라고 한다.

④ 모든 이론을 인정하고 포섭한 뒤 절충할 수 있는 합의점을 찾음으로 언어에 대한 집착으로부터 벗어날 수 있다.

40. 다음 글을 통해 추론할 수 있는 오 박사에게 부족한 대인관계능력은?

> 202X년 8월 학술대회 회원 20명이 워크숍을 떠났다. 워크숍 장소에 도착하자 회원들은 각자 맡은 일을 하느라 분주하게 움직였다. 개인별 워크숍 자료도 정리하고 발표 장소도 세팅하고, 식사 및 음료도 준비해야 했기 때문이다.
>
> 다른 회원들은 짐을 풀자마자 발표 장소를 정리하는 등 바쁘게 움직였지만 오 박사는 오로지 자기가 발표해야 할 자료만을 정독하느라 바빴다. 이윽고 워크숍이 시작되자 오 박사는 가장 먼저 발표 순서를 차지했고, 본인의 발표가 끝나자 제일 먼저 휴식시간을 가졌다.

① 강한 자신감으로 상대방의 사기를 높이는 태도
② 협력하며 각자의 역할과 책임을 다하는 태도
③ 솔직한 대화로 서로를 이해하는 태도
④ 칭찬하고 감사하는 마음

41. 다음과 같이 시계반대 방향으로 쥐불놀이를 하다가 손에서 통을 놓았을 때, 통이 날아가는 방향은?

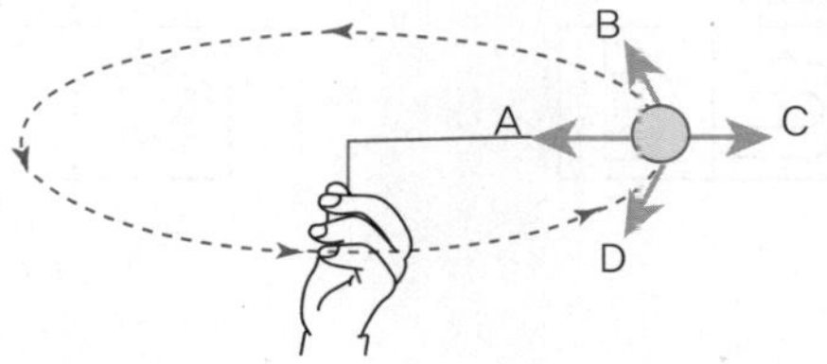

① A　　② B
③ C　　④ D

경납기출복원 1회 기출예상 2회 기출예상 3회 기출예상 4회 기출예상 5회 기출예상 6회 기출예상 7회 기출예상 8회 기출예상 9회 기출예상 인성검사 면접가이드

42. 다음 중 식물의 광합성에 대한 설명으로 옳은 내용을 모두 고른 것은?

ㄱ. 빛을 흡수하여 양분을 합성하는 작용이다.
ㄴ. 산소를 흡수하고 이산화탄소를 방출한다.
ㄷ. 식물을 구성하는 모든 세포에서 일어난다.

① ㄱ
② ㄴ
③ ㄷ
④ ㄴ, ㄷ

43. 다음과 같은 주사위를 펼쳤을 때 나타날 수 있는 전개도로 적절하지 않은 것은?

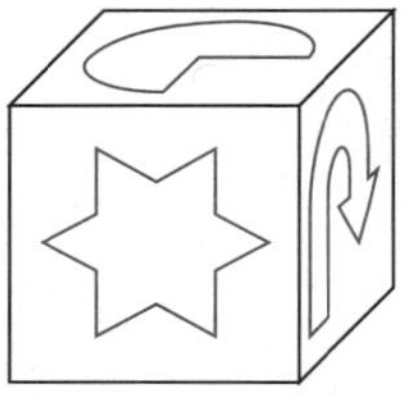

①
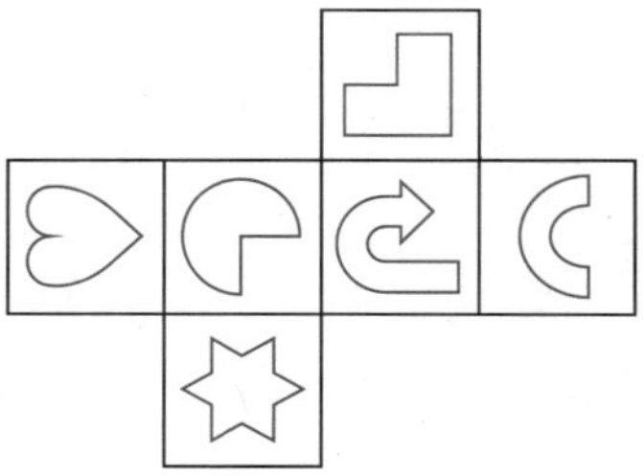

②
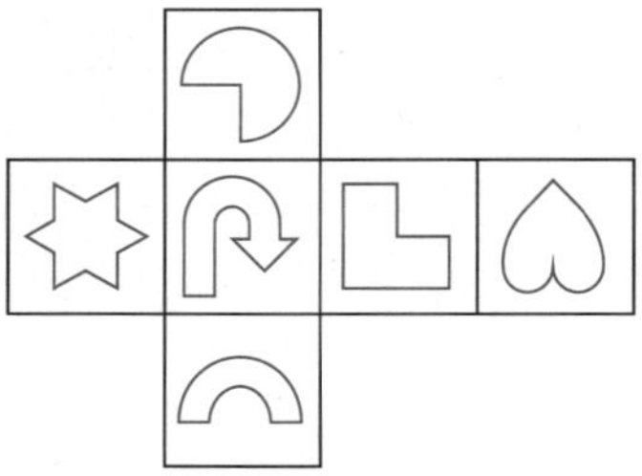

③
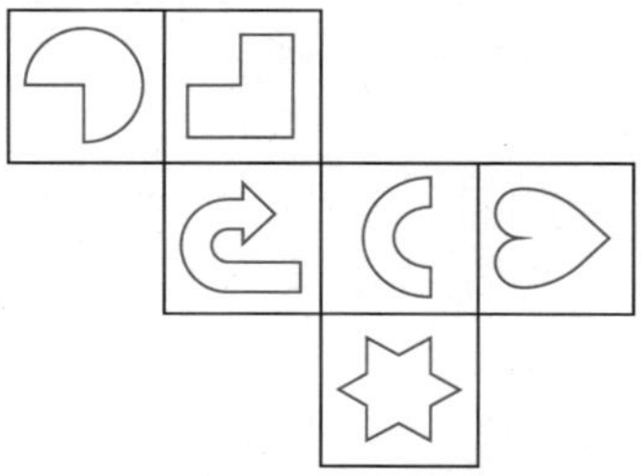

④
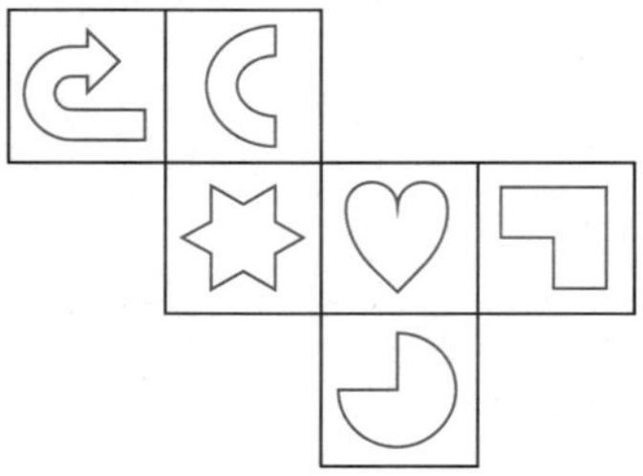

44. 직장인이 갖추어야 할 사항 중, 다음 글쓴이가 전달하려는 내용과 가장 관련이 깊은 것은?

> 직장에서 자신이 말한 제안이나 의견이 거절당하거나 추진하려던 업무가 거부당할 때, 감정이 앞서 자기 입장만을 생각하며 '도대체 왜 안 될까?'라고 생각하기 쉬운데, 이때 계속해서 자기 자신만 옳다고 믿고 행동하면 결국 독선에 빠지게 된다. 이러한 독선에 빠지지 않으려면 상황을 인정하고 협의하려는 태도가 필요하다. 만약 한 사원이 선배에게 제시한 의견이 거절당했을 경우, 자신의 입장만을 생각하기에 앞서 선배의 요구나 필요한 사항을 파악하는 것이 중요하다. 선배가 원하며 나 자신도 만족하면서 일할 수 있는 방향으로 나아가도록 협의하고 설득해야 하는 것이다. 따라서 업무를 성공적으로 수행하려면 꾸준한 노력과 연습을 통해 설득력을 키우는 것이 필요하다. 누군가를 설득한다는 것이 쉽지만은 않은 일이지만, 무조건 아부하거나 예스맨이 되어 설득하는 것은 지양해야 한다.

① 생각하는 습관　　② 고정관념 타파

③ 신의성실의 확립　　④ 상대의 논리 구조화

45. 다음 〈보기〉에서 강조하고 있는 직업윤리의 요소로 적절한 것은?

> **보기**
>
> 일본 미쓰비시자동차와 닛산자동차의 연비 · 배출가스 조작 의혹에 이어 스즈키자동차까지 연비 조작에 휩쓸리면서 파문이 커지고 있다. 말이 조작이지 비열한 사기행각이다. 미쓰비시는 4개 차종, 62만 대에 대한 연비 조작 사실을 인정했다. 무려 25년 동안 부정한 실험방법으로 연비를 거짓 측정한 것이다. 미쓰비시의 연비 조작 파문에 이어 일본 자동차 업계 4위인 스즈키도 연비 테스트 과정에서 부적절한 수단을 사용한 것으로 드러났다. 그 뿐만 아니라 미쓰비시를 인수한 닛산 역시 한국에서 배출가스 조작 판정을 받아 궁지에 몰렸다. 환경부는 국내에서 팔린 디젤(경유)차 20개 차종을 조사한 결과 닛산이 캐시카이에 배출가스인 질소산화물(NOX) 저감장치 작동을 중단시키는 임의 설정을 한 것으로 판단했다. 이들이 전 세계 소비자들을 상대로 저지른 사기 액수를 계산한다면 천문학적일 것이다.

① 예절　　② 근면

③ 정직　　④ 봉사

7회 기출예상문제

소양평가

정답과 해설 57쪽

01. 다음 단어의 사전적 의미를 참고할 때, 밑줄 친 단어의 의미가 나머지와 다른 하나는?

> 이르다 [동] 「1」 어떤 장소나 시간에 닿다.
> 「2」 어떤 정도나 범위에 미치다.

① 그 약품은 효과가 없다는 결론에 이른 것으로 알려졌다.

② 그는 지난 30년 동안 무술을 연마하여 마침내 높은 수준에 이르게 되었다.

③ 그가 전한 그 말은 슬프기 이를 데 없는 소식이었다.

④ 남은 일을 처리하느라 어제는 자정에 이르러서야 집에 들어갔다.

02. 다음 (가) ~ (라)의 각 괄호에서 어법에 맞는 것을 골라 순서대로 나열하면?

> (가) 약속 장소에 (갈지/갈 지) 아직 결정하지 못했다.
> (나) 날씨가 좋지 않아서 여행을 (안갈지/안 갈지/안 갈 지)도 모른다.
> (다) 그가 이 일을 끝낼 수 (있을지/있을 지) 확신할 수 없었다.
> (라) 내가 이 책을 (읽었는지/읽었는 지) 기억이 나지 않는다.

	(가)	(나)	(다)	(라)
①	갈지	안갈지	있을 지	읽었는 지
②	갈지	안 갈지	있을지	읽었는지
③	갈 지	안 갈 지	있을지	읽었는지
④	갈지	안 갈 지	있을지	읽었는 지

03. 다음 그림에서 만들 수 있는 크고 작은 사각형은 모두 몇 개인가?

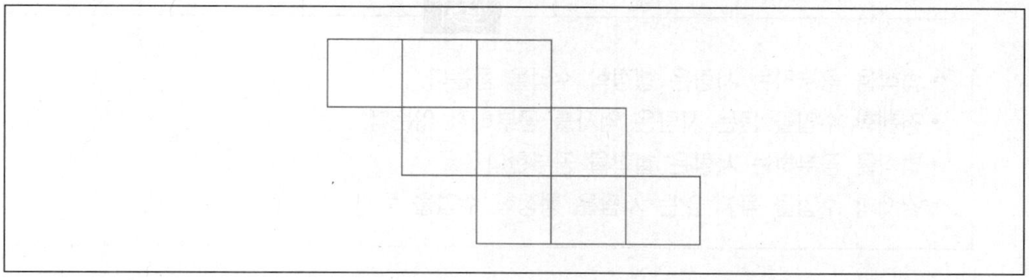

① 22개　　② 23개

③ 24개　　④ 25개

04. 다음 그림 안에 나타나 있지 않은 조각은?

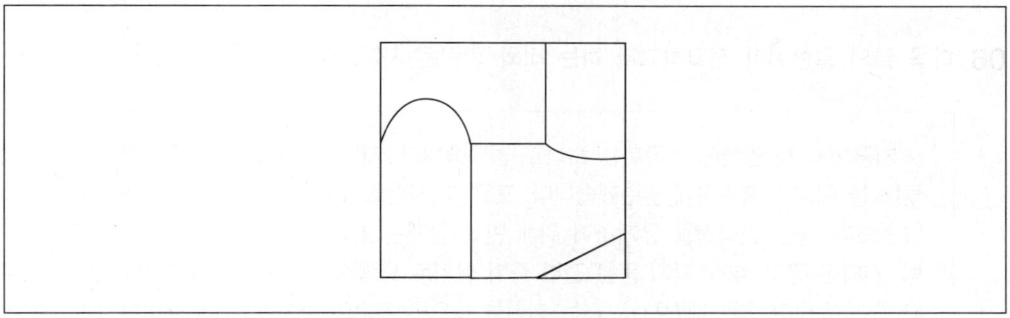

① 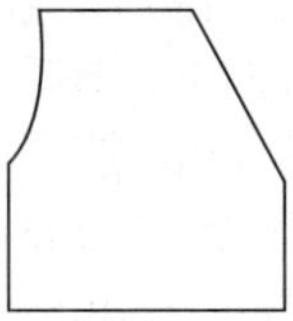

② 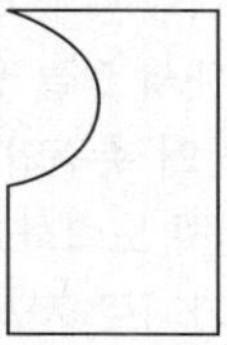

③ 

④ 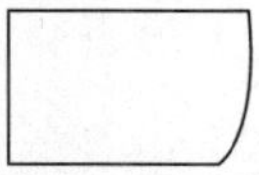

05. 다음 〈보기〉의 명제가 모두 참일 때 반드시 참인 것은?

보기

- 법학을 공부하는 사람은 행정학 수업을 듣는다.
- 경제학 수업을 듣는 사람은 역사를 공부하지 않는다.
- 법학을 공부하는 사람은 철학을 공부한다.
- 경제학 수업을 듣지 않는 사람은 행정학 수업을 듣지 않는다.

① 경제학 수업을 듣는 사람은 법학을 공부한다.
② 철학을 공부하는 사람은 행정학 수업을 듣는다.
③ 역사를 공부하는 사람은 법학을 공부하지 않는다.
④ 법학을 공부하는 사람은 경제학 수업을 듣지 않는다.

06. 다음 글의 글쓴이가 전달하고자 하는 바와 관련된 사자성어로 적절한 것은?

지금까지 제 인생에서 공짜는 하나도 없었습니다. 저는 초등학교 3학년 때부터 다른 아이들이 놀 때에도 혹독하게 훈련했습니다. 프로 첫 시즌을 끝내고 나서는 매일 1천 개씩 슈팅을 날렸으며, 좋은 컨디션을 유지하기 위해 빈 시간에는 최대한 휴식을 취했습니다. 드리블, 슈팅, 컨디션 유지, 부상 방지 등은 전부 죽기 살기로 노력해서 얻은 결과물이라고 믿고 있습니다. "오, 슈팅이 정말 대단해요."라는 칭찬을 들으면 기분이 좋지만, 그럴 때마다 '내가 이렇게 슛을 하기 위해 얼마나 노력했는데' 하는 생각도 듭니다. 어제 치른 값에 대한 대가를 오늘 받고, 내일 받을 대가를 위해서 오늘 먼저 값을 치릅니다. 후불은 절대 없습니다. 크리스티아누 호날두와 리오넬 메시가 왜 축구의 천재라고 불리는 것일까요? 그만큼 노력해왔고 지금도 최고의 자리에 있으니 여전히 노력하고 있는 것이겠지요. 그런 노력이 겉으로 드러나지 않을 뿐입니다. 지금 저도 마찬가지로 자제하고 훈련하면서 꿈을 향해 달리고 있습니다.

① 전화위복(轉禍爲福)
② 고진감래(苦盡甘來)
③ 일장춘몽(一場春夢)
④ 감탄고토(甘呑苦吐)

07. 다음 글을 읽고 추론한 내용으로 적절한 것은?

> 우리 민족은 활에 대해 각별한 관심을 가지고 있었으며, 활을 중요한 무기로 여겼다. 이에 따라 활 제작 기술도 발달했는데, 특히 조선시대의 활인 각궁(角弓)은 매우 뛰어난 성능과 품질을 지니고 있었다. 그렇다면 무엇이 각궁을 최고의 활로 만들었을까?
>
> 활은 복원력을 이용한 무기이다. 복원력은 탄성이 있는 물체가 힘을 받아 휘어졌을 때 원래대로 돌아가는 힘으로, 물체의 재질과 변형 정도에 따라 힘의 크기가 변한다. 이를 활에 적용해 보자. 활의 시위를 당기면 당기는 만큼의 복원력이 발생한다. 복원력은 물리학적인 에너지의 전환 과정이기도 하다. 사람이 시위를 당기면 원래의 시위 위치에서 시위를 당긴 거리만큼의 위치 에너지가 화살에 작용하게 된다. 따라서 시위를 활대에서 멀리 당기면 당길수록 더 큰 위치 에너지가 발생하게 된다. 이때 시위를 놓으면 화살은 날아가게 되는데, 바로 이 과정에서 위치 에너지가 운동 에너지로 전환된다. 즉, 시위를 당긴 거리만큼 발생한 위치 에너지가 운동 에너지로 바뀌어 화살을 날아가게 하는 것이다.
>
> 또한 복원력은 활대가 휘는 정도와 관련이 있다. 일반적으로 활대가 휘면 휠수록 복원력은 더 커지게 된다. 따라서 좋은 활이 되기 위해서는 더 큰 위치 에너지를 만들어 낼 수 있는 탄성이 좋은 활대가 필요하다. 각궁은 복원력이 뛰어난 활이다. 그 이유는 각궁이 동물의 뿔이나 뼈, 힘줄, 탄성 좋은 나무 등 다양한 재료를 조합해서 만든 합성궁이기 때문이다. 합성궁은 대나무와 같은 나무만을 재료로 만든 활보다 탄력이 좋아서 시위를 풀었을 때 활이 반대 방향으로 굽는 것이 특징이다. 바로 이러한 특성으로 인해 각궁은 뛰어난 사거리와 관통력을 갖게 되었다.

① 고려시대 때의 활은 여러 재료의 조합이 아닌 한 가지 재료로만 만들어졌다.

② 위치 에너지가 운동 에너지로 전환되는 힘의 크기가 활의 사거리와 관통력을 결정한다.

③ 활대가 많이 휠수록 복원력은 더 커지므로, 활이 많이 휠수록 가격은 비싸진다.

④ 각궁의 탄력이 좋은 이유는 나무로만 만들어져 시위를 풀었을 때 활이 반대 방향으로 굽는 특징 덕분이다.

08. 다음 〈보기〉에서 왼쪽 전개도를 접어 오른쪽 주사위 모형을 만들었을 때, 주사위의 뒷면 방향에서 바라본 면의 모습으로 올바른 것은?

보기

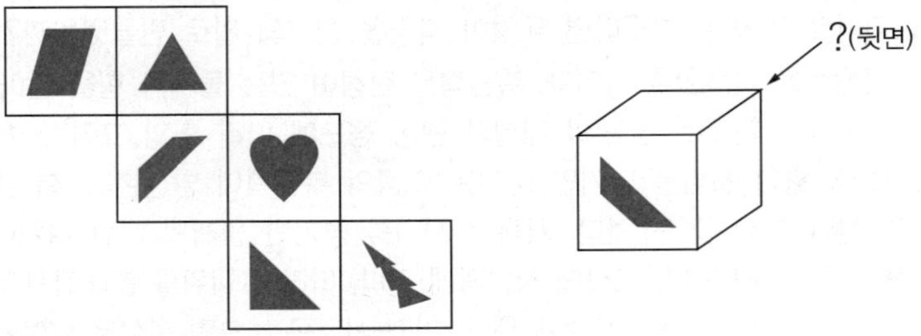

① 

② 

③ 

④ 

09. 다음 빈칸에 들어갈 명제로 적절한 것은?

- 2호선을 이용한다면 5호선도 이용한다.
- 9호선을 이용한다면 7호선도 이용한다.
- (　　　　　　　　　　　　　　　　　　)
- 그러므로 8호선을 이용하면 5호선을 이용한다.

① 8호선을 이용하면 2호선을 이용한다.
② 2호선을 이용하지 않으면 7호선을 이용한다.
③ 2호선을 이용하면 8호선을 이용하지 않는다.
④ 9호선을 이용하지 않으면 5호선을 이용한다.

10. 13층 건물에서 근무하는 A, B, C, D, E는 각자의 사무실에 가기 위하여 홀수 층에서만 멈추는 엘리베이터를 1층에서 함께 탑승했다. A ~ E가 근무하는 층이 각각 다르다고 할 때, 다음의 〈조건〉에 따라 각 층에 근무하는 사람이 바르게 연결된 것은? (단, 1층에는 사무실이 없다)

조건

㉠ 13층에는 옥상과 헬기장만 있다.
㉡ A가 내린 다음에 이어서 내린 사람은 E이다.
㉢ B는 C가 내리고 나서 문 닫힘 버튼을 눌렀다.
㉣ C가 내린 층은 D가 내린 층의 배수에 해당한다.
㉤ 엘리베이터 외에 계단을 이용하여 사무실에 간 사람은 없다.

① A－3층　② B－11층
③ C－7층　④ E－9층

11. 다음 중 신장의 기능과 관계없는 것은?

① 노폐물을 여과한다.　② 삼투압을 조절한다.
③ 오줌을 생성한다.　④ 요소를 만든다.

12. 다음은 A, O, B 사이를 왕복 운동하는 진자의 위치를 일정한 시간 간격으로 나타낸 그림이다. 위치 에너지가 최대인 곳과 운동 에너지가 최대인 곳을 순서대로 바르게 연결된 것은?

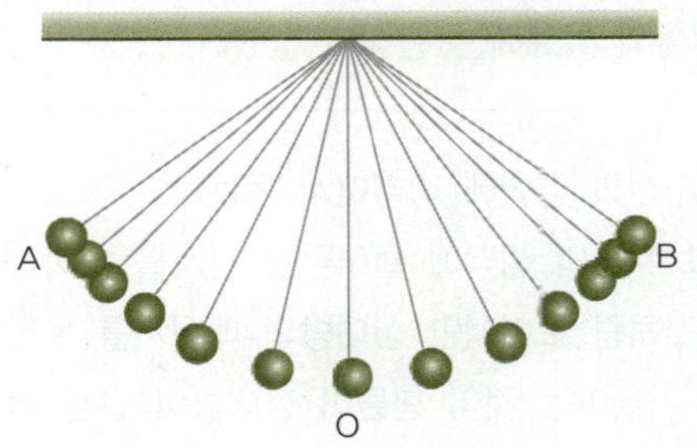

① A, B　② A, O
③ B, B　④ O, A

13. 다음 대화에서 생산부장이 적용한 문제해결방법은?

> C사의 생산부장은 자동차 생산라인이 갑자기 멈춘 상황에 대하여 생산부원 K와 다음과 같은 대화를 주고받았다.
>
> ---
>
> 생산부장 : 기계가 멈춘 이유가 무엇인가?
> K : 전력 과부하로 퓨즈가 끊어졌습니다.
> 생산부장 : 왜 전력 과부하가 발생했지?
> K : 기계작동 축의 베어링이 빡빡해졌기 때문입니다.
> 생산부장 : 그럼 베어링이 빡빡해진 원인은 무엇인가?
> K : 윤활유 펌프가 불안전하게 작동한 게 원인인 것 같습니다.
> 생산부장 : 윤활유 펌프는 왜 불완전하게 작동한 건가?
> K : 펌프 내에 먼지가 많이 쌓여 있었습니다.
> 생산부장 : 그렇다면 펌프 내의 필터가 문제였군. 당장 필터를 교체하도록 하게.

① 육색사고모자기법
② NM법
③ 시네틱스
④ 5Why 기법

14. 다음 〈사례〉에 나타난 오 과장의 문제점을 바르게 지적한 것은?

> **사례**
>
> 오 과장은 회의 중 발표를 할 때 팀원들의 말을 잘 들어주는 것처럼 보인다. 간혹 웃어주기도 하고 리액션도 적절하다. 그런데 다음 회의 시간이 되자 오 과장이 지난 회의 내용을 제대로 듣지 않았다는 사실을 알게 되었다. 오 과장은 좋은 인상을 주기 위해 듣는 척하고 있었을 뿐이고 팀원들의 발표에는 관심이 없었다.

① 상대방의 말을 내 자신의 경험에 비추어서 듣는다.
② 상대방의 말을 듣고 자신의 생각에 들어맞는 단서를 찾아 자신의 생각을 재확인한다.
③ 상대의 말을 듣는 것처럼 보이지만 상대방의 메시지를 온전하게 듣는 것이 아니다.
④ 상대방에게 관심을 기울이는 것이 힘들어 상대방이 말을 할 때 다른 생각을 한다.

15. 종이를 다음과 같이 접은 후 펀치로 구멍을 뚫고 다시 펼쳤을 때의 모양으로 옳은 것은?

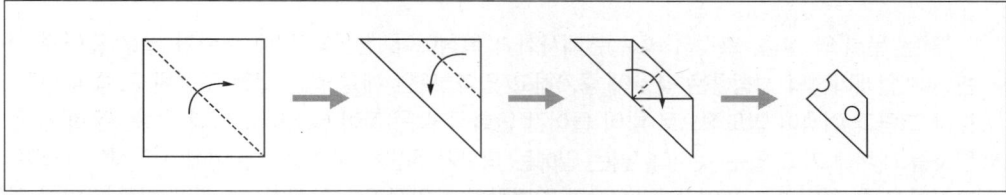

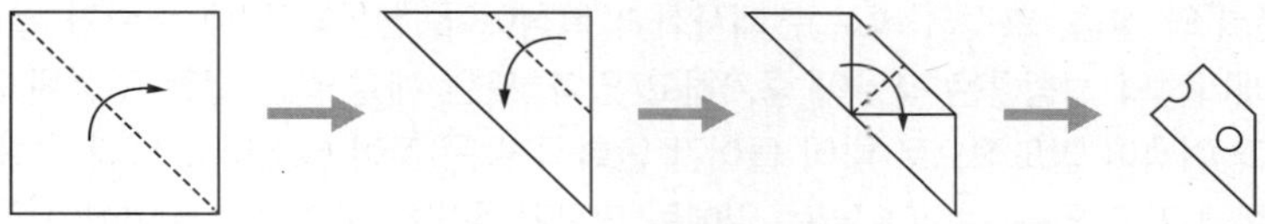

① 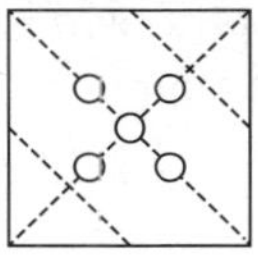

② 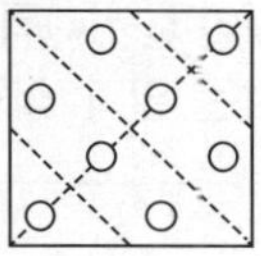

③ 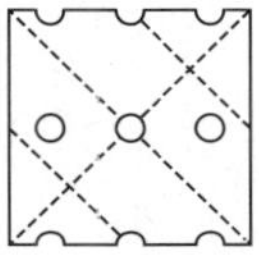

④ 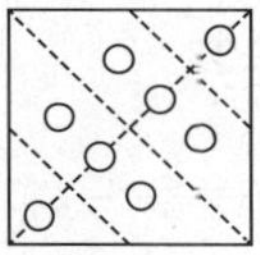

16. A, B, C, D, E는 점심식사로 각각 피자, 치킨, 순댓국, 해장국, 초밥 중 하나를 먹었다. 다음 중 한 사람의 진술만 참일 때, A가 먹은 메뉴는? (단, A, B, C, D, E의 식사 메뉴는 모두 다르다)

A : C는 치킨을 먹었고, E는 피자를 먹었다.
B : A는 피자를 먹지 않았고, D는 초밥을 먹었다.
C : B는 해장국을 먹었고, D는 치킨을 먹었다.
D : C는 피자를 먹었고, E는 초밥을 먹지 않았다.
E : A는 순댓국을 먹었고, B는 초밥을 먹었다.

① 피자
② 치킨
③ 순댓국
④ 해장국

[17 ~ 18] 다음 글을 읽고 이어지는 질문에 답하시오.

'읽는 문화'의 실종, 그것이 바로 현대사회의 특징이다. 신문의 판매 부수가 날로 떨어져 가는 반면에 텔레비전의 시청률은 나날이 증가하고 있다. 또한 깨알 같은 글로 구성된 20쪽 이상의 책보다 그림과 여백이 압도적으로 많이 들어간 만화책 같은 것이 늘어나고 있다. '보는 문화'가 읽는 문화를 대체해 가고 있는 것이다. 읽는 일에는 피로가 동반하지만 보는 놀이에는 휴식이 따라온다. 그러니 일을 저버리고 놀이만 좇는 문화가 범람하고 있지 않은가. 보는 놀이가 머리를 비게 하는 것은 너무나 당연하다. 읽는 일이 (　　)되지 않는 한 우리 사회는 생각 없는 사회로 치달을 수밖에 없다. 책의 문화는 바로 읽는 일과 직결되며 생각하는 사회를 만드는 지름길이다.

17. 윗글의 주제로 적절한 것은?

① 만화책을 통해 읽는 즐거움을 느껴야 한다.
② 놀이 후에는 충분한 휴식을 취해야 한다.
③ 사회에 책 읽는 문화가 퍼지도록 권장해야 한다.
④ 사람이라면 누구나 생각하며 살아야 한다.

18. 윗글의 빈칸에 들어갈 말로 적절한 것은?

① 장려　　② 근절
③ 제거　　④ 추가

19. 갑, 을, 병, 정 4명의 신입직원 중 2명은 A팀에, 1명은 B팀에, 1명은 C팀에 배정되었다. 다음 진술 중 하나는 거짓이고 나머지는 모두 참일 때, A팀에 들어간 사람을 모두 고른 것은?

- 갑 : 나는 A팀이다.
- 병 : 나는 C팀이 아니다.
- 을 : 나는 B팀이다.
- 정 : 나는 C팀이다.

① 갑, 병　　② 갑, 을
③ 갑, 정　　④ 병, 을

20. 다음 〈보기〉의 도형들을 합쳤을 때 나올 수 없는 형태는? (단, 각 도형은 회전할 수 없다)

보기

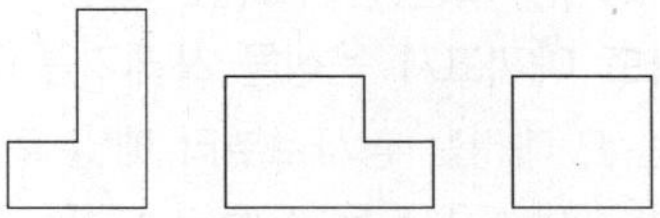

① 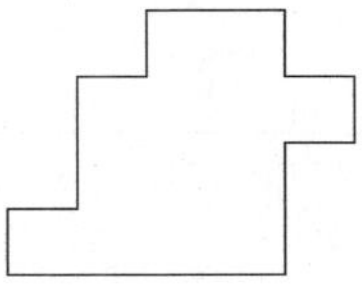

② 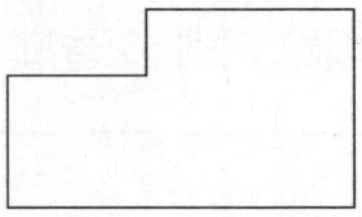

③ 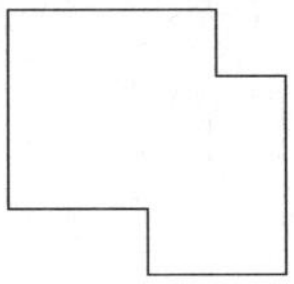

④ 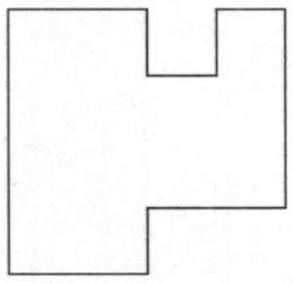

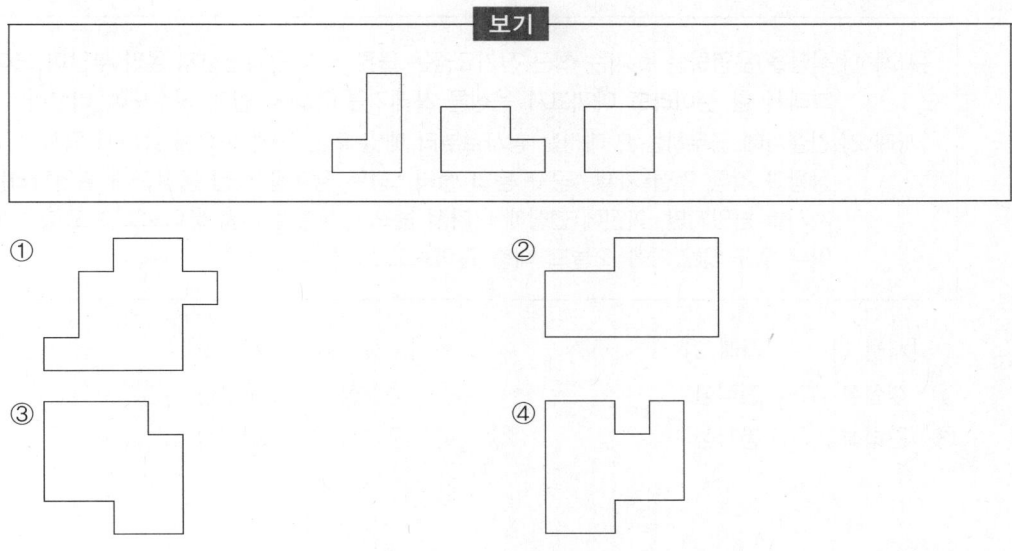

21. 다음 그림은 북극 빙하의 면적이 급속도로 줄어들고 있는 현재의 상황을 단적으로 보여 준다. 이와 같이 북극 빙하의 면적이 줄어들고 있는 현상의 원인으로 적절한 것은?

① 냉매제 등으로 사용되는 프레온 가스 사용이 증가하였다.
② 지진과 화산 활동이 활발해졌다.
③ 화석 연료의 사용량이 증가하였다.
④ 태양의 흑점 활동이 증가하였다.

22. 다음 [사례 1]과 [사례 2]의 두 사람이 갖추어야 할 직업윤리를 옳게 연결한 것은?

> [사례 1] 식당을 운영하는 K 씨는 최근 전기요금은 물론 각종 공과금까지 올라 부담이 크다. 그래서 한 푼이라도 아끼고자 음식물 쓰레기를 갈아서 몰래 하수도에 버렸다.
>
> [사례 2] 건설사에 근무하는 P 대리는 상사로부터 매일 퇴근 전에 현장에 들러서 공사 진행 상황과 각종 건설 자재 · 공구 등의 정리 · 정돈 상태를 직접 꼼꼼하게 확인하라는 지시를 받았지만, 이전에 현장에 나가서 눈으로 상황을 대충 훑어보고 보고했을 때 아무 일도 없었기에 오늘도 대충 훑어보고 있다.

	[사례 1]	[사례 2]
①	성실성	정직성
②	성실성	준법성
③	준법성	봉사성
④	준법성	성실성

23. 다음 글을 이해한 내용으로 적절한 것은?

> 생태계를 구성하는 식생은 어떤 장소에 자라고 있는 식물 집단을 말하며, 한 지역의 식생은 기후, 토양, 지형, 생물, 인위적 요인 등의 영향을 받는다. 또 식생의 분포는 위도, 해발고도 등에 따라 변한다. 우리나라는 냉 · 온대 기후대에 속해 있고 식생이 자랄 수 있을 정도의 강수량이 있기 때문에 다양한 식물이 분포한다. 우리나라 식생은 난대림, 온대림, 냉대림이 위도 변화에 따라 수평적으로 구분되어 분포한다. 난대림은 최한월 평균 기온이 0℃ 이상인 남해안 일대, 제주도, 울릉도 등에 주로 분포한다. 주요 수종은 동백나무, 사철나무, 후박나무 등의 상록 활엽수이며, 다양한 수종의 나무가 층을 이루며 자란다. 온대림은 고산 지대를 제외한 우리나라 대부분의 지역에 분포한다. 주요 수종은 단풍나무, 떡갈나무, 굴피나무 등의 낙엽 활엽수이며, 소나무와 같은 상록 침엽수가 섞여 자란다. 냉대림은 북부 지방과 고원 및 고산 지대에 주로 분포한다. 주요 수종은 전나무, 가문비나무, 잣나무 등의 상록 침엽수이며, 이 나무들은 단순림을 이루어 임산 자원으로서의 가치가 크다.

① 우리나라 식생은 난대림으로만 이루어져 있다.
② 냉대림은 고산 지대를 제외한 우리나라 대부분의 지역에 분포한다.
③ 난대림에 분포하는 수종은 동백나무, 후박나무 등이다.
④ 임산 자원으로서의 가치가 높은 나무들은 주로 온대림에 분포한다.

24. 다음 (가)～(라)를 문맥에 따라 순서대로 배열한 것은?

(가) 예를 들면 손을 자주 씻어 손에 묻어 있을 수 있는 감기 바이러스를 제거하고 손으로 얼굴을 비비지 않도록 한다.
(나) 감기를 예방하기 위해서는 감기 바이러스와 접촉할 수 있는 기회를 아예 없애야 한다.
(다) 특히 어린이는 성인에 비해 감기 바이러스에 감염될 확률이 더 높기 때문에 사람들이 많이 모여 있는 곳에는 가지 않도록 주의해야 한다.
(라) 또한 다른 사람들과 수건 등의 일상 용품을 함께 사용하지 않는 것이 좋다.

① (나)－(가)－(라)－(다)　　② (나)－(라)－(다)－(가)
③ (라)－(가)－(다)－(나)　　④ (라)－(나)－(가)－(다)

25. 다음 세 개의 입체도형으로 만들 수 없는 입체도형은?

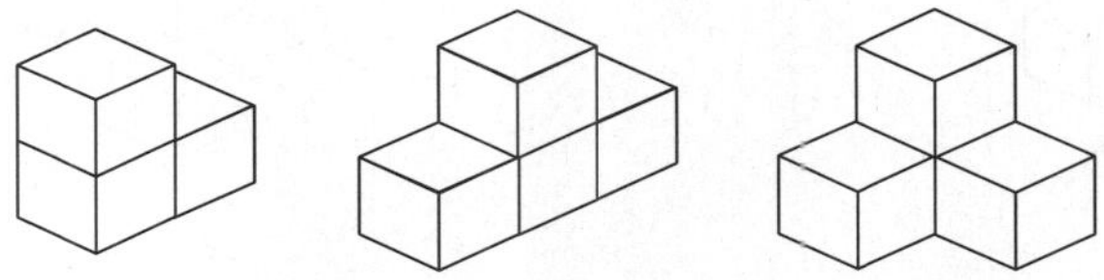

①
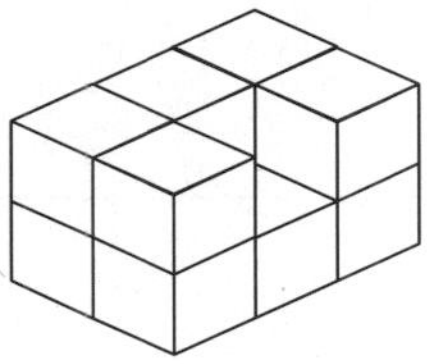

②
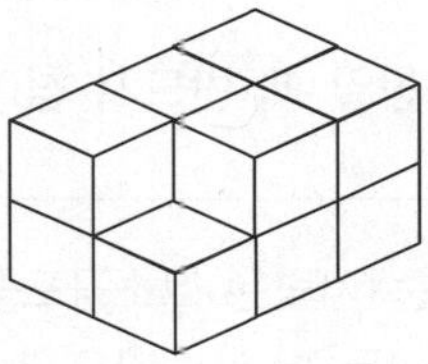

③
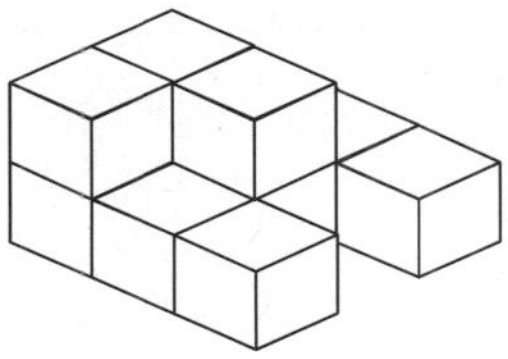

④
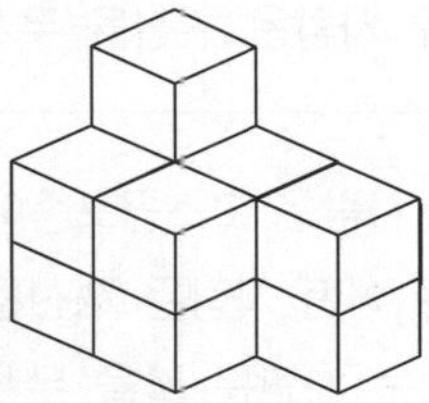

26. 다음 〈보기〉는 같은 크기의 블록을 쌓아 만든 입체도형을 앞에서 본 정면도, 위에서 본 평면도, 오른쪽에서 본 우측면도이다. 이에 해당하는 입체도형으로 알맞은 것은? (단, 화살표 방향은 정면을 의미한다)

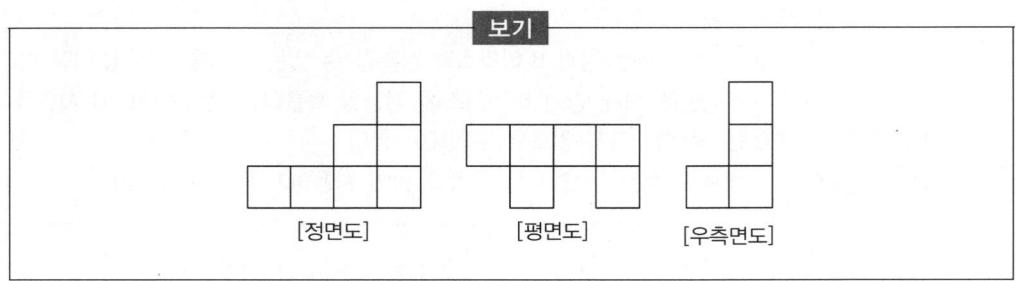

보기

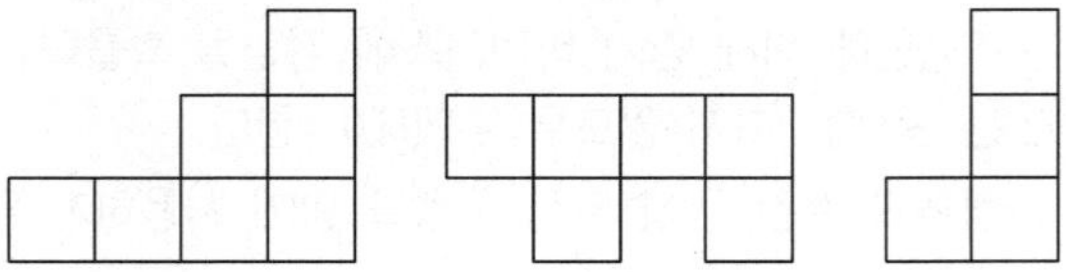

[정면도] [평면도] [우측면도]

①

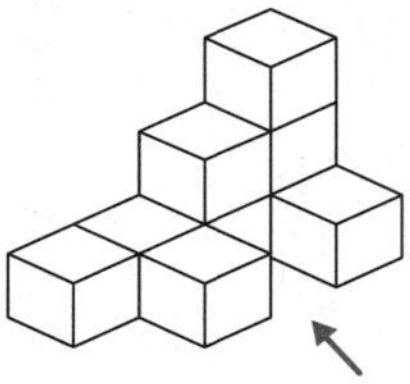

②

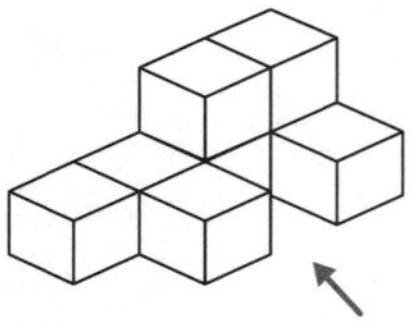

③

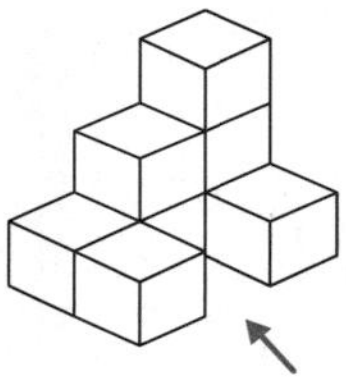

④

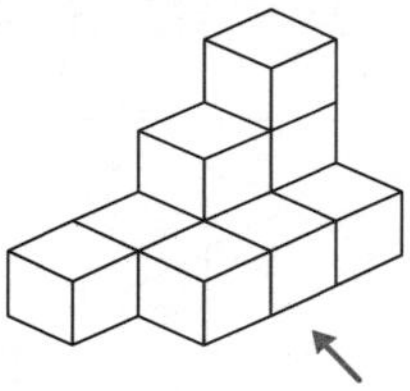

27. 다음 명제가 모두 참일 때 반드시 참이라고 할 수 없는 것은?

- 불을 무서워하는 사람은 고소공포증이 있다.
- 고소공포증이 있는 어떤 사람은 겁이 많다.
- 겁이 많은 모든 사람은 귀신을 무서워한다.

① 겁이 많은 모든 사람은 고소공포증이 없다.
② 불을 무서워하는 어떤 사람은 귀신을 무서워한다.
③ 고소공포증이 없는 사람은 불을 무서워하지 않는다.
④ 고소공포증이 있는 어떤 사람은 귀신을 무서워한다.

28. ○○기업의 김 팀장은 A ~ E 5명의 팀원들의 업무 일정을 피하여 워크숍 일자를 정하려고 할 때, 워크숍을 시작하기에 가장 적절한 날짜는? (단, 워크숍은 평일 중 3일 연속으로 진행되며, 모든 팀원이 참석하여야 한다)

월	화	수	목	금
		1 C 파견근무 (~ 8일까지)	2	3
6	7	8	9	10 전 직원 현장 방문
13	14	15 E 예비군 훈련	16	17
20	21 D 거래처 방문	22	23	24
27 A 국내 출장 (~ 28일까지)	28	29 B 해외 지사 바이어 응대	30 전 직원 사내 체육대회 참여	31

① 7일 ② 13일
③ 16일 ④ 22일

29. 다음 글에서 설명하는 중화반응의 예시로 적절하지 않은 것은?

> 중화반응은 산과 염기가 만나서 물과 염을 형성하는 화학 반응이다. 이 반응은 일반적으로 산성 용액과 염기성 용액이 혼합될 때 발생하며, 이 과정에서 산과 염기의 특성이 상쇄되어 중성이 된다. 예를 들어, 위산 과다로 인해 속이 쓰릴 때 제산제를 복용하면, 제산제가 위산과 반응하여 중화되면서 증상이 완화됩니다.

① 벌에 쏘였을 때 식초를 발라 통증을 완화한다.
② 아세톤을 사용하여 매직 마커 자국을 지운다.
③ 회를 먹을 때 레몬즙을 뿌려 비린내를 없앤다.
④ 산성화된 토양에 석회 가루를 뿌려 토양을 중성에 가깝게 만든다.

30. 다음 중 화산 활동의 영향에 대한 설명으로 옳지 않은 것은?

① 용암이 마을이나 농경지를 뒤덮어서 인명과 재산의 피해를 발생시킨다.
② 화산 활동은 토양을 산성화시키는 등 토지에 피해를 입힐 뿐, 이로운 면은 없다.
③ 화산 주변에는 온천이 발달해 관광 자원으로 이용될 수 있다.
④ 지열 에너지를 발전이나 난방에 활용할 수 있다.

31. 다음 중 필자의 의도를 적절하게 이해한 사람은?

> 어떤 학생이 높은 성적을 받았을 때, 그건 학생의 타고난 재능과 노력 때문일 수 있지만 타인에게 받은 긍정적인 기대의 영향일 수도 있다. 주변인의 기대는 개인의 행동과 그 결과에 영향을 미치는데 이를 미국에서 진행한 한 실험을 통해 확인할 수 있다. 1968년 미국에서 한 초등학교의 교사들에게 무작위로 뽑은 학생의 명단을 주며 지적 능력과 학업 성취 향상 가능성이 높은 학생이라고 믿게 하였다. 8개월이 지난 후 해당 반의 지능검사를 시행한 결과 명단에 뽑힌 학생들이 명단에 없던 학생들보다 지능검사는 물론 학업 성적까지 크게 향상된 것으로 나타났다. 무작위로 뽑은 명단이었지만 이를 통해 해당 학생에게 긍정적인 인식이 생긴 교사는 그들을 더 열정적으로 가르치고 무의식적으로 긍정적인 기대를 표출하게 되었을 것이다. 학생들 역시 이러한 교사의 행동에 부응하려고 노력하게 되고 교사는 자신의 기대를 확신하며 선순환이 이어지게 된 것이다. 하지만 오히려 지나치게 비현실적이고 높은 기대를 하는 경우 부정적인 영향을 미칠 수도 있다.

① 세훈 : 학생의 성적이 외부 요인의 영향을 받아 바뀔 수도 있어.
② 유민 : 성적이 오른 학생은 교사의 기대에 부응하지 못할 가능성이 높아.
③ 혜지 : 학생의 수준보다 높은 기대를 해서는 안 돼.
④ 민정 : 타고난 지능은 교육을 통해서도 바꿀 수는 없어.

32. 평소 동료에 대한 경청이 부족하다는 평가를 들은 김 주임은 '경청을 위한 세 가지 규칙'이라는 강의를 듣고 이를 정리하였다. 다음 중 ㉠～㉢에 들어갈 내용이 올바르게 연결된 것은?

〈경청을 위한 세 가지 규칙〉

㉠ : 시간을 낭비하지 않는다. 다시 말하기를 통해 상대방의 말을 이해했다고 생각하자마자 명료화하여 바로 당신의 피드백을 주는 것이 좋다.

㉡ : 당신이 진정하게 느낀 반응뿐만 아니라, 조정하고자 하는 마음, 또는 보이고 싶지 않은 부정적인 느낌까지 보여 주어야 함을 의미한다.

㉢ : 상대방에게 잔인한 태도를 갖춰서는 안 된다. 부정적인 의견을 표현할 때도 상대방의 자존심을 상하게 하거나 약점을 이용하거나 위협적인 표현방법을 택하는 대신에 부드럽게 표현하는 방법을 발견할 필요가 있다.

	㉠	㉡	㉢
①	지지함	즉각적	정직함
②	즉각적	지지함	정직함
③	즉각적	정직함	지지함
④	정직함	즉각적	지지함

33. 다음 (가)～(다) 각각에 해당하는 원소를 바르게 연결한 것은?

(가) 가장 가벼운 원소로 불에 잘 타고 우주 왕복선의 연료로 이용된다.
(나) 불에 타지 않고 가벼워서 광고용 풍선에 이용된다.
(다) 지각에 많이 존재하며 반도체를 만드는 데 이용된다.

	(가)	(나)	(다)
①	수소	헬륨	규소
②	수소	규소	헬륨
③	헬륨	수소	규소
④	헬륨	규소	수소

[34 ~ 35] 다음 글을 읽고 이어지는 질문에 답하시오.

결핵은 원래 동물에게서 발생한 질병이 사람에게 전파된 인수 공통 전염병 중 하나다. 수천 년 전의 것으로 짐작되는 사람의 뼈에서 그 흔적이 발견된 것으로 보아 결핵은 인류의 탄생과 함께 발생한 것으로 추정된다. 이집트에서 발견된 미라에 결핵의 흔적이 있고, 고대 인도인과 중국인들도 결핵에 관한 내용으로 추정되는 기록을 남겨 놓았다. 의학의 아버지 히포크라테스도 폐결핵으로 보이는 질병을 소개했고, 아리스토텔레스는 결핵이 공기를 통해 전파된다고 처음으로 주장하였다.

근대 유럽에서는 중하류층보다 상류층에서 결핵 환자들이 많이 나타났다. 이는 상류층에 속하는 사람들이 집단적인 사교 생활을 하면서 서로에게 병을 전염시킬 확률이 높았기 때문으로 보인다.

산업 혁명 이후에는 농촌을 벗어나 도시로 밀려드는 사람들의 행렬이 이어졌다. 이들을 모두 수용할 준비가 안 된 도시에서 거주하는 사람들은 위생 상태가 불량한 가운데 집단생활을 이루었다. 산업화와 도시화는 대기 오염을 동반했고, 위생 상태가 엉망인 거주지에 열악한 노동 조건까지 더해져 결핵은 상류층보다 하류층에서 더 유행하는 질병이 되었다. 중세 말기를 풍미하며 중세를 멸망시킨 주범으로 평가되는 페스트에 빗대 '백색의 페스트'라는 별명까지 등장했다.

질병의 존재는 알고 있지만 그에 관한 지식은 전무한 상태에서 인류는 19세기를 맞이했다. 1842년 영국의 에드윈 채드윅은 노동자들의 위생 상태가 결핵과 같은 각종 감염병 유행의 가장 큰 원인임을 지적하며 위생의 중요성을 환기했고, 1865년 프랑스의 외과의사 J. A. 빌맹은 결핵으로 사망한 사람의 병소를 토끼의 몸에 주입하는 실험을 통해 결핵이 감염병임을 증명했다. 이어 1882년 독일의 세균학자인 로베르트 코흐는 결핵의 원인균을 분리하는 데 성공함으로써 인류가 결핵으로부터 벗어날 수 있는 실마리를 제공했다.

34. 윗글의 전개방식으로 적절한 것을 〈보기〉에서 모두 고르면?

보기

㉠ 중심 화제가 발견된 과정을 중심으로 글을 전개하고 있다.
㉡ 시간의 흐름에 따라 내용을 전개하고 있다.
㉢ 상대방의 주장을 반박하면서 자신의 주장을 뒷받침하고 있다.
㉣ 내용을 점층적으로 심화시켜 예상 밖의 주제를 도출하고 있다.

① ㉠
② ㉢
③ ㉠, ㉡
④ ㉠, ㉡, ㉣

35. 윗글을 읽고 알 수 있는 내용으로 적절하지 않은 것은?

① 결핵은 페스트보다 더 무서운 질병이었다.
② 결핵 이외에도 인수 공통 전염병이 더 존재한다.
③ 결핵 발병률은 인구 밀도와 위생 상태의 영향을 받는다.
④ 결핵은 세균에 의해 발생하는 질병이다.

36. 김 사원이 근무하는 ○○공사 자재관리팀은 필수적인 부품을 A사로부터 개당 1,500원에 구입해 왔다. 그런데 A사에서 내달부터 개당 부품의 가격을 2,000원으로 올린다는 사실을 전했다. 이때 김 사원의 대응으로 적절하지 않은 것은?

① A사의 의도를 파악하기 위해 다양한 채널을 통해 정보를 수집한다.
② 적절한 가격과 품질에 부품을 공급할 수 있는 다른 회사를 찾아본다.
③ A사를 방문하여 자재관리팀 회의 결과 가격인상을 받아들일 수 없음을 밝힌다.
④ 가격인상을 수용해야 할 경우를 대비하여 일정 기간 무상 품질 보장에 관한 조건을 제시한다.

37. 다음에 제시된 현상과 같은 종류의 상태 변화가 일어난 것은?

아이스크림 포장 용기에 드라이아이스를 넣어 포장하면 드라이아이스의 크기가 점점 작아진다.

① 추운 겨울날 처마 밑에 고드름이 생긴다.
② 이른 아침 풀잎에 이슬이 맺힌다.
③ 추운 겨울에 언 빨래가 마른다.
④ 어항 속의 물이 점점 줄어든다.

38. 다음은 같은 모양과 크기의 블록을 쌓아 올린 그림이다. 그림에 사용된 블록의 총 개수는? (단, 보이지 않는 뒷부분의 블록은 없다)

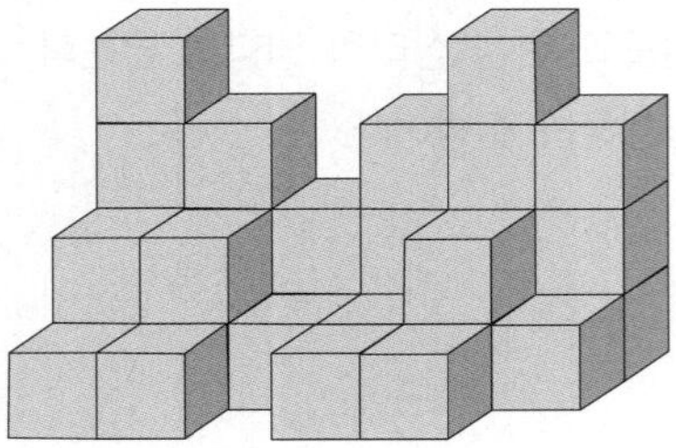

① 31개 ② 32개
③ 34개 ④ 35개

39. A ~ E는 각각 독일어, 스페인어, 일본어, 중국어 중 1개 이상의 언어를 구사할 수 있다. 다음 진술들을 토대로 E가 구사할 수 있는 언어를 모두 고르면?

> A : 내가 구사할 수 있는 언어는 C와 겹치지 않아.
> B : 나는 D가 구사할 수 있는 언어와 독일어를 제외한 언어를 구사할 수 있어.
> C : 나는 스페인어를 제외한 나머지 언어를 구사할 수 있어.
> D : 3개 언어를 구사할 수 있는 C와 달리 내가 구사할 수 있는 언어는 A와 동일해.
> E : 나는 B와 C를 비교했을 때, C만 구사할 수 있는 언어만 구사할 수 있어.

① 독일어 ② 스페인어
③ 독일어, 스페인어 ④ 일본어, 중국어

40. 다음 중 백혈구 · 적혈구 등을 만드는 조혈모 세포와 뼈 · 근육 · 신경 등을 만드는 간엽 줄기세포로 구성되어 있는 탯줄 혈액으로, 그 의료가치가 매우 높은 것은?

① 줄기세포 ② 미토콘드리아
③ 제대혈 ④ 마스터 유전자

41. 다음과 같은 현상에 대한 원인을 설명할 수 있는 원리는?

과일이 익으면 땅에 떨어진다.

① 탄성력 ② 마찰력
③ 중력 ④ 부력

42. 다음의 상황에 처한 양 부장의 대처 방법으로 올바른 것은?

R&D 부서에서 연구 총괄 운영을 맡고 있는 양 부장은 영업부에서 신제품이 언제 나오는지에 대해 매일 성화를 부리고 있는 상황이어서 신제품 출시를 위한 기자재를 빠른 시일 내에 구입해야 한다. 그러나 총무부에서는 항상 투자 대비 효과를 입증하는 자료를 무리하게 요구한다. 규모가 큰 기자재뿐만 아니라 사소한 물품 구매 시에도 복잡한 절차를 요구하기 때문에 총무부는 항상 타 부서와의 갈등이 많이 발생하는 편이며, 직원들의 불만이 날이 갈수록 심해지고 있다.

① 신제품 출시를 미루고 우선 현 상황에서 진행할 수 있는 연구만 진행한다.
② 전 직원이 해당 사안에 대해 심각성을 느낄 수 있도록 홈페이지에 익명으로 글을 쓴다.
③ R&D, 총무부, 영업부 세 부서 모두 각자 처한 입장이 있음을 인정하고 자료를 준비한다.
④ 그동안 쌓인 불만을 터뜨릴 수 있는 기회이므로 총무부를 제외한 부서가 모여 복잡한 업무 절차를 없애기 위해 투쟁한다.

43. 다음에 제시된 〈보기〉의 입체도형과 동일한 것은?

보기

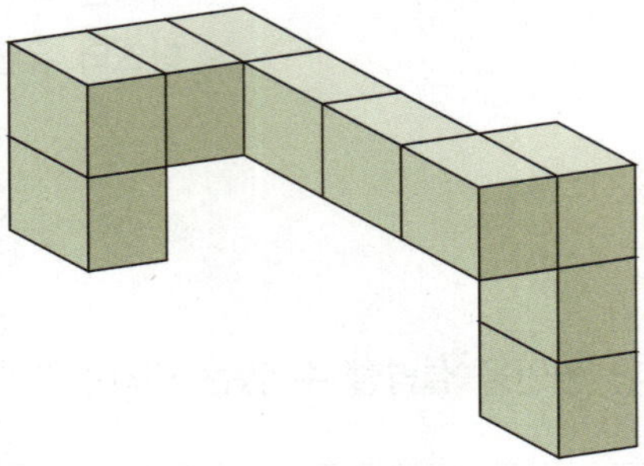

① 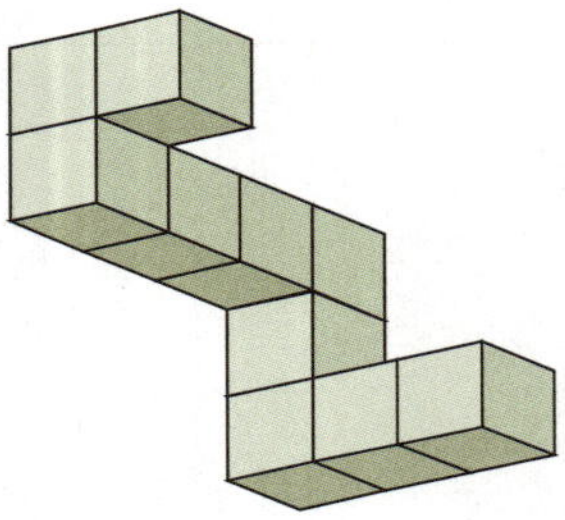

② 

③ 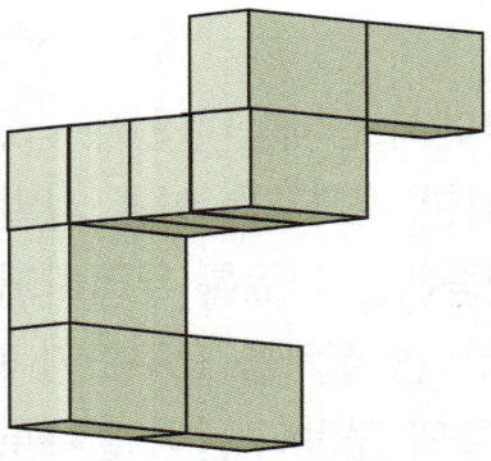

④ 

44. 다음 생물의 특성 중 항상성 유지와 관련이 있는 것은?

① 효모는 출아법으로 번식한다.
② 물을 많이 마시면 오줌의 양이 증가한다.
③ 벼는 발아할 때 배젖에 저장된 녹말을 이용한다.
④ 부착형 귓불의 부모 사이에서 부착형 귓불의 자녀가 태어난다.

45. 다음 중 단열에 대한 옳은 설명을 모두 고른 것은?

ㄱ. 열을 잘 전달하는 물질을 단열재로 이용한다.
ㄴ. 외부 차양을 사용하여 계절에 따라 들어오는 햇빛의 양을 조절한다.
ㄷ. 공기층을 만들면 전도에 의한 열의 이동이 활발해진다.
ㄹ. 단열의 효율을 높이기 위해 전도, 대류, 복사에 의한 열의 이동을 모두 차단한다.
ㅁ. 열평형이 잘되게 하는 것이 단열이다.

① ㄱ, ㄷ
② ㄴ, ㄹ
③ ㄷ, ㄹ
④ ㄹ, ㅁ

8회 기출예상문제 소양평가

문항수 | 45문항
시험시간 | 50분

정답과 해설 66쪽

01. 다음 ㉠~㉤ 중 맞춤법 및 쓰임이 옳은 것을 모두 고르면?

> 킥오프는 경기의 시작 방법이자 ㉠둑점이 됐거나 후반 혹은 연장전이 열릴 때 경기를 ㉡제개하는 방법이다. 경기장 가운데 위치한 ㉢샌터 서클 안 하프라인 중앙에 공을 놓고 차는 것을 킥오프라고 한다.
>
> 기존 킥오프는 선수가 찬 공이 앞으로 ㉣정지해야만 했다. 그렇기 때문에 두 선수가 서클 안에 들어가 한 선수가 공을 살짝 앞으로 밀고 다른 선수가 공을 잡거나 뒤로 내주는 식으로 킥오프가 ㉤진행됐다. 이때 상대 선수들은 공과 9.15m 떨어진 서클 밖에 위치했다.

① ㉠
② ㉤
③ ㉡, ㉢
④ ㉣, ㉤

02. 다음 중 사람의 심장에 대한 설명으로 옳지 않은 것을 모두 고르면?

> ㄱ. 혈액을 순환시키는 원동력을 제공한다.
> ㄴ. 근육질의 주머니 모양으로 끊임없이 박동한다.
> ㄷ. 심실의 수축과 이완에 따라 혈액의 이동 방향이 수시로 바뀐다.
> ㄹ. 2개의 심방과 2개의 심실로 이루어져 있다.
> ㅁ. 심방은 심실보다 두꺼운 근육 층으로 이루어져 있다.

① ㄱ, ㄹ
② ㄷ, ㅁ
③ ㄱ, ㄹ, ㅁ
④ ㄴ, ㄷ, ㅁ

03. 종이를 다음과 같이 접은 후 뒤에서 본 모양으로 알맞은 것은?

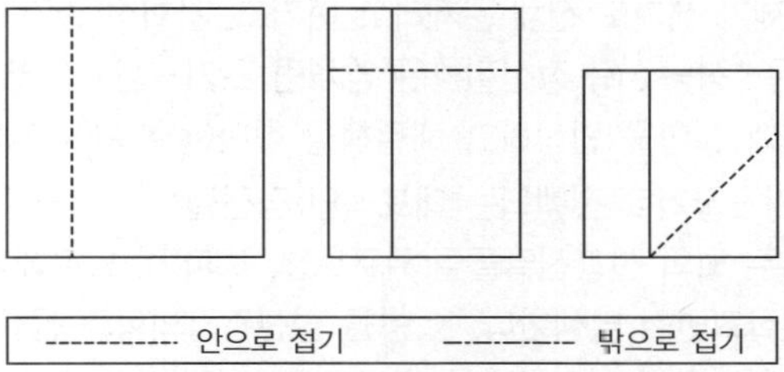

①
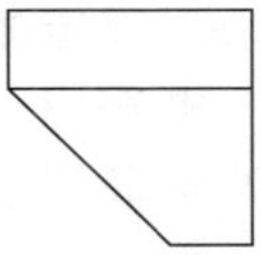

②
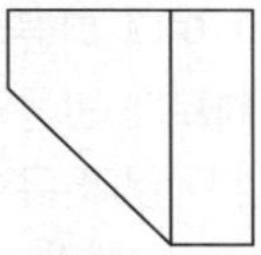

③
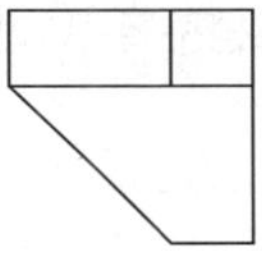

④
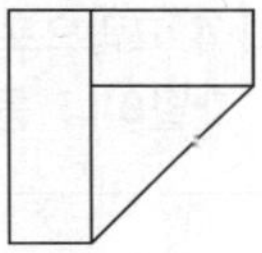

04. 다음 〈조건〉을 따를 때, 정 대리가 연차를 사용 할 수 있는 요일은?

조건

C 기업의 정 대리는 다음 주에 연차를 사용하려고 한다. 연차 중에는 업무를 진행할 수 없기 때문에 예정된 업무가 없는 날을 골라 연차를 사용하여야 한다. 또한, 하루에 1가지의 업무만 진행할 수 있으며 주말 특근은 할 수 없다.

〈다음 주 정 대리의 일정〉

- 같은 팀 김 과장과 연속 이틀 동안 프로젝트를 함께 진행해야 하는데, 김 과장은 월요일과 화요일 2일 동안 연차를 사용하기로 했다.
- 수요일에는 모든 직원이 참여해야 하는 사내 체육대회가 진행될 예정이다.
- 신입사원인 박 사원과 면담을 하기로 했는데, 박 사원은 월요일에 연차를 사용하기로 했다.

① 월요일
② 화요일
③ 목요일
④ 금요일

[05 ~ 06] 다음 글을 읽고 이어지는 질문에 답하시오.

(가) 한국인은 정신 문제가 생겨도 신체 문제라고 여기고, 사회적 편견 때문에 숨기는 경우가 많다. 그러나 전문가들은 "상당수의 정신질환은 암처럼 초기-중기-말기로 이어지는 양상이 뚜렷하기 때문에 초기에 질환을 인식하고 해결책을 찾아야 완치를 기대할 수 있다."라고 말한다.

(나) 암처럼 초기-중기-말기로 진행되는 대표적인 정신질환은 우울증, 불안장애, 조현병이다. 이들 정신질환은 모두 뇌의 신경전달물질(세로토닌, 도파민, 노르에피네프린 등) 활동이 줄어들거나 멋대로 활성화되면서 발생한다. K 병원 정신건강의학과 윤○○ 교수는 "뇌세포와 신경전달물질 체계가 완전히 망가져 고착화되기 전에 적절한 치료를 받아야 뇌의 구조적 변화가 지연되고 회복된다."라고 말했다.

(다) 또한 정신질환 역시 암이나 여타 다른 질환과 마찬가지로 초기에 병변이 작을 때 치료에 돌입해야 약물이 투여됐을 때 빠르게 반응하고, 신체 기능 저하도 덜 일어난다. S 병원 정신건강의학과 오△△교수는 "치료받지 않아 유병 기간이 길어질수록 정신병적 증상이 악화되고 약물에 대한 반응이 떨어진다."라고 말했다.

(라) 무엇보다 정신질환은 사회적 고립으로 인한 재발과 제2차 질환(약물 · 알코올중독 등)이 동반되는데, 초기에 치료해야 재발이나 동반 질환을 막을 수 있다.

05. (가) ~ (라)를 문맥에 따라 순서대로 배열한 것은?

① (가)-(나)-(다)-(라)
② (가)-(라)-(다)-(나)
③ (나)-(다)-(가)-(라)
④ (나)-(가)-(라)-(다)

06. 윗글을 읽고 이해한 내용으로 바르지 않은 것은?

① 사회적 편견이 질병의 빠른 대처를 방해할 수 있다.
② 우울증은 초기-중기-말기로 진행이 된다.
③ 조현병은 도파민 활동이 줄어들 경우 발생할 수 있는 정신질환이다.
④ 정신질환은 약물 치료가 권장되지 않는다.

07. 다음 두 블록을 합쳤을 때 나올 수 있는 형태로 알맞은 것은?

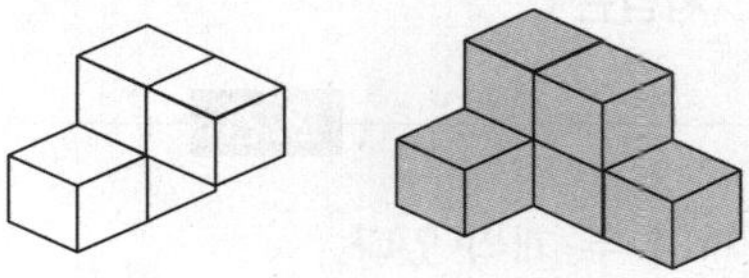

① 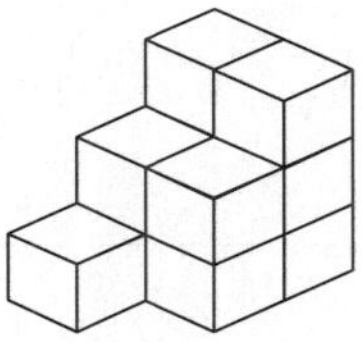

② 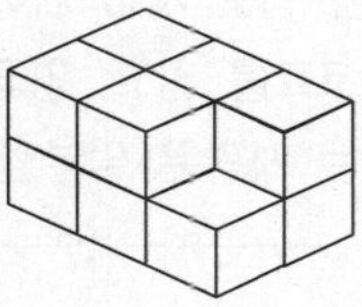

③ 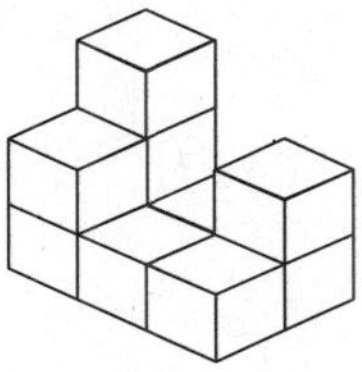

④ 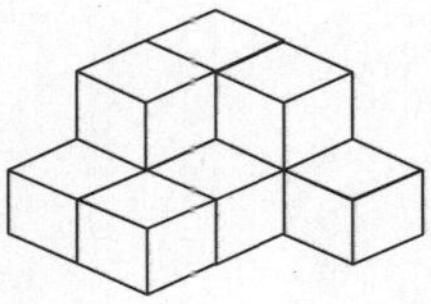

08. 다음 그림에서 찾을 수 없는 조각은?

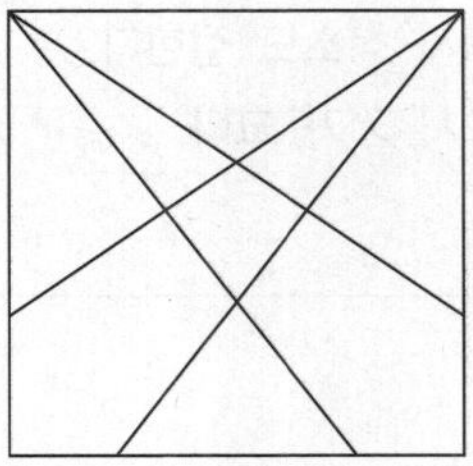

① 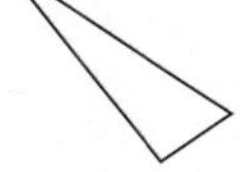

② 

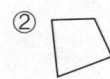

③ 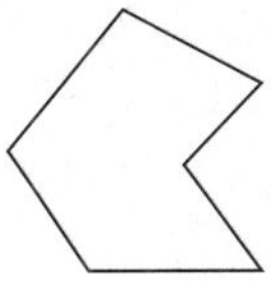

④ 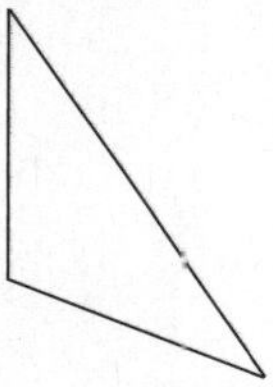

09. 2층 건물에서 살고 있는 A ~ D는 각각 국적이 다르며(한국인, 영국인, 중국인, 일본인), 각자 입는 코트의 색깔(노란색, 초록색, 파란색, 보라색) 또한 다르다. 다음 〈조건〉이 모두 참일 때, 한국인과 같은 층에 사는 사람은?

조건

- 건물에는 각 층별로 방이 두 개씩 있다.
- A는 파란색 코트를 입고, B의 아래층에 산다.
- C는 보라색 코트를 입는 사람의 아래층에 산다.
- 중국인은 초록색 코트를 입고, 영국인의 옆에 산다.
- 노란색 코트를 입는 사람은 일본인이며, 1층에 산다.

① A ② B
③ C ④ D

10. 다음 〈보기〉의 명제가 모두 참일 때 항상 참인 것은?

보기

- 요리를 잘하는 사람은 반드시 청소도 잘한다.
- 청소를 잘하는 사람은 반드시 키가 크다.
- 나는 요리를 잘한다.

① 키가 크면 청소를 잘한다.
② 청소를 잘하면 요리를 잘한다.
③ 키가 크지 않으면 청소를 잘한다.
④ 나는 키가 크다.

11. 다음은 마찰이 없는 빗면을 따라 굴러가고 있는 공의 위치를 일정한 시간에 따라 나타낸 그림이다. 이에 대한 설명으로 옳지 않은 것은?

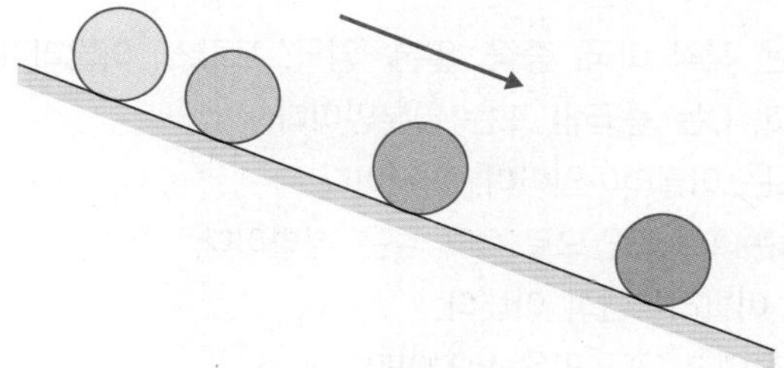

① 운동 에너지가 증가하고 있다.
② 위치 에너지가 감소하고 있다.
③ 공의 속력이 증가하고 있다.
④ 공의 알짜힘은 0이다.

12. 피부에 상처가 생겨 병원체가 침입하였을 때 일어나는 염증 반응에 대한 설명으로 옳은 것은?

① 후천적으로 얻게 되는 면역이다.
② 적혈구는 침입한 병원체를 죽이고 훼손된 조직을 복구한다.
③ 1차 방어 작용이며 특이적 방어 작용에 해당한다.
④ 염증 반응에서 유도된 화학 물질은 모세혈관을 확장시켜 혈류량을 증가시킨다.

13. A, B 중 한 사람은 월, 수, 금요일에 거짓말을 하고, 다른 한 사람은 화, 목, 토요일에 거짓말을 한다. 두 사람이 다음과 같이 말했을 때, 오늘은 무슨 요일인가? (단, 일요일은 A, B 모두 진실을 말한다)

- A : 나는 어제 진실을 말했다.
- B : 어제는 월요일이었다.

① 월요일
② 화요일
③ 토요일
④ 일요일

14. **○○사 직원 중 외국인은 총 6명으로 모두 국적이 다르며 여자는 2명이다. 다음 〈조건〉을 바탕으로 할 때, B의 국적은?**

> 조건
>
> • A ~ F의 국적은 각각 미국, 중국, 일본, 영국, 프랑스, 이탈리아이다.
> • A는 미국인이고, C는 중국인 또는 일본인이다.
> • D는 일본인 또는 이탈리아인이며, 여자이다.
> • E는 영국인 또는 프랑스인으로 C와 같은 성별이다.
> • F는 남자이며, 이탈리아인이 아니다.
> • 프랑스인은 여자이고, 중국인은 남자이다.

① 중국　　② 일본
③ 영국　　④ 프랑스

15. **다음 두 사람의 대화에서 나타난 의사소통 방법의 문제로 적절한 것은?**

> 갑 : 을아, 너 이번에 개봉한 그 영화 봤어?
> 을 : 아니, 나는 그 영화에 별로 관심이 없…….
> 갑 : 내용이 엄청 탄탄하고 좋더라. 그런데 내가 기대한 액션 장면은 조금 실망스러웠어. 생각보다 화려하지 않더라고.
> 을 : 그랬구나. 나는 그 영화 말고 다음 달에 개봉하는 영화를 보려고 했어.
> 갑 : 그런데 그 영화에 나오는 배우가 생각보다 연기를 못하더라고. 연기력으로 극찬을 받았길래 기대했는데.
> 을 : 그래? 나는 그 배우가 출연했던 다른 영화를 보고 꽤 잘한다고 생각했는데.
> 갑 : 아, 그래도 마지막 장면은 정말 마음에 들었어. 연출이 색다른 방식이었거든.

① 상대방의 반응을 고려하지 않고 일방적으로 말하고 있다.
② 상대방의 반응을 먼저 예측하고 대화를 주도하고 있다.
③ 상대방의 말에 관심을 보이지 않으며, 적극적인 반응을 보이지 않고 있다.
④ 상대방의 능력을 고려하지 않고 대화를 이어가고 있다.

16. 다음의 도형들을 재배치하여 만들 수 있는 형태는?

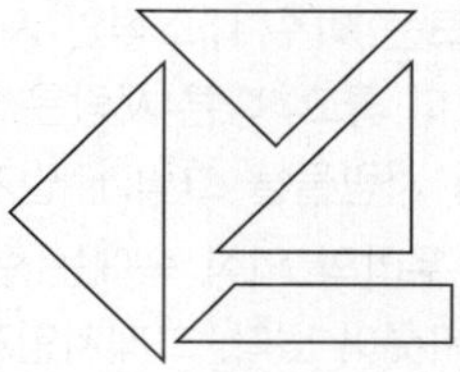

① 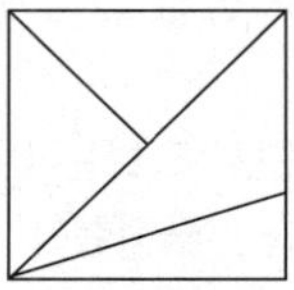

② 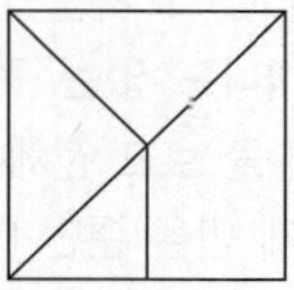

③ 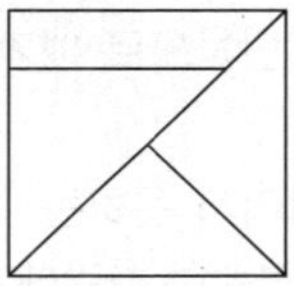

④ 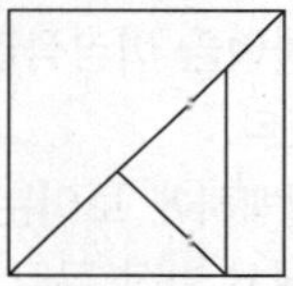

17. 다음 박 팀장이 김 사원에게 하는 말을 통해 알 수 있는 박 팀장의 지시 방식의 문제점으로 적절한 것은?

> 김 사원, 이번 프로젝트에서 최 과장의 발표를 서포트하는 역할만 합시다. 지난번에 오 대리를 서포트하라고 했을 때 옆에서 졸면서 하품만 해 가지고 내가 이사님 뵐 면목이 없었던 건 압니까? 그 전에도 그랬던 것 같은데, 이번에도 그러면 정말 곤란합니다.

① 상대방의 행동이 아니라 인간성에 초점을 맞춘 지시를 하고 있다.

② 상대방을 다른 사람과 비교하고 있다.

③ 상대방에게 지시를 하는 것이 아니라 위협을 하고 있다.

④ 과거의 안 좋았던 일을 들추어 상대방의 기분을 나쁘게 하거나 주눅이 들게 하고 있다.

18. 다음 글의 서술 방식으로 알맞은 것은?

> 춘향전에서 이도령과 변학도는 아주 대조적인 사람들이다. 흥부와 놀부도 마찬가지이다. 한 사람은 하나부터 열까지가 다 좋고, 다른 사람은 모든 면에서 나쁘다. 적어도 이 이야기에 담긴 '권선징악'이라는 의도가 사람들을 그렇게 믿게 만든다.
>
> 소설만 그런 것이 아니다. 우리의 의식 속에는 은연중 이처럼 모든 사람을 좋은 사람과 나쁜 사람 두 갈래로 나누는 버릇이 있다. 그래서인지 흔히 사건을 다루는 신문 보도에는 모든 사람이 경찰 아니면 도둑놈인 것으로 단정한다. 죄를 지은 사람에 관한 보도를 보면 마치 그 사람이 죄의 화신이고, 그 사람의 이력이 죄만으로 점철되었고, 그 사람의 인격에 바른 사람으로서의 흔적이 하나도 없는 것으로 착각하게 된다.
>
> 이처럼 우리는 부분만을 보고 전체를 판단하곤 한다. 부분만을 제시하면서도 보는 이가 그것이 전체라고 잘못 믿게 만들 뿐만 아니라, '말했다'를 '으스댔다', '우겼다', '푸념했다', '넋두리했다', '뇌까렸다', '잡아뗐다', '말해서 빈축을 사고 있다' 같이 주관적으로 서술해 감정을 부추겨서 상대방으로 하여금 이성적인 사실 판단이 아닌 감정적인 심리 반응으로 얘기를 들을 수밖에 없도록 만든다.
>
> 이 세상에서 가장 결백하게 보이는 사람일망정 스스로나 남이 알아차리지 못하는 결함이 있을 수 있고, 이 세상에서 가장 못된 사람으로 낙인이 찍힌 사람일망정 결백한 사람에게서마저 찾지 못할 아름다운 인간성이 있을지도 모른다.

① 설의법을 적절히 활용하여 내용을 강조하고 있다.
② 열거법을 통해 말하고자 하는 바를 강조하고 있다.
③ 인용을 통해 주장을 뒷받침하고 있다.
④ 두 대상을 비교하여 자세히 설명하고 있다.

19. 다음 중 관용적 표현이 쓰이지 않은 것은?

① 그 친구는 책임감 없이 그 일에서 손을 뗐다.
② 우리 가족은 손발이 크다.
③ 지금은 무조건 시치미를 뗄 수밖에 없는 상황이다.
④ 결국 강력반의 이번 노력은 변죽만 울린 수사가 되고 말았다.

20. 다음은 같은 모양과 크기의 블록을 쌓아 올린 그림이다. 그림과 같이 쌓기 위해 필요한 블록의 개수는? (단, 보이지 않는 뒷부분의 블록은 없다)

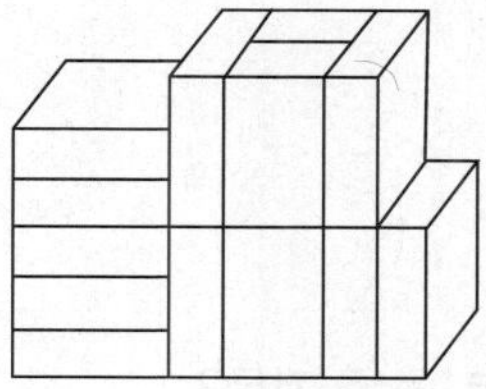

① 11개
② 12개
③ 13개
④ 14개

21. 다음 글의 밑줄 친 부분에 들어갈 문장으로 적절한 것은?

> 지아는 소설책과 시집을 많이 읽는다. 소설책을 많이 읽는 사람은 글쓰기를 잘한다. 그러므로 ________________________

① 시집을 많이 읽는 사람은 글쓰기를 잘한다.
② 소설책과 시집을 많이 읽어야 한다.
③ 지아는 글쓰기를 잘한다.
④ 시집과 글쓰기는 관련이 없다.

22. 다음 중 위치 에너지에 대한 설명으로 옳지 않은 것은?

① 기준면으로부터 높은 곳에 있는 물체가 중력에 의해 가지는 에너지이다.
② 기준면에서 물체의 위치 에너지는 0이다.
③ 기준면에 따라 위치 에너지의 크기는 달라진다.
④ 위치 에너지를 이용하여 풍력 발전, 요트, 볼링 등의 일을 할 수 있다.

23. 다음 중 태양계에서 가장 크기가 큰 행성은?

① 수성 ② 토성
③ 금성 ④ 목성

24. 다음에서 설명하고 있는 물질로 옳은 것은?

• 세포막을 구성하는 물질 중 하나이다.
• 효소와 호르몬의 주성분으로 체내의 대사 작용을 조절한다.
• 이 물질을 구성하는 기본 단위는 아미노산이다.

① 비타민 ② 탄수화물
③ 단백질 ④ 무기염류

25. 다음의 상황에서 김 과장의 대처 방법으로 올바른 것은?

김 과장은 2년 동안 부하 직원으로 일한 신 사원의 업무 능력을 높이 평가해 보고서를 작성하라고 지시하며 전적으로 맡겼다. 믿고 맡긴 만큼 신 사원이 작성한 보고서 그대로 상사에게 결재를 올렸는데, 수집한 데이터 분석이 엉망이었을 뿐만 아니라 기본적인 보고서 작성법에 어긋나는 부분이 많았으며 오탈자도 상당수 발견되어 난감한 상황에 처하게 되었다.

① 상사에게 시간이 부족해서 벌어진 일이라고 말한다.
② 속상한 마음을 달래 줄 동료를 찾아 맛있는 음식을 먹으며 기분 전환을 한다.
③ 이미 벌어진 일이니 어쩔 수 없다고 생각하며 훌훌 털고 다른 업무에 집중한다.
④ 후배와 함께 상사에게 찾아가 잘못을 인정한 후 사태 수습을 위해 최선을 다한다.

26. 다음 글에서 나타난 논리적 오류는?

> 최근 청소년들의 일탈이 사회적 문제가 되고 있는 가운데, 여론 조사 전문기관이 성인들을 대상으로 청소년들의 길거리 흡연을 보았을 때 어떻게 행동하였는지를 조사하였다. 조사 결과 '봉변을 당할 수 있으므로 제지하지 못했다'는 의견이 56%로 나타나 사회적 충격을 주고 있다. 이를 볼 때 우리나라 성인들은 도덕심이 결여되어 있음을 알 수 있다.

① 애매어의 오류
② 감정에 호소하는 오류
③ 원천봉쇄의 오류
④ 성급한 일반화의 오류

27. 다음 글의 내용과 일치하는 것은?

> 인간과 동물은 두 가지 주요한 방식으로 환경에 적응한다. 하나는 생물학적 진화이며, 다른 하나는 학습이다. 고등 생명체에서의 생물학적 진화는 수천 년 이상 걸리는 매우 느린 현상이지만, 학습은 짧은 생애 안에서도 반복적으로 일어난다. 세상에 대한 새로운 정보를 얻는 과정인 학습과 획득된 정보를 기억하는 능력은 적절히 진화된 대부분의 동물이 갖고 있는 특징이다. 신경계가 복잡할수록 학습 능력은 뛰어나기 때문에 지구상 가장 복잡한 신경계를 갖고 있는 인간은 우수한 학습 능력을 지니고 있다. 이러한 능력 때문에 인간의 문화적 진화가 가능했다. 여기서 문화적 진화한 세대와 세대를 거쳐 환경에 대한 적응 능력과 지식이 발전적으로 전수되는 과정을 의미한다. 사실 우리는 세계와 문명에 대한 새로운 지식을 학습을 통해 습득한다. 인간 사회의 변화는 생물학적 진화보다는 거의 전적으로 문화적 진화에 의한 것이다. 화석 기록으로 볼 때 수만 년 전의 호모 사피엔스 이래로 뇌의 용적과 구조는 결정적이라 할 만큼 변화하지 않았다. 고대로부터 현재까지 모든 인류의 업적은 문화적 진화의 소산인 것이다.
>
> 학습은 인간의 본성에 관한 철학적 쟁점과도 관련되어 있다. 고대의 소크라테스를 비롯하여 많은 철학자들은 인간 정신의 본성에 대하여 질문을 던져왔다. 17세기 말에 이르러 영국과 유럽 대륙에서 두 가지 상반된 견해가 제기되었다. 하나는 로크, 버클리, 흄과 같은 경험론자들의 견해로 정신에 타고난 관념 또는 선험적 지식이 있다는 것을 부정하고 모든 지식은 감각적 경험과 학습을 통해 형성된다고 보는 것이다. 다른 하나는 데카르트, 라이프니츠 등의 합리론자와 칸트의 견해로 정신은 본래 특정한 유형의 지식이나 선험적 지식을 가지고 있으며 이것이 감각 경험을 받아들이고 해석하는 인식의 틀이 된다는 것이다.

① 학습은 생물학적인 진화보다 우월하다.
② 학습은 인간만이 지니고 있는 인간의 고유한 특성이다.
③ 인간 사회의 변화는 생물학적 진화와 문화적 진화가 적절히 혼합되어 이루어진 것이다.
④ 경험론자들은 생물학적 진화보다는 학습을 중요시하였다.

28. 다음 펼쳐진 전개도를 접었을 때의 도형으로 알맞은 것은?

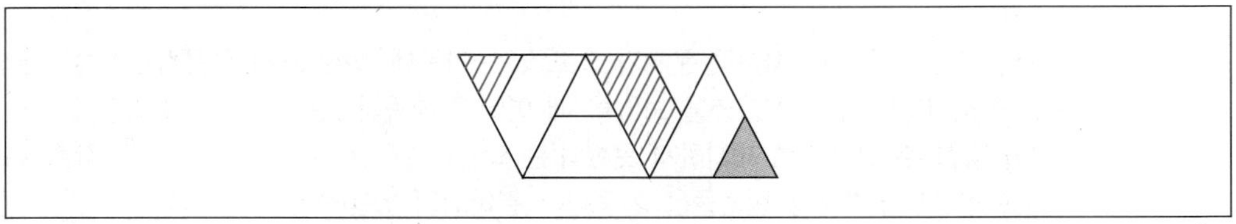

①
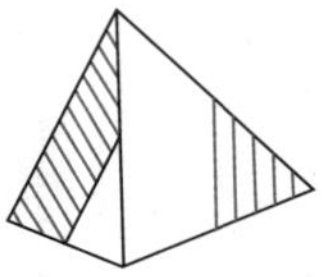

②
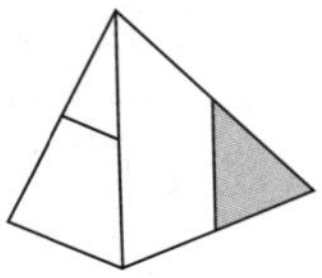

③
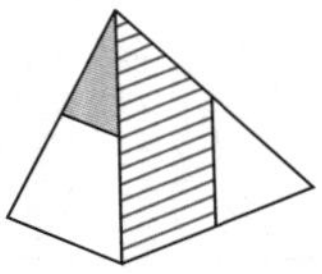

④
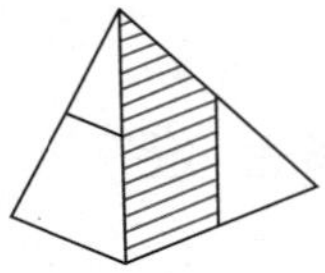

29. 다음과 같이 제시된 알파벳을 거울에 비추었을 때, 거울에 나타나는 모습으로 알맞은 것은?

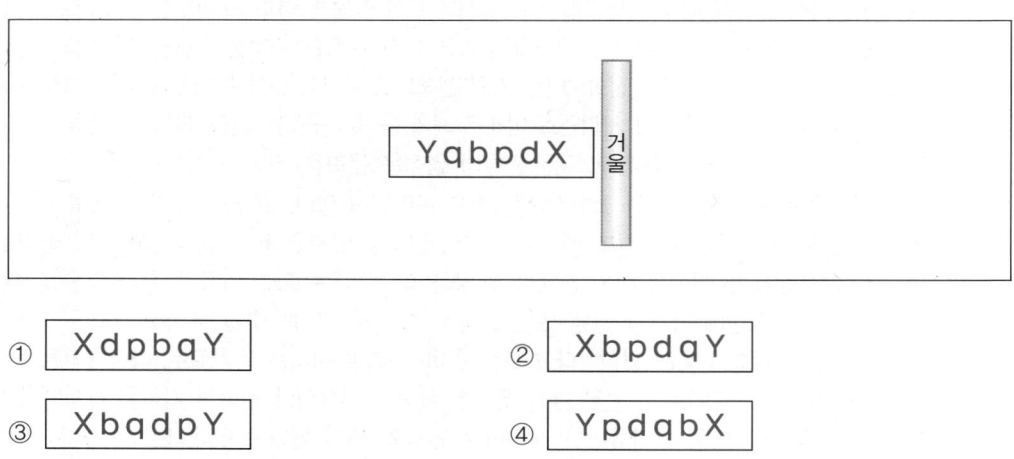

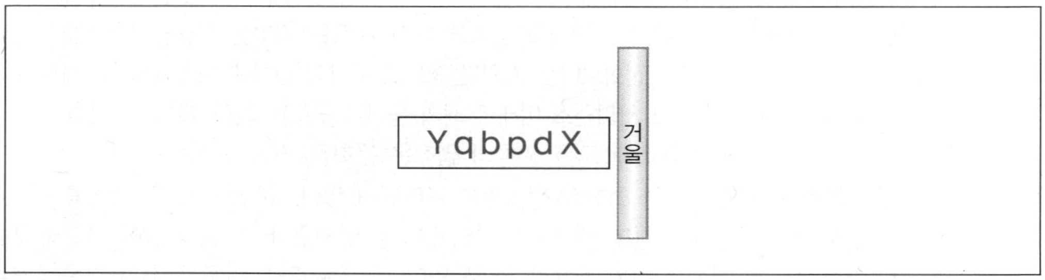

① XdpbqY

② XbpdqY

③ XbqdpY

④ YpdqbX

30. 인사팀 직원 A ~ G 7명은 취업박람회에 업무 지원을 나가게 되었다. 이들은 승용차 2대에 3명 혹은 4명씩 나누어 타기로 하고, B가 4명이 탄 차를 운전하기로 하였다. 다음 〈조건〉을 바탕으로 할 때, B와 같은 차를 타고 박람회장에 갈 수 있는 3명은 누구인가?

조건

- 7명 중 운전을 할 수 있는 사람은 B, C, D 3명이다.
- B와 D는 같은 차를 타고 가지 않는다.
- B와 C는 같은 차를 타고 가지 않는다.
- A와 G는 같은 차를 타고 간다.

① A, C, E
② A, E, G
③ C, E, F
④ C, E, G

31. 다음 〈보기〉의 명제가 모두 참일 때 항상 참이라고 볼 수 없는 것은?

보기

- A 회사에 다니는 사람은 일본어에 능통하지 못하다.
- B 대학교를 졸업한 사람은 일본어에 능통하다.
- C 학원에 다니지 않은 사람은 B 대학교를 졸업했다.

① B 대학교를 졸업하지 않은 사람은 C 학원에 다녔다.
② 일본어에 능통하지 못한 사람은 C 학원에 다녔다.
③ B 대학교를 졸업한 사람은 C 학원에 다니지 않았다.
④ A 회사에 다니는 사람은 B 대학교를 졸업하지 않았다.

32. 다음 중 갈변현상에 대한 설명으로 옳지 않은 것은?

① 갈변은 식품의 저장, 가공, 조리과정에서 식품이 갈색으로 변하는 현상이다.
② 갈변에는 효소가 관여하는 효소적 갈변과 효소가 전혀 관여하지 않는 비효소적 갈변이 있다.
③ 아황산염류는 효소 갈변 방지를 위해 흔히 쓰이는 수단이다.
④ 백색 채소의 조리 과정에서 갈변을 방지하려면 산소의 접촉을 활성화하거나 가열처리를 해야 한다.

33. 겨울철 눈으로 덮인 미끄러운 도로에서는 자동차가 출발할 수 없는 현상과 같은 원리로 설명할 수 있는 것을 모두 고르면?

ㄱ. 버스가 갑자기 정지하면 몸이 앞으로 쏠린다. ㄴ. 로켓은 가스를 내뿜고, 그 반대 방향으로 날아간다. ㄷ. 인라인 스케이트를 신고 벽을 밀면 몸이 뒤로 밀린다.

① ㄴ
② ㄷ
③ ㄱ, ㄴ
④ ㄴ, ㄷ

34. 다음 글의 내용과 관련된 사자성어는?

북쪽 변방에 한 노인이 살고 있었는데, 어느 날 이 노인이 기르던 말이 멀리 달아나 버렸다. 마을 사람들이 이를 위로하자 노인은 "오히려 복이 될지 누가 알겠소."라고 말했다. 몇 달이 지난 어느 날 그 말이 한 필의 준마(駿馬)를 데리고 돌아왔다. 마을 사람들이 이를 축하하자 노인은 "도리어 화가 될는지 누가 알겠소."라며 불안해했다. 그런데 어느 날 말 타기를 좋아하는 노인의 아들이 그 준마를 타다가 떨어져 다리가 부러졌다. 마을 사람들이 이를 걱정하며 위로하자 노인은 "이것이 또 복이 될지 누가 알겠소."라며 태연하게 받아들이는 것이었다. 그로부터 1년이 지난 어느 날 마을 젊은이들은 싸움터로 불려 나가 대부분 죽었으나, 노인의 아들은 말에서 떨어진 후 절름발이였기 때문에 전쟁에 나가지 않아 죽음을 면하게 되었다.

① 유비무환(有備無患)
② 새옹지마(塞翁之馬)
③ 전화위복(轉禍爲福)
④ 자업자득(自業自得)

35. 다음 중 직장에서의 인간관계에 대한 설명으로 옳지 않은 것은?

① 상사나 동료의 의견에 일단 수긍을 하며 공감하는 자세를 보이는 것이 좋다.
② 인간관계가 가장 중요하다는 점을 명심하고 업무능력을 키우는 것보다 동료와의 관계를 우선으로 한다.
③ 항상 적극적인 마인드를 가지고 업무에 임하며 자신을 어필할 수 있도록 한다.
④ 웃는 얼굴로 상대방에게 호감을 줄 수 있도록 한다.

36. 다음 중 빨래를 빨리 말리는 방법으로 올바른 것을 모두 고르면?

ㄱ. 서늘한 곳보다 따뜻한 곳에 빨래를 널어놓는다.
ㄴ. 가급적 습한 곳에 빨래를 널어놓는다.
ㄷ. 바람이 불지 않는 곳에 빨래를 널어놓는다.
ㄹ. 빨래를 넓게 펴서 널어놓는다.

① ㄱ, ㄴ
② ㄱ, ㄹ
③ ㄴ, ㄷ
④ ㄷ, ㄹ

37. 종이를 다음과 같이 접은 후 펀치로 구멍을 뚫고 다시 펼쳤을 때의 모양으로 옳은 것은?

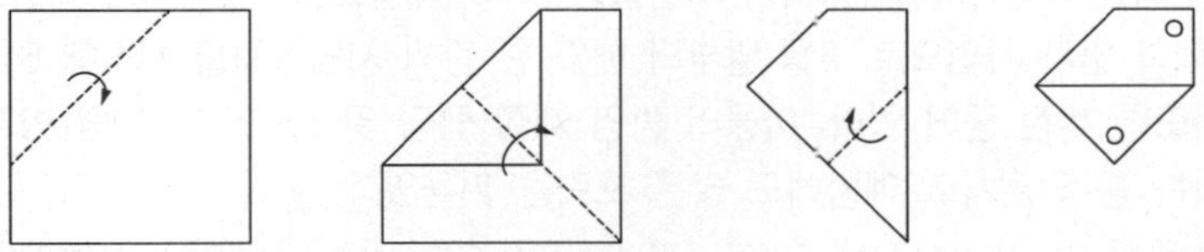

①
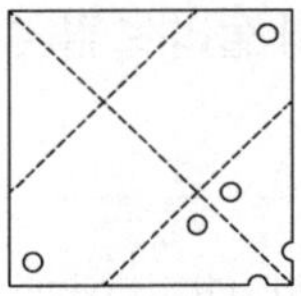

②
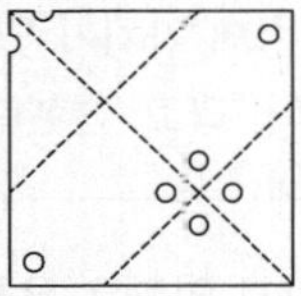

③
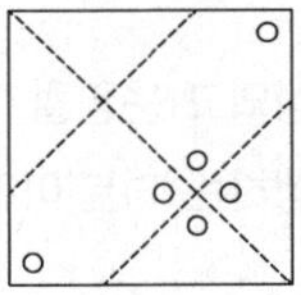

④
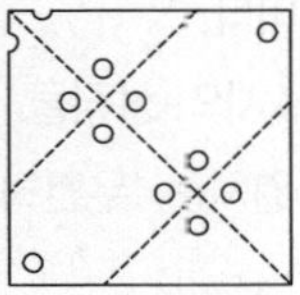

경남기출복원 1회 기출예상 2회 기출예상 3회 기출예상 4회 기출예상 5회 기출예상 6회 기출예상 7회 기출예상 8회 기출예상 9회 기출예상 인성검사 면접가이드

38. 다음 글을 읽고 이해한 내용으로 적절하지 않은 것은?

〈△△공사, 시민을 위한 힐링메시지 열차 운영〉

– △△시의 상징물, 바다 2가지 콘셉트로 조성 · 운영 –

– 코로나로 지친 △△시 시민의 생활에 활력 줄 수 있을 것으로 기대 –

△△공사(사장 이○○)는 오는 6월 1일부터 8월 31일까지 도시철도 1호선과 2호선에서 재단법인 △△시대중교통시민기금과 함께 코로나로 일상에 지친 시민들에게 힐링메시지를 전달하는 '메트로 마린' 테마 열차를 운행한다.

메트로 마린 열차는 1호선 열차 3량, 2호선 열차 2량 총 5량에 조성되며 △△시의 상징물, △△시의 바다 2가지 콘셉트로 조성 · 운행된다.

△△시의 상징물 테마 열차는 '하늘 위에서 △△시를 내려보다'라는 구성으로 △△시 상징물을 퍼즐 형태로 제작하였으며, △△시의 바다 테마 열차는 '우연히 만난 도시철도, △△시 바다를 여행하는 기분'이라는 콘셉트로 열차 창문과 벽면에 다양한 △△시 바다 이미지를 조성했다.

특히 바닥에는 △△시의 바다를 즐길 수 있는 서핑 보드의 이미지를 구현하고 승객이 다양한 포즈로 사진을 연출할 수 있게 함으로써 열차를 즐기는 공간으로 조성하였다. 테마 열차는 평일 하루 평균 1호선 왕복 9회, 2호선 왕복 4회 운행되어 시민과 만날 예정이다.

한편 이번 테마 열차는 공사가 재단법인 △△시대중교통시민기금과 최초로 협업하여 실시하는 테마 열차 사업으로, 5월 말부터 매일 한 량씩 시범설치를 시작해 6월 1일 전량 정상 운행하도록 추진 중에 있다. 아울러 방염 재질 랩핑 및 승객의 미끄럼 방지를 위한 돌기를 사용하는 등 안전사고 예방에도 많은 노력을 기울였다.

△△공사 이○○ 사장은 "코로나로 인하여 지친 △△시 시민의 생활에 활력을 불어넣을 수 있음과 동시에 급감한 도시철도 이용객 회복에 견인 역할을 수행할 것"이라며 "△△시 시민들 덕분에 우리의 존재 가치가 있는 만큼 그 가치를 조금이나마 다시 돌려 드릴 수 있게 되어서 기쁘게 생각한다."라고 전했다.

① △△공사에서 힐링메시지 열차를 운행하는 이유는 코로나로 일상에 지친 시민들에게 힐링메시지를 전달하기 위해서이다.

② 힐링메시지 열차는 △△시의 상징물, △△시의 바다 2가지 콘셉트로 조성되고 운영될 예정이다.

③ △△시의 상징물 테마 열차는 '우연히 만난 도시철도, △△시 하늘을 여행하는 기분'이라는 콘셉트로 조성된다.

④ 이 열차는 방염 재질 랩핑을 사용하고 승객의 미끄럼 방지를 위한 돌기를 사용하는 등 안전사고 예방에도 많은 노력을 기울였다.

39. 다음 제시된 두 단어 쌍의 관계가 같아지도록 빈칸에 들어갈 단어를 순서대로 나열한 것은?

계절 : (　　　)=(　　　) : 사자

① 겨울, 포유류　　② 무더위, 동물
③ 여름, 호랑이　　④ 봄, 강아지

40. 지난주 입사한 신입사원을 대상으로 오리엔테이션을 진행하던 중 직업의식에 대해 어떻게 생각하는지 물어보았다. 다음 중 적절하지 않은 대답을 한 사원은?

- 김 사원 : 내가 하는 일이 다른 사람에게 반드시 도움이 될 수 있게 해야 합니다.
- 이 사원 : 일을 할 때 평생의 원동력이 될 만한 가치가 있어야 합니다.
- 유 사원 : 자신이 맡은 분야에서는 동료와 비슷한 수준인 정도로만 노력해야 합니다.
- 정 사원 : 스스로 선택한 일이므로 자신감을 가져 끝까지 최선을 다해야 합니다.

① 김 사원　　② 이 사원
③ 유 사원　　④ 정 사원

41. 다음에 제시된 현상의 원인으로 알맞은 것은?

겨울철 집 안에 있던 풍선을 집 밖으로 들고 나가니 풍선의 크기가 줄어들었다.

① 압력이 일정할 때 온도가 낮아지면 기체의 부피는 일정한 비율로 증가하기 때문이다.
② 온도가 일정할 때 압력이 낮아지면 기체의 부피는 일정한 비율로 증가하기 때문이다.
③ 압력이 일정할 때 온도가 낮아지면 기체의 부피는 일정한 비율로 감소하기 때문이다.
④ 온도가 일정할 때 압력이 낮아지면 기체의 부피는 일정한 비율로 감소하기 때문이다.

42. 다음 그림 (가)는 철수가 탄 엘리베이터가 정지한 상태를, 그림 (나)는 이 엘리베이터가 일정한 속력 V로 위로 움직이고 있는 상태를 나타낼 때, 그림 (가)와 (나)에서 철수에게 작용하는 힘에 대한 설명으로 적절하지 않은 것은?

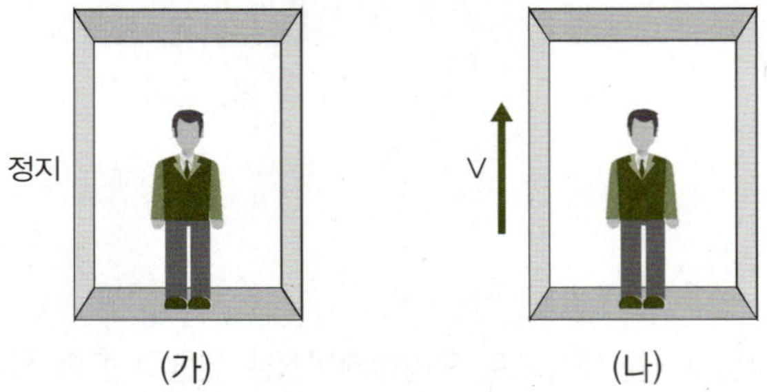

① 철수에게 작용하는 알짜힘(합력)은 모두 0이다.
② 엘리베이터의 바닥이 철수를 미는 힘의 방향은 모두 같다.
③ (가)에서 철수에게 작용하는 중력의 크기는 (나)에서보다 크다.
④ 철수에게 작용하는 힘에는 지구가 철수를 아래로 당기는 중력과 엘리베이터 바닥이 철수를 미는 힘이 있다.

43. 다음은 같은 모양과 크기의 블록을 쌓아올린 그림이다. 색칠된 블록의 윗면과 밑면에 직접 접촉하고 있는 블록의 개수는?

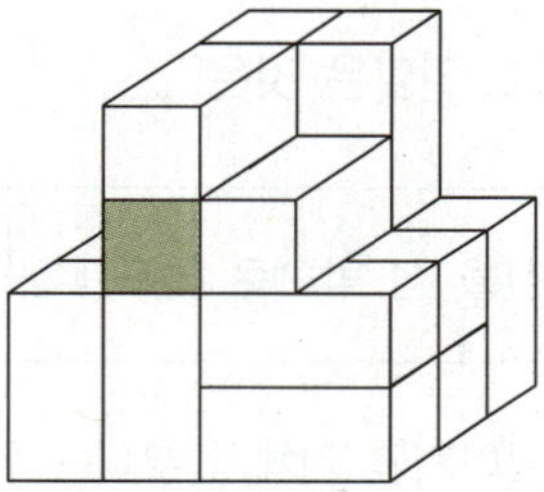

① 2개 ② 3개
③ 4개 ④ 5개

[44 ~ 45] 다음 지문을 읽고 이어지는 물음에 답하시오.

> 포괄수가제는 환자가 병 · 의원에 입원해서 퇴원할 때까지 진료받은 진찰 · 검사 · 수술 · 주사 · 투약 등 진료의 종류나 양과 관계없이 미리 정해진 일정액의 진료비를 부담하는 제도를 말한다. 그러나 모든 질병을 포괄하는 것은 아니고, 7개 질병군과 관련된 질환에 한정되어 운영된다. 행위별 수가제가 개별 진료행위 수가를 모두 합해 진료비 총액을 산출하는 반면에, 진료비 총액이 미리 책정되어 있는 점이 기존의 행위별 수가제와 다르다. 의료서비스의 항목별로 가격을 매기는 행위별 수가제는 개별 진료행위의 가격을 모두 합해 진료비 총액을 산출하기 때문에, 환자에게 진료행위량을 늘릴수록 의사의 수입이 늘어날 수밖에 없는 구조적 한계가 있으며, 이로 인해 환자에게 꼭 필요한 만큼의 진료 행위량을 넘어선 과잉진료가 발생할 수 있는 문제가 있다. 이를 보완하기 위한 방안으로 도입된 것이 포괄수가제이다.

44. 다음 중 윗글을 통해 추론할 수 있는 내용은?

① 포괄수가제 시행 이후에 환자들의 진료비 총액은 이전보다 적어진다.
② 입원 병실의 종류나 기간 등도 질병에 따라 정해진 금액만큼 사용할 수 있다.
③ 포괄수가제 이전에는 모든 의료 행위에 과잉진료가 발생하였다.
④ 의료진은 포괄수가제에 해당하는 질병의 경우, 정해진 의료행위 이상을 수행할 수 없다.

45. 다음 중 윗글의 제목으로 가장 적절한 것은?

① 행위별 수가제와 포괄수가제의 비교 분석
② 포괄수가제의 도입 배경과 의미
③ 행위별 수가제의 폐단과 개선 방안
④ 의료업계에 만연한 과잉진료 실태 고발

9회 기출예상문제

소양평가

문항수	45문항
시험시간	50분

정답과 해설 73쪽

01. 다음 문장의 밑줄 친 단어와 유사한 의미로 사용된 것은?

> 그 고객은 아마 어쩌다가 길에서 날 만나도 아는 체를 못할 거야.

① 그녀는 어쩌다가 그와 눈을 마주치기라도 하면 기겁을 하는 것이었다.

② 사장님께선 업무 중에 어쩌다가 주무시지 자주 그러시진 않아.

③ 너 그걸 어쩌다가 그렇게 다 부숴 버렸니?

④ 취직 전에는 그래도 어쩌다가 야구장에 가곤 했다.

02. 다음의 상황에서 이 대리가 취할 행동으로 가장 바람직한 것은?

> ○○기관 인재개발팀의 이 대리는 현재 신입사원 연수에 필요한 자료들을 총괄하여 제작하는 업무를 진행하고 있다. 전체 부서와 협의해 자료 제작 일정을 결정하였으며, 각 부서별로 자료 내 수록될 내용을 협의한 기간에 맞춰 전달받기로 했다. 대부분의 부서에서 기간 내에 전달해 주었지만, 몇몇 부서에서는 자료 전달이 늦어질 것 같다고 연락이 왔으며, 연락이 안 되는 부서도 있다. 부서들의 편의를 최대한 봐주는 선에서 기간을 정했기 때문에 더 늦어지면 이 대리의 부담이 커지는 상황에서, 기관 측에서는 신입사원 연수 일정을 앞당겼다.

① 제작 인력을 추가로 확보해 일정을 맞추고, 그에 대한 비용은 자료 전달이 늦어진 부서에서 지불할 것을 제안한다.

② 기한 내에 제출하지 못한 부서에게 책임이 있으므로 자료 제작을 해당 부서에 맡긴다.

③ 계획된 일정에 맞추어 자료를 제작할 수 있도록 회신이 안 된 부서의 자료는 삭제하자고 한다.

④ 이와 같은 업무 경험이 많은 상사에게 상황을 보고하고, 본인 대신 해당 업무를 맡아줄 것을 부탁한다.

03. 정사각형을 만들기 위하여 다음에 제시된 도형들 외에 추가로 필요한 것은? (단, 도형들은 회전할 수 없다)

① 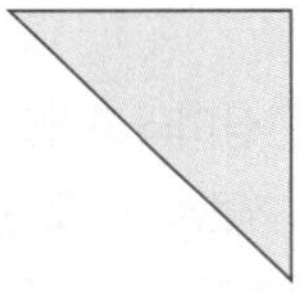

② 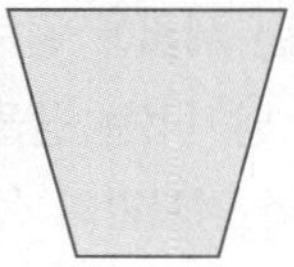

③ 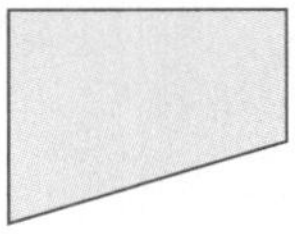

④ 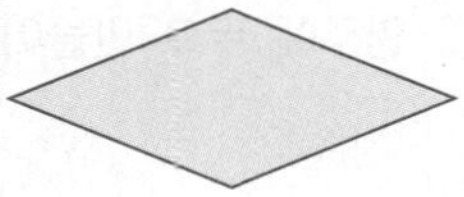

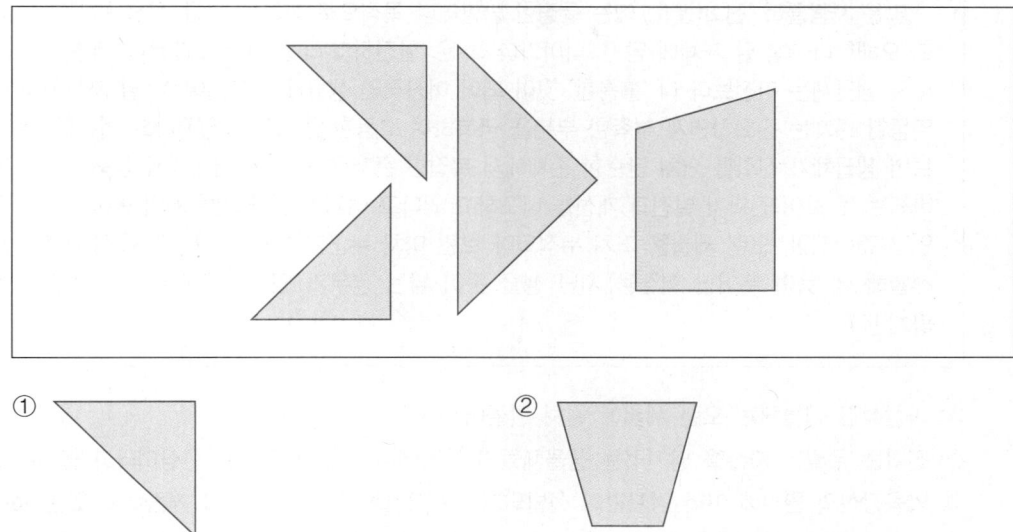

04. 다음 〈보기〉의 내용을 통해 바르게 추론한 것은?

보기

• 키가 170cm인 가영이는 나영이보다 키가 크다.
• 다영이는 나영이보다 키가 작다.
• 라영이의 키는 155cm로 마영이보다 키가 크다.

① 나영이의 키가 두 번째로 크다.
② 마영이는 다영이보다 키가 작다.
③ 가영이는 마영이보다 키가 크다.
④ 라영이는 나영이보다 키가 크다.

경남기출복원
1회 기출예상
2회 기출예상
3회 기출예상
4회 기출예상
5회 기출예상
6회 기출예상
7회 기출예상
8회 기출예상
9회 기출예상
인성검사
면접가이드

05. **다음 글의 빈칸 ㉠에 들어갈 말로 적절한 것은?**

> 많은 사람들이 '진화(進化)'에는 특정한 방향이나 목적으로 향하는 성질, 우열 관계가 있다고 오해한다. 즉, 말 자체에 담긴 '나아가다' 혹은 '발전하다'라는 뉘앙스 때문에 세월이 지날수록 생물체는 이전보다 더 '훌륭한' 것이 되어 이상적인 생물체의 모습에 한 발 가까워지며, 열등한 존재는 진화하면서 부족한 부분을 극복하여 고등한 존재로 발전된다고 여긴다. 얼핏 보면 생물체가 진화를 거쳐 단순한 존재에서 복잡한 존재로, 미숙한 개체에서 성숙한 개체로 바뀌는 듯 보여 진화가 발전과 개선을 내포하고 있다고 여기기 쉽다. 생물체의 변이는 우연적인 사건이지만, 오랜 세월을 거쳐 누적되다 보면 마치 누군가 의도를 가지고 특정 개체만을 선별해 낸 듯이 뛰어난 형질을 지닌 생물 종이 남는 경우가 있기 때문이다.
> 하지만 (㉠)

① 이상적인 생물체는 오랜 세월에 걸쳐 만들어진다.

② 진화는 우월한 자손을 남기려는 생물체들의 욕망에서 비롯된 의도된 현상이라고 볼 수 있다.

③ 약육강식의 원리에 따라 강자만이 선별되기 때문에 생물체들은 발전을 거듭하고 있는 것이다.

④ 이는 생물체 진화가 '환경에 더 잘 적응한 개체가 선택되는 방식'으로 이루어진 결과일 뿐 애초에 그런 결과를 염두에 두고 만들어졌다는 뜻은 아니다.

06. **다음 명제가 모두 참일 때, 〈결론〉에 대한 설명으로 옳은 것은?**

> • 빨간색을 좋아하는 사람은 사소한 일에 얽매이지 않는다.
> • 분홍색을 좋아하는 사람은 애정과 동정심이 많다.
> • 내성적이지 않은 사람은 파란색을 좋아하지 않는다.
> • 내성적인 사람은 사소한 일에 얽매인다.
> • 애정과 동정심이 많은 사람은 박애주의자이다.

결론

> (가) 파란색을 좋아하는 사람은 빨간색을 좋아하지 않는다.
> (나) 분홍색을 좋아하지 않는 사람은 박애주의자가 아니다.

① (가)만 항상 옳다.　　② (나)만 항상 옳다.

③ (가), (나) 모두 항상 옳다.　　④ (가), (나) 모두 항상 그르다.

07. 다음 (가)와 (나)를 읽고 도출할 수 있는 결론으로 적절한 것은?

(가) 지난해 정부에서는 정보격차 해소를 위해 저소득층 가정의 아이들에게 컴퓨터 등의 정보 통신기기를 보급하였다. 이를 통해 정보의 접근성 및 활용능력이 향상되었고 이는 학업성적의 향상에도 도움이 될 것으로 전망하였다. 그런데 올해 정보 통신기기를 지원받은 가정의 아이들의 학업성적을 살펴본 결과, 성적이 오른 아이들은 소수에 불과하고 대부분이 전과 유사한 성적에 머물거나 오히려 하락한 경우도 나타났다.

(나) 정보 통신기기의 보급은 아이들로 하여금 다양한 지식을 쉽게 얻을 수 있도록 한다는 점에서 도움이 되지만, 수업에 대한 흥미와 집중력이 낮아지고 공부를 소홀히 하는 행동 등을 유발하여 학업성적이 떨어지는 이유가 되기도 한다. 그런데 정보 통신기기로 인한 학업성적의 하락은 저소득층 가정의 아이들에게서 더 큰 폭으로 나타나는데, 이러한 결과는 부모들의 관리에서 비롯된다고 보는 견해가 있다. 대부분 고소득층의 부모들은 자녀의 기기 활용에 대해 관리와 통제를 가하지만, 저소득층의 부모들은 이러한 관리에 대해 소홀한 경향이 있다는 것이다.

① 정보 통신기기의 보급은 정보격차 해소에는 도움이 되지만 아이들의 학업수준에는 부정적인 영향을 미친다.
② 아이들의 학업성적에는 정보 통신기기의 보급보다 기기에 대한 관리와 통제가 더 중요하게 작용한다.
③ 저소득층 아이들의 학업성적은 정보 통신기기의 보급에 따라 영향을 받으므로 적절한 조절을 통해 아이들의 성적향상을 도울 수 있다.
④ 저소득층의 정보 통신기기 보급률은 고소득층보다 낮은 수준으로, 이로 인한 정보수준의 격차가 아이들의 학업에 영향을 미친다.

08. 다음 중 인류 역사에 큰 영향을 미친 화학 반응에 대한 설명으로 옳은 것은?

① 불로 음식을 익혀 먹음으로써 단백질 섭취 효율이 높아졌다.
② 화석 연료 중에서 석탄은 바다, 석유는 육지에서 주로 생성되었다.
③ 암모니아는 수소, 질소, 산소로 이루어져 있다.
④ 대기 중의 질소는 불안정한 상태이기 때문에 쉽게 반응이 일어난다.

정답과 해설 1회 기출예상 2회 기출예상 3회 기출예상 4회 기출예상 5회 기출예상 6회 기출예상 7회 기출예상 8회 기출예상 9회 기출예상 인성검사 면접가이드

09. 다음 세 개의 블록을 결합했을 때 만들 수 있는 형태는?

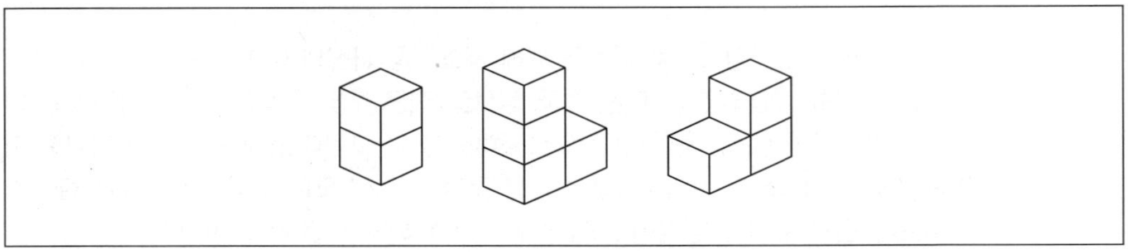

①

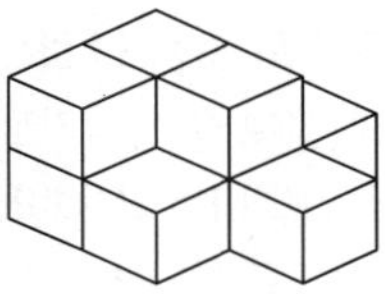

②

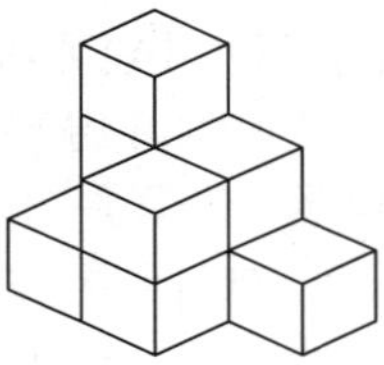

③

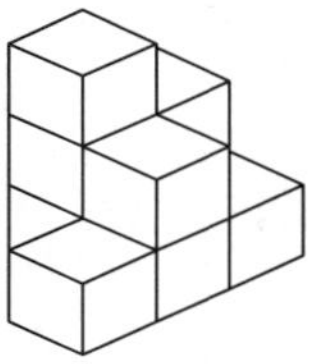

④

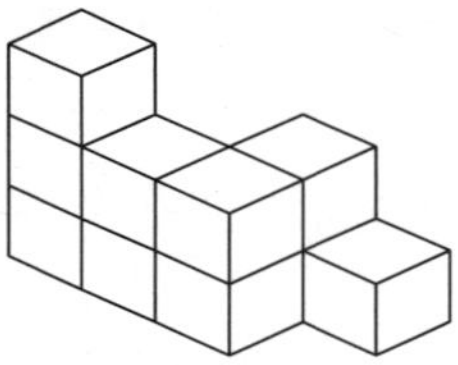

10. 다음 중 나머지와 다른 하나는?

①

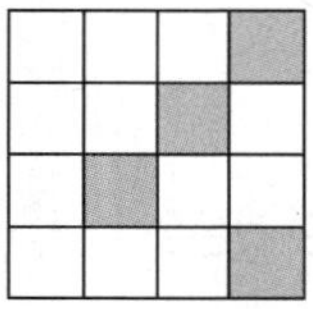

②

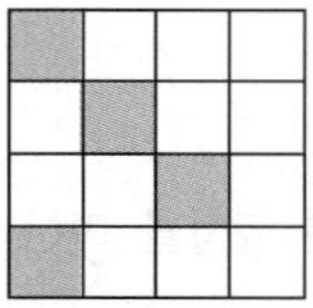

③

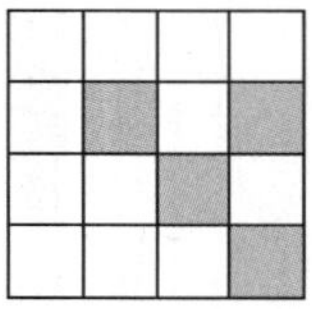

④

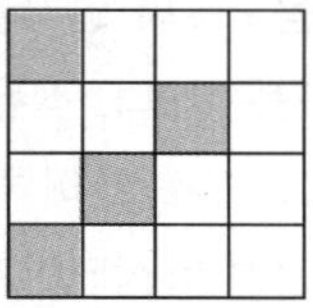

11. A, B, C, D 팀원들은 순서대로 ㉠, ㉡, ㉢, ㉣ 네 실험을 각각 맡아 진행하였다. 실험 결과 ㉠~㉣ 중 단 한 실험에서만 오류가 발견되었다. 다음 대화에서 한 명만 거짓을 말하였을 때, 거짓을 말한 사람과 오류가 발견된 실험을 차례대로 나열한 것은?

- A : 실험 ㉢에서 오류가 있었습니다.
- B : 제가 진행한 실험에서는 오류가 없었습니다.
- C : 실험 ㉡에는 오류가 없었습니다.
- D : 실험 ㉣에는 오류가 없었습니다.

	거짓을 말한 사람	오류가 발견된 실험
①	A	㉠
②	A	㉡
③	C	㉡
④	D	㉠

12. 땀샘의 가장 중요한 기능은?

① 체온 조절 기능
② 요소 배출 기능
③ CO_2 배출 기능
④ 먼지 제거 기능

13. 다음 〈조건〉이 성립할 때, 반드시 참인 것은?

조건

- 에어로빅 강좌를 신청하지 않은 사람들은 모두 요리 강좌를 신청하지 않았다.
- 영화감상 강좌를 신청하지 않은 사람들은 모두 에어로빅 강좌를 신청하지 않았다.
- 우쿨렐레 강좌 신청자 중 일부는 요리 강좌를 신청하였다.

① 에어로빅 강좌를 신청한 사람은 모두 요리 강좌를 신청하였다.
② 우쿨렐레 강좌 신청자 중 일부는 영화감상 강좌를 신청하였다.
③ 에어로빅 강좌를 신청한 사람들은 모두 우쿨렐레 강좌를 신청하지 않았다.
④ 요리 강좌를 신청하지 않은 사람들 중 일부는 에어로빅 강좌를 신청하였다.

[14 ~ 15] 다음 글을 읽고 이어지는 질문에 답하시오.

민주주의의 목적은 다수가 폭군이나 소수의 자의적인 권력 행사를 통제하는 데 있다. 민주주의의 이상은 모든 자의적인 권력을 억제하는 것으로 이해되었는데, 이것이 오늘날에는 자의적 권력을 정당화하기 위한 장치로 변화되었다. 이렇게 변화된 민주주의는 민주주의 그 자체를 목적으로 만들려는 이념이다. 이것은 법의 원천과 국가권력의 원천이 주권자 다수의 의지에 있기 때문에 국민의 참여와 표결 절차를 통하여 다수가 결정한 법과 정부의 활동이라면 그 자체로 정당성을 갖는다는 것이다. 즉, 유권자 다수가 원하는 것이면 무엇이든 실현할 수 있다는 말이다.

이런 민주주의는 '무제한적 민주주의'이다. 어떤 제약도 없는 민주주의라는 의미이다. 이런 민주주의는 자유주의와 부합할 수 없다. 그것은 다수의 독재이고 이런 점에서 전체주의와 유사하다. 폭군의 권력이든, 다수의 권력이든, 군주의 권력이든, 위험한 것은 권력 행사의 무제한성이다. 중요한 것은 이러한 권력을 제한하는 일이다.

민주주의 그 자체를 수단이 아니라 목적으로 여기고 다수의 의지를 중시한다면, 그것은 다수의 독재를 초래하고, 그것은 전체주의만큼이나 위험하다. 민주주의 존재 그 자체가 언제나 개인의 자유에 대한 전망을 밝게 해 준다는 보장은 없다. 개인의 자유와 권리를 보장하지 못하는 민주주의는 본래의 민주주의가 아니다. 본래의 민주주의는 민주적 절차 준수에 그치지 않고 과도한 권력을 실질적으로 견제할 수 있어야 한다.

14. 윗글의 중심 내용으로 알맞은 것은?

① 민주주의의 정당성

② 민주주의의 목적과 수단

③ 민주주의의 잘못된 변화

④ 무제한적 민주주의의 정의

15. 윗글의 내용과 일치하지 않는 것은?

① 모든 무질서한 권력을 억제하는 것이 민주주의의 목적이며 이상이다.

② 무제한적 민주주의는 국민의 참여와 표결을 통해 결정된 법과 정부의 활동을 정당화한다.

③ 무제한적 민주주의는 자유주의의 특성을 가지고 있으나, 대체적으로 전체주의와 유사하다.

④ 민주주의 자체를 목적으로 삼으며 다수의 의지를 중시한다면, 이는 다수의 독재를 초래할 수 있다.

16. 종이를 다음과 같이 접은 후 색칠된 부분을 자르고 다시 펼쳤을 때의 모양으로 옳은 것은?

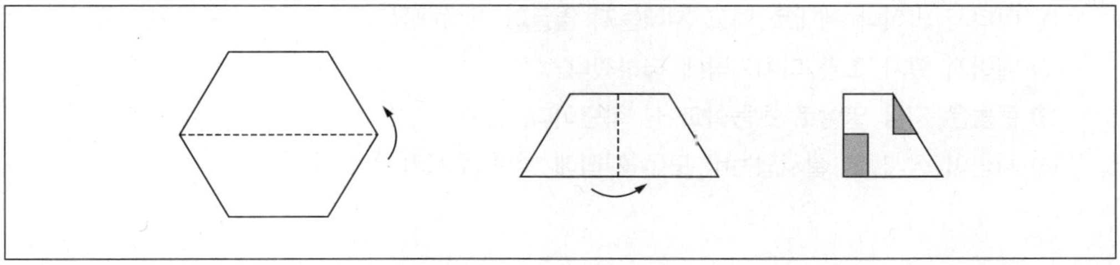

① 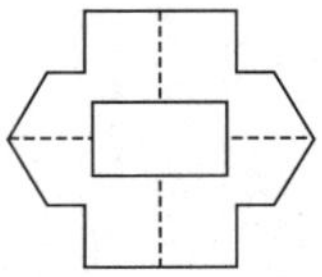

② 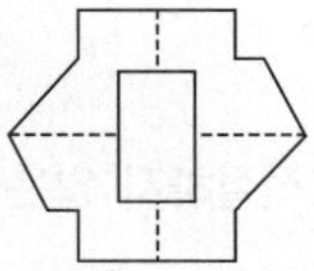

③ 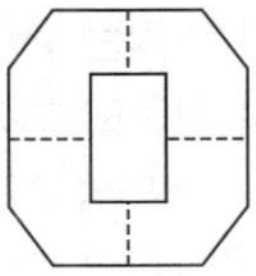

④ 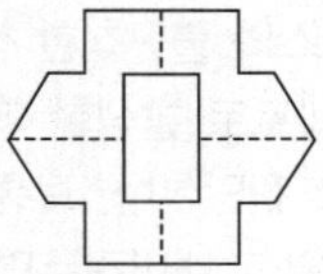

17. 주사위를 다음 전개도와 같이 펼쳤을 때 A에 들어갈 눈의 개수는? (단, 주사위의 마주 보는 면에 그려진 눈의 개수의 합은 7이다)

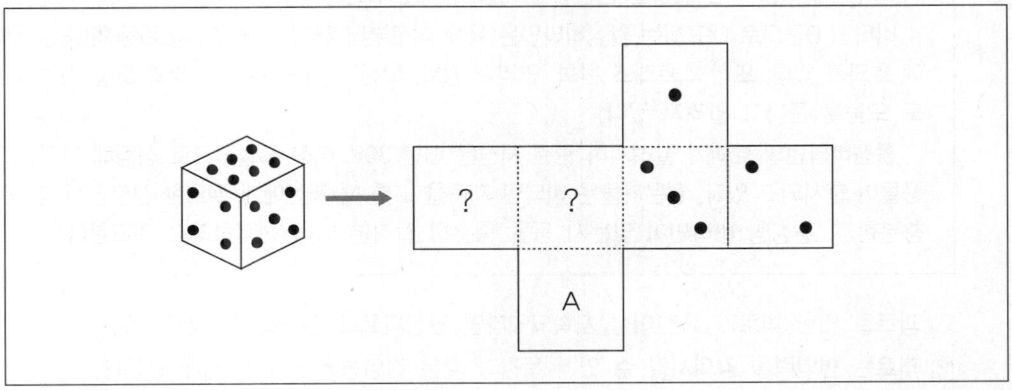

① 3개

② 4개

③ 5개

④ 6개

18. 다음 중 문장의 띄어쓰기가 적절하지 않은 것은?

① 어디서 밥이나 제대로 먹고 지내는지 얼굴이 핼쑥해졌다.
② 떨어져 봤자 조금 다치기밖에 더하겠니?
③ 큰놈은 지금 열살로 초등학교 삼 학년이다.
④ 시험이 잠시 후 실시되는바 모두 자리에 앉아 주시기 바랍니다.

19. 다음 글에 대한 이해로 적절하지 않은 것은?

> 최근 과도한 스트레스와 불규칙한 생활패턴, 잘못된 식습관으로 만성피로를 겪는 현대인이 늘고 있다. 일시적인 과로로 발생한 피로가 6개월 이상 지속되거나, 충분히 쉬어도 회복되지 않을 때를 만성피로로 진단한다. 보통 휴식을 취하면 만성피로가 나아질 거라 생각하지만, 만성피로를 개선하지 않고 내버려두면 집중력이 감소하고 근육통, 두통 등이 나타난다. 면역력이 떨어져 감염병에도 취약해질 수 있는 만큼 주의가 필요하다.
>
> **◇ 건강관리 힘든 일상, 활성비타민 인기**
>
> 만성피로를 개선하려면 규칙적인 운동과 영양소가 골고루 함유된 식단이 기본이다. 하지만 일상이 바쁘고 불규칙하게 살아야 하는 현대인에게는 어려운 이야기다. 대신 하루 한 알로 피로회복에 도움 되는 성분을 간편하게 먹을 수 있는 고함량 활성비타민이 인기를 끌고 있다.
>
> 비타민 B군으로 대표되는 활성비타민은 육체 피로부터 어깨 결림, 눈 피로 등의 증상 완화에 효과가 있다. 또한 스트레스 완화, 면역력 강화, 뇌신경 기능 유지, 피부와 모발 건강 등에도 도움을 준다고 알려져 있다.
>
> 활성비타민의 효과가 알려지며 관련 시장은 매년 30% 이상 폭발적으로 성장해 다양한 제품들이 출시되고 있다. 전문가들은 비타민 제품을 고를 때 자신에게 필요한 성분인지, 함량이 충분한지, 활성형 비타민이 맞는지 등을 충분히 살펴본 다음 선택하라고 권고한다.

① 과로로 인한 피로가 1년 이상 지속되었다면 만성피로로 진단될 수 있다.
② 피로는 면역력을 감퇴시킬 수 있어 독감과 같은 전염병에 걸리기 쉽게 만든다.
③ 비타민 B군은 스트레스를 경감시키고, 모발 건강에 도움을 줄 수 있다.
④ 시중에 있는 다양한 비타민 제품은 모든 사람에게 동일한 효과를 낸다.

20. 다음은 Z, Y, X, W, V 다섯 명이 자동차 경주를 마친 후 결과에 대해 나눈 대화이다. 이 중 한 명만 거짓을 말하고 있다고 할 때, 1등부터 5등까지의 순위를 바르게 나열한 것은?

> Z : W는 5등을 했고, Y와 순위 차이가 제일 커.
> Y : Z는 1등도 꼴찌도 하지 않았어.
> X : 나와 Y는 2순위 차이가 나.
> W : 나는 4등을 했어.
> V : 나는 2등을 했고, X와 연이은 순위에 있어.

① Y－V－X－Z－W
② Y－V－X－W－Z
③ V－W－Z－Y－X
④ V－Y－X－Z－W

21. 다음 글의 빈칸에 들어갈 말로 알맞은 것은?

> 음악당 벽면의 표면이 톱니 모양인 이유는 소리의 (　　　) 현상을 이용하여 공연장 내부의 메아리 현상을 제거하기 위해서이다.

① 굴절　　② 확산　　③ 산란　　④ 흡수

22. 다음 중 여러 가지 힘과 제시된 현상들을 각각 바르게 연결한 것은?

> ㄱ. 비나 눈이 아래로 내린다.
> ㄴ. 자전거 안장 밑에는 용수철이 들어 있다.
> ㄷ. 튜브를 잡고 있으면 물에 쉽게 뜰 수 있다.
> ㄹ. 아기용 양말 바닥에 고무를 붙여 미끄러짐을 방지한다.

	ㄱ	ㄴ	ㄷ	ㄹ
①	부력	탄성력	중력	마찰력
②	중력	탄성력	부력	마찰력
③	중력	마찰력	부력	탄성력
④	탄성력	부력	마찰력	중력

23. 광고회사에서 일하고 있는 박 대리는 알고 지내던 가까운 지인으로부터 광고 제작 의뢰를 받았고, 이를 정중히 거절하려고 한다. 다음 거절의 3S 원칙을 활용하고자 할 때, (가)에 해당하는 내용으로 적절한 것은?

〈거절의 3S 원칙〉

• Situation • (가) Sorry • Suggestion

① 저에게 이런 좋은 제안을 해 주시다니 감사합니다.

② 죄송하지만 회사 규정상 다른 회사의 일은 할 수가 없습니다.

③ 저는 요즘 회사 업무가 많아 어려울 것 같고, 대신 실력이 좋은 후배를 소개해 드리겠습니다.

④ 요즘 제작하고 있는 광고가 있어 많이 바쁘네요. 다음에 시간 날 때 다시 말씀해 주십시오.

24. 다음은 예절과 관련된 기사를 읽고 직원들이 나눈 대화이다. 일터에서의 예절에 대해 잘못 이해하고 있는 직원은?

〈신입사원이 갖춰야 할 역량 1위는 '예절과 매너'〉

직장인 700명을 대상으로 직장생활에 대한 설문조사를 한 결과, 응답자의 62.5%(437명)는 신입사원에게 가장 필요한 역량을 '직장생활의 예절과 매너'라고 답했다. 다음으로는 '업무에 대한 열정과 적극성' 27.4%(192명), '업무에 대한 전문적인 지식' 6.7%(47명), '기본 업무 능력' 3.4%(24명) 순이다.

① 김 대리 : 예절과 매너를 비즈니스 업무에 활용할 경우 관련 에티켓이 필요해.

② 박 대리 : 이메일에는 사람의 표정이나 음성이 빠져 있으니 오해가 생기지 않도록 조심해야 해.

③ 임 대리 : 매너는 형식적인 측면이 강하고 에티켓은 그 형식을 나타내는 방식이라고 할 수 있지.

④ 안 대리 : 직장예절은 단순히 인사할 때뿐만 아니라 일터에서의 모든 상황에 적용된다고 할 수 있어.

25. 다음 문장 뒤에 이어질 (가) ~ (마)를 문맥에 맞게 순서대로 나열한 것은?

> 미세플라스틱은 독성 화학물질을 해수로 방출하고 바다 속 화학물질을 표면으로 흡착하여 해양생물에 독성을 유발할 수 있다.
>
> (가) 더불어 인간에게도 각종 암을 비롯하여 생식기 발달의 저하, 성장 지연 등을 유발한다.
> (나) 특히 POPs, PBTs 같은 화학물질은 잔류성과 생물축적성이 높은 물질로서 체내에 축적되면 동물의 면역력이 감소하고 생식기능이 약화된다.
> (다) 이처럼 미세플라스틱이 인체에 유해한 각종 물질을 전이 · 확산시킬 수 있는 가능성이 많아 이에 대한 다양한 연구가 진행되고 있다.
> (라) 인간은 해산물과 소금 등을 섭취하는 생태계 먹이사슬의 최상위 포식자이므로 미세플라스틱에 노출되는 것은 불가피하다.
> (마) 실제로 태평양 굴을 미세플라스틱에 노출하는 실험 결과, 난모세포 수 38% 감소, 지름 5% 감소, 정자 속도 23% 감소, 자손들의 성장 18 ~ 41% 감소를 보였다.

① (가)－(라)－(다)－(나)－(마)
② (가)－(마)－(다)－(나)－(라)
③ (나)－(라)－(마)－(가)－(다)
④ (나)－(마)－(가)－(라)－(다)

26. 다음은 같은 모양과 크기의 블록을 쌓아 올린 그림이다. 그림에서 사용된 블록은 모두 몇 개인가? (단, 뒷면에 보이지 않도록 쌓아 올린 블록은 없다)

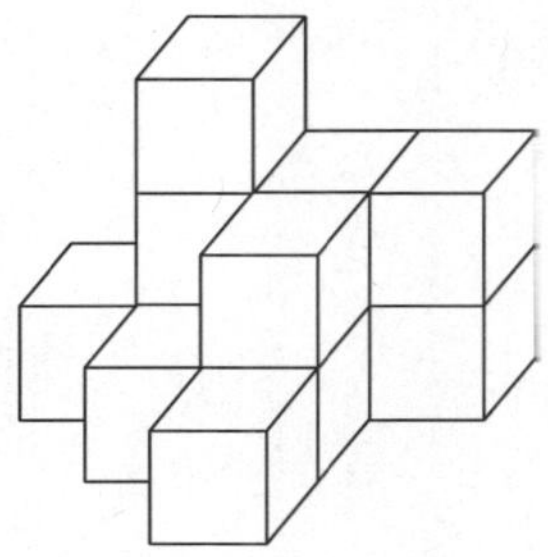

① 9개
② 10개
③ 11개
④ 12개

27. 다음 〈보기〉에서 왼쪽 전개도를 접어 오른쪽 주사위 모형을 만들었을 때, 윗면 방향에서 바라본 면의 모습으로 올바른 것은?

보기

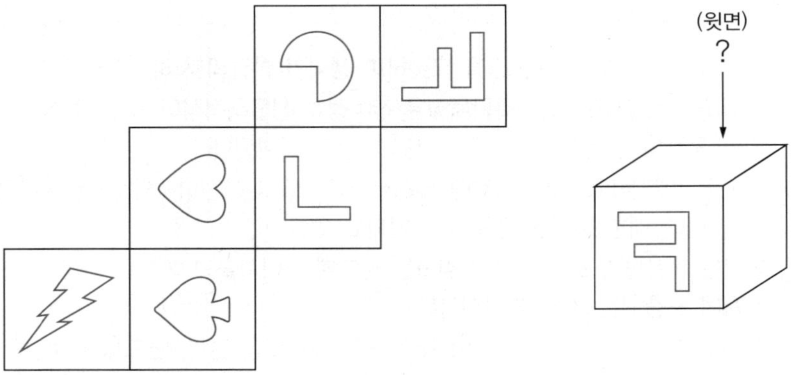

① 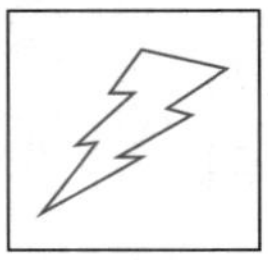

② 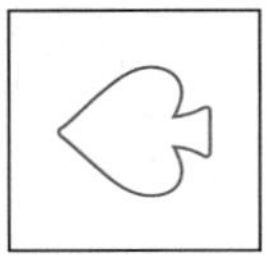

③ 

④ 

28. 해진, 예림, 희은, 찬빈, 은희, 영준, 유민은 영어회화, 시사토론, 수영 강의 중 최소 하나 이상을 수강하고 있다. 다음 〈조건〉에 따를 때, 해진이가 수강하고 있는 강의는?

> 조건
>
> • 영어회화, 시사토론, 수영의 수강인원은 각각 4명, 4명, 3명이다.
> • 수영만 수강하는 사람은 없다.
> • 세 강의를 모두 수강하는 사람은 없다.
> • 은희와 유민은 두 개의 강의를 수강하고 있고 모두 같은 강의를 수강하고 있다.
> • 희은, 찬빈은 시사토론 강의를 수강하고 있다.
> • 예림과 영준은 두 개의 강의를 수강하고 있으며 그중 하나만 같은 강의이다.
> • 은희와 영준은 하나만 같은 강의를 듣고 있다.
> • 예림은 영어회화는 듣지 않는다.

① 시사토론
② 영어회화
③ 영어회화, 시사토론
④ 시사토론, 수영

29. 다음의 결론이 참이 되게 하는 빈칸에 들어갈 전제는?

> [전제] • 혼자 식사하는 것을 지속하면 조직원들과의 사이가 나빠진다.
> • 다혈질인 사람은 정서가 불안하다.
> • (   )
>
> [결론] 다혈질인 사람은 조직원들과의 사이가 나빠진다.

① 다혈질이 아닌 사람은 정서가 불안하지 않다.
② 혼자 식사하는 것을 지속하지 않으면 정서가 불안하지 않다.
③ 정서가 불안하지 않으면 조직원들과의 사이가 나빠지지 않는다.
④ 혼자 식사하는 것을 지속하지 않으면 조직원들과의 사이가 좋아진다.

30. 다음 중 분자 운동의 증거로 볼 수 없는 것은?

① 잉크를 물에 떨어뜨리면 물 전체로 퍼져 나간다.
② 꽃향기가 교실 전체로 퍼져 나간다.
③ 종소리가 다른 마을까지 퍼져 나간다.
④ 알코올램프의 뚜껑을 열어 놓으면 알코올이 줄어든다.

31. 다음 그림에서 알 수 있는 빛의 성질과 관련된 현상으로 적절한 것은?

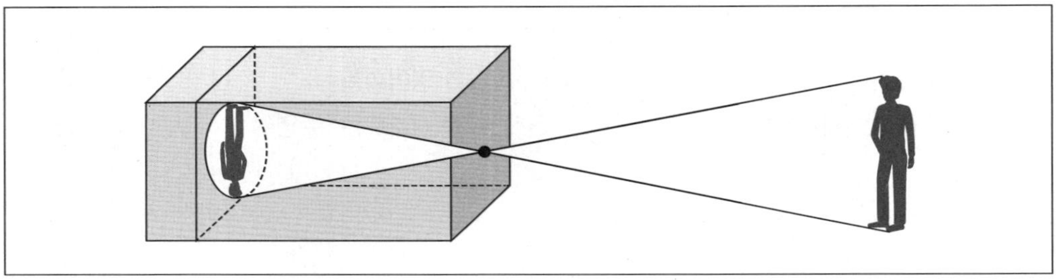

① 수면 위에 구름의 모습이 비친다.
② 비눗방울의 막을 관찰해 보면 무지개색을 띤다.
③ 해가 질 때 하늘이 붉은색이다.
④ 문틈으로 햇빛이 들어온다.

32. 다음 중 체내에서 발생한 노폐물을 제거하는 기관계를 구성하는 기관이 아닌 것은?

① 요도
② 방광
③ 콩팥
④ 항문

33. 다음 글에 나타난 신경성 매독의 치료법을 개발한 사례를 일컫는 사자성어로 적절한 것은?

> 프랑스의 샤를 8세와 영국의 헨리 8세의 공통점은 매독으로 사망했다는 것이다. 샤를 8세가 이탈리아에 침공했을 당시 프랑스군의 대규모 성범죄로 인해 유럽 전역으로 퍼져나가기 시작한 매독은 한때 인류를 위기에 빠뜨렸던 가장 무서운 질병 중 하나였다.
>
> 매독의 원인은 1905년에서야 독일의 세균학자 샤우딘과 호프만에 의해 매독의 병원균인 스피로헤타가 발견되며 밝혀졌다. 그리고 마침내 1909년에 파울 에를리히에 의해 '마법의 탄환'으로 알려진 살바르산이라는 매독 치료제가 개발됐다.
>
> 매독에 감염된 후 약 15년 후에 발병하는 이상한 질병이 있다. 신경계를 침범한 매독이 뇌를 손상시키게 되면서 운동장애가 일어나거나 판단 및 기억 저하 등의 증상과 함께 마비를 일으키고 마침내는 치매에 빠지는 것이 바로 그 질병이다. 진행성 마비 혹은 마비성 치매라고도 불리는 이 정신질환은 뇌매독의 한 종류로서, 전체 매독환자의 약 4 ~ 5%에게서 발병한다. 발병 후 약 3년 만에 죽음에 이르게 될 만큼 치명적이며 마비가 나타나는 주 연령대가 32 ~ 45세 사이의 남성들이라 사회와 가족에 큰 고통을 주었다.
>
> 하지만 오스트리아의 정신의학자인 율리우스 바그너 야우레크는 기발한 발상으로 신경성 매독의 치료법을 개발했다. 매독 병원균인 스피로헤타가 고열에 약하다는 사실에 착안해 환자들을 말라리아에 감염시킨 것이다.

① 이열치열(以熱治熱) ② 순망치한(脣亡齒寒)

③ 하충의빙(夏蟲疑氷) ④ 연목구어(緣木求魚)

34. 다음에서 설명하는 현상들의 원인으로 가장 알맞은 것은?

> • 태양이 매일 동쪽에서 떠서 서쪽으로 진다.
> • 별들이 북극성을 중심으로 하루에 한 바퀴씩 회전한다.

① 지구의 공전 ② 태양의 자전

③ 지구의 자전 ④ 달의 자전

35. 다음 〈보기〉의 3차원 공간에서 세 면에 비친 그림자에 해당하는 입체도형은?

보기

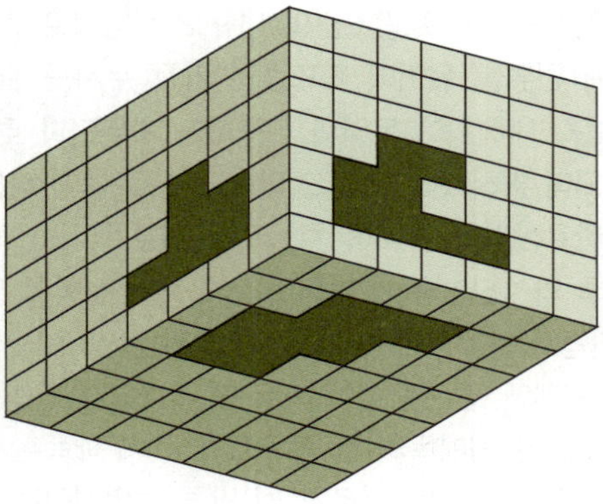

①

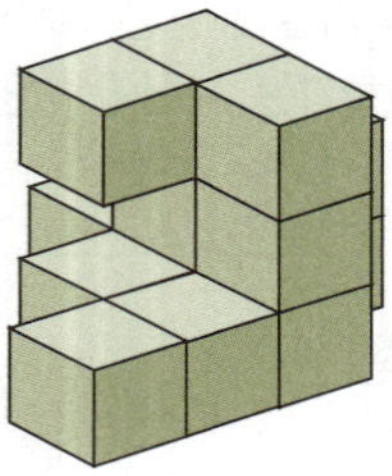

②

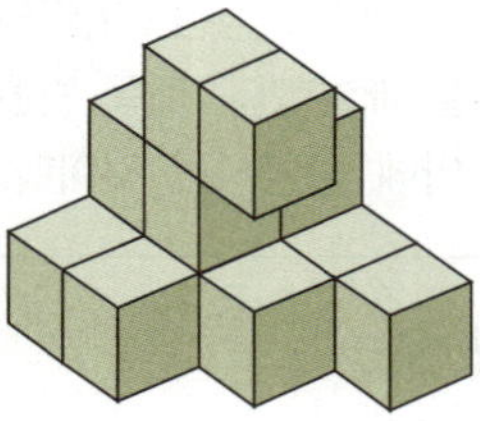

③

④

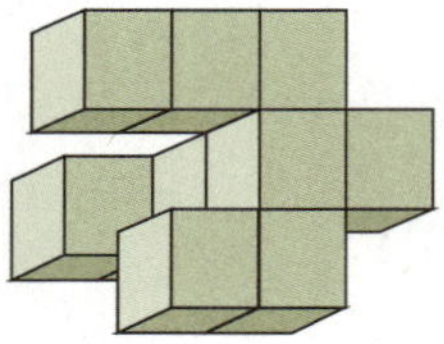

36. 출장 예정자들의 의견을 고려하여 숙소를 예약하려고 할 때, 가장 적합한 숙소는?

〈숙소별 현황〉

• A 숙소

A 숙소		B 숙소			C 숙소	
4인실	2인실	4인실	3인실	2인실	4인실	2인실
2개	3개	1개	2개	3개	3개	2개

〈숙소별 특징〉

구분	위치	편의시설	청결도	인테리어
A 숙소	★★	★★★	★★★★	★★★★
B 숙소	★★★	★★	★★★	★★★★
C 숙소	★★★★	★★★★★	★★★	★★

※ 별이 많을수록 높은 점수이다.

• 남 부장 : 숙소는 2인실 3개면 적당하겠어.
• 정 과장 : 인테리어에 정성을 들인 숙소였으면 좋겠군.
• 황 과장 : 위치보다는 편의시설이 잘 갖추어진 점이 더 중요하다고 생각해.

① A 숙소
② B 숙소
③ C 숙소
④ 추가 자료 조사가 필요하다.

37. 다음 중 물체에 작용하는 합력(알짜힘)이 0인 것을 〈보기〉에서 모두 고르면?

보기

㉠ 일정한 속력으로 원운동하는 장난감 자동차
㉡ 공기 저항에 의해 등속도로 내려오는 빗방울
㉢ 지구의 중력권을 벗어난 후 엔진을 끈 우주 탐사선
㉣ 책상 위에 가만히 놓여 있는 책

① ㉠, ㉡
② ㉡, ㉢
③ ㉡, ㉣
④ ㉡, ㉢, ㉣

정답과 해설 1회 기출예상 2회 기출예상 3회 기출예상 4회 기출예상 5회 기출예상 6회 기출예상 7회 기출예상 8회 기출예상 9회 기출예상 인성검사 면접가이드

[38 ~ 39] 다음 ○○공사 사보에 실린 글을 읽고 이어지는 질문에 답하시오.

이제 바나나는 물론이고 패션프루트나 망고, 파인애플, 구아바, 아보카도, 파파야도 신토불이 식품으로 분류될지도 모르겠다. 현재 제주를 비롯해 전남과 경남, 경북 지역에서는 다양한 종류의 열대과일이 재배되고 있다. 국내산 열대과일을 맛볼 수 있다는 사실이 마냥 기쁘지만은 않지만, 환경을 더 큰 위험에 빠지지 않게 하려면 당장 값은 더 비싸더라도 미국산 바나나보다 제주산 바나나를 선택하는 것이 좋다. 우리가 고른 제품의 원산지가 사는 곳에서 멀어지면 멀어질수록 제품을 수송하기 위해 더 많은 온실가스를 발생시키기 때문이다.

그렇다면 환경을 위해 고려해야 할 사항은 단순히 거리뿐일까? 발생하는 온실가스량을 계산하려면 아마도 생산단계부터 차근차근 따져봐야 할 것이다. 소비자가 환경을 위해 좀 더 나은 판단을 할 수 있도록 제품의 생산 과정부터 가공공정을 거쳐 상점에 이동한 후 소비되어 버려지는 모든 과정에서 배출되는 탄소의 총량을 수치화해 표기한 것을 '탄소 발자국'이라 일컫는다. 그 첫걸음을 뗀 것은 영국의 친환경 인증기관 '카본 트러스트'이며, 속도를 더한 것은 환경을 염려한 유통업체 테스코였다. 탄소 발자국은 온실가스 중 가장 큰 비중을 차지하는 이산화탄소 배출량을 그램(g)으로 환산해 제품 포장재 등에 라벨 형태로 표기하는 환경지표다. 탄소의 흔적이라는 뜻으로 '탄소 발자국'이라 일컬어지며, 이후 유럽 몇몇 국가와 일본에서도 비슷한 제도가 시행됐다. 우리나라에서는 2009년부터 탄소성적표시제도가 시행돼 한국환경산업기술원에서 제품에 인증마크를 부여하고 있으며, 2019년 12월 기준 총 3,504개 제품에서 탄소 라벨을 확인할 수 있다.

38. 윗글을 읽고 파악한 내용으로 가장 적절한 것은?

① 국내산 바나나보다 미국산 바나나의 맛과 품질이 더 뛰어나다.
② 우리나라에서는 탄소성적표시제도가 시행되고 있으나 인증마크 제도는 시행되지 않고 있다.
③ 제품의 유통 과정에서 배출되는 탄소의 총량을 수치화해 표기한 것을 탄소 발자국이라고 한다.
④ 가까운 곳에서 재배된 과일보다 먼 곳에서 재배된 과일을 구매하는 것이 더 많은 온실가스를 발생시킨다.

39. 윗글에 따라 온실가스 배출을 줄이기 위해 실천할 수 있는 방안을 모두 고르면?

> ㄱ. 수입산이 아닌 한국의 신토불이 식품 알아보기
> ㄴ. 물건 구입 시 제품에 부착된 탄소 라벨 확인하기
> ㄷ. 가격 비교를 통해 알뜰한 소비하기
> ㄹ. 열대과일 대신 온대과일 소비하기

① ㄱ, ㄴ　② ㄱ, ㄷ
③ ㄴ, ㄷ　④ ㄴ, ㄹ

40. 다음 중 도움이 되는 조언을 하기 위해 알아 두어야 할 사항이 아닌 것은?

① 가장 좋은 조언은 상대가 원하는 것을 스스로 찾을 수 있도록 도움을 줄 수 있는 조언이다.
② 상대에게 도움이 되고 싶다는 생각에 과거의 일까지 언급하는 것은 적절한 태도가 아니다.
③ 상대에게 도움이 되는 조언을 하고 싶다면 자신의 입장에서 상대의 이야기를 귀담아 들어야 한다.
④ 상대를 위해 조언해 주는 것은 좋지만 상대의 말을 제대로 다 듣지 않고 자신의 생각을 말하는 것은 상대의 기분을 상하게 할 수 있어 주의가 필요하다.

41. 다음 중 관성의 종류가 다른 하나는?

① 삽으로 흙을 퍼서 던지면 흙이 멀리 날아간다.
② 이불을 두드려서 먼지를 턴다.
③ 버스가 커브 길을 돌면 몸이 바깥 방향으로 쏠린다.
④ 버스가 달리다가 멈추면 버스 안의 승객은 버스가 움직이던 방향으로 넘어진다.

42. 다음과 같은 물의 전기 분해 실험에서 +극과 −극에서 발생하는 물질이 바르게 짝지어진 것은?

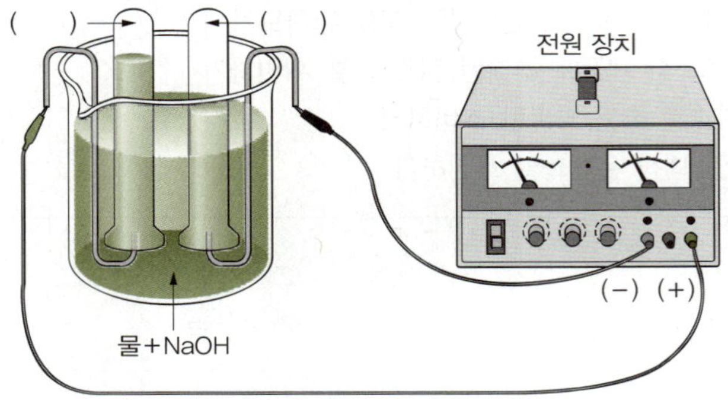

	+극	−극
①	수소	산소
②	수소	이산화탄소
③	산소	이산화탄소
④	산소	수소

43. 다음 도형을 선에 따라 자를 때 나타나는 모양이 아닌 것은?

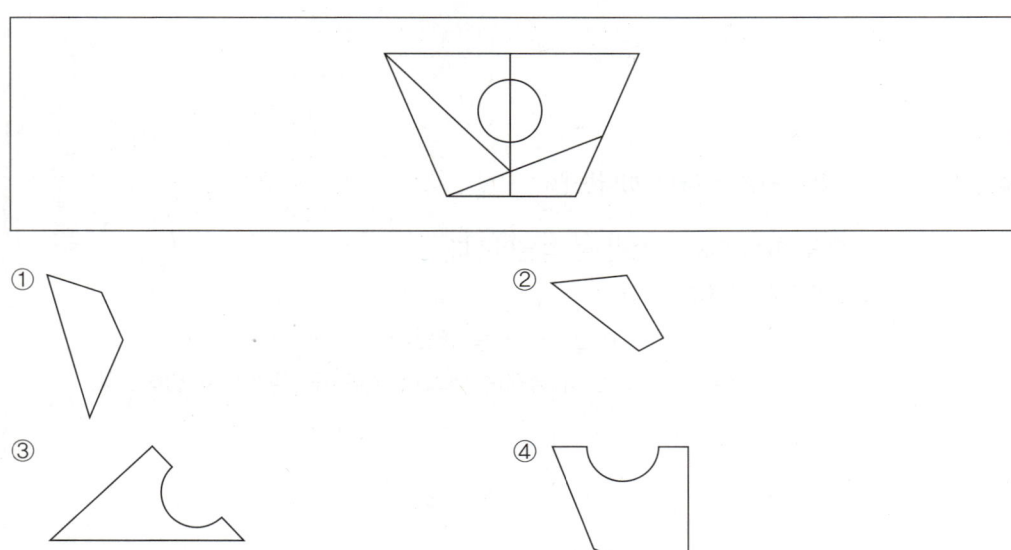

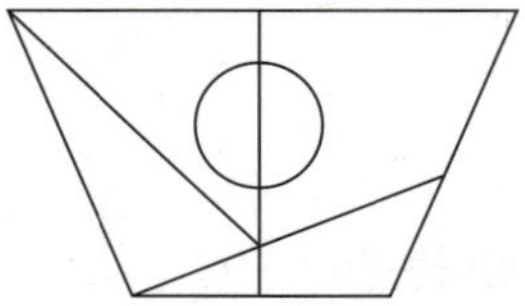

①

②

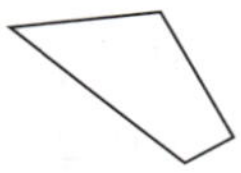

③

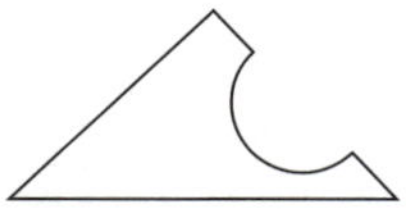

④

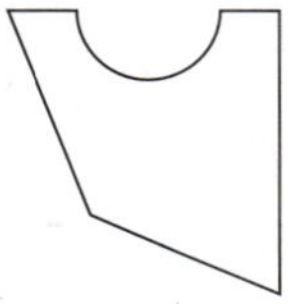

44. 영업팀이 해외 시장을 개척하고자 분석한 다음 요인들을 SWOT 분석의 각 요소에 맞게 연결한 것은?

〈영업환경 요인〉

가. 해당 지역 경제 상황에 능통한 외환 전문 인력이 부족하다.
나. 자금력과 다양한 투자 기법 등 투자 여력이 충분하다.
다. 진입장벽이 높아 외부 경쟁자가 적다.
라. 국제 정세가 불안정하다.

① S－나, W－가, O－다, T－라
② S－나, W－라, O－다, T－가
③ S－다, W－가, O－나, T－라
④ S－다, W－라, O－나, T－가

45. 다음 〈보기〉에서 상사와 대화할 때 주의할 사항으로 적절한 것을 모두 고르면?

보기

ㄱ. 상사가 어렵고 불편하다고 해서 자기 자신을 지나치게 낮출 필요는 없다.
ㄴ. 상사와 의견이 다를 경우 바로 맞받아치지 않고 상사의 말이 다 끝난 뒤에 분명한 근거를 가지고 자신의 의견을 제시한다.
ㄷ. 상사가 정확하게 의사표현을 하지 않았을 때에는 상사의 의중을 짐작하여 판단한다.
ㄹ. 업무와 관련하여 명확하게 알지 못하는 부분에 대해서는 '～인 것 같다', '～일 것이다'와 같은 표현을 사용하여 매끄럽게 넘어간다.
ㅁ. 상사의 말에 '네', '그렇군요' 등의 추임새를 넣어 대화를 자연스럽게 한다.

① ㄱ, ㄴ, ㄹ
② ㄱ, ㄴ, ㅁ
③ ㄴ, ㄹ, ㅁ
④ ㄷ, ㄹ, ㅁ

파트 3
인성검사

01 인성검사의 이해

1 인성검사, 왜 필요한가?

채용기업은 지원자가 '직무적합성'을 지닌 사람인지를 인성검사와 필기평가를 통해 판단한다. 인성검사에서 말하는 인성(人性)이란 그 사람의 성품, 즉 각 개인이 가지고 있는 사고와 태도 및 행동 특성을 의미한다. 인성은 사람의 생김새처럼 사람마다 다르기 때문에, 몇 가지 유형으로 분류하고 이에 맞추어 판단한다는 것 자체가 억지스럽고 어불성설일지 모른다. 그럼에도 불구하고 기업들의 입장에서는 입사를 희망하는 사람이 어떤 성품을 가졌는지에 대한 정보가 필요하다. 그래야 해당 기업의 인재상에 적합하고 담당할 업무에 적격한 인재를 채용할 수 있기 때문이다.

지원자의 성격이 외향적인지 아니면 내향적인지, 어떤 직무와 어울리는지, 조직에서 다른 사람과 원만하게 생활할 수 있는지, 업무 수행 중 문제가 생겼을 때 어떻게 대처하고 해결할 수 있는지에 대한 전반적인 개성은 자기소개서나 면접을 통해서도 어느 정도 파악할 수 있다. 그러나 이것들만으로는 인성을 충분히 파악할 수 없기 때문에, 객관화되고 정형화된 인성검사로 지원자의 성격을 판단하고 있다.

채용기업은 직무적성검사를 높은 점수로 통과한 지원자라 하더라도 해당 기업과 거리가 있는 성품을 가졌다면 탈락시키게 된다. 일반적으로 직무적성검사 통과자 중 인성검사로 탈락하는 비율이 10% 내외라고 알려져 있다. 물론 인성검사에서 탈락하였다 하더라도 특별히 인성에 문제가 있는 사람이 아니라면 절망할 필요는 없다. 자신을 되돌아보고 다음 기회를 대비하면 되기 때문이다. 탈락한 기업이 원하는 인재상이 아니었다면 맞는 기업을 찾으면 되고, 적합한 경쟁자가 많았기 때문이라면 자신을 다듬어 경쟁력을 높이면 될 것이다.

2 인성검사의 특징

우리나라 대다수의 채용기업은 인재개발 및 인적자원을 연구하는 한국행동과학연구소(KIRBS), 에스에이치알(SHR), 한국사회적성개발원(KSAD), 한국인재개발진흥원(KPDI) 등 전문기관에 인성검사를 의뢰하고 있다.

이 기관들의 인성검사 개발 목적은 비슷하지만 기관마다 검사 유형이나 평가 척도는 약간의 차이가 있다. 또 지원하는 기업이 어느 기관에서 개발한 검사지로 인성검사를 시행하는지는 사전에 알 수 없다. 그렇지만 공통으로 적용하는 척도와 기준에 따라 구성된 여러 형태의 인성검사지로 사전 테스트를 해 보고 자신의 인성이 어떻게 평가되는가를 미리 알아보는 것은 가능하다.

인성검사는 필기시험 당일 직무능력평가와 함께 실시하는 경우와 직무능력평가 합격자에 한하여 면접과 함께 실시하는 경우가 있다. 인성검사의 문항은 100문항 내외에서부터 최대 500문항까지 다양하다. 인성검사에 주어지는 시간은 문항 수에 비례하여 30 ~ 100분 정도가 된다.

문항 자체는 단순한 질문으로 어려울 것은 없지만, 제시된 상황에서 본인의 행동을 정하는 것이 쉽지만은 않다. 문항 수가 많을 경우 이에 비례하여 시간도 길게 주어지지만, 단순하고 유사하며 반복되는 질문에 방심하여 집중하지 못하고 실수하는 경우가 있으므로 컨디션 관리와 집중력 유지에 노력하여야 한다. 특히 같거나 유사한 물음에 다른 답을 하는 경우가 가장 위험하니 주의해야 한다.

3 인성검사 합격 전략

1 포장하지 않은 솔직한 답변

'다른 사람을 험담한 적이 한 번도 없다', '물건을 훔치고 싶다고 생각해 본 적이 없다'

이 질문에 당신은 '그렇다', '아니다' 중 무엇을 선택할 것인가? 채용기업이 인성검사를 실시하는 가장 큰 이유는 '이 사람이 어떤 성향을 가진 사람인가'를 효율적으로 파악하기 위해서이다.

인성검사는 도덕적 가치가 빼어나게 높은 사람을 판별하려는 것도 아니고, 성인군자를 가려내기 위함도 아니다. 인간의 보편적 성향과 상식적 사고를 고려할 때, 도덕적 질문에 지나치게 겸손한 답변을 체크하면 오히려 솔직하지 못한 것으로 간주되거나 인성을 제대로 판단하지 못해 무효 처리가 되기도 한다. 자신의 성격을 포장하여 작위적인 답변을 하지 않도록 솔직하게 임하는 것이 예기치 않은 결과를 피하는 첫 번째 전략이 된다.

2 필터링 함정을 피하고 일관성 유지

앞서 강조한 솔직함은 일관성과 연결된다. 인성검사를 구성하는 많은 척도는 여러 형태의 문장 속에 동일한 요소를 적용해 반복되기도 한다. 예컨대 '나는 매우 활동적인 사람이다'와 '나는 운동을 매우 좋아한다'라는 질문에 '그렇다'고 체크한 사람이 '휴일에는 집에서 조용히 쉬며 독서하는 것이 좋다'에도 '그렇다'고 체크한다면 일관성이 없다고 평가될 수 있다.

그러나 일관성 있는 답변에만 매달리면 '이 사람이 같은 답변만 체크하기 위해 이 부분만 신경 썼구나'하는 필터링 함정에 빠질 수도 있다. 비슷하게 보이는 문장이 무조건 같은 내용이라고 판단하여 똑같이 답하는 것도 주의해야 한다. 일관성보다 중요한 것은 솔직함이다. 솔직함이 전제되지 않은 일관성은 허위 척도 필터링에서 드러나게 되어 있다. 유사한 질문의 응답이 터무니없이 다르거나 양극단에 치우치지 않는 정도라면 약간의 차이는 크게 문제되지 않는다. 중요한 것은 솔직함과 일관성이 하나의 연장선에 있다는 점을 명심하자.

3 지원한 직무와 연관성을 고려

다양한 분야의 많은 계열사와 큰 조직을 통솔하는 대기업은 여러 사람이 조직적으로 움직이는 만큼 각 직무에 걸맞은 능력을 갖춘 인재가 필요하다. 그래서 기업은 매년 신규채용으로 입사한 신입사원들의 젊은 패기와 참신한 능력을 성장 동력으로 활용한다.

기업은 사교성 있고 활달한 사람만을 원하지 않는다. 해당 직군과 직무에 따라 필요로 하는 사원의 능력과 개성이 다르기 때문에, 지원자가 희망하는 계열사나 부서의 직무가 무엇인지 제대로 파악하여 자신의 성향과 맞는지에 대한 고민은 반드시 필요하다. 같은 질문이라도 기업이 원하는 인재상이나 부서의 직무에 따라 판단 척도가 달라질 수 있다.

4 평상심 유지와 컨디션 관리

역시 솔직함과 연결된 내용이다. 한 질문에 대해 오래 고민하고 신경 쓰면 불필요한 생각이 개입될 소지가 크다. 이는 직관을 떠나 이성적 판단에 따라 포장할 위험이 높아진다는 뜻이기도 하다. 오래 생각하지 말고 자신의 평상시 생각과 감정대로 답하는 것이 중요하며, 가능한 한 건너뛰지 말고 모든 질문에 답하도록 한다. 200 ~ 300개 정도의 문항을 출제하는 기업이 많기 때문에, 끝까지 집중하여 임하는 것이 중요하다.

특히 적성검사와 같은 날 실시하는 경우, 적성검사를 마친 후 연이어 보기 때문에 신체적 · 정신적으로 피로한 상태에서 자세가 흐트러질 수도 있다. 따라서 컨디션을 유지하면서 문항당 7 ~ 10초 이상 쓰지 않도록 하고, 문항 수가 많을 때는 답안지에 바로 바로 표기하도록 한다.

인성검사

02 인성검사 모의 연습

검사문항	200 문항
검사시간	40 분

[01~50] 다음 문항을 읽고 본인이 상대적으로 더 해당된다고 생각되는 쪽을 선택하여 정답지에 표기해 주십시오.

번호	문항	선택	
1	① 외향적인 성격이라는 말을 듣는다. ② 내성적인 편이라는 말을 듣는다.	①	②
2	① 정해진 틀이 있는 환경에서 주어진 과제를 수행하는 일을 하고 싶다. ② 새로운 아이디어를 활용하여 변화를 추구하는 일을 하고 싶다.	①	②
3	① 의견을 자주 표현하는 편이다. ② 주로 남의 의견을 듣는 편이다.	①	②
4	① 실제적인 정보를 수집하고 이를 체계적으로 적용하는 일을 하고 싶다. ② 새로운 아이디어를 활용하여 변화를 추구하는 일을 하고 싶다.	①	②
5	① 냉철한 사고력이 요구되는 일이 편하다. ② 섬세한 감성이 요구되는 일이 편하다.	①	②
6	① 사람들은 나에 대해 합리적이고 이성적인 사람이라고 말한다. ② 사람들은 나에 대해 감정이 풍부하고 정에 약한 사람이라고 말한다.	①	②
7	① 나는 의사결정을 신속하고 분명히 하는 것을 선호하는 편이다. ② 나는 시간이 걸려도 여러 측면을 고려해 좋은 의사결정을 하는 것을 선호하는 편이다.	①	②
8	① 계획을 세울 때 세부 일정까지 구체적으로 짜는 편이다. ② 계획을 세울 때 상황에 맞게 대처할 수 있는 여지를 두고 짜는 편이다.	①	②
9	① 나는 원하는 일이라면 성공확률이 낮을지라도 도전한다. ② 나는 실패할 가능성이 있는 일이라면 가급적 하지 않는 편이다.	①	②
10	① 일반적으로 대화 주제는 특정 주제나 일 중심의 대화를 선호한다. ② 일반적으로 대화 주제는 인간관계 중심의 대화를 선호한다.	①	②
11	① 나는 완벽성과 정확성을 추구하는 성향이다. ② 나는 융통성이 있고 유연성을 추구하는 성향이다.	①	②

12	① 나는 관계의 끊고 맺음이 정확하다. ② 나는 상대의 감정에 쉽게 흔들린다.	①	②
13	① 일을 할 때 지시받은 일을 정확하게 하길 좋아한다. ② 일을 할 때 지시받는 일보다 스스로 찾아서 하는 편이다.	①	②
14	① 나는 한번 집중하면 의문이 풀릴 때까지 집중한다. ② 나는 어려운 문제에 부딪히면 포기하는 게 마음이 편하다.	①	②
15	① 의사결정 시 논리적이고 합리적인 결정을 중시한다. ② 의사결정 시 분위기나 정서를 많이 고려한다.	①	②
16	① 나는 집단이나 모임 활동에 적극적이다. ② 개인 취미 활동에 적극적이다.	①	②
17	① 인류의 과학 발전을 위해 동물 실험은 필요하다. ② 인류를 위한 동물 실험은 없어져야 한다.	①	②
18	① 나에게 있어 사회적 책임과 의무는 그리 중요하지 않다. ② 나에게 있어 사회적 책임과 의무는 심각하고 진지하게 받아들인다.	①	②
19	① 미래를 위해 돈을 모아야 한다고 생각한다. ② 현재를 즐기기 위해 나에게 투자해야 한다고 생각한다.	①	②
20	① 바쁜 일과 중에 하루 휴식 시간이 주어지면 거리를 다니면서 쇼핑을 하거나 격렬한 운동을 한다. ② 바쁜 일과 중에 하루 휴식 시간이 주어지면 책을 읽거나 음악 감상을 하고 낮잠을 자는 등 편히 쉰다.	①	②
21	① 생활의 우선순위는 다른 사람의 필요를 채우고 봉사하는 일이다. ② 생활의 우선순위는 내 삶에 충실하고 나 자신의 경쟁력을 키우는 일이다.	①	②
22	① 원인과 결과가 논리적으로 맞는지를 확인하는 편이다. ② 과정과 상황에 대한 좋고 나쁨을 우선 고려하는 편이다.	①	②
23	① 조직이나 모임에서 분위기를 주도하고 감투 쓰기를 선호한다. ② 조직이나 모임에서 나서기보다 뒤에서 도와주는 역할을 선호한다.	①	②
24	① 자신의 속마음을 쉽게 노출하지 않는 사람이다. ② 상대방을 크게 신경 쓰지 않는 시원스러운 사람이다.	①	②
25	① 혼란을 막기 위해 매사를 분명히 결정하는 조직을 선호한다. ② 차후에 더 나은 결정을 내리기 위해 최종 결정을 유보하는 조직이 좋다.	①	②
26	① 타인을 지도하고 설득하는 일을 잘한다. ② 상대를 뒤에서 도와주고 섬기는 역할을 잘한다.	①	②

27	① 어떤 일을 할 때 주변 정리는 일 도중에 중간중간 정리해 나간다. ② 어떤 일을 할 때 주변 정리는 일을 마치고 마지막에 한꺼번에 정리한다.	①	②
28	① 일을 처리하는 데 있어서 미리 시작해서 여유 있게 마무리하는 편이다. ② 일을 처리하는 데 있어서 막바지에 가서 많은 일을 달성하는 편이다.	①	②
29	① 토론을 할 때 내 의견이 대부분 관철되고 반영된다. ② 토론을 할 때 많은 사람이 동의하는 쪽을 선택한다.	①	②
30	① 나는 적극적으로 변화를 주도하고 도전하는 것을 즐긴다. ② 기존의 방식을 문제없이 유지하는 것에 안정감을 느낀다.	①	②
31	① 나는 일반적으로 혼자 하는 일을 선호한다. ② 나는 일반적으로 함께 하는 일을 잘한다.	①	②
32	① 묶이는 것보다 자유로운 분위기가 좋다. ② 정해진 질서와 틀이 짜여 있는 곳이 좋다.	①	②
33	① 일상생활에서 미리 일별, 월별 계획을 세워 꼼꼼하게 따져가며 생활한다. ② 그때그때 상황에 맞춰 필요한 대책을 세워나간다.	①	②
34	① 처음 보는 사람과 한자리에 있으면 먼저 말을 꺼내는 편이다. ② 처음 보는 사람과 한자리에 있으면 상대가 말을 할 때까지 기다린다.	①	②
35	① 합리적이고 이성적인 것을 더 강조하는 조직을 선호한다. ② 인간적이고 감성적인 것을 더 강조하는 조직을 선호한다.	①	②
36	① 상호작용이 주로 업무를 통한 정보 교환을 중심으로 이루어지는 조직을 선호한다. ② 상호작용이 주로 개인적 인간관계를 통해 이루어지는 조직을 선호한다.	①	②
37	① 처음 만나는 사람들에게 본 모습을 바로 보여 주기보다 조금 경계하는 편이다. ② 처음 만나는 사람들에게 조금 친해지고 나면 털털한 면을 보여준다.	①	②
38	① 새로운 상황에 직면하게 되면 쉽고 빠르게 적응해 나간다. ② 새로운 상황에 직면하게 되면 적응하는 데 시간이 오래 걸린다.	①	②
39	① 아는 사람끼리 다툼이 생기면 적극적으로 개입하여 중재를 하는 편이다. ② 당사자끼리 해결하도록 상관하지 않는다.	①	②
40	① 3일 동안 여행을 떠날 때 미리 행선지나 일정을 철저히 계획하고 떠난다. ② 3일 동안 여행을 떠날 때 행선지만 정해놓고 여행지에서 발길이 닿는 대로 정한다.	①	②
41	① 나는 가능한 한 색다른 방법을 모색하는 경향이다. ② 나는 기존의 방법을 수용하고 잘 활용하는 경향이다.	①	②

42	① 나는 정해진 계획에 따라 행동하는 것을 좋아한다. ② 나는 지금 당장 마음에 내키는 것을 하기 좋아한다.	①	②
43	① 분위가 침체되어 있을 때 있는 그대로의 상황을 즐긴다. ② 분위가 침체되어 있을 때 적극 나서서 분위기를 바꾸려 애쓴다.	①	②
44	① 상대에게 부정적인 말을 들으면 농담이나 유머로 상황을 넘기려 애쓴다. ② 상대에게 부정적인 말을 들으면 조목조목 따지며 시시비비를 가린다.	①	②
45	① 규정을 준수하고 신뢰감 있게 행동하는 것을 더 강조하는 조직을 선호한다. ② 창의적이고 창조적으로 행동하는 것을 더 강조하는 조직을 선호한다.	①	②
46	① 다른 조직과의 교류가 활발하고 외부 환경을 많이 고려하는 조직을 선호한다. ② 내부 응집력이 강하고 내부 환경을 많이 고려하는 조직을 선호한다.	①	②
47	① 세부 일정까지 구체적으로 짜 놓은 계획에 따라 움직이는 조직을 선호한다. ② 상황에 따라 변할 수 있도록 융통성 있게 일정을 짜고 움직이는 조직을 선호한다.	①	②
48	① 어떤 일이 맡겨지면 건강에 무리가 가더라도 일의 완수를 우선시 한다. ② 어떤 일이 맡겨지면 열심히 하지만 심신이 피곤하도록 무리해서 일하지 않는다.	①	②
49	① 정해진 틀보다 자유로운 분위기를 선호한다. ② 원칙과 조직의 규범을 중요하게 여긴다.	①	②
50	① 일의 속도는 느리지만, 꾸준히 하는 편이다. ② 일을 신속히 처리하나 오래 하는 일은 금방 지루함을 느낀다.	①	②

[51~185] 다음 문항을 읽고 '그렇다'에 생각되면 ①, '아니다'에 생각되면 ②를 선택하여 정답지에 표기해 주십시오.

번호	문 항	그렇다	아니다
51	모임이나 조직에서 중책을 많이 맡는다.	①	②
52	일을 다른 사람에게 쉽게 맡기지 못한다.	①	②
53	나와 관심 또는 관련 없는 일도 끝까지 잘 들어준다.	①	②
54	궂은일이나 애로사항이 생기면 도맡아서 처리한다.	①	②
55	억울한 상황에서도 자신의 주장을 잘 전달하지 못한다.	①	②
56	주변 사람들에게 배려심이 많다는 말을 자주 듣는다.	①	②
57	모든 상황을 긍정적으로 인식한다.	①	②
58	분위기에 쉽게 동화된다.	①	②
59	남의 의견에 좌우되어서 쉽게 의견이 바뀐다.	①	②
60	허세를 부린 적이 한 번도 없다.	①	②
61	모든 일을 계획적으로 처리한다.	①	②
62	사람들과 만나면 이야기를 주도하는 편이다.	①	②
63	화가 나면 마음에 오래 담아 두는 편이다.	①	②
64	주변 사람들의 생일이나 경조사를 잘 챙긴다.	①	②
65	법도 사회의 변화에 따라 달라져야 한다고 생각한다.	①	②
66	가끔 색다른 음식을 의도적으로 먹는다.	①	②
67	복잡한 곳보다 조용한 곳이 좋다.	①	②
68	친구가 많지 않다.	①	②
69	다른 사람을 가르치는 일을 좋아한다.	①	②
70	한 가지 일에 집중하면 그 외 일은 소홀히 하는 경향이 있다.	①	②
71	의사결정 할 때 주도적 역할을 한다.	①	②
72	한 가지 일을 오래하지 못한다.	①	②
73	다른 사람의 의견에 장단(공감)을 잘 맞춰준다.	①	②
74	특별히 가리는 음식이 없는 편이다.	①	②

75	남을 의심해 본 적이 없다.	①	②
76	메모를 잘하고 일정표를 통해 늘 스케줄을 관리한다.	①	②
77	자신감이 없는 편이다.	①	②
78	창의성을 발휘하는 업무가 적성에 맞는다.	①	②
79	어떤 일을 결심하기까지 시간이 걸리는 편이다.	①	②
80	쉬운 문제보다 어려운 문제를 더 좋아한다.	①	②
81	쉽게 좌절하거나 의기소침해지지 않는다.	①	②
82	짜인 틀에 얽매이는 것을 싫어한다.	①	②
83	일을 주도하는 것보다 따르는 것이 좋다.	①	②
84	다른 사람의 마음을 잘 읽는 편이다.	①	②
85	신중하다는 말을 자주 듣는다.	①	②
86	맡은 일은 무슨 일이 생겨도 끝까지 완수한다.	①	②
87	계산 문제를 다루는 것이 좋다.	①	②
88	우리 가족은 항상 화목하다.	①	②
89	아침에 일어났을 때가 하루 중 가장 기분이 좋다.	①	②
90	어떤 문제가 생기면 그 원인부터 따져 보는 편이다.	①	②
91	자신의 주장을 강하게 내세우지 않으며 순종을 잘한다.	①	②
92	식사 전에는 꼭 손을 씻는다.	①	②
93	타인의 문제에 개입되는 걸 원하지 않는다.	①	②
94	주변에 못마땅해 보이는 사람들이 많다.	①	②
95	우선순위가 상황에 따라 자주 바뀐다.	①	②
96	내가 행복해지려면 주변의 많은 것들이 변해야 한다.	①	②
97	남의 일에 신경 쓰다 정작 내 일을 하지 못하는 경우가 종종 있다.	①	②
98	말이 별로 없고 과묵한 편이다.	①	②
99	기분에 따라 행동하는 경우가 많다.	①	②
100	상상력이 풍부한 편이다.	①	②
101	다른 사람에게 명령이나 지시하는 것을 좋아한다.	①	②
102	끈기가 있고 성실하다.	①	②

103	새로운 학문을 배우는 것을 좋아한다.	①	②
104	긴박한 상황에서도 차분함을 잃지 않으며 상황 판단이 빠르다.	①	②
105	어떤 상황에서든 빠르게 결정하고 과감하게 행동한다.	①	②
106	성공하고 싶은 욕망이 매우 강하다.	①	②
107	가끔 사물을 때려 부수고 싶은 충동을 느낄 때가 있다.	①	②
108	무슨 일이든 도전하는 편이다.	①	②
109	사람들과 어울릴 수 있는 모임을 좋아한다.	①	②
110	다른 사람이 한 행동의 이유를 잘 파악하는 편이다.	①	②
111	조직적으로 행동하는 것을 좋아한다.	①	②
112	처음 보는 사람에게 말을 잘 걸지 못한다.	①	②
113	일을 시작하기 전에 조건을 꼼꼼히 따져본다.	①	②
114	목표 달성을 위해서라면 사소한 규칙은 무시해도 된다.	①	②
115	많은 사람보다 몇몇의 특별한 친구를 갖고 있다.	①	②
116	남이 시키는 일을 하는 것이 편하다.	①	②
117	다른 사람들이 무심코 보다 넘기는 것에도 관심을 갖는다.	①	②
118	기상시간과 취침시간이 거의 일정하다.	①	②
119	지금까지 거짓말을 한 번도 하지 않았다.	①	②
120	약속을 한 번도 어긴 적이 없다.	①	②
121	하고 싶은 말을 잘 참지 못한다.	①	②
122	다른 사람들의 행동을 주의 깊게 관찰하는 경향이 있다.	①	②
123	주변 사람들에게 독특한 사람으로 통한다.	①	②
124	남에게 지고 싶지 않은 승부사적인 기질이 있다.	①	②
125	매사에 확인하고 또 확인해야만 마음이 놓인다.	①	②
126	다른 사람들의 이야기를 귀담아듣는다.	①	②
127	눈치가 빠르며 상황을 빨리 파악하는 편이다.	①	②
128	사람을 사귈 때 어느 정도 거리를 두고 사귄다.	①	②
129	어떤 경우라도 남을 미워하지 않는다.	①	②
130	다소 무리를 해도 쉽게 지치지 않는 편이다.	①	②

131	논리가 뛰어나다는 말을 듣는 편이다.	①	②
132	나 자신에 대해 불평한 적이 없다.	①	②
133	양보와 타협보다 내 소신이 중요하다.	①	②
134	자진해서 발언하는 일이 별로 없다.	①	②
135	결정을 내릴 때 남들보다 시간이 걸리는 편이다.	①	②
136	현실적인 사람보다 이상적인 사람을 더 좋아한다.	①	②
137	비교적 금방 마음이 바뀌는 편이다.	①	②
138	쓸데없는 고생을 하는 타입이다.	①	②
139	아무리 힘들더라도 힘든 내색을 하지 않는다.	①	②
140	확실하지 않은 것(일)은 처음부터 시작하지 않는다.	①	②
141	원하지 않는 일이라도 모든 일에 잘 적응한다.	①	②
142	상대가 원하면 마음에 안 들어도 따라주는 편이다.	①	②
143	주어진 시간 내에 맡겨진 과제를 마칠 수 있다.	①	②
144	임기응변으로 대응하는 것에 능숙하다.	①	②
145	가끔 의지가 약하다는 말을 듣는다.	①	②
146	처음 보는 사람에게도 내 의견을 자신 있게 말할 수 있다.	①	②
147	남이 나를 어떻게 생각하는지 신경이 쓰인다.	①	②
148	일의 시작은 잘하나 마무리가 안될 때가 많다.	①	②
149	나와 다른 의견을 가진 사람들을 설득하는 것을 잘한다.	①	②
150	쓸데없는 잔걱정이 끊이질 않는다.	①	②
151	이롭지 않은 약속은 무시할 때가 종종 있다.	①	②
152	나도 모르게 충동구매를 하는 경우가 많다.	①	②
153	비교적 상처받기 쉬운 타입이다.	①	②
154	낯선 사람과 대화하는 데 어려움이 있다.	①	②
155	몸이 아프고 피곤하면 만사를 뒤로하고 일단 쉬고 본다.	①	②
156	하고 싶은 일을 하지 않고는 못 배긴다.	①	②
157	애교가 별로 없고 표정관리를 잘 못한다.	①	②
158	항상 나 자신이 만족스럽다.	①	②

159	여러 사람을 통솔하는 것보다 개인을 도와주는 일을 잘한다.	①	②
160	무슨 일이든 빨리 해결하려는 경향이 많다.	①	②
161	사람을 가리지 않고 두루두루 교제한다.	①	②
162	많은 사람들이 나를 이해하지 못하는 것 같다.	①	②
163	말보다는 행동으로 보여주는 성향이다.	①	②
164	갈등이나 마찰을 피하기 위해 대부분 양보하는 편이다.	①	②
165	사소한 잘못은 지혜롭게 변명하고 넘어간다.	①	②
166	일에 집중하면 다른 것은 생각나지 않는다.	①	②
167	잘못된 규정이라도 일단 확정되면 규정에 따라야 한다.	①	②
168	사람들의 부탁을 잘 거절하지 못한다.	①	②
169	융통성이 없는 편이다.	①	②
170	세상에는 바보 같은 사람이 너무 많다고 생각한다.	①	②
171	스포츠 경기를 관람하다가 금방 흥분한다.	①	②
172	약속을 어긴 적이 한 번도 없다.	①	②
173	어울려서 일하면 집중이 잘 안된다.	①	②
174	감수성이 풍부하며 감정의 기복이 심하다.	①	②
175	무슨 일이 있더라도 상대방을 이겨야 직성이 풀린다.	①	②
176	항상 스스로 실수를 인정한다.	①	②
177	일과 사람(공과 사)의 구분이 명확하다.	①	②
178	다른 사람의 말에 쉽게 흔들린다.	①	②
179	어떤 일에든 적극적으로 임하는 편이다.	①	②
180	간단한 일은 잘하나 오래 걸리는 일은 잘 못한다.	①	②
181	팀을 위해 희생하는 편이다.	①	②
182	좋을 때나 나쁠 때나 변함없이 남을 도울 수 있다.	①	②
183	일의 성사를 위해서는 다소 거짓말도 필요하다.	①	②
184	수업시간에 발표하는 것을 즐기는 편이다.	①	②
185	내 전공 분야와 상관없는 분야의 지식에도 관심이 많다.	①	②

[186~200] 다음 제시된 문제를 읽고 하나를 선택하여 정답지에 표기해 주십시오.

186. 자신의 성격을 잘 표현할 수 있는 단어로 묶인 것은?

① 온화한, 자유로운, 침착한, 긍정적인
② 꼼꼼한, 섬세한, 감수성이 풍부한, 사려 깊은
③ 성격이 급한, 상상력이 풍부한, 승부욕이 있는, 적극적인
④ 인내심이 있는, 실패를 두려워하지 않는, 집중력이 좋은, 일관성 있는

187. 자신이 조직에서 일하는 방식은?

① 팀워크가 필요한 일을 선호한다.
② 하고 싶은 일을 먼저 하려고 한다.
③ 일을 하기 전에 미리 계획을 세운다.
④ 혼자만의 힘으로도 최고의 성과를 낼 수 있다.

188. 나의 행동 패턴은?

① 몸을 움직이는 활동을 좋아한다.
② 생각보다 행동이 앞선다.
③ 하루하루 계획을 세워 생활한다.
④ 하고 싶은 일은 망설이지 않고 도전한다.

189. 약속 장소에 가는 시간은?

① 먼저 가서 기다린다.
② 시간에 맞춰서 나간다.
③ 대부분 조금 늦게 나간다.
④ 만나는 사람에 따라 나가는 시간이 다르다.

190. 스트레스를 받는 상황은?

① 규정이나 절차가 엄격하다.
② 상황에 따라 일이 자주 바뀐다.
③ 지속적으로 결점을 지적받는다.
④ 모든 일에서 남들보다 잘해야 한다.

191. 내가 선호하는 것은?
① 혼자 여행 다니는 것
② 운동이나 쇼핑을 하는 일
③ 책을 읽거나 독서 모임에 나가는 것
④ 가족과 함께 즐거운 시간을 보내는 것

192. 나의 소비 성향은?
① 간단하고 빠르게 산다.
② 계획 없이 마음에 들면 산다.
③ 마음에 든 물건이라도 바로 구매하지 않고 한 번 더 생각한다.
④ 여러 가지 상품을 비교하면서 필요한 물건인지 확인 후 산다.

193. 중요한 결정을 할 때 가장 영향을 미치는 것은?
① 나의 직관적인 생각
② 세부적인 계획과 연구
③ 다른 사람들의 조언
④ 전체적인 분위기

194. 식사시간은?
① 편한 시간에
② 정해진 시간대에
③ 시간은 정해졌으나 신축성 있게
④ 매우 불규칙적이다.

195. 업무를 수행하는 방법은?
① 항상 새로운 것에 도전한다.
② 어려워 보이는 목표부터 달성한다.
③ 동시에 여러 일을 하는 것을 좋아한다.
④ 한 가지 일에 열중한다.

196. 자신의 성격상 단점은?
① 지구력이 없고 쉽게 포기한다.
② 의존적이고 낯을 가린다.
③ 비판적이고 오지랖이 넓다.
④ 생각보다 행동이 앞서고 자제력이 약하다.
⑤ 결정을 내릴 때 시간이 걸리고 우유부단하다.

197. 다른 사람이 자신에게 자주 하는 말은?
① 호기심이 많고 트렌드에 민감하다.
② 목표의식이 뚜렷해서 끝까지 일을 해낸다.
③ 조용하지만 사교의 깊이가 있는 사람 같다.
④ 성격이 화끈하고 남을 잘 배려할 줄 안다.
⑤ 약속 시간을 잘 지키는 신의가 있는 사람이다.

198. 자신의 주된 이미지는?
① 승부욕이 많은 사람
② 분석적이고 논리적인 사람
③ 목표의식이 뚜렷한 사람
④ 타인을 잘 도와주는 친절한 사람
⑤ 즐거움을 추구하고 사교성이 있는 사람

199. 자신의 리더십 스타일은?
① 비전을 제시하고 공정성과 유연성을 지닌 비전형 리더
② 의사결정에 구성원을 참여시키는 집단운영형 리더
③ 창조적 아이디어 제시와 지속적인 혁신 분위기를 조성하는 혁신형 리더
④ 구성원들에게 명확한 비전을 제시하고 자신을 따를 수 있도록 유도하는 카리스마형 리더
⑤ 높은 업적을 요구하며 리더가 솔선수범하여 팀을 이끄는 규범형 리더

200. 창의적인 기획안을 제출했으나 상사는 기존의 방식대로 일을 처리하자고 한다면 자신은 어떻게 하겠는가?
① 상사의 지시대로 한다.
② 수정 없이 기획안을 제출한다.
③ 동료들과 상의하여 기획안을 접수시킨다.
④ 창의적인 기획안을 실행했을 때의 장단점을 제출한다.
⑤ 기존의 방식대로 하되 기획안을 조금이라도 적용하려고 한다.

파트 4

면접가이드

01 면접의 이해

※ 능력 중심 채용에서는 타당도가 높은 구조화 면접을 적용한다.

1 면접이란?

일을 하는 데 필요한 능력(직무역량, 직무지식, 인재상 등)을 지원자가 보유하고 있는지를 다양한 면접기법을 활용하여 확인하는 절차이다. 자신의 환경, 성취, 관심사, 경험 등에 대해 이야기하여 본인이 적합하다는 것을 보여 줄 기회를 제공하고, 면접관은 평가에 필요한 정보를 수집하고 평가하는 것이다.

- 지원자의 태도, 적성, 능력에 대한 정보를 심층적으로 파악하기 위한 선발 방법
- 선발의 최종 의사결정에 주로 사용되는 선발 방법
- 전 세계적으로 선발에서 가장 많이 사용되는 핵심적이고 중요한 방법

2 면접의 특징

서류전형이나 인적성검사에서 드러나지 않는 것들을 볼 수 있는 기회를 제공한다.

- 직무수행과 관련된 다양한 지원자 행동에 대한 관찰이 가능하다.
- 면접관이 알고자 하는 정보를 심층적으로 파악할 수 있다.
- 서류상으로 미비한 사항과 의심스러운 부분을 확인할 수 있다.
- 커뮤니케이션, 대인관계행동 등 행동 · 언어적 정보도 얻을 수 있다.

3 면접의 평가요소

1 인재적합도

해당 기관이나 기업별 인재상에 대한 인성 평가

2 조직적합도

조직에 대한 이해와 관련 상황에 대한 평가

3 직무적합도

직무에 대한 지식과 기술, 태도에 대한 평가

4 면접의 유형

구조화된 정도에 따른 분류

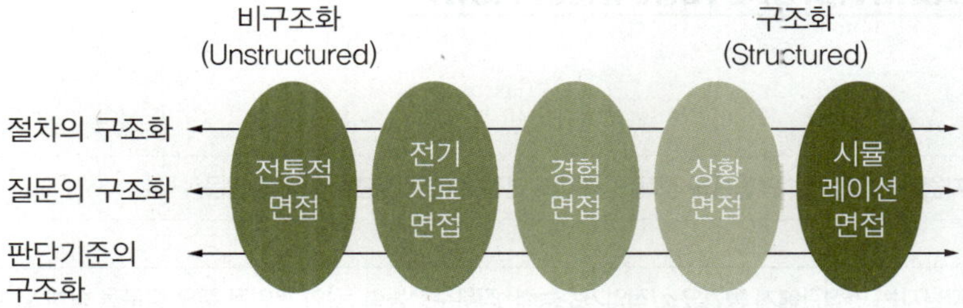

1 구조화 면접(Structured Interview)

사전에 계획을 세워 질문의 내용과 방법, 지원자의 답변 유형에 따른 추가 질문과 그에 대한 평가역량이 정해져 있는 면접 방식(표준화 면접)

- 표준화된 질문이나 평가요소가 면접 전 확정되며, 지원자는 편성된 조나 면접관에 영향을 받지 않고 동일한 질문과 시간을 부여받을 수 있음.
- 조직 또는 직무별로 주요하게 도출된 역량을 기반으로 평가요소가 구성되어, 조직 또는 직무에서 필요한 역량을 가진 지원자를 선발할 수 있음.
- 표준화된 형식을 사용하는 특성 때문에 비구조화 면접에 비해 신뢰성과 타당성, 객관성이 높음.

2 비구조화 면접(Unstructured Interview)

면접 계획을 세울 때 면접 목적만 명시하고 내용이나 방법은 면접관에게 전적으로 일임하는 방식(비표준화 면접)

- 표준화된 질문이나 평가요소 없이 면접이 진행되며, 편성된 조나 면접관에 따라 지원자에게 주어지는 질문이나 시간이 다름.
- 면접관의 주관적인 판단에 따라 평가가 이루어져 평가 오류가 빈번히 일어남.
- 상황 대처나 언변이 뛰어난 지원자에게 유리한 면접이 될 수 있음.

02 구조화 면접 기법

1 경험면접(Behavioral Event Interview)

면접 프로세스

안내	지원자는 입실 후, 면접관을 통해 인사말과 면접에 대한 간단한 안내를 받음.
질문	지원자는 면접관에게 평가요소(직업기초능력, 직무수행능력 등)와 관련된 주요 질문을 받게 되며, 질문에서 의도하는 평가요소를 고려하여 응답할 수 있도록 함.
세부질문	•지원자가 응답한 내용을 토대로 해당 평가기준들을 충족시키는지 파악하기 위한 세부질문이 이루어짐. •구체적인 행동·생각 등에 대해 응답할수록 높은 점수를 얻을 수 있음.

• 방식

해당 역량의 발휘가 요구되는 일반적인 상황을 제시하고, 그러한 상황에서 어떻게 행동했었는지(과거경험)를 이야기하도록 함.

• 판단기준

해당 역량의 수준, 경험 자체의 구체성, 진실성 등

• 특징

추상적인 생각이나 의견 제시가 아닌 과거 경험 및 행동 중심의 질의가 이루어지므로 지원자는 사전에 본인의 과거 경험 및 사례를 정리하여 면접에 대비할 수 있음.

• 예시

지원분야		지원자		면접관	(인)
경영자원관리 조직이 보유한 인적자원을 효율적으로 활용하여, 조직 내 유·무형 자산 및 재무자원을 효율적으로 관리한다.					
주질문					
A. 어떤 과제를 처리할 때 기존에 팀이 사용했던 방식의 문제점을 찾아내 이를 보완하여 과제를 더욱 효율적으로 처리했던 경험에 대해 이야기해 주시기 바랍니다.					
세부질문					
[상황 및 과제] 사례와 관련해 당시 상황에 대해 이야기해 주시기 바랍니다. [역할] 당시 지원자께서 맡았던 역할은 무엇이었습니까? [행동] 사례와 관련해 구성원들의 설득을 이끌어 내기 위해 어떤 노력을 하였습니까? [결과] 결과는 어땠습니까?					

기대행동	평점
업무진행에 있어 한정된 자원을 효율적으로 활용한다.	① - ② - ③ - ④ - ⑤
구성원들의 능력과 성향을 파악해 효율적으로 업무를 배분한다.	① - ② - ③ - ④ - ⑤
효과적 인적/물적 자원관리를 통해 맡은 일을 무리 없이 잘 마무리한다.	① - ② - ③ - ④ - ⑤

척도해설

1 : 행동증거가 거의 드러나지 않음	2 : 행동증거가 미약하게 드러남	3 : 행동증거가 어느 정도 드러남	4 : 행동증거가 명확하게 드러남	5 : 뛰어난 수준의 행동증거가 드러남
관찰기록 : 총평 :				

※ 실제 적용되는 평가지는 기업/기관마다 다름.

2 상황면접(Situational Interview)

면접 프로세스

안내 — 지원자는 입실 후, 면접관을 통해 인사말과 면접에 대한 간단한 안내를 받음.

질문
- 지원자는 상황질문지를 검토하거나 면접관을 통해 상황 및 질문을 제공받음.
- 면접관의 질문이나 질문지의 의도를 파악하여 응답할 수 있도록 함.

세부질문
- 지원자가 응답한 내용을 토대로 해당 평가기준들을 충족시키는지 파악하기 위한 세부질문이 이루어짐.
- 구체적인 행동·생각 등에 대해 응답할수록 높은 점수를 얻을 수 있음.

- 방식

  직무 수행 시 접할 수 있는 상황들을 제시하고, 그러한 상황에서 어떻게 행동할 것인지(행동의도)를 이야기하도록 함.

- 판단기준

  해당 상황에 맞는 해당 역량의 구체적 행동지표

- 특징

  지원자의 가치관, 태도, 사고방식 등의 요소를 평가하는 데 용이함.

• 예시

지원분야		지원자		면접관	(인)

유관부서협업
타 부서의 업무협조요청 등에 적극적으로 협력하고 갈등 상황이 발생하지 않도록 이해관계를 조율하며 관련 부서의 협업을 효과적으로 이끌어 낸다.

주질문

당신은 생산관리팀의 팀원으로, 2개월 뒤에 제품 A를 출시하기 위해 생산팀의 생산 계획을 수립한 상황입니다. 그러나 원가가 곧 실적으로 이어지는 구매팀에서는 최대한 원가를 줄여 전반적 단가를 낮추려고 원가절감을 위한 제안을 하였으나, 연구개발팀에서는 구매팀이 제안한 방식으로 제품을 생산할 경우 대부분이 구매팀의 실적으로 산정될 것이므로 제대로 확인도 해 보지 않은 채 적합하지 않은 방식이라고 판단하고 있습니다. 당신은 어떻게 하겠습니까?

세부질문

[상황 및 과제] 이 상황의 핵심적인 이슈는 무엇이라고 생각합니까?
[역할] 당신의 역할을 더 잘 수행하기 위해서는 어떤 점을 고려해야 하겠습니까? 왜 그렇게 생각합니까?
[행동] 당면한 과제를 해결하기 위해서 구체적으로 어떤 조치를 취하겠습니까? 그 이유는 무엇입니까?
[결과] 그 결과는 어떻게 될 것이라고 생각합니까? 그 이유는 무엇입니까?

척도해설

1 : 행동증거가 거의 드러나지 않음	2 : 행동증거가 미약하게 드러남	3 : 행동증거가 어느 정도 드러남	4 : 행동증거가 명확하게 드러남	5 : 뛰어난 수준의 행동증거가 드러남

관찰기록 :

총평 :

※ 실제 적용되는 평가지는 기업/기관마다 다름.

3 발표면접(Presentation)

면접 프로세스

안내
- 입실 후 지원자는 면접관으로부터 인사말과 발표면접에 대해 간략히 안내받음.
- 면접 전 지원자는 과제 검토 및 발표 준비시간을 가짐.

발표
- 지원자들이 과제 주제와 관련하여 정해진 시간 동안 발표를 실시함.
- 면접관은 발표내용 중 평가요소와 관련해 나타난 가점 및 감점요소들을 평가하게 됨.

질문응답
- 발표 종료 후 면접관은 정해진 시간 동안 지원자의 발표내용과 관련해 구체적인 내용을 확인하기 위한 질문을 함.
- 지원자는 면접관의 질문의도를 정확히 파악하여 적절히 응답할 수 있도록 함.
- 응답 시 명확하고 자신있게 전달할 수 있도록 함.

- 방식

  지원자가 특정 주제와 관련된 자료(신문기사, 그래프 등)를 검토하고, 그에 대한 자신의 생각을 면접관 앞에서 발표하며 추가 질의응답이 이루어짐.
- 판단기준

  지원자의 사고력, 논리력, 문제해결능력 등
- 특징

  과제를 부여한 후, 지원자들이 과제를 수행하는 과정과 결과를 관찰 · 평가함. 과제수행의 결과뿐 아니라 과제수행 과정에서의 행동을 모두 평가함.

4 토론면접(Group Discussion)

면접 프로세스

안내	•입실 후, 지원자들은 면접관으로부터 토론 면접의 전반적인 과정에 대해 안내받음. •지원자는 정해진 자리에 착석함.
토론	•지원자들이 과제 주제와 관련하여 정해진 시간 동안 토론을 실시함(시간은 기관별 상이). •지원자들은 면접 전 과제 검토 및 토론 준비시간을 가짐. •토론이 진행되는 동안, 지원자들은 다른 토론자들의 발언을 경청하여 적절히 본인의 의사를 전달할 수 있도록 함. 더불어 적극적인 태도로 토론면접에 임하는 것도 중요함.
마무리 (5분 이내)	•면접 종료 전, 지원자들은 토론을 통해 도출한 결론에 대해 첨언하고 적절히 마무리 지음. •본인의 의견을 전달하는 것과 동시에 다른 토론자를 배려하는 모습도 중요함.

- 방식

  상호갈등적 요소를 가진 과제 또는 공통의 과제를 해결하는 내용의 토론 과제(신문기사, 그래프 등)를 제시하고, 그 과정에서 개인 간의 상호작용 행동을 관찰함.
- 판단기준

  팀워크, 갈등 조정, 의사소통능력 등
- 특징

  면접에서 최종안을 도출하는 것도 중요하나 주장의 옳고 그름이 아닌 결론을 도출하는 과정과 말하는 자세 등도 중요함.

5 역할연기면접(Role Play Interview)

• 방식
기업 내 발생 가능한 상황에서 부딪히게 되는 문제와 역할을 가상적으로 설정하여 특정 역할을 맡은 사람과 상호작용하고 문제를 해결해 나가도록 함.

• 판단기준
대처능력, 대인관계능력, 의사소통능력 등

• 특징
실제 상황과 유사한 가상 상황에서 지원자의 성격이나 대처 행동 등을 관찰할 수 있음.

6 집단면접(Group Activity)

• 방식
지원자들이 팀(집단)으로 협력하여 정해진 시간 안에 활동 또는 게임을 하며 면접관들은 지원자들의 행동을 관찰함.

• 판단기준
대인관계능력, 팀워크, 창의성 등

• 특징
기존 면접보다 오랜 시간 관찰을 하여 지원자들의 평소 습관이나 행동들을 관찰하려는 데 목적이 있음.

03 면접 최신 기출 주제

1 면접 빈출키워드

• 직무별 업무내용	• 업무자세 / 마음가짐	• 교육공무직원의 의무
• 특정 상황에서의 교육방법	• 교사, 동료와의 갈등 해결 방법	• 민원 대처방법
• 개인정보법	• 업무 처리 방법	• 업무분장
• 전화 응대법	• 해당 교육청의 교육목표	• 공문서

2 경상남도교육청 교육공무직원 최신 면접 기출

2024년

공통질문	1. 지원한 동기를 말해 보시오.
	2. 내부적으로 청렴도를 높이기 위한 본인만의 실천 방안을 말해 보시오.
	3. 교육공무직 6대 덕목 중 2가지 고르고 고른 이유를 설명해 보시오.
	4. 기성세대와 MZ(신세대) 사이에 갈등이 많이 발생하는데, 조직 내 세대 간 갈등, 차이를 해결 또는 극복하기 위한 방안을 말해 보시오.
	5. 경남교육의 가치인 공존과 자립에 대해 아는 대르 말해 보시오.
	6. 경남교육청 브랜드슬로건 '아이좋아'에 대해 설명해 보시오.
	7. 직장동료와 트러블이 생겼을 때 어떻게 할 것인가?
	8. 본인실수로 문제가 생겼을 때 어떻게 할 것인가?
돌봄전담사	1. 학부모 동행 귀가 시 유의사항에 대해 말해 보시오.
	2. 돌봄교실 평가방법에 대해 말하시오.
	3. 돌봄교실 목표와 추진과제에 대해 말하시오.
	4. 복지와 관련해서 오후돌봄교실에 대해 말해 보시오.
	5. 알레르기가 있는 학생에 대한 급·간식 지도에 대해 말해 보시오.
	6. 돌봄전담사는 아동학대 신고 의무자이다. 이와 관련되어 아는 것을 모두 말해 보시오.
특수교육 실무원	1. 학부모가 통학지원 중에 상담전화를 했을 때, 어떻게 대처할 것인가?
	2. 특수아동이 돌발행동을 했을 때 어떻게 대처할 것인가?
	3. 자폐아동의 특징을 3가지 말해 보시오.

경남기출복원 1회 기출예상 2회 기출예상 3회 기출예상 4회 기출예상 5회 기출예상 6회 기출예상 7회 기출예상 8회 기출예상 9회 기출예상 인성검사 면접가이드

2023년

교무행정원	1. 청렴하기 위한 방법을 말해 보시오.
	2. 생태환경교육과 관련하여 생활 속에서 실천할 수 있는 방법은?
	3. 동료가 바쁜 본인을 도와주지 않는다고 화를 낼 경우 어떻게 대처하겠는가?
	4. 교무행정원의 업무 중 본인이 가장 자신 있는 것은?
조리실무사	1. 미숙한 사람과 한 조가 된다면 어떻게 하겠는가?
	2. 생소한 식재료로 조리를 해야 하는데 조리법을 모른다면 어떻게 하겠는가?
	3. 3식 하는 곳에 배정되면 어떻게 하겠는가?
	4. 세정제가 하나만 있을 때 채소, 어패류, 육류를 세척할 순서를 말해 보시오.
	5. 법정 감염병 대처 및 예방 방법 5가지를 말해 보시오.
	6. HACCP가 무엇인지 설명해 보시오.
안내원	1. 민원인을 어떻게 대할 것인가?
	2. 타부서 직원과 불화가 발생한다면 어떻게 하겠는가?
	3. 심폐소생술 순서를 말해 보시오.

2022년

교무행정원	1. 생활 속 생태환경교육의 실천 방법을 말해 보시오.
	2. 동료가 바쁜 자신을 도와주지 않는다며 화를 낼 경우 어떻게 대처할 것인가?
	3. 교무행정원의 업무 중 본인이 가장 자신 있는 것은 무엇인가?
사무행정원	1. 학교의 세입 · 지출 8가지 중 4가지를 말해 보시오.
	2. 교육감의 복지 정책에 따라 자신이 할 수 있는 일에 대해 말해 보시오.
특수행정 실무원	1. 상사가 부당한 업무를 시켰을 경우 어떻게 대처할 것인가?
	2. 경남교육에서 목표로 하는 철학 4가지 중 3가지를 말해 보시오.
	3. 특수행정실무원은 어떠한 업무를 하는가?
	4. 민원인이 민원 또는 불만을 제기한다면 어떻게 대처할 것인가?
	5. 본인의 업무를 마쳤는데 업무 시간이 남으면 어떻게 할 것인가?
돌봄전담사	1. 경남교육의 비전에 대해 아는 대로 말해 보시오.
	2. 5월 19일 이해충돌방지법의 금지사항 5가지를 말해 보시오.
	3. 돌봄 행정 업무 중 5가지를 아는 대로 말해 보시오.
	4. 돌봄교실의 중요성 3가지를 말해 보시오.

	5. 코로나19 사태로 아이들이 겪을 수 있는 학교생활에서의 후유증과 해결방안에 대해 말해 보시오.
	6. 환경문제가 심각해지는데, 평소 실천하는 환경보호 방법을 말해 보시오.
	7. 급 · 간식 제공 시 유의할 점을 말해 보시오.

2021년

교무행정원	1. 기후, 환경 문제를 해결하기 위해 학교에서 할 수 있는 것은 무엇인가?
	2. 몸이 안 좋아 병원을 예약했는데 갑자기 교감선생님이 업무를 시키신다면 어떻게 할 것인가?
	3. 성인지감수성이란 무엇이며, 교내에서 성추행 상황을 목격한다면 어떻게 할 것인가?
	4. 아이톡톡에 대해 아는 대로 말해 보시오.
	5. 교육행정지원팀의 목적과 의의는?
	6. 공문서 취급 방법 4가지 이상을 말해 보시오.
	7. 학부모 민원에 대응하는 4가지 방법을 말해 보시오.
	8. 경남교육청에서 시행하고 있는 기후위기 대응운동에 대해 아는 대로 말해 보시오.
	9. 경남교육청의 정책방향 5가지 중 소통과 공감에 대해 말해 보시오.
돌봄전담사	1. 교육감이 올해 발표한 5대 교육정책은 무엇인가?
	2. 올해 돌봄교실 운영추진 목표와 과제를 말해 보시오.
	3. 여성가족부와 보건복지부에서 운영하는 각각의 돌봄교실 유형을 말해 보시오.

2020년

돌봄전담사	1. 퇴근을 준비하고 있는데 업무가 생긴다면 어떻게 대처할 것인가?
	2. 돌봄전담사의 주요 역할은 무엇인가?
	3. 교육공무직의 덕목을 말해 보시오.
사무행정원	1. 경남교육청의 슬로건을 말해 보시오.
	2. 사무행정원의 업무는 무엇인가?
	3. 공무직이 갖추어야 할 자세와 그중 무엇을 가장 중요하게 생각하는지 말해 보시오.
	4. 민원 전화를 받는 법을 말해 보시오.
특수교육 실무사	1. 교육공무직으로서의 자질과 덕목을 말해 보시오.
	2. 특수아동의 개인욕구를 어떻게 지원할 것인지 말해 보시오.
	3. 특수교육실무사의 역할과 그와 관련된 자신의 장점을 말해 보시오.

2019년

특수교육 실무사	1. 편식하는 아동의 지원 방법은?
	2. 특수실무원 역할 중 교수활동지원 4가지를 말해 보시오.
	3. 학교에서 직원들이 할 수 있는 코로나 예방(방역) 방법에 대해 4가지 이상 말해 보시오.
특수교육 실무원	1. 경남교육청이 밀고 있는 교육정책을 말해 보시오.
	2. 상사나 동료와의 갈등 시 대처방법을 말해 보시오.
	3. 특수교육실무원이 하는 일은 무엇인가?
	4. 민원 발생 시 대처방법을 말해 보시오.

3 그 외 지역 교육공무직원 최신 면접 기출

2024년

충남

교무행정사	1. 부장교사와 학부모 민원이 동시에 들어올 경우 어떻게 대처할 것인가?
	2. 업무가 과중하여 초과 근무를 해야 할 것 같을 때 어떻게 대처할 것인가?
	3. 교무행정사 지원동기와 역할을 말해 보시오.
초등 돌봄전담사	1. 자녀가 따돌림을 당했다는 학부모 민원 전화에 어떻게 대처할 것인가?
	2. 과중한 업무에 대한 대처 방법을 말해 보시오.
	3. 친절과 공정의 의무 사항을 학부모에게 어떻게 보여줄 것인가?
늘봄실무사	1. 늘봄 업무 민원을 가진 학부모가 연락해 왔을 때 어떻게 대처할 것인가?
	2. 교직원과 의견충돌 시 대처 방법을 말해 보시오.
	3. 늘봄학교 도입 배경과 늘봄실무사로서의 역할을 말해 보시오.
특수교육 실무원	1. 학교에 중요한 행사가 있는데, 집안일로 위급한 상황이 생긴 경우 어떻게 대처할 것인가?
	2. 실무원이 된다면 자기계발을 어떻게 하겠는가?
	3. 본인의 잘못으로 민원이 발생했다면 어떻게 대처할 것인가?

울산

돌봄전담사	1. 상사가 본인 업무 외의 다른 업무를 지시했을 때 드는 부당한 업무를 지시했을 때 어떻게 대처할 것인가?
	2. 돌봄전담사의 역할은 무엇이라고 생각하는가?
	3. 돌봄교실 프로그램을 구성할 때 고려해야 하는 사항은 어떤 점들이라고 생각하는가?
특수교육 실무사	1. 특수교육실무사의 상사가 부당한 업무를 지시한다면 어떻게 대처할 것인가?
	2. 특수실무 업무를 막상 해보니 적성에 맞지 않았다. 이럴 경우 어떻게 대처할 것인가?
	3. 특수교육실무사의 주된 업무 2가지를 말해 보시오.
	4. 특수아동을 지도하는 방법 2가지를 말해 보시오.
	5. 학부모 민원이 들어올 경우 어떻게 대처할 것인가?
조리사	1. 조리사에 지원한 동기를 말해 보시오.
	2. 식중독 예방법에 대해 아는 대로 말해 보시오.
	3. 조리사의 업무에 대해 아는 대로 말해 보시오.
	4. 본인 업무가 끝난 후 업무가 남은 동료가 있다면 어떻게 할 것인가?
	5. 상사가 타 업무를 추가적으로 시켰을 경우 어떻게 할 것인가?
	6. 동료와의 불화가 발생했을 때 이를 어떻게 대처할 것인가?

전북

늘봄실무사	1. 학교는 공공기관이므로 봉사정신이 필요한데, 자신의 봉사경험을 말해보고 그것을 늘봄실무사로서 일하면서 어떻게 적용시킬 것인지 말해 보시오.
	2. 늘봄실무사와 돌봄전담사가 하는 일을 각각 이야기하고, 어떻게 협력하여 일할 것인지 말해 보시오.
	3 늘봄실무사의 역할에 대해 아는 대로 말해 보시오.
	4. 전북교육청 늘봄학교의 중점 과제를 말해 보시오.
	5. 전북 교육 기본방향이 학생중심, 미래교육인데, 이 정책방향을 늘봄실무사로서 어떻게 적용하여 일할 수 있는지 말해 보시오.
교육복지사	1. 자신의 봉사경험을 말해보고 그것을 교육복지사로서 일하면서 어떻게 적용시킬 것인지 말해 보시오.
	2. 교육복지사의 역할과 업무는 무엇인지 말해 보시오.
	3. 최근 일어났던 전북지역의 일가족 사망사건과 관련하여 위기개입을 어떻게 하고 지역사회와 맞춤형 지원을 어떻게 할 것인가?

대전

특수교육 실무원	1. 교육공무직의 자세에 대해 아는 대로 말해 보시오. 2. 장애학생 식사지도 방법 3가지를 말해 보시오. 3. 특수교육법 장애유형 6가지 이상 말해 보시오.
조리원	1. 영양사 선생님의 부당한 업무지시에 어떻게 대처할 것인가? 2. 조리원 위생조리복장에 대해 말해 보시오. 3. 조리원의 자세에 대해 말해 보시오. 4. 안전사고가 발생했을 때 어떻게 대처해야 하는가?

경북

특수교육 실무사	1. 특수교사와 갈등이 생겼을 경우 어떻게 대처할 것인가? 2. 장애에 대한 특수교육법 4조의 특수교육대상자와 학부모에 대한 차별금지 사항에 관해 말해 보시오. 3. 바지를 벗는 행동을 하는 특수교육 대상아동 지원방법을 말해 보시오.

2023년

전북

조리실무사	1. 지원한 동기를 말하고 자기소개를 해 보시오. 2. 자신의 단점에 대해 말해 보시오. 3. 손을 씻어야 할 때를 아는 대로 말해 보시오. 4. HACCP에 대해 아는 대로 설명하시오.
특수교육 지도사	1. 지원동기를 말해 보시오. 2. 자신의 단점과 보완방법을 말해 보시오.

충남

특수교육 실무원	1. 폭력적인 아이가 물건을 집어 던진다면 어떻게 대처할 것인가? 2. 특수교육 대상자인 아동이 특수교육실무원에게 폭력을 당했다는 학부모 민원이 발생한다면 어떻게 대처할 것인가?
돌봄전담사	1. 발령받은 학교가 원한 곳이 아니거나 가정에서 먼 곳이라면 어떻게 하겠는가? 2. 반복적인 민원이 들어온다면 어떻게 대처하겠는가? 3. 돌봄전담사의 역할과 그 역할을 잘 수행하기 위한 자기계발 방법을 말해 보시오.

대전

공통질문	1. 교육공무직의 역할, 자세, 지원동기를 말해 보시오.
	2. 업무공백이 생길 경우 어떻게 할 것인가?
돌봄전담사	1. 돌봄교실 인원이 다 찼는데 추가인원 요청이 있을 경우 어떻게 할 것인가?
	2. 돌봄교실 내 안전사고 예방을 위해 어떻게 하겠는가?
특수교육 실무원	1. 어떠한 실무원이 되고 싶은가?
	2. 아이들과 라포형성을 어떻게 하겠는가?
	3. 특수교육실무원의 자세 3가지를 말해 보시오.
전문상담사	1. 전문상담사의 인성적 자질에 대해 말해 보시오.
	2. 비밀보장 예외원칙에 따라 상담자 비밀에 대해 오청받을 수 있는 경우는?
체험해설 실무원	1. 의식 잃은 사람에게 구급처치 하는 방법과 제세동기 사용에 대해 말해 보시오.
	2. 과학전시물 주제에 따라 시연해 보시오.

2022년

전북

특수교육 지도사	1. 특수교육지도사에게 필요한 자세는?
	2. 하교지도 중 학부모가 상담을 요청할 때 어떻게 더처할 것인가?
	3. 자폐아동의 특징에 대해 말해 보시오.
조리원	1. 산업재해를 예방하기 위한 방안에 대해 말해 보시오.

충남

교무행정사	1. 자신이 처리할 수 없는 민원이 접수됐을 때 어떻게 대처할 것인가?
	2. 교무행정사의 업무를 아는 대로 말해 보시오.
	3. 상사나 동료와 갈등이 발생할 경우 어떻게 대처할 것인가?
초등 돌봄전담사	1. 교우들 사이에서 적응하지 못하는 아이가 있을 때 어떻게 할 것인가?
	2. 업무로 인한 스트레스가 쌓이면 어떻게 할 것인가?
	3. 돌봄과 돌봄전담사의 역할이 무엇이라고 생각하는지 말해 보시오.
조리원	1. 자녀와 같은 학교에 발령되는 것에 대해 어떻게 생각하는가?
	2. 동료가 일을 제대로 못할 경우 어떻게 할 것인가?
	3. 식중독 예방법에 대해 아는 대로 말해 보시오.

충북

초등 돌봄전담사	1. 최근 초등 관련 외의 자기계발을 한 사례와 좋았던 점을 말해 보시오. 2. 초등돌봄전담사에 지원한 동기를 말해 보시오. 3. 교육공무직원의 의무를 말해 보시오. 4. 동료와 갈등이 발생한 경우 어떻게 대처할 것인가? 5. 돌봄이 하는 일은 무엇인가? 6. 학생 간 다툼이 발생한 경우 어떻게 중재할 것인가?

경북

조리원	1. 조리원의 역할에 대해 아는 대로 말해 보시오. 2. 배식 중 좋아하는 반찬은 많이 받으려 하고 싫어하는 음식은 받지 않으려는 학생이 있다면 어떻게 할 것인가? 3. 손을 씻어야 하는 경우는 어떤 것이 있는가?
특수교육 실무사	1. 지원한 동기와 특수교육실무사의 역할에 대해 말해 보시오. 2. 학교 근무자로서 가져야 할 마음가짐과 자세에 대해 말해 보시오. 3. 특수 아동이 다쳤는데 학부모가 치료비를 요구할 경우 어떻게 해결할 것인가? 4. 돌봄 교실에서 학생이 타인에게 해를 끼쳐 퇴원 조치를 해야 하는 경우 어떻게 해결할 것인가?

서울

돌봄전담사	1. 시간제 돌봄 연장에 관한 개인의 제안을 말해 보시오. 2. 돌봄교실에 필요한 것은 무엇인가? 3. 개인 실수로 인해 민원이 발생한 경우 어떻게 대처할 것인가? 4. 시간제 돌봄 시간이 연장되었는데 그에 대한 정보와 이에 어떻게 대처하면 좋을지에 대해 말해 보시오.
특수교육 실무사	1. 자신의 장점과 지원한 직무와의 연관성에 대해 말해 보시오. 2. 특수실무사의 역할에 대해 아는 대로 말해 보시오. 3. 학생의 편식지도 방법 3가지를 말해 보시오. 4. 학부모 민원 전화가 왔을 때 어떻게 대응할 것인가? 5. 여러 가지 장애가 있는 특수장애 아동 지원에 대해 아는 대로 말해 보시오.

대전

교육복지사	1. 교육공무직원이 갖춰야 할 3가지 덕목은?
	2. 다른 부서에 업무 공백이 생길 경우 해야 할 역할은 무엇인가?
	3. 교육복지 우선 지원 사업이 시작된 이유와 시행 영역에 대해 말해 보시오.
특수교육 실무원	1. 교육공무직의 의무는?
	2. 특수실무사의 직무향상을 위해 노력한 3가지와 본인이 특수실무가가 되고 싶은지 말해 보시오.
	3. 법령에 근거하여 특수실무원이 하는 일에 대해 말해 보시오.

세종

간호사	1. 세종시교육청의 목표와 지표, 중점기 교육분야 3가지에 대해 말해 보시오.
	2. 비협조적인 구성원과 갈등이 발생했을 때 어떻게 해결할 것인가?
	3. 경련을 일으키는 아동에 대한 5가지 대응방안을 말해 보시오.
	4. 코로나19 예방 대응 4가지를 말해 보시오.

부산

특수교육 실무원	1. 뇌전증이 있는 특수 아동이 수업 중 발작을 시작할 때 어떻게 대처할 것인가?
	2. 특수 아동이 계속 교문을 나가려 할 때(무단이탈) 이에 대한 사전 방안은?
	3. 특수 아동의 등교 지원 시 학생이 20분 늦게 도착하게 됐을 때 어떻게 할 것인가?
	4. 특수교육실무원의 역할과 자세는?
교육실무원	1. 학교 기록물 종류와 관리법에 대해 아는 대로 말해 보시오.
	2. 정보공개법률에 따라 정보공개가 원칙인데, 공개하지 않아도 되는 정보는 무엇인가?
	3. 교직원과 갈등이 발생할 경우 어떻게 대처할 것인가?
	4. 교육실무원의 기본자세는?

2021년

광주

특수교육 실무사	1. 즐거운 직장 문화를 만들기 위해 무엇을 할 수 있는지 3가지를 말해 보시오.
	2. 여러 부서가 존재하고 각 부서 간 갈등이 많은데, 이를 어떻게 해결할 수 있을지 말해보시오.
	3. 뇌병변을 앓고 있는 아이가 갑작스런 발작 시에 어떻게 대처할 것인가?
초등 돌봄전담사	1. 학교는 학생들의 안전교육이 중요하다. 안전교육 중 안전하게 귀가조치를 하기 위한 방법 3가지를 말해 보시오.
	2. 귀가시간을 지키지 않는 학부모가 있다면 어떻게 할 것인가?
	3. 저출산과 관련지어 돌봄교실의 역할은 무엇이라고 생각하는가?
과학실무사	1. 교사들을 지원하는 행정업무에 대해 어떻게 생각하는가?
	2. 과학실무사가 가져야 하는 자세 3가지에 대해 말해 보시오.
	3. 과학중점학교에 대해 어떻게 생각하는가?

경기

특수교육 지도사	1. 그간의 경력 및 학력이 특수교육지도사에 발휘될 수 있는 점을 말해 보시오.
	2. 교실에서 중복 장애, 복합적인 장애를 가진 학생들을 만났을 경우, 어떻게 지도할 것인가?
	3. 향후 인생의 계획을 말해 보시오.
	4. 다른 교사와 문제가 있을 때 어떻게 대처할 것인지 말해 보시오.
	5. 꼬집거나 소리 지르는 문제 아동에 대한 행동 대처와 대소변 실수 시 지원 방법에 대해 말해 보시오.
	6. 기억나는 특수아동이 있다면?
	7. 학부모의 상담요청이 빈번할 경우 어떻게 대처할 것인가?
	8. 원하지 않는 동네 유치원, 초등, 중등, 고등학교 발령 시 어떻게 할 것인가?
	9. 보육교사와 특수교육지도사의 업무 차이점에 대해 아는 대로 말해 보시오.
초등 돌봄전담사	1. 근무 중 다른 좋은 조건을 가진 자리가 난다면 갈 것인가?
	2. 다른 돌봄교사와 전담관리자 선생님과 의견 차이가 있어 갈등이 생길 경우, 어떻게 대처할 것인가?
	3. 돌봄교실에서 두 아이가 다툼을 하다가 다치게 된다면 어떻게 대처할 것인가?
	4. 자신의 성격의 장점을 말해 보시오.
	5. 컴퓨터 사용 능력은 어느 정도 되는가?

서울

교무행정 지원사	1. 동료가 한 달간 출근을 못하게 되었을 때 어떻게 할 것인가?
	2. 5년마다 전보 시, 이전 학교에서 하지 않은 일을 전보를 간 학교에서 하라고 한다면 어떻게 할 것인가?
	3. 나로 인해 민원이 발생하여 학부모가 학교로 연락을 했을 경우, 어떻게 할 것인가?
특수교육 실무사	1. 나의 실수로 민원이 들어온다면 어떻게 해결할 것인가?
	2. 자폐 학생이 다른 학생에게 폭력을 행한다면 어떻게 대처할 것인가?
	3. 장특법에 나타나는 여러 장애에 대해 아는 대로 달해 보시오.

충북

특수교육 실무사	1. 자기계발을 하기 위해 어떤 노력을 했는가? 그리고 앞으로의 일을 하면서 필요한 자기계발이 있다면 어떻게 할 것인가?
	2. A 실무원이 아이의 모든 것을 도와주고 있다. 이때의 문제점과 당신이라면 어떻게 할 것인가?

울산

유치원 방과후과정 전담사	1. 울산광역시교육청의 교육방향을 말하고, 이것을 유치원 방과후과정반에 어떻게 적용시켜 운영할 것인지 말해 보시오.
	2. 본인의 업무를 하기 위해서는 어떤 능력이 필요할 것 같은가? 이를 접목시킨 적이 있다면 사례를 들어 보시오.
	3. 교사들과의 마찰 시 어떻게 행동할 것인가?
	4. 전담사에게 제일 중요한 것이 무엇이라고 생각하는가?
	5. 본인의 업무 외 다른 일을 시켰을 때 어떻게 할 것인지 말해 보시오.
	6. 본인의 장단점이 무엇이라고 생각하는가?

충남

교무행정사	1. 교무행정사에게 필요한 자질에 대해 아는 대로 말해 보시오.
	2. 교무행정사가 하는 일에 대해 말해 보시오.
	3. 어린 교사와 마찰이 생길 경우 어떻게 대처할 것인가?
	4. 학교에서 과중한 업무를 시킨다면 어떻게 할 것인가?
	5. 본인이 갖고 있는 자격증과 이를 업무에 어떻게 활용할 것인가?
	6. 정해진 절차와는 다르게 업무를 처리하라고 할 경우 어떻게 할 것인가?

세종

돌봄전담사	1. 김영란법의 목적과 상한가를 예로 들어 설명하라.
	2. 돌봄간식 수요조사 후, 학생들에게 나가기 전까지의 5단계는 무엇인가?
	3. 2월에 해야 할 일 4가지 이상을 말해 보시오.
	4. 합격 후 역량 강화를 위해 해야 할 일은 무엇인가?
	5. 교장선생님의 부당한 지시에 대해 어떻게 대처할 것인가?
	6. 살면서 크게 싸운 일이 있었을 텐데 어떻게 대처하였는가?

2020년

세종

초등 돌봄전담사	1. 학교나 직장에서 의견 차이를 극복했던 경험과 방법에 대해 말해 보시오.
	2. 초등돌봄전담사의 직무에 대해 설명하고 내실화 방안에 대해 말해 보시오.
	3. 초등돌봄전담사로서 가져야 할 자세 및 자질을 말해 보시오.
	4. 코로나 바이러스와 관련하여 등교 찬반 입장과 그 이유를 설명해 보시오.
	5. 민원 응대방법에 대해 말해 보시오.
교육실무사	1. 교직원과 학생의 긍정적 관계를 유지하는 방법을 4가지 말해 보시오.
	2. 비협조적이었던 직원이 업무협조 요청 시 어떻게 대처할지 말해 보시오.
	3. 자신의 강점과 관련해서 자기계발을 어떻게 할지 말해 보시오.
	4. 봉사활동의 필요성을 4가지 말해 보시오.
	5. 화재 시 대처방법을 4가지 말해 보시오.
특수교육 실무사	1. 교직원으로서 학생과 교사가 조화롭게 융합하는 방법을 4가지 말해 보시오.
	2. 뇌전증 발작 시 대처방법을 4가지 말해 보시오.
	3. 자신의 장점과 그와 관련해 앞으로 어떻게 발전해 나갈지 말해 보시오.
	4. 관계가 좋지 않은 직원이 일을 부탁하면 어떻게 대처할지 말해 보시오.
	5. 특수교육실무사가 하는 일을 4가지 말해 보시오.

울산

사서	1. (경력이 없는 경우) 학교도서관에서는 혼자서 근무해야 하는데 어떻게 할 계획인가?
	2. 생각하지 못한 상황이 닥치면 어떻게 대처할 것인가?
	3. 독서율 증진을 위해 어떤 프로그램을 진행할 계획인가?
	4. 교직원과 트러블이 생기면 어떻게 대처할 것인가?

경북

조리원	1. 이물질 관련 컴플레인에 대한 대처방안을 말해 보시오.
	2. 약품 사용 시 유의사항을 3가지 이상 말해 보시오.
	3. 조리원의 기본 자세를 말해 보시오.
	4. 식중독 예방 방법 3가지를 말해 보시오.
	5. 학생들의 잘못된 식습관 2가지와, 맛있는 반찬만 배식해 달라고 했을 경우 대처 방법을 말해 보시오.
특수교육 실무사	1. 통합교육이 일반학생과 장애학생에게 주는 장점을 2가지씩 말해 보시오.
	2. 장애학생과 일반학생 간 학교폭력이 발생하였을 때 중재방법을 4가지 말해 보시오.
	3. 문제행동의 유형별(관심끌기, 회피, 자기자극) 중재방법을 1가지씩 말해 보시오.

대전

조리원	1. 동료가 자신의 일을 도와달라고 하면 어떻게 행동할 것인가?
	2. 학부모나 학생이 급식 조리방법에 대해 민원을 제기한다면 어떻게 대처하겠는가?
	3. 올바른 손 씻기 방법과 알코올 손 소독 방법에 대해 설명해 보시오.

인천

특수교육 실무사	1. 특수교육실무사의 역할은 무엇인가?
	2. 코로나 바이러스와 관련된 나만의 특화된 학생 지도방법은 무엇인가?
	3. (경력이 많은 경우) 신입 특수교사와 학생지도에 있어 갈등상황을 겪는다면 어떻게 해결할 것인가?
교무행정사	1. 동료가 교통사고가 나서 1달은 입원, 2달은 통원치료를 하는데 대체직 채용이 어려워서 업무가 과중된다면 어떻게 대처하겠는가?
	2. 전입생이 많은 경우 교무실과 행정실에서 전입생을 어떻게 지원할 것인가?
	3. 어려운 업무인 교과서 업무를 A 학교에서 5년 동안 맡았고, 5년 후 전보된 B 학교에서도 교과서 업무를 맡게 되었다면 어떻게 할 것인가?

충남

교무행정사	1. 교무행정사가 하는 일과 교무행정사가 필요한 이유는 무엇인가?
	2. 교무행정사에게 협업이 필요한 업무는 무엇이 있는가? 협업을 위한 자세를 3가지 말해 보시오.
	3. 동료와의 갈등 시 대처방법을 말해 보시오.
조리실무사	1. 중요하고 급한 업무와 상사의 지시 중 어떤 것을 먼저 하겠는가?
	2. 동료와의 불화나 갈등 발생 시 어떻게 대처할 것인가?
	3. 업무 중에 손을 씻어야 하는 경우를 5가지 이상 말해 보시오.

경기

특수교육 실무사	1. 특수교육실무사가 하는 역할을 말해 보시오.
	2. 본인의 교육에 대해 학부모가 불만을 가진다면 어떻게 대처하겠는가?
	3. 특수아동이 문제 행동(폭력성이나 성 문제 등)을 보이면 어떻게 대처하겠는가?

2019년

충남

교무행정사	1. 교육과정 개정으로 인한 5대 교육과제를 말해 보시오.
	2. 교무행정사가 하는 업무를 말해 보시오.
	3. 악성 민원인에 대처하는 방법을 말해 보시오.
	4. 퇴근 후 자녀를 데리러 가야 하는데 할 일이 남았거나 새로운 일이 주어졌다면 어떻게 하겠는가?
	5. 업무 수행에 불만을 가진 민원인이나 학부모가 찾아와서 따진다면 어떻게 대처할 것인가?
	6. 교무행정사로서 자신만의 강점과 단점에 대해 말해 보시오. 단점을 극복하기 위해 노력한 점은 무엇인가? 장점을 학교에서 활용할 수 있는 방안은 무엇인가?
	7. 교육공무직으로서 중요한 자세 3가지를 말해 보시오.
	8. 적극적 행정은 무엇이며, 자신이 생각하는 적극적 행정에 대해 말해 보시오.
	9. 교무행정사의 역할에 대해 말해 보시오.
	10. 악성 민원인에 대처하는 방법을 말해 보시오.
	11. 직장 상사가 부당한 명령을 내렸을 때 대처방법을 말해 보시오.

돌봄전담사	1. 교육공무직을 지원한 동기와 내가 잘할 수 있는 특기는?
	2. 돌봄전담사로서 어떤 마음가짐으로 일할 것인가?
	3. 최근에 읽은 책의 제목과 느낀점을 말해 보시오.

부산

돌봄전담사	1. 지원동기를 말해 보시오.
	2. 학부모와의 갈등 발생 시 대처방법에 대해 말해 보시오.
	3. 돌봄전담사의 역할 5가지를 말해 보시오.
	4. 급 · 간식 준비 시 주의할 점 4가지를 말해 보시오.
	5. 돌봄교실에서 신경 써야 할 안전교육 3가지와 안전상 문제가 생겼을 경우 대처방안을 말해 보시오.
	6. 돌봄교실 환경구성을 어떻게 할 것인지 3가지 방안을 말해 보시오.

세종

공통질문	1. 교직원 및 학생과 긍정적인 관계를 유지하는 방법을 4가지 말해 보시오.
	2. 비협조적이었던 직원이 업무 협조 요청 시 어떻게 대처할 것인가?
	3. 자신의 강점과 관련하여 자기계발을 어떻게 할 것인가?
교무행정사	1. 봉사활동의 필요성을 4가지 말해 보시오.
	2. 화재 시 대처방법을 4가지 말해 보시오.
특수교육 실무사	1. 뇌전증 발작 시 대처방법을 4가지 말해 보시오.
	2. 특수교육실무사가 하는 일을 4가지 말해 보시오.

대전

특수교육 실무사	1. 특수교육실무사로 채용될 경우 어떤 자세로 일하겠는가?
	2. 지적장애아의 학습특성을 3가지 말해 보시오.
	3. 본인이 채용되면 교육청이 갖는 이점을 3가지 말해 보시오.
	4. 교육공무직원으로 갖춰야 할 자질을 말해 보시오.
	5. 특수교육실무사의 역할을 말해 보시오.
	6. 동료와의 갈등 발생 시 대처방법을 말해 보시오.

경북

조리실무사	1. 손 씻는 순서를 말해 보시오.
	2. 식중독 예방방법 3가지와 보존식에 대해 말해 보시오.
	3. 다른 조리원과 갈등 발생 시 대처방법을 말해 보시오.
	4. 경상북도교육청의 역점과제와 교육지표를 말해 보시오.
	5. 개인위생방법을 3가지 이상 말해 보시오.

울산

교육업무사	1. 개인정보보호 방법에는 무엇이 있는가?
	2. 자신의 강점은 무엇인가?
	3. 동료와의 갈등 상황을 어떻게 해결할 것인가?
	4. 민원인 또는 손님이 와서 차나 과일을 준비해 달라고 요청할 시 어떻게 대응할 것인가?
돌봄전담사	1. 지원동기를 말해 보시오.
	2. 일반적인 근무시간이 9~17시 또는 10~18시인데, 만약 학교에서 11~19시로 근무해 달라고 한다면 어떻게 하겠는가? 만약 자신은 근무시간 변경에 동의하는데 다른 직원들은 동의할 수 없다고 반대하여 근무시간 때문에 마찰이 생긴다면 어떻게 대처하겠는가?
	3. 잠시 화장실을 다녀오는 동안 아이가 다친 상황을 보지 못했다면 어떻게 대처하겠는가? 학부모가 이에 강한 불만을 가지고 따지러 왔다면 어떻게 하겠는가?
	4. 교실 cctv 설치에 대한 생각을 말해 보시오.
	5. 동료 직원들 간 또는 다른 부서 직원이나 상사와의 갈등이 일어났다면 어떻게 해결하겠는가? 선생님들과 갈등이 있을 때는 어떻게 대처하겠는가?
	6. 돌봄전담사의 역할에 대해 말해 보시오.

서울

에듀케어	1. 에듀케어 교사로서 학급 교사와의 갈등에 어떻게 대응할 것인가?
	2. 사소한 민원으로 치부하여 커진 민원에 어떻게 대응할 것인가?
	3. 놀이 중심 교육과정을 적용한 방과후과정을 어떻게 진행할지 설명해 보시오.
교육실무사	1. 교장선생님께서 학연, 혈연과 관련된 부당한 지시를 한다면 어떻게 할 것인가?
	2. 담당자가 없어서 본인이 민원인을 대응했는데 민원인이 그것을 다시 민원으로 가져왔을 경우 어떻게 대처할 것인가?
	3. 코로나 바이러스와 관련된 학부모의 민원에 대해 어떻게 대응할 것인가?

4 그 외 면접 기출

- 자신이 급하게 처리해야 할 일을 하고 있는데 상사가 부당한 일을 시키면 어떻게 하겠는가? 거절을 했는데도 계속 시키면 어떻게 하겠는가?
- 교장선생님이 퇴근시간 이후에 새로운 일을 시키면 어떻게 하겠는가?
- 교장선생님이 시키신 일을 처리하는 중에 3학년 선생님이 전화해서 일을 부탁한다면 어떻게 대처하겠는가?
- 여러 선생님들이 동시에 일을 주었을 때 처리하는 순서에 대해 말해 보시오.
- 학교 근무 시 정말 하기 싫은 일을 시키면 어떻게 할 것인가?
- 동료들과 화합하고 갈등이 일어나지 않으려면 어떤 자세가 필요한가?
- 채용 후 근무 시 전문성을 키우기 위해 자기계발을 어떻게 하겠는가?
- 결혼하게 될 사람이 직장을 그만두라고 한다면?
- 지금까지 살면서 가장 힘들었던 순간과 그 순간을 극복한 사례를 말해 보시오.
- 사무부장이 타당하지 않은 일을 시키면 어떻게 하겠는가?
- 동료가 다른 학교로 전보를 가기 싫어하고 나는 거리가 멀어 갈 수 없는 상황이라면 어떻게 하겠는가?
- 행정실무사가 하는 업무는 무엇인지 말해 보시오. 자존심이 상하거나 교사에게 상대적인 박탈감을 느낄 수 있는데 잘 적응할 수 있겠는가?
- 살아오면서 좋은 성과를 낸 협업 경험이나 자원봉사활동 경험이 있다면 말해 보시오.
- 학교 발전을 위해 자신이 할 수 있는 것을 3가지 말해 보시오.
- 돌봄교실에서 아이들을 지도할 때 기존 프로그램과 다르게 자신만의 프로그램을 시도해 보고 싶은 것이 있다면?
- 돌봄교실에서 급식이나 간식 준비 시 유의사항 및 고려사항에 대해 말해 보시오.
- 돌봄교실에서 신경 써야 할 안전교육을 3가지 이상 말하고, 안전사고 시 대처방안에 대해 설명하시오.
- 학부모로부터 3학년 ○○○ 학생에게 방과후 수업이 끝나면 이모 집으로 가라고 전해 달라는 전화가 온다면 어떻게 할 것인가?
- 현재 학교에 없는 방과후 프로그램을 학부모가 만들어 달라고 요청하는 경우 어떻게 하겠는가?
- 2020년 개정되는 교육과정은 놀이와 쉼 중심으로 이루어지는데 이를 어떻게 운영해야 하는가?

- 아이가 다쳤을 때 어떻게 처리해야 하는지 의식이 있을 때와 없을 때를 구분하여 말해 보시오.
- 산만한 아이가 다른 아이들의 학습을 방해한다면 어떻게 해결할 것인가? 힘들게 하는 학생이 있다면 어떻게 대처하겠는가?
- 공문서에 대해 말해 보시오. 학교업무나 공문서 처리방법이나 유의사항은 무엇이 있는가?
- 사서가 되면 하고 싶은 일은 무엇이며, 독서율 증진을 위해 어떤 프로그램을 하고 싶은가?
- 전화 응대 방법에 대해 말해 보시오.
- 상급 근무부서에서 근무 중 전화가 오면 어떻게 받을 것인지 절차를 설명해 보시오.
- 민원인이 전화해서 자신의 업무와 상관없는 내용을 물어보면 어떻게 응대할 것인가?
- 고성이나 폭언 민원인을 상대하는 방법에 대해 말해 보시오.
- 다음 질문이 부정청탁 금품수수에 해당하는지 여부를 말해 보시오.
  - 퇴직한 교사가 선물을 받는 것
  - 교사가 5만 원 이하의 선물을 받는 것
  - 교직원 배우자의 금품수수
  - 기간제교사의 금품수수
- ○○교육청 교육공무직원 관리규정에 나오는 교육공무직의 8가지 의무 중 4가지 이상을 말해 보시오.
- ○○교육청의 교육비전, 교육지표, 교육정책을 말해 보시오.
- 공무원 행동강령 중 자신이 가장 중요하다고 생각하는 강령과 관련 사례를 말해 보시오.
- 해당 직무를 수행할 때 가장 중요하게 생각하는 것 세 가지를 말해 보시오.
- 아동학대가 발생하지 않도록 예방하는 방법은?
- 자리를 비운 사이 누군가 돈 봉투를 두고 간 것을 발견했다면 어떻게 대처할 것인가?
- 본인의 인생에서 가장 뿌듯했던 순간은 언제인가?
- 학생이 사라진 것을 알게 됐다면 어떻게 할 것인가?
- 정원 외 추가로 아동을 넣어달라는 학부모의 요청에 어떻게 대처할 것인가?
- 지원한 직무에서 발생할 수 있는 돌발 상황과 대처법을 말해 보시오.

교육공무직원 소양평가

감독관 확인란	

기출문제복원

성명표기란

수험번호

0	0	0	0	0	0
1	1	1	1	1	1
2	2	2	2	2	2
3	3	3	3	3	3
4	4	4	4	4	4
5	5	5	5	5	5
6	6	6	6	6	6
7	7	7	7	7	7
8	8	8	8	8	8
9	9	9	9	9	9

(주민등록 앞자리 생년제외) 월일

0	0	0	0
1	1	1	1
2	2	2	2
3	3	3	3
4	4	4	4
5	5	5	5
6	6	6	6
7	7	7	7
8	8	8	8
9	9	9	9

수험생 유의사항

※ 답안은 반드시 컴퓨터용 수성사인펜으로 보기와 같이 바르게 표기해야 합니다.
〈보기〉 ① ② ③ ❹ ⑤

※ 성명표기란 위 칸에는 성명을 한글로 쓰고 아래 칸에는 성명을 정확하게 ● 표기하십시오. (단, 성과 이름은 붙여 씁니다)

※ 수험번호 표기란 위 칸에는 아라비아 숫자로 쓰고 아래 칸에는 숫자와 일치하게 ● 표기하십시오.

※ 출생월일은 반드시 본인 주민등록번호의 생년을 제외한 월 두 자리, 일 두 자리를 표기하십시오. 〈예〉 1994년 1월 12일 → 0112

직무능력검사

문번	답란	문번	답란	문번	답란
1	① ② ③ ④	16	① ② ③ ④	31	① ② ③ ④
2	① ② ③ ④	17	① ② ③ ④	32	① ② ③ ④
3	① ② ③ ④	18	① ② ③ ④	33	① ② ③ ④
4	① ② ③ ④	19	① ② ③ ④	34	① ② ③ ④
5	① ② ③ ④	20	① ② ③ ④	35	① ② ③ ④
6	① ② ③ ④	21	① ② ③ ④	36	① ② ③ ④
7	① ② ③ ④	22	① ② ③ ④	37	① ② ③ ④
8	① ② ③ ④	23	① ② ③ ④	38	① ② ③ ④
9	① ② ③ ④	24	① ② ③ ④	39	① ② ③ ④
10	① ② ③ ④	25	① ② ③ ④	40	① ② ③ ④
11	① ② ③ ④	26	① ② ③ ④	41	① ② ③ ④
12	① ② ③ ④	27	① ② ③ ④	42	① ② ③ ④
13	① ② ③ ④	28	① ② ③ ④	43	① ② ③ ④
14	① ② ③ ④	29	① ② ③ ④	44	① ② ③ ④
15	① ② ③ ④	30	① ② ③ ④	45	① ② ③ ④

잘라서 활용하세요.

교육공무직원 소양평가

감독관 확인란	

1회 기출예상문제

성명표기란

㉠ ㉡ ㉢ ㉣ ㉤ ㉥ ㉦ ㉧ ㉨ ㉩ ㉪ ㉫ ㉬ ㉭	ㅏ ㅑ ㅓ ㅕ ㅗ ㅛ ㅜ ㅠ ㅡ ㅣ ㅐ ㅒ ㅔ ㅖ ㅘ ㅙ ㅚ ㅝ ㅞ ㅟ ㅢ	㉠ ㉡ ㉢ ㉣ ㉤ ㉥ ㉦ ㉧ ㉨ ㉩ ㉪ ㉫ ㉬ ㉭	㉠ ㉡ ㉢ ㉣ ㉤ ㉥ ㉦ ㉧ ㉨ ㉩ ㉪ ㉫ ㉬ ㉭ ㄲ ㄸ ㅃ ㅆ ㅉ	ㅏ ㅑ ㅓ ㅕ ㅗ ㅛ ㅜ ㅠ ㅡ ㅣ ㅐ ㅒ ㅔ ㅖ ㅘ ㅙ ㅚ ㅝ ㅞ ㅟ ㅢ	㉠ ㉡ ㉢ ㉣ ㉤ ㉥ ㉦ ㉧ ㉨ ㉩ ㉪ ㉫ ㉬ ㉭ ㄲ ㄸ ㅃ ㅆ ㅉ ㄺ ㄻ	㉠ ㉡ ㉢ ㉣ ㉤ ㉥ ㉦ ㉧ ㉨ ㉩ ㉪ ㉫ ㉬ ㉭ ㄲ ㄸ ㅃ ㅆ ㅉ	ㅏ ㅑ ㅓ ㅕ ㅗ ㅛ ㅜ ㅠ ㅡ ㅣ ㅐ ㅒ ㅔ ㅖ ㅘ ㅙ ㅚ ㅝ ㅞ ㅟ ㅢ	㉠ ㉡ ㉢ ㉣ ㉤ ㉥ ㉦ ㉧ ㉨ ㉩ ㉪ ㉫ ㉬ ㉭ ㄲ ㄸ ㅃ ㅆ ㅉ ㄺ ㄻ	㉠ ㉡ ㉢ ㉣ ㉤ ㉥ ㉦ ㉧ ㉨ ㉩ ㉪ ㉫ ㉬ ㉭ ㄲ ㄸ ㅃ ㅆ ㅉ	ㅏ ㅑ ㅓ ㅕ ㅗ ㅛ ㅜ ㅠ ㅡ ㅣ ㅐ ㅒ ㅔ ㅖ ㅘ ㅙ ㅚ ㅝ ㅞ ㅟ ㅢ	㉠ ㉡ ㉢ ㉣ ㉤ ㉥ ㉦ ㉧ ㉨ ㉩ ㉪ ㉫ ㉬ ㉭ ㄲ ㄸ ㅃ ㅆ ㅉ ㄺ ㄻ

수험번호

⓪ ① ② ③ ④ ⑤ ⑥ ⑦ ⑧ ⑨	⓪ ① ② ③ ④ ⑤ ⑥ ⑦ ⑧ ⑨	⓪ ① ② ③ ④ ⑤ ⑥ ⑦ ⑧ ⑨	⓪ ① ② ③ ④ ⑤ ⑥ ⑦ ⑧ ⑨	⓪ ① ② ③ ④ ⑤ ⑥ ⑦ ⑧ ⑨	⓪ ① ② ③ ④ ⑤ ⑥ ⑦ ⑧ ⑨

(주민등록 앞자리 생년제외) 월일

⓪ ① ② ③ ④ ⑤ ⑥ ⑦ ⑧ ⑨	⓪ ① ② ③ ④ ⑤ ⑥ ⑦ ⑧ ⑨	⓪ ① ② ③ ④ ⑤ ⑥ ⑦ ⑧ ⑨	⓪ ① ② ③ ④ ⑤ ⑥ ⑦ ⑧ ⑨

수험생 유의사항

※ 답안은 반드시 컴퓨터용 수성사인펜으로 보기와 같이 바르게 표기해야 합니다.
〈보기〉 ① ② ③ ❹ ⑤

※ 성명표기란 위 칸에는 성명을 한글로 쓰고 아래 칸에는 성명을 정확하게 ● 표기하십시오.
(단, 성과 이름은 붙여 씁니다)

※ 수험번호 표기란 위 칸에는 아라비아 숫자로 쓰고 아래 칸에는 숫자와 일치하게 ● 표기하십시오.

※ 출생월일은 반드시 본인 주민등록번호의 생년을 제외한 월 두 자리, 일 두 자리를 표기하십시오. 〈예〉 1994년 1월 12일 → 0112

직무능력검사

문번	답란	문번	답란	문번	답란
1	① ② ③ ④	16	① ② ③ ④	31	① ② ③ ④
2	① ② ③ ④	17	① ② ③ ④	32	① ② ③ ④
3	① ② ③ ④	18	① ② ③ ④	33	① ② ③ ④
4	① ② ③ ④	19	① ② ③ ④	34	① ② ③ ④
5	① ② ③ ④	20	① ② ③ ④	35	① ② ③ ④
6	① ② ③ ④	21	① ② ③ ④	36	① ② ③ ④
7	① ② ③ ④	22	① ② ③ ④	37	① ② ③ ④
8	① ② ③ ④	23	① ② ③ ④	38	① ② ③ ④
9	① ② ③ ④	24	① ② ③ ④	39	① ② ③ ④
10	① ② ③ ④	25	① ② ③ ④	40	① ② ③ ④
11	① ② ③ ④	26	① ② ③ ④	41	① ② ③ ④
12	① ② ③ ④	27	① ② ③ ④	42	① ② ③ ④
13	① ② ③ ④	28	① ② ③ ④	43	① ② ③ ④
14	① ② ③ ④	29	① ② ③ ④	44	① ② ③ ④
15	① ② ③ ④	30	① ② ③ ④	45	① ② ③ ④

교육공무직원 소양평가

감독관 확인란	

2회 기출예상문제

성명표기란

ㄱ ㄴ ㄷ ㄹ ㅁ ㅂ ㅅ ㅇ ㅈ ㅊ ㅋ ㅌ ㅍ ㅎ
ㅏ ㅑ ㅓ ㅕ ㅗ ㅛ ㅜ ㅠ ㅡ ㅣ ㅐ ㅒ ㅔ ㅖ ㅘ ㅙ ㅚ ㅝ ㅞ ㅟ ㅢ
ㄱ ㄴ ㄷ ㄹ ㅁ ㅂ ㅅ ㅇ ㅈ ㅊ ㅋ ㅌ ㅍ ㅎ ㄲ ㄸ ㅃ ㅆ ㅉ ㄺ ㄻ

수험번호

0 1 2 3 4 5 6 7 8 9

(주민등록 앞자리 생년제외) 월일

0 1 2 3 4 5 6 7 8 9

수험생 유의사항

※ 답안은 반드시 컴퓨터용 수성사인펜으로 보기와 같이 바르게 표기해야 합니다.
〈보기〉 ① ② ③ ❹ ⑤

※ 성명표기란 위 칸에는 성명을 한글로 쓰고 아래 칸에는 성명을 정확하게 ● 표기하십시오. (단, 성과 이름은 붙여 씁니다)

※ 수험번호 표기란 위 칸에는 아라비아 숫자로 쓰고 아래 칸에는 숫자와 일치하게 ● 표기하십시오.

※ 출생월일은 반드시 본인 주민등록번호의 생년을 제외한 월 두 자리, 일 두 자리를 표기하십시오. 〈예〉 1994년 1월 12일 → 0112

직무능력검사

문번	답란	문번	답란	문번	답란
1	① ② ③ ④	16	① ② ③ ④	31	① ② ③ ④
2	① ② ③ ④	17	① ② ③ ④	32	① ② ③ ④
3	① ② ③ ④	18	① ② ③ ④	33	① ② ③ ④
4	① ② ③ ④	19	① ② ③ ④	34	① ② ③ ④
5	① ② ③ ④	20	① ② ③ ④	35	① ② ③ ④
6	① ② ③ ④	21	① ② ③ ④	36	① ② ③ ④
7	① ② ③ ④	22	① ② ③ ④	37	① ② ③ ④
8	① ② ③ ④	23	① ② ③ ④	38	① ② ③ ④
9	① ② ③ ④	24	① ② ③ ④	39	① ② ③ ④
10	① ② ③ ④	25	① ② ③ ④	40	① ② ③ ④
11	① ② ③ ④	26	① ② ③ ④	41	① ② ③ ④
12	① ② ③ ④	27	① ② ③ ④	42	① ② ③ ④
13	① ② ③ ④	28	① ② ③ ④	43	① ② ③ ④
14	① ② ③ ④	29	① ② ③ ④	44	① ② ③ ④
15	① ② ③ ④	30	① ② ③ ④	45	① ② ③ ④

잘라서 활용하세요.

교육공무직원 소양평가

감독관 확인란	

3회 기출예상문제

성명표기란

초성 (성)	중성	초성	중성	종성
ㄱ ㄴ ㄷ ㄹ ㅁ ㅂ ㅅ ㅇ ㅈ ㅊ ㅋ ㅌ ㅍ ㅎ	ㅏ ㅑ ㅓ ㅕ ㅗ ㅛ ㅜ ㅠ ㅡ ㅣ ㅐ ㅒ ㅔ ㅖ ㅘ ㅙ ㅚ ㅝ ㅞ ㅟ ㅢ	ㄱ ㄴ ㄷ ㄹ ㅁ ㅂ ㅅ ㅇ ㅈ ㅊ ㅋ ㅌ ㅍ ㅎ ㄲ ㄸ ㅃ ㅆ ㅉ	ㅏ ㅑ ㅓ ㅕ ㅗ ㅛ ㅜ ㅠ ㅡ ㅣ ㅐ ㅒ ㅔ ㅖ ㅘ ㅙ ㅚ ㅝ ㅞ ㅟ ㅢ	ㄱ ㄴ ㄷ ㄹ ㅁ ㅂ ㅅ ㅇ ㅈ ㅊ ㅋ ㅌ ㅍ ㅎ ㄲ ㄸ ㅃ ㅆ ㅉ ㄺ ㄻ

수험번호

0–9	0–9	0–9	0–9	0–9	0–9

(주민등록 앞자리 생년제외) 월일

0–9	0–9	0–9	0–9

수험생 유의사항

※ 답안은 반드시 컴퓨터용 수성사인펜으로 보기와 같이 바르게 표기해야 합니다.
〈보기〉 ① ② ③ ❹ ⑤

※ 성명표기란 위 칸에는 성명을 한글로 쓰고 아래 칸에는 성명을 정확하게 ● 표기하십시오.
(단, 성과 이름은 붙여 씁니다)

※ 수험번호 표기란 위 칸에는 아라비아 숫자로 쓰고 아래 칸에는 숫자와 일치하게 ● 표기하십시오.

※ 출생월일은 반드시 본인 주민등록번호의 생년을 제외한 월 두 자리, 일 두 자리를 표기하십시오. 〈예〉 1994년 1월 12일 → 0112

직무능력검사

문번	답란	문번	답란	문번	답란
1	① ② ③ ④	16	① ② ③ ④	31	① ② ③ ④
2	① ② ③ ④	17	① ② ③ ④	32	① ② ③ ④
3	① ② ③ ④	18	① ② ③ ④	33	① ② ③ ④
4	① ② ③ ④	19	① ② ③ ④	34	① ② ③ ④
5	① ② ③ ④	20	① ② ③ ④	35	① ② ③ ④
6	① ② ③ ④	21	① ② ③ ④	36	① ② ③ ④
7	① ② ③ ④	22	① ② ③ ④	37	① ② ③ ④
8	① ② ③ ④	23	① ② ③ ④	38	① ② ③ ④
9	① ② ③ ④	24	① ② ③ ④	39	① ② ③ ④
10	① ② ③ ④	25	① ② ③ ④	40	① ② ③ ④
11	① ② ③ ④	26	① ② ③ ④	41	① ② ③ ④
12	① ② ③ ④	27	① ② ③ ④	42	① ② ③ ④
13	① ② ③ ④	28	① ② ③ ④	43	① ② ③ ④
14	① ② ③ ④	29	① ② ③ ④	44	① ② ③ ④
15	① ② ③ ④	30	① ② ③ ④	45	① ② ③ ④

교육공무직원 소양평가

감독관 확인란	

4회 기출예상문제

성명표기란

(4 characters, each with 초성 / 중성 / 종성 columns)

- 초성: ㄱ ㄴ ㄷ ㄹ ㅁ ㅂ ㅅ ㅇ ㅈ ㅊ ㅋ ㅌ ㅍ ㅎ (characters 2–4 also: ㄲ ㄸ ㅃ ㅆ ㅉ)
- 중성: ㅏ ㅑ ㅓ ㅕ ㅗ ㅛ ㅜ ㅠ ㅡ ㅣ ㅐ ㅒ ㅔ ㅖ ㅘ ㅙ ㅚ ㅝ ㅞ ㅟ ㅢ
- 종성: ㄱ ㄴ ㄷ ㄹ ㅁ ㅂ ㅅ ㅇ ㅈ ㅊ ㅋ ㅌ ㅍ ㅎ (characters 2–4 also: ㄲ ㄸ ㅃ ㅆ ㅉ ㄺ ㄻ)

수험번호

6 digits, each: ⓪ ① ② ③ ④ ⑤ ⑥ ⑦ ⑧ ⑨

(주민등록 앞자리 생년제외) 월일

4 digits, each: ⓪ ① ② ③ ④ ⑤ ⑥ ⑦ ⑧ ⑨

문번	답란	문번	답란	문번	답란
1	① ② ③ ④	16	① ② ③ ④	31	① ② ③ ④
2	① ② ③ ④	17	① ② ③ ④	32	① ② ③ ④
3	① ② ③ ④	18	① ② ③ ④	33	① ② ③ ④
4	① ② ③ ④	19	① ② ③ ④	34	① ② ③ ④
5	① ② ③ ④	20	① ② ③ ④	35	① ② ③ ④
6	① ② ③ ④	21	① ② ③ ④	36	① ② ③ ④
7	① ② ③ ④	22	① ② ③ ④	37	① ② ③ ④
8	① ② ③ ④	23	① ② ③ ④	38	① ② ③ ④
9	① ② ③ ④	24	① ② ③ ④	39	① ② ③ ④
10	① ② ③ ④	25	① ② ③ ④	40	① ② ③ ④
11	① ② ③ ④	26	① ② ③ ④	41	① ② ③ ④
12	① ② ③ ④	27	① ② ③ ④	42	① ② ③ ④
13	① ② ③ ④	28	① ② ③ ④	43	① ② ③ ④
14	① ② ③ ④	29	① ② ③ ④	44	① ② ③ ④
15	① ② ③ ④	30	① ② ③ ④	45	① ② ③ ④

수험생 유의사항

※ 답안은 반드시 컴퓨터용 수성사인펜으로 보기와 같이 바르게 표기해야 합니다.
〈보기〉 ① ② ③ ❹ ⑤

※ 성명표기란 위 칸에는 성명을 한글로 쓰고 아래 칸에는 성명을 정확하게 ● 표기하십시오. (단, 성과 이름은 붙여 씁니다)

※ 수험번호 표기란 위 칸에는 아라비아 숫자로 쓰고 아래 칸에는 숫자와 일치하게 ● 표기하십시오.

※ 출생월일은 반드시 본인 주민등록번호의 생년을 제외한 월 두 자리, 일 두 자리를 표기하십시오. 〈예〉 1994년 1월 12일 → 0112

교육공무직원 소양평가

감독관 확인란	

5회 기출예상문제

성명표기란

ㄱ	ㅏ	ㄱ	ㄱ	ㅏ	ㄱ	ㄱ	ㅏ	ㄱ	ㄱ	ㅏ	ㄱ
ㄴ	ㅑ	ㄴ	ㄴ	ㅑ	ㄴ	ㄴ	ㅑ	ㄴ	ㄴ	ㅑ	ㄴ
ㄷ	ㅓ	ㄷ	ㄷ	ㅓ	ㄷ	ㄷ	ㅓ	ㄷ	ㄷ	ㅓ	ㄷ
ㄹ	ㅕ	ㄹ	ㄹ	ㅕ	ㄹ	ㄹ	ㅕ	ㄹ	ㄹ	ㅕ	ㄹ
ㅁ	ㅗ	ㅁ	ㅁ	ㅗ	ㅁ	ㅁ	ㅗ	ㅁ	ㅁ	ㅗ	ㅁ
ㅂ	ㅛ	ㅂ	ㅂ	ㅛ	ㅂ	ㅂ	ㅛ	ㅂ	ㅂ	ㅛ	ㅂ
ㅅ	ㅜ	ㅅ	ㅅ	ㅜ	ㅅ	ㅅ	ㅜ	ㅅ	ㅅ	ㅜ	ㅅ
ㅇ	ㅠ	ㅇ	ㅇ	ㅠ	ㅇ	ㅇ	ㅠ	ㅇ	ㅇ	ㅠ	ㅇ
ㅈ	ㅡ	ㅈ	ㅈ	ㅡ	ㅈ	ㅈ	ㅡ	ㅈ	ㅈ	ㅡ	ㅈ
ㅊ	ㅣ	ㅊ	ㅊ	ㅣ	ㅊ	ㅊ	ㅣ	ㅊ	ㅊ	ㅣ	ㅊ
ㅋ	ㅐ	ㅋ	ㅋ	ㅐ	ㅋ	ㅋ	ㅐ	ㅋ	ㅋ	ㅐ	ㅋ
ㅌ	ㅒ	ㅌ	ㅌ	ㅒ	ㅌ	ㅌ	ㅒ	ㅌ	ㅌ	ㅒ	ㅌ
ㅍ	ㅔ	ㅍ	ㅍ	ㅔ	ㅍ	ㅍ	ㅔ	ㅍ	ㅍ	ㅔ	ㅍ
ㅎ	ㅖ	ㅎ	ㅎ	ㅖ	ㅎ	ㅎ	ㅖ	ㅎ	ㅎ	ㅖ	ㅎ
	ㅘ		ㄲ	ㅘ	ㄲ	ㄲ	ㅘ	ㄲ	ㄲ	ㅘ	ㄲ
	ㅙ		ㄸ	ㅙ	ㄸ	ㄸ	ㅙ	ㄸ	ㄸ	ㅙ	ㄸ
	ㅚ		ㅃ	ㅚ	ㅃ	ㅃ	ㅚ	ㅃ	ㅃ	ㅚ	ㅃ
	ㅝ		ㅆ	ㅝ	ㅆ	ㅆ	ㅝ	ㅆ	ㅆ	ㅝ	ㅆ
	ㅞ		ㅉ	ㅞ	ㅉ	ㅉ	ㅞ	ㅉ	ㅉ	ㅞ	ㅉ
	ㅟ			ㅟ	ㄺ		ㅟ	ㄺ		ㅟ	ㄺ
	ㅢ			ㅢ	ㄻ		ㅢ	ㄻ		ㅢ	ㄻ

수험번호

0	0	0	0	0	0
1	1	1	1	1	1
2	2	2	2	2	2
3	3	3	3	3	3
4	4	4	4	4	4
5	5	5	5	5	5
6	6	6	6	6	6
7	7	7	7	7	7
8	8	8	8	8	8
9	9	9	9	9	9

(주민등록 앞자리 생년제외) 월일

0	0	0	0
1	1	1	1
2	2	2	2
3	3	3	3
4	4	4	4
5	5	5	5
6	6	6	6
7	7	7	7
8	8	8	8
9	9	9	9

수험생 유의사항

※ 답안은 반드시 컴퓨터용 수성사인펜으로 보기와 같이 바르게 표기해야 합니다.
〈보기〉 ① ② ③ ❹ ⑤

※ 성명표기란 위 칸에는 성명을 한글로 쓰고 아래 칸에는 성명을 정확하게 ● 표기하십시오. (단, 성과 이름은 붙여 씁니다)

※ 수험번호 표기란 위 칸에는 아라비아 숫자로 쓰고 아래 칸에는 숫자와 일치하게 ● 표기하십시오.

※ 출생월일은 반드시 본인 주민등록번호의 생년을 제외한 월 두 자리, 일 두 자리를 표기하십시오. 〈예〉 1994년 1월 12일 → 0112

직무능력검사

문번	답란	문번	답란	문번	답란
1	① ② ③ ④	16	① ② ③ ④	31	① ② ③ ④
2	① ② ③ ④	17	① ② ③ ④	32	① ② ③ ④
3	① ② ③ ④	18	① ② ③ ④	33	① ② ③ ④
4	① ② ③ ④	19	① ② ③ ④	34	① ② ③ ④
5	① ② ③ ④	20	① ② ③ ④	35	① ② ③ ④
6	① ② ③ ④	21	① ② ③ ④	36	① ② ③ ④
7	① ② ③ ④	22	① ② ③ ④	37	① ② ③ ④
8	① ② ③ ④	23	① ② ③ ④	38	① ② ③ ④
9	① ② ③ ④	24	① ② ③ ④	39	① ② ③ ④
10	① ② ③ ④	25	① ② ③ ④	40	① ② ③ ④
11	① ② ③ ④	26	① ② ③ ④	41	① ② ③ ④
12	① ② ③ ④	27	① ② ③ ④	42	① ② ③ ④
13	① ② ③ ④	28	① ② ③ ④	43	① ② ③ ④
14	① ② ③ ④	29	① ② ③ ④	44	① ② ③ ④
15	① ② ③ ④	30	① ② ③ ④	45	① ② ③ ④

교육공무직원 소양평가

감독관 확인란	

6회 기출예상문제

성명표기란

수험번호

⓪	⓪	⓪	⓪	⓪	⓪
①	①	①	①	①	①
②	②	②	②	②	②
③	③	③	③	③	③
④	④	④	④	④	④
⑤	⑤	⑤	⑤	⑤	⑤
⑥	⑥	⑥	⑥	⑥	⑥
⑦	⑦	⑦	⑦	⑦	⑦
⑧	⑧	⑧	⑧	⑧	⑧
⑨	⑨	⑨	⑨	⑨	⑨

(주민등록 앞자리 생년제외) 월일

⓪	⓪	⓪	⓪
①	①	①	①
②	②	②	②
③	③	③	③
④	④	④	④
⑤	⑤	⑤	⑤
⑥	⑥	⑥	⑥
⑦	⑦	⑦	⑦
⑧	⑧	⑧	⑧
⑨	⑨	⑨	⑨

수험생 유의사항

※ 답안은 반드시 컴퓨터용 수성사인펜으로 보기와 같이 바르게 표기해야 합니다.
〈보기〉 ① ② ③ ❹ ⑤

※ 성명표기란 위 칸에는 성명을 한글로 쓰고 아래 칸에는 성명을 정확하게 ● 표기하십시오.
(단, 성과 이름은 붙여 씁니다)

※ 수험번호 표기란 위 칸에는 아라비아 숫자로 쓰고 아래 칸에는 숫자와 일치하게 ● 표기하십시오.

※ 출생월일은 반드시 본인 주민등록번호의 생년을 제외한 월 두 자리, 일 두 자리를 표기하십시오. 〈예〉 1994년 1월 12일 → 0112

직무능력검사

문번	답란	문번	답란	문번	답란
1	① ② ③ ④	16	① ② ③ ④	31	① ② ③ ④
2	① ② ③ ④	17	① ② ③ ④	32	① ② ③ ④
3	① ② ③ ④	18	① ② ③ ④	33	① ② ③ ④
4	① ② ③ ④	19	① ② ③ ④	34	① ② ③ ④
5	① ② ③ ④	20	① ② ③ ④	35	① ② ③ ④
6	① ② ③ ④	21	① ② ③ ④	36	① ② ③ ④
7	① ② ③ ④	22	① ② ③ ④	37	① ② ③ ④
8	① ② ③ ④	23	① ② ③ ④	38	① ② ③ ④
9	① ② ③ ④	24	① ② ③ ④	39	① ② ③ ④
10	① ② ③ ④	25	① ② ③ ④	40	① ② ③ ④
11	① ② ③ ④	26	① ② ③ ④	41	① ② ③ ④
12	① ② ③ ④	27	① ② ③ ④	42	① ② ③ ④
13	① ② ③ ④	28	① ② ③ ④	43	① ② ③ ④
14	① ② ③ ④	29	① ② ③ ④	44	① ② ③ ④
15	① ② ③ ④	30	① ② ③ ④	45	① ② ③ ④

잘라서 활용하세요.

교육공무직원 소양평가

감독관 확인란	

7회 기출예상문제

성명표기란

ㄱ ㄴ ㄷ ㄹ ㅁ ㅂ ㅅ ㅇ ㅈ ㅊ ㅋ ㅌ ㅍ ㅎ ㄲ ㄸ ㅃ ㅆ ㅉ ㄺ ㄻ

ㅏ ㅑ ㅓ ㅕ ㅗ ㅛ ㅜ ㅠ ㅡ ㅣ ㅐ ㅒ ㅔ ㅖ ㅘ ㅙ ㅚ ㅝ ㅞ ㅟ ㅢ

수험번호

⓪ ① ② ③ ④ ⑤ ⑥ ⑦ ⑧ ⑨

(주민등록 앞자리 생년제외) 월일

⓪ ① ② ③ ④ ⑤ ⑥ ⑦ ⑧ ⑨

수험생 유의사항

※ 답안은 반드시 컴퓨터용 수성사인펜으로 보기와 같이 바르게 표기해야 합니다.
〈보기〉 ① ② ③ ❹ ⑤

※ 성명표기란 위 칸에는 성명을 한글로 쓰고 아래 칸에는 성명을 정확하게 ● 표기하십시오.
(단, 성과 이름은 붙여 씁니다)

※ 수험번호 표기란 위 칸에는 아라비아 숫자로 쓰고 아래 칸에는 숫자와 일치하게 ● 표기하십시오.

※ 출생월일은 반드시 본인 주민등록번호의 생년을 제외한 월 두 자리, 일 두 자리를 표기하십시오. 〈예〉 1994년 1월 12일 → 0112

직무능력검사

문번	답란	문번	답란	문번	답란
1	① ② ③ ④	16	① ② ③ ④	31	① ② ③ ④
2	① ② ③ ④	17	① ② ③ ④	32	① ② ③ ④
3	① ② ③ ④	18	① ② ③ ④	33	① ② ③ ④
4	① ② ③ ④	19	① ② ③ ④	34	① ② ③ ④
5	① ② ③ ④	20	① ② ③ ④	35	① ② ③ ④
6	① ② ③ ④	21	① ② ③ ④	36	① ② ③ ④
7	① ② ③ ④	22	① ② ③ ④	37	① ② ③ ④
8	① ② ③ ④	23	① ② ③ ④	38	① ② ③ ④
9	① ② ③ ④	24	① ② ③ ④	39	① ② ③ ④
10	① ② ③ ④	25	① ② ③ ④	40	① ② ③ ④
11	① ② ③ ④	26	① ② ③ ④	41	① ② ③ ④
12	① ② ③ ④	27	① ② ③ ④	42	① ② ③ ④
13	① ② ③ ④	28	① ② ③ ④	43	① ② ③ ④
14	① ② ③ ④	29	① ② ③ ④	44	① ② ③ ④
15	① ② ③ ④	30	① ② ③ ④	45	① ② ③ ④

교육공무직원 소양평가

감독관 확인란	

8회 기출예상문제

성명표기란

수험번호

(주민등록 앞자리 생년제외) 월일

수험생 유의사항

※ 답안은 반드시 컴퓨터용 수성사인펜으로 보기와 같이 바르게 표기해야 합니다.
〈보기〉 ① ② ③ ❹ ⑤

※ 성명표기란 위 칸에는 성명을 한글로 쓰고 아래 칸에는 성명을 정확하게 ● 표기하십시오.
(단, 성과 이름은 붙여 씁니다)

※ 수험번호 표기란 위 칸에는 아라비아 숫자로 쓰고 아래 칸에는 숫자와 일치하게 ● 표기하십시오.

※ 출생월일은 반드시 본인 주민등록번호의 생년을 제외한 월 두 자리, 일 두 자리를 표기하십시오. 〈예〉 1994년 1월 12일 → 0112

직무능력검사

문번	답란	문번	답란	문번	답란
1	① ② ③ ④	16	① ② ③ ④	31	① ② ③ ④
2	① ② ③ ④	17	① ② ③ ④	32	① ② ③ ④
3	① ② ③ ④	18	① ② ③ ④	33	① ② ③ ④
4	① ② ③ ④	19	① ② ③ ④	34	① ② ③ ④
5	① ② ③ ④	20	① ② ③ ④	35	① ② ③ ④
6	① ② ③ ④	21	① ② ③ ④	36	① ② ③ ④
7	① ② ③ ④	22	① ② ③ ④	37	① ② ③ ④
8	① ② ③ ④	23	① ② ③ ④	38	① ② ③ ④
9	① ② ③ ④	24	① ② ③ ④	39	① ② ③ ④
10	① ② ③ ④	25	① ② ③ ④	40	① ② ③ ④
11	① ② ③ ④	26	① ② ③ ④	41	① ② ③ ④
12	① ② ③ ④	27	① ② ③ ④	42	① ② ③ ④
13	① ② ③ ④	28	① ② ③ ④	43	① ② ③ ④
14	① ② ③ ④	29	① ② ③ ④	44	① ② ③ ④
15	① ② ③ ④	30	① ② ③ ④	45	① ② ③ ④

잘라서 활용하세요.

교육공무직원 소양평가

감독관 확인란

9회 기출예상문제

성명표기란

수험번호

(주민등록 앞자리 생년제외) 월일

직무능력검사

문번	답란	문번	답란	문번	답란
1	① ② ③ ④	16	① ② ③ ④	31	① ② ③ ④
2	① ② ③ ④	17	① ② ③ ④	32	① ② ③ ④
3	① ② ③ ④	18	① ② ③ ④	33	① ② ③ ④
4	① ② ③ ④	19	① ② ③ ④	34	① ② ③ ④
5	① ② ③ ④	20	① ② ③ ④	35	① ② ③ ④
6	① ② ③ ④	21	① ② ③ ④	36	① ② ③ ④
7	① ② ③ ④	22	① ② ③ ④	37	① ② ③ ④
8	① ② ③ ④	23	① ② ③ ④	38	① ② ③ ④
9	① ② ③ ④	24	① ② ③ ④	39	① ② ③ ④
10	① ② ③ ④	25	① ② ③ ④	40	① ② ③ ④
11	① ② ③ ④	26	① ② ③ ④	41	① ② ③ ④
12	① ② ③ ④	27	① ② ③ ④	42	① ② ③ ④
13	① ② ③ ④	28	① ② ③ ④	43	① ② ③ ④
14	① ② ③ ④	29	① ② ③ ④	44	① ② ③ ④
15	① ② ③ ④	30	① ② ③ ④	45	① ② ③ ④

수험생 유의사항

※ 답안은 반드시 컴퓨터용 수성사인펜으로 보기와 같이 바르게 표기해야 합니다.
〈보기〉 ① ② ③ ❹ ⑤

※ 성명표기란 위 칸에는 성명을 한글로 쓰고 아래 칸에는 성명을 정확하게 ● 표기하십시오. (단, 성과 이름은 붙여 씁니다)

※ 수험번호 표기란 위 칸에는 아라비아 숫자로 쓰고 아래 칸에는 숫자와 일치하게 ● 표기하십시오.

※ 출생월일은 반드시 본인 주민등록번호의 생년을 제외한 월 두 자리, 일 두 자리를 표기하십시오. 〈예〉 1994년 1월 12일 → 0112

교육공무직원 소양평가

감독관 확인란	

인성검사

성명표기란

ㄱ ㄴ ㄷ ㄹ ㅁ ㅂ ㅅ ㅇ ㅈ ㅊ ㅋ ㅌ ㅍ ㅎ ㄲ ㄸ ㅃ ㅆ ㅉ

ㅏ ㅑ ㅓ ㅕ ㅗ ㅛ ㅜ ㅠ ㅡ ㅣ ㅐ ㅒ ㅔ ㅖ ㅘ ㅙ ㅚ ㅝ ㅞ ㅟ ㅢ

ㄱ ㄴ ㄷ ㄹ ㅁ ㅂ ㅅ ㅇ ㅈ ㅊ ㅋ ㅌ ㅍ ㅎ ㄲ ㄸ ㅃ ㅆ ㅉ ㄺ ㄻ

수험번호

⓪ ① ② ③ ④ ⑤ ⑥ ⑦ ⑧ ⑨

(주민등록 앞자리 생년제외) 월일

⓪ ① ② ③ ④ ⑤ ⑥ ⑦ ⑧ ⑨

수험생 유의사항

※ 답안은 반드시 컴퓨터용 수성사인펜으로 보기와 같이 바르게 표기해야 합니다.
〈보기〉 ① ② ③ ❹ ⑤

※ 성명표기란 위 칸에는 성명을 한글로 쓰고 아래 칸에는 성명을 정확하게 ● 표기하십시오.
(단, 성과 이름은 붙여 씁니다)

※ 수험번호 표기란 위 칸에는 아라비아 숫자로 쓰고 아래 칸에는 숫자와 일치하게 ● 표기하십시오.

※ 출생월일은 반드시 본인 주민등록번호의 생년을 제외한 월 두 자리, 일 두 자리를 표기하십시오. 〈예〉 1994년 1월 12일 → 0112

인성검사

문번	답란	문번	답란	문번	답란	문번	답란	문번	답란	문번	답란
1	① ②	36	① ②	71	① ②	106	① ②	141	① ②	176	① ②
2	① ②	37	① ②	72	① ②	107	① ②	142	① ②	177	① ②
3	① ②	38	① ②	73	① ②	108	① ②	143	① ②	178	① ②
4	① ②	39	① ②	74	① ②	109	① ②	144	① ②	179	① ②
5	① ②	40	① ②	75	① ②	110	① ②	145	① ②	180	① ②
6	① ②	41	① ②	76	① ②	111	① ②	146	① ②	181	① ②
7	① ②	42	① ②	77	① ②	112	① ②	147	① ②	182	① ②
8	① ②	43	① ②	78	① ②	113	① ②	148	① ②	183	① ②
9	① ②	44	① ②	79	① ②	114	① ②	149	① ②	184	① ②
10	① ②	45	① ②	80	① ②	115	① ②	150	① ②	185	① ②
11	① ②	46	① ②	81	① ②	116	① ②	151	① ②	186	① ② ③ ④
12	① ②	47	① ②	82	① ②	117	① ②	152	① ②	187	① ② ③ ④
13	① ②	48	① ②	83	① ②	118	① ②	153	① ②	188	① ② ③ ④
14	① ②	49	① ②	84	① ②	119	① ②	154	① ②	189	① ② ③ ④
15	① ②	50	① ②	85	① ②	120	① ②	155	① ②	190	① ② ③ ④
16	① ②	51	① ②	86	① ②	121	① ②	156	① ②	191	① ② ③ ④
17	① ②	52	① ②	87	① ②	122	① ②	157	① ②	192	① ② ③ ④
18	① ②	53	① ②	88	① ②	123	① ②	158	① ②	193	① ② ③ ④
19	① ②	54	① ②	89	① ②	124	① ②	159	① ②	194	① ② ③ ④
20	① ②	55	① ②	90	① ②	125	① ②	160	① ②	195	① ② ③ ④
21	① ②	56	① ②	91	① ②	126	① ②	161	① ②	196	① ② ③ ④ ⑤
22	① ②	57	① ②	92	① ②	127	① ②	162	① ②	197	① ② ③ ④ ⑤
23	① ②	58	① ②	93	① ②	128	① ②	163	① ②	198	① ② ③ ④ ⑤
24	① ②	59	① ②	94	① ②	129	① ②	164	① ②	199	① ② ③ ④ ⑤
25	① ②	60	① ②	95	① ②	130	① ②	165	① ②	200	① ② ③ ④ ⑤
26	① ②	61	① ②	96	① ②	131	① ②	166	① ②		
27	① ②	62	① ②	97	① ②	132	① ②	167	① ②		
28	① ②	63	① ②	98	① ②	133	① ②	168	① ②		
29	① ②	64	① ②	99	① ②	134	① ②	169	① ②		
30	① ②	65	① ②	100	① ②	135	① ②	170	① ②		
31	① ②	66	① ②	101	① ②	136	① ②	171	① ②		
32	① ②	67	① ②	102	① ②	137	① ②	172	① ②		
33	① ②	68	① ②	103	① ②	138	① ②	173	① ②		
34	① ②	69	① ②	104	① ②	139	① ②	174	① ②		
35	① ②	70	① ②	105	① ②	140	① ②	175	① ②		

잘라서 활용하세요.

교육공무직원 소양평가

감독관 확인란

기출예상문제_연습용

성명표기란

수험번호

⓪ ① ② ③ ④ ⑤ ⑥ ⑦ ⑧ ⑨

(주민등록 앞자리 생년제외) 월일

⓪ ① ② ③ ④ ⑤ ⑥ ⑦ ⑧ ⑨

수험생 유의사항

※ 답안은 반드시 컴퓨터용 수성사인펜으로 보기와 같이 바르게 표기해야 합니다.
〈보기〉 ① ② ③ ❹ ⑤

※ 성명표기란 위 칸에는 성명을 한글로 쓰고 아래 칸에는 성명을 정확하게 ● 표기하십시오. (단, 성과 이름은 붙여 씁니다)

※ 수험번호 표기란 위 칸에는 아라비아 숫자로 쓰고 아래 칸에는 숫자와 일치하게 ● 표기하십시오.

※ 출생월일은 반드시 본인 주민등록번호의 생년을 제외한 월 두 자리, 일 두 자리를 표기하십시오. 〈예〉 1994년 1월 12일 → 0112

직무능력검사

문번	답란	문번	답란	문번	답란
1	① ② ③ ④	16	① ② ③ ④	31	① ② ③ ④
2	① ② ③ ④	17	① ② ③ ④	32	① ② ③ ④
3	① ② ③ ④	18	① ② ③ ④	33	① ② ③ ④
4	① ② ③ ④	19	① ② ③ ④	34	① ② ③ ④
5	① ② ③ ④	20	① ② ③ ④	35	① ② ③ ④
6	① ② ③ ④	21	① ② ③ ④	36	① ② ③ ④
7	① ② ③ ④	22	① ② ③ ④	37	① ② ③ ④
8	① ② ③ ④	23	① ② ③ ④	38	① ② ③ ④
9	① ② ③ ④	24	① ② ③ ④	39	① ② ③ ④
10	① ② ③ ④	25	① ② ③ ④	40	① ② ③ ④
11	① ② ③ ④	26	① ② ③ ④	41	① ② ③ ④
12	① ② ③ ④	27	① ② ③ ④	42	① ② ③ ④
13	① ② ③ ④	28	① ② ③ ④	43	① ② ③ ④
14	① ② ③ ④	29	① ② ③ ④	44	① ② ③ ④
15	① ② ③ ④	30	① ② ③ ④	45	① ② ③ ④

교육공무직원 소양평가

감독관 확인란	

기출예상문제_연습용

성명표기란

수험번호

(주민등록 앞자리 생년제외) 월일

직무능력검사

문번	답란	문번	답란	문번	답란
1	① ② ③ ④	16	① ② ③ ④	31	① ② ③ ④
2	① ② ③ ④	17	① ② ③ ④	32	① ② ③ ④
3	① ② ③ ④	18	① ② ③ ④	33	① ② ③ ④
4	① ② ③ ④	19	① ② ③ ④	34	① ② ③ ④
5	① ② ③ ④	20	① ② ③ ④	35	① ② ③ ④
6	① ② ③ ④	21	① ② ③ ④	36	① ② ③ ④
7	① ② ③ ④	22	① ② ③ ④	37	① ② ③ ④
8	① ② ③ ④	23	① ② ③ ④	38	① ② ③ ④
9	① ② ③ ④	24	① ② ③ ④	39	① ② ③ ④
10	① ② ③ ④	25	① ② ③ ④	40	① ② ③ ④
11	① ② ③ ④	26	① ② ③ ④	41	① ② ③ ④
12	① ② ③ ④	27	① ② ③ ④	42	① ② ③ ④
13	① ② ③ ④	28	① ② ③ ④	43	① ② ③ ④
14	① ② ③ ④	29	① ② ③ ④	44	① ② ③ ④
15	① ② ③ ④	30	① ② ③ ④	45	① ② ③ ④

수험생 유의사항

※ 답안은 반드시 컴퓨터용 수성사인펜으로 보기와 같이 바르게 표기해야 합니다.
〈보기〉 ① ② ③ ❹ ⑤

※ 성명표기란 위 칸에는 성명을 한글로 쓰고 아래 칸에는 성명을 정확하게 ● 표기하십시오. (단, 성과 이름은 붙여 씁니다)

※ 수험번호 표기란 위 칸에는 아라비아 숫자로 쓰고 아래 칸에는 숫자와 일치하게 ● 표기하십시오.

※ 출생월일은 반드시 본인 주민등록번호의 생년을 제외한 월 두 자리, 일 두 자리를 표기하십시오. 〈예〉 1994년 1월 12일 → 0112

인성검사

교육공무직원 소양평가

감독관 확인란	

인성검사_연습용

성명표기란

㉠ ㉡ ㉢ ㉣ ㉤ ㉥ ㉦ ㉧ ㉨ ㉩ ㉪ ㉫ ㉬ ㉭	ㅏ ㅑ ㅓ ㅕ ㅗ ㅛ ㅜ ㅠ ㅡ ㅣ ㅐ ㅒ ㅔ ㅖ ㅘ ㅙ ㅚ ㅝ ㅞ ㅟ ㅢ	㉠ ㉡ ㉢ ㉣ ㉤ ㉥ ㉦ ㉧ ㉨ ㉩ ㉪ ㉫ ㉬ ㉭	㉠ ㉡ ㉢ ㉣ ㉤ ㉥ ㉦ ㉧ ㉨ ㉩ ㉪ ㉫ ㉬ ㉭ ㄲ ㄸ ㅃ ㅆ ㅉ	ㅏ ㅑ ㅓ ㅕ ㅗ ㅛ ㅜ ㅠ ㅡ ㅣ ㅐ ㅒ ㅔ ㅖ ㅘ ㅙ ㅚ ㅝ ㅞ ㅟ ㅢ	㉠ ㉡ ㉢ ㉣ ㉤ ㉥ ㉦ ㉧ ㉨ ㉩ ㉪ ㉫ ㉬ ㉭ ㄲ ㄸ ㅃ ㅆ ㅉ ㄺ ㄻ	㉠ ㉡ ㉢ ㉣ ㉤ ㉥ ㉦ ㉧ ㉨ ㉩ ㉪ ㉫ ㉬ ㉭ ㄲ ㄸ ㅃ ㅆ ㅉ	ㅏ ㅑ ㅓ ㅕ ㅗ ㅛ ㅜ ㅠ ㅡ ㅣ ㅐ ㅒ ㅔ ㅖ ㅘ ㅙ ㅚ ㅝ ㅞ ㅟ ㅢ	㉠ ㉡ ㉢ ㉣ ㉤ ㉥ ㉦ ㉧ ㉨ ㉩ ㉪ ㉫ ㉬ ㉭ ㄲ ㄸ ㅃ ㅆ ㅉ ㄺ ㄻ	㉠ ㉡ ㉢ ㉣ ㉤ ㉥ ㉦ ㉧ ㉨ ㉩ ㉪ ㉫ ㉬ ㉭ ㄲ ㄸ ㅃ ㅆ ㅉ	ㅏ ㅑ ㅓ ㅕ ㅗ ㅛ ㅜ ㅠ ㅡ ㅣ ㅐ ㅒ ㅔ ㅖ ㅘ ㅙ ㅚ ㅝ ㅞ ㅟ ㅢ	㉠ ㉡ ㉢ ㉣ ㉤ ㉥ ㉦ ㉧ ㉨ ㉩ ㉪ ㉫ ㉬ ㉭ ㄲ ㄸ ㅃ ㅆ ㅉ ㄺ ㄻ

수험번호

⓪ ① ② ③ ④ ⑤ ⑥ ⑦ ⑧ ⑨	⓪ ① ② ③ ④ ⑤ ⑥ ⑦ ⑧ ⑨	⓪ ① ② ③ ④ ⑤ ⑥ ⑦ ⑧ ⑨	⓪ ① ② ③ ④ ⑤ ⑥ ⑦ ⑧ ⑨	⓪ ① ② ③ ④ ⑤ ⑥ ⑦ ⑧ ⑨	⓪ ① ② ③ ④ ⑤ ⑥ ⑦ ⑧ ⑨

(주민등록 앞자리 생년제외) 월일

⓪ ① ② ③ ④ ⑤ ⑥ ⑦ ⑧ ⑨	⓪ ① ② ③ ④ ⑤ ⑥ ⑦ ⑧ ⑨	⓪ ① ② ③ ④ ⑤ ⑥ ⑦ ⑧ ⑨	⓪ ① ② ③ ④ ⑤ ⑥ ⑦ ⑧ ⑨

수험생 유의사항

※ 답안은 반드시 컴퓨터용 수성사인펜으로 보기와 같이 바르게 표기해야 합니다.
〈보기〉 ① ② ③ ❹ ⑤

※ 성명표기란 위 칸에는 성명을 한글로 쓰고 아래 칸에는 성명을 정확하게 ● 표기하십시오.
(단, 성과 이름은 붙여 씁니다)

※ 수험번호 표기란 위 칸에는 아라비아 숫자로 쓰고 아래 칸에는 숫자와 일치하게 ● 표기하십시오.

※ 출생월일은 반드시 본인 주민등록번호의 생년을 제외한 월 두 자리, 일 두 자리를 표기하십시오. 〈예〉 1994년 1월 12일 → 0112

문번	답란	문번	답란	문번	답란	문번	답란	문번	답란	문번	답란
1	① ②	36	① ②	71	① ②	106	① ②	141	① ②	176	① ②
2	① ②	37	① ②	72	① ②	107	① ②	142	① ②	177	① ②
3	① ②	38	① ②	73	① ②	108	① ②	143	① ②	178	① ②
4	① ②	39	① ②	74	① ②	109	① ②	144	① ②	179	① ②
5	① ②	40	① ②	75	① ②	110	① ②	145	① ②	180	① ②
6	① ②	41	① ②	76	① ②	111	① ②	146	① ②	181	① ②
7	① ②	42	① ②	77	① ②	112	① ②	147	① ②	182	① ②
8	① ②	43	① ②	78	① ②	113	① ②	148	① ②	183	① ②
9	① ②	44	① ②	79	① ②	114	① ②	149	① ②	184	① ②
10	① ②	45	① ②	80	① ②	115	① ②	150	① ②	185	① ②
11	① ②	46	① ②	81	① ②	116	① ②	151	① ②	186	① ② ③ ④
12	① ②	47	① ②	82	① ②	117	① ②	152	① ②	187	① ② ③ ④
13	① ②	48	① ②	83	① ②	118	① ②	153	① ②	188	① ② ③ ④
14	① ②	49	① ②	84	① ②	119	① ②	154	① ②	189	① ② ③ ④
15	① ②	50	① ②	85	① ②	120	① ②	155	① ②	190	① ② ③ ④
16	① ②	51	① ②	86	① ②	121	① ②	156	① ②	191	① ② ③ ④
17	① ②	52	① ②	87	① ②	122	① ②	157	① ②	192	① ② ③ ④
18	① ②	53	① ②	88	① ②	123	① ②	158	① ②	193	① ② ③ ④
19	① ②	54	① ②	89	① ②	124	① ②	159	① ②	194	① ② ③ ④
20	① ②	55	① ②	90	① ②	125	① ②	160	① ②	195	① ② ③ ④
21	① ②	56	① ②	91	① ②	126	① ②	161	① ②	196	① ② ③ ④ ⑤
22	① ②	57	① ②	92	① ②	127	① ②	162	① ②	197	① ② ③ ④ ⑤
23	① ②	58	① ②	93	① ②	128	① ②	163	① ②	198	① ② ③ ④ ⑤
24	① ②	59	① ②	94	① ②	129	① ②	164	① ②	199	① ② ③ ④ ⑤
25	① ②	60	① ②	95	① ②	130	① ②	165	① ②	200	① ② ③ ④ ⑤
26	① ②	61	① ②	96	① ②	131	① ②	166	① ②		
27	① ②	62	① ②	97	① ②	132	① ②	167	① ②		
28	① ②	63	① ②	98	① ②	133	① ②	168	① ②		
29	① ②	64	① ②	99	① ②	134	① ②	169	① ②		
30	① ②	65	① ②	100	① ②	135	① ②	170	① ②		
31	① ②	66	① ②	101	① ②	136	① ②	171	① ②		
32	① ②	67	① ②	102	① ②	137	① ②	172	① ②		
33	① ②	68	① ②	103	① ②	138	① ②	173	① ②		
34	① ②	69	① ②	104	① ②	139	① ②	174	① ②		
35	① ②	70	① ②	105	① ②	140	① ②	175	① ②		

저마다의 일생에는,

특히 그 일생이 동터 오르는 여명기에는

모든 것을 결정짓는 한 순간이 있다.

그 순간을 다시 찾아내는 것은 어렵다.

그것은 다른 수많은 순간들의 퇴적 속에

깊이 묻혀있다.

- 장 그르니에, 섬 LES ILES

2025

고시넷

경상남도교육청

교육공무직원 직무능력검사

최신 기출유형 모의고사 9회

정답과 해설

교육공무직원 직무능력검사

gosinet
(주)고시넷

2025
고시넷

경상남도교육청
교육공무직원 직무능력검사
최신 기출유형 모의고사 9회

정답과 해설

교육공무직원 직무능력검사

gosinet
(주)고시넷

정답과 해설

파트1 경상남도 기출문제복원

▶ 문제 18쪽

01	①	02	④	03	④	04	④	05	①
06	④	07	③	08	②	09	④	10	②
11	③	12	③	13	②	14	④	15	①
16	③	17	③	18	①	19	③	20	④
21	②	22	①	23	①	24	②	25	②
26	①	27	②	28	③	29	④	30	②
31	④	32	③	33	①	34	②	35	④
36	②	37	①	38	①	39	②	40	④
41	③	42	②	43	③	44	③	45	④

01 언어논리력 올바른 어휘 고르기

| 정답 | ①

| 해설 | '떼밀리다'는 '남의 몸이나 어떤 물체 따위가 힘을 받아 밀리다'의 뜻을 지닌 표준어로, '떼밀다'의 피동사이자 '떠밀리다'와 유의어이다.

| 오답풀이 |

② '몸가짐이나 언행을 조심하다'는 뜻의 동사 '삼가다'는 '삼가다', '삼가고', '삼가는' 등과 같이 쓴다. '삼가하다', '삼가하고', '삼가하는'은 모두 어법상 적절하지 않다.

③ '바'는 '앞에서 말한 내용 그 자체나 일 따위를 나타내는 말'의 뜻으로 의존명사이다. 의존명사는 앞말과 띄어 쓴다.

④ '원할하다'는 '원활하다'의 잘못된 표현으로 국어사전에 존재하지 않는다.

02 이해력 상황에 따라 적절하게 대처하기

| 정답 | ④

| 해설 | 고객불만 처리 프로세스는 다음과 같이 이루어진다.

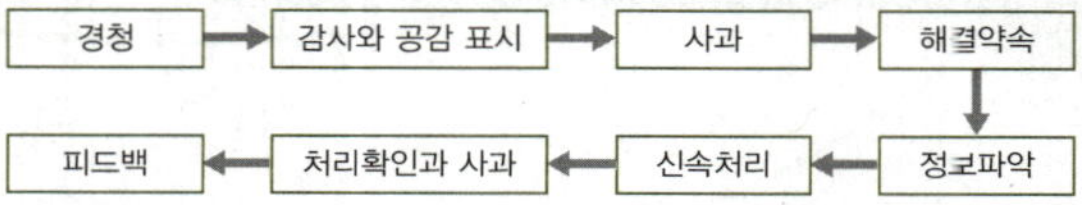

따라서 게시판을 통해 고객불만을 확인하게 된 상황은 '경청'에 해당한다고 볼 수 있으며, 이에 따라 다음 단계인 '감사와 공감 표시'를 수행한 ④의 조치 내용이 고객불만 처리 프로세스를 준수한 것이라고 할 수 있다.

03 공간지각력 제시된 블록 합치기

| 정답 | ④

| 해설 | ④는 점선 표시된 블록이 추가되고 동그라미 친 부분이 제거되어야 한다.

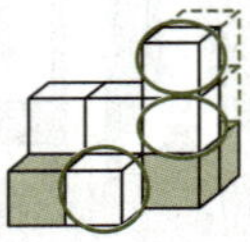

| 오답풀이 |

①

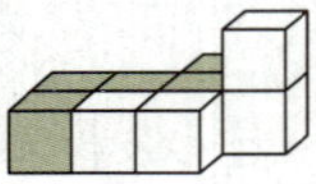

②

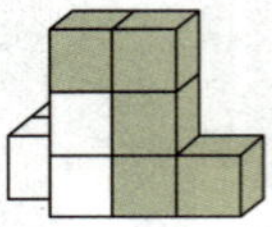

③

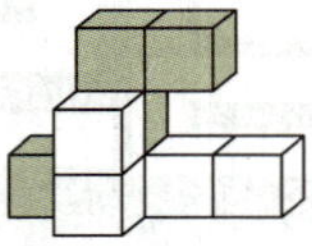

04 문제해결력 명제 판단하기

| 정답 | ④

| 해설 | 벼락치기를 한 보라의 성적이 나쁘기 위해서는 삼단 논법에 따라 [전제 2]에 벼락치기로 공부한 사람은 성적이 나빴다는 내용이 들어가야 한다. 이때, 벼락치기로 공부한 '모든' 사람이 성적이 나빴다는 명제가 추가되어야 벼락치기를 한 보라 또한 예외 없이 성적이 나쁠 수 있으므로 '벼락치기로 공부한 사람은 모두 성적이 나빴다'가 빈칸에 적절하다.

| 오답풀이 |

① 벼락치기로 공부한 '어떤' 사람이 성적이 나빴다면, 또 다른 어떤 사람은 성적이 나쁘지 않을 수도 있다. 이 경우 [결론]이 반드시 참이라고 할 수 없다.

05 언어논리력 세부내용 이해하기

| 정답 | ①

| 해설 | 네 번째 문단을 통해 전화가 올 때마다가 아니라 긴급한 건의 경우에 문자로 알리는 것이 좋다는 것을 알 수 있다.

| 오답풀이 |

② 첫 번째 문단을 통해 알 수 있는 내용이다.

③ 두 번째 문단을 통해 알 수 있는 내용이다.

④ 세 번째 문단을 통해 알 수 있는 내용이다.

06 언어논리력 세부내용 이해하기

| 정답 | ④

| 해설 | 제시된 자료는 메일 작성 예절과 전화 예절에 대해 설명하고 있으므로 ④가 고려한 내용으로 적절하다.

07 공간지각력 펼친 모양 찾기

| 정답 | ③

| 해설 | 종이를 접은 순서의 반대로 펼치면 다음과 같다.

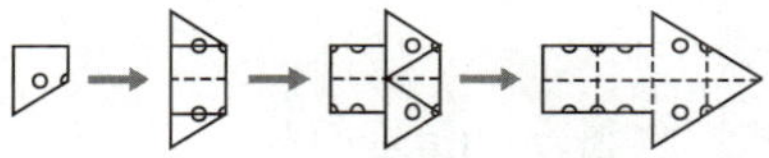

08 공간지각력 직각이등변삼각형의 개수 세기

| 정답 | ②

| 해설 | 직각이등변삼각형을 활용하여 만들 수 있는 화살표의 모양은 다음과 같다.

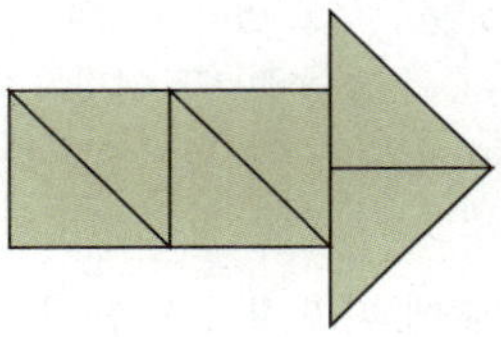

따라서 최소 6개가 필요하다.

09 문제해결력 진위 추론하기

| 정답 | ④

| 해설 | A와 D의 증언이 상충하므로 A의 증언이 거짓말인 경우와 D의 증언이 거짓말인 경우로 나누어 생각해 본다.

- A의 증언이 거짓인 경우 : B, C, D의 증언이 참이 된다. 그러나 B의 증언 '원료 분류 작업에서 불량이 나온다'와 D의 증언 '포장 작업에서 불량이 나온다'에 의해 불량의 원인이 되는 작업을 담당한 직원이 2명이 되어 조건에 맞지 않는다. 따라서 A의 증언은 참이다.
- D의 증언이 거짓인 경우 : A, B, C의 증언이 참이 되며 이들의 증언은 서로 상충하지 않는다. 따라서 B의 증언에 따라 불량의 원인이 되는 작업을 담당한 직원은 원료 분류를 담당한 D이며, 거짓 증언을 한 사람도 D이다.

10 문제해결력 명제 판단하기

| 정답 | ②

| 해설 | 각 명제를 'A : 하루에 양치를 네 번 이상 한다', 'B : 방 청소를 자주 한다', 'C : 일주일에 여섯 번 이상 쇼핑을 한다'라고 할 때 제시된 명제를 정리하면 다음과 같다.

- B → ~A
- C → ~B

B → ~A가 참이므로 이 명제의 대우인 A → ~B도 참이다. 또한 A → ~B에서 C → ~B를 도출하기 위해서는 C → A라는 명제가 필요하다. 또한 C → A가 참이므로 이 명제의 대우인 ~A → ~C도 참이다. 따라서 '하루에 양치를 네 번 이상 하지 않는 사람은 일주일에 여섯 번 이상 쇼핑을 하지 않는다'는 명제가 답이 된다.

11 관찰탐구력 충격량 이해하기

| 정답 | ③

| 해설 | 물체에 주어진 충격량은 운동량의 변화와 같으며 같은 운동량의 변화를 물체에 줄 때 힘이 작용하는 시간이 많이 걸릴수록 힘의 크기가 작아져서 피해가 작아진다. 반면, 총신이 길 경우 힘은 그대로이지만 탄알이 힘을 받는 시간이 길어져 충격량이 커지고 탄알의 속력 또한 더 커지게 되어 더 멀리 날아가게 된다. 이는 충격의 분산 또는 완화와는 관련이 없다.

12 관찰탐구력 광합성 이해하기

| 정답 | ③

| 해설 | 광합성은 식물이나 일부 세균이 빛 에너지를 사용하여 이산화탄소와 물로부터 포도당과 산소를 생산하는 과정으로, 주로 식물체에서 일어난다. 이끼는 식물의 일종으로 엽록체를 통해 광합성을 하는데, 습기가 많은 곳에서 자라며 빛을 이용하여 영양분을 생산한다.

| 오답풀이 |

①, ② 버섯과 푸른곰팡이는 균류에 속하며 광합성을 하지 않는다. 대신 유기물을 분해하여 영양분을 얻는다.

④ 효모는 균류에 속하며 광합성을 하지 않는다. 주로 유기물을 발효시켜 영양분을 얻는다.

13 문제해결력 조건을 바탕으로 추론하기

| 정답 | ②

| 해설 | 주어진 조건에서 제시하는 것은 C와 E가 다른 팀이어야 한다는 것과 A, B 또는 B, F가 반드시 같은 팀이어야 한다는 것이다. 따라서 제시된 선택지는 모두 C와 E가 구분되어 있으므로 A, B 또는 B, F의 조건에 부합되는지를 살펴보면 된다.

②의 A, E, F 조합으로는 'B가 속한 팀에 A 또는 F가 반드시 속해야 한다.'는 조건을 충족할 수 없다.

14 이해력 적절하게 의사 표현하기

| 정답 | ④

| 해설 | 칭찬은 진심과 함께 상대방의 노력을 인정하고 존중하는 표현이어야 한다. ④의 경우 겉으로는 칭찬처럼 들리지만, 상대방에게 부담을 줄 수 있는 표현이다. '앞으로도 계속'이라는 조건을 달아 마치 지금 하는 것처럼 지속적으로 일을 잘해야만 한다는 압박을 주기 때문이다. 진심으로 칭찬하는 것은 상대방의 현재 노력을 인정하고, 그 순간에 대한 감사를 표현하는 것이 중요하다.

15 공간지각력 도형 회전하기

| 정답 | ①

| 해설 | 시계 방향으로 90° 회전한 모양은 다음과 같다.

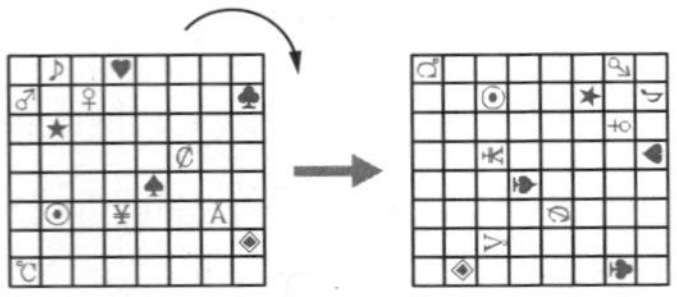

16 문제해결력 조건을 바탕으로 추론하기

| 정답 | ③

| 해설 | 홍일동은 첫 번째 조건과 세 번째 조건에 따라 짝수 달(6월, 12월)에 출장을 가며, 홍사동보다 먼저 가야하므로 6월에 출장을 간다. 이에 따라 홍사동은 3, 6월에 출장을 가는 것이 불가능하다. 홍이동은 두 번째 조건에 따라 9월에 출장을 가지 않으므로 3월이나 12월 중에 출장을 가야 하는데, 네 번째 조건에 따라 홍삼동보다 먼저 출장을 가야 하므로 3월에 출장을 간다. 이를 표로 정리하면 다음과 같다.

	3월	6월	9월	12월
홍일동	×	○	×	×
홍이동	○	×	×	×
홍삼동	×	×		
홍사동	×	×		

따라서 홍이동은 3월에 출장을 간다.

| 오답풀이 |

①, ② 홍삼동과 홍사동은 9월 또는 12월에 출장을 간다.

17 문제해결력 진위 추론하기

| 정답 | ③

| 해설 | C와 E의 진술이 상충되므로 C의 진술이 거짓말인 경우와 E의 진술이 거짓말인 경우로 나누어 생각해 본다.

- C의 진술이 거짓인 경우 : A, B, D, E의 진술이 참이 되며 이들의 진술은 서로 상충하지 않는다. 따라서 C의 진술은 거짓이다.
- E의 진술이 거짓인 경우 : A, B, C, D의 진술이 참이 되는데, C가 거짓말을 하고 있다는 A의 진술과 E가 진실을 말하고 있다는 D의 진술이 모두 거짓이 되어 거짓말을 하는 직원이 1명이라는 조건에 맞지 않는다. 따라서 E의 진술은 참이다.

따라서 E의 진술에 따라 발주서를 작성한 사람은 C가 된다.

18 언어논리력 다의어 파악하기

| 정답 | ①

| 해설 | 제시문에서 '때'는 '좋은 기회나 알맞은 시기'의 의미이다.

| 오답풀이 |

② 끼니 또는 식사 시간을 뜻하는 다의어이다.

③ 시간의 어떤 순간이나 부분을 뜻하는 다의어이다.

④ 불순하고 속된 것을 뜻하는 동음이의어이다.

19 언어논리력 어휘의 의미 파악하기

| 정답 | ③

| 해설 | '체화'란 '지식이나 기술, 사상 따위가 직접 경험을 통해 자기 것이 됨'을 의미한다. '몸소 경험을 통해 알아지거나 이해됨'의 의미의 단어는 '체득'이다.

20 공간지각력 제시된 블록 합치기

| 정답 | ④

| 해설 | 〈그림〉의 직육면체는 정면에서 4개, 측면에서 4개의 블록이 보이는 직육면체이다. 따라서 A ~ C 블록은 다음과 같이 배치하면 〈그림〉과 같은 직육면체를 쌓을 수 있다.

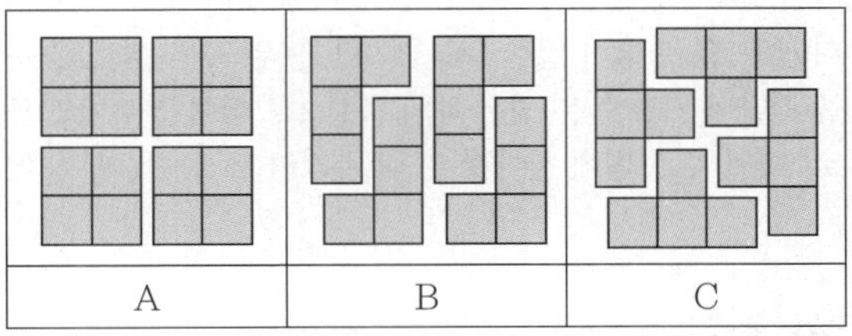

21 관찰탐구력 물리 용어 이해하기

| 정답 | ②

| 해설 | ㉡은 비중에 대한 설명이다. 부력은 중력이 작용할 때 유체 속에 있는 물체가 유체로부터 받는 중력과 반대 방향으로 작용하는 힘이다. 이 힘의 크기는 유체 속에 떠 있는 물체와 같은 부피의 그 유체의 무게와 같다.

22 관찰탐구력 힘의 작용방향 파악하기

| 정답 | ①

| 해설 | 한 쪽을 고정시킨 용수철의 다른 쪽으로 잡아당겼다가 놓을 때, 우선 나무토막이 지면에 위치하도록 수직 아래 방향(C)으로 중력이 항상 작용하면서, 용수철을 잡아당겼던 방향의 반대쪽(A)으로 탄성력이 작용하여 용수철이 원래 모습으로 되돌아가게 된다. 이때 용수철과 나무토막이 함께 움직이는 방향의 반대쪽(B)로 마찰력이 발생한다.

23 언어논리력 알맞은 사자성어 찾기

| 정답 | ①

| 해설 | 공부를 포기하고 싶을 정도로 두꺼운 책이었지만 계획을 세우고 매일 공부한 결과 내용을 모두 공부하여 시험에 합격하였다는 상황과 잘 어울리는 사자성어는 마부위침이다. 도끼를 갈아 바늘을 만든다는 뜻으로 아무리 이루기 힘든 일도 끊임없는 노력과 끈기 있는 인내로 성공한다는 의미이다.

| 오답풀이 |

② 어부지리(漁父之利) : 두 사람이 이해관계로 서로 싸우는 사이에 엉뚱한 사람이 애쓰지 않고 이익을 가로챈다는 말

③ 설상가상(雪上加霜) : 눈 위에 서리가 덮인다는 뜻으로 난처한 일이나 불행한 일이 잇따라 일어남을 이르는 말

④ 상전벽해(桑田碧海) : 뽕나무밭이 변하여 푸른 바다가 된다는 뜻으로 세상일의 변천이 심함을 비유적으로 이르는 말

24 이해력 전화응대법 이해하기

| 정답 | ②

| 해설 | 〈사례 1〉의 상담자는 단답형으로 고객의 물음에만 답을 하며 대화가 끝나게 유도하고 있다. 이 경우 고객은 다음 말을 어떻게 해야 할지를 고민하며 당황스러운 상태가 됨에 따라 짧은 순간에 고객의 니즈는 식고 만다. 결국 고객은 다음 말을 어떻게 해야 할지 몰라 "아, 네, 알겠습니다." 등의 말로 전화를 끊어 버린다. 따라서 상담자가 고객에게 설명하거나 설득을 하기 위해 말을 장황하게 많이 할 필요는 없으나 단답형 응대는 지양해야 하며 적절하게 질문을 던져 고객이 말을 많이 하도록 유도하는 것이 중요

하다. 따라서 짧게 이야기하는 것이 바람직한 응대법이라 고 말할 수는 없다.

25 이해력 효과적인 의사표현 방법 이해하기

| 정답 | ②

| 해설 | 직장생활에서 의사소통은 상대방에게 깊은 인상으로 남도록 해야 한다. 의사소통과정에서 상대방에게 깊은 인상을 주고, 상대가 감탄하도록 의사표현을 하기 위해서는 가급적 다양한 표현을 사용해야 한다. 사례를 통해 나타난 A 과장은 반복적인 단순한 표현으로 인해 의사표현의 진정성을 얻지 못한 경우이다.

26 문제해결력 조건을 바탕으로 추론하기

| 정답 | ①

| 해설 | 갑, 을, 병의 직급이 모두 다르므로 직급을 임의로 과장, 대리, 사원으로 설정한다. 세 번째 조건을 통해 갑은 을보다 직급이 낮지만 네 번째, 다섯 번째 조건을 통해 갑이 취미에 투자하는 시간이 가장 많으므로 병보다 직급이 높음을 알 수 있다. 이를 정리하면 다음과 같다.

구분	갑	을	병
직급	대리	과장	사원

다섯 번째 조건에 의해 직급이 가장 낮은 병의 취미는 낚시가 된다. 네 번째 조건에 의해 갑의 취미는 등산이 아니므로 갑의 취미는 수영, 을의 취미는 등산이 된다. 이를 정리하면 다음과 같다.

구분	갑	을	병
직급	대리	과장	사원
취미	수영	등산	낚시

27 공간지각력 도형의 규칙 파악하기

| 정답 | ②

| 해설 | 왼쪽 그림을 보면 화살표 왼쪽의 바깥쪽 사각형을 시계방향으로 90도 회전하고, 안쪽 사각형의 색을 없애 주면 화살표 오른쪽의 사각형과 일치한다. 이 규칙에 따라 '?'에 들어갈 도형은 ②번과 같다.

28 공간지각력 투상도로 입체도형 찾기

| 정답 | ③

| 해설 | 정면도, 평면도, 우측면도 순으로 확인할 때 일치하는 입체도형은 ③이다.

| 오답풀이 |

① 정면도, 평면도, 우측면도가 일치하지 않는다.

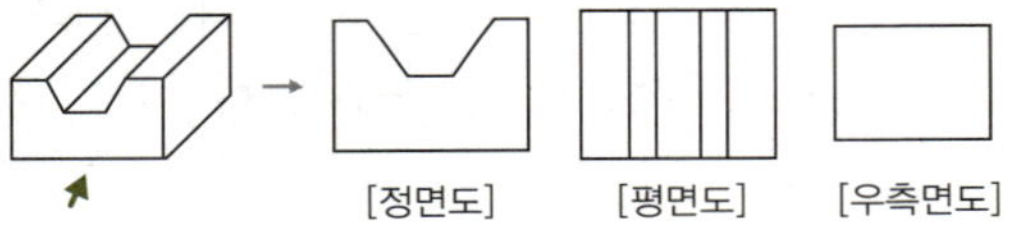

② 정면도, 평면도, 우측면도가 일치하지 않는다.

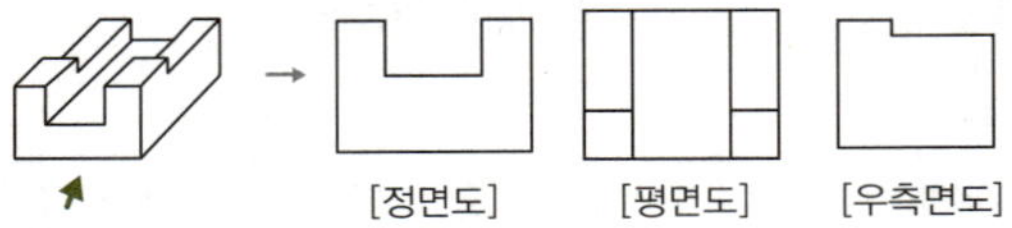

④ 평면도가 일치하지 않는다.

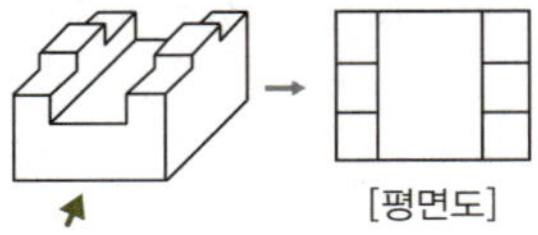

29 문제해결력 조건을 바탕으로 추론하기

| 정답 | ④

| 해설 | 제시된 조건에 따라 홍보팀 직원 5명의 직급을 비교하면 갑 > 병 > 을 ≥ 정 > 무가 된다. 이때 갑과 을 중 직급이 더 낮은 을은 당직 일정으로 참여할 수 없으며, 병, 정, 무 중 직급이 가장 높은 병은 해외 출장으로 참여할 수 없으므로, 이번 주 모임에 참여할 수 있는 직원은 갑, 정, 무이다.

30 이해력 올바른 대처 방법 파악하기

| 정답 | ②

| 해설 | 직원들의 개인 연락처를 외부에 신속하게 제공하는 것은 개인정보 보호 규정에 위배될 수 있으며, 일반적인 회사의 보안 정책에 반하는 행동이다. 이러한 정보는 쉽게 제공해서는 안 되며, 적절한 절차를 거쳐야 한다.

| 오답풀이 |

③ 상위 책임자인 상사가 해외출장으로 자리를 비운 상황이므로, 상사가 돌아온 후에 해당 사항을 검토하겠다는

것은 적절한 대처법이다.

④ 개인 연락처를 바로 제공하지 않고 이메일을 통해 공식적으로 요청을 달라고 안내하는 것은 정보의 정확성과 보안을 확보할 수 있는 올바른 방법이다.

31 관찰탐구력 원소의 분자식 이해하기

| 정답 | ④

| 해설 | 메탄(CH_4)은 탄소 원자 1개와 수소 원자 4개로 이루어져 있다.

| 오답풀이 |

① 물(H_2O)은 산소 원자 1개와 수소 원자 2개로 이루어져 있다.

② 이산화탄소(CO_2)는 산소 원자 2개와 탄소 원자 1개로 이루어져 있다.

③ 메틸알코올 (CH_3OH) : 메틸알코올, 또는 메탄올은 산소 원자 1개, 탄소 원자 1개, 그리고 수소 원자 4개로 이루어져 있다.

32 관찰탐구력 이자의 주요 기능 이해하기

| 정답 | ③

| 해설 | 이자는 췌장이라고도 한다. 이자는 소화 작용을 도와주는 외분비 기능과, 혈당농도 조절에 대한 내분비 기능을 동시에 갖고 있는 중요한 기관이다.

| 오답풀이 |

① 간은 몸에서 해독 작용을 하는 기관으로, 영양소를 저장하고 담즙을 생산하여 지방 소화를 돕는다.

② 위는 음식물을 저장하고 소화액을 분비하여 단백질을 부분적으로 소화한다.

④ 신장은 혈액에서 노폐물을 걸러 소변으로 배출하고 체액의 양과 성분을 조절한다.

33 관찰탐구력 에너지 전환 이해하기

| 정답 | ①

| 해설 | 공기의 저항이나 마찰이 없을 때 중력이 작용하여 운동하는 물체의 역학적 에너지(위치 에너지+운동 에너지)는 보존된다. 공이 A, E 지점일 때 위치 에너지가 최대이며, C 지점으로 갈수록 위치 에너지는 감소하고 운동 에너지는 증가하여 공이 C 지점일 때 운동 에너지는 최대가 된다. 따라서 A→C, E→C 구간이 위치 에너지가 운동 에너지로 전환되는 구간이다.

34 이해력 리더십 이해하기

| 정답 | ②

| 해설 | 변화에 대해 이해한 후 그 변화가 가져올 긍정적인 측면을 강조하는 것이 필요하다. 이를 통해 직원들은 변화를 긍정적으로 받아들이고 변화에 적응할 수 있다.

| 오답풀이 |

① 변화를 독촉하는 것은 직원들에게 불필요한 스트레스를 줄 수 있으며, 변화에 대한 긍정적인 태도 형성에 도움이 되지 않는다.

③ 변화에 대한 객관적인 태도를 갖는 것 또한 중요할 수 있으나, 직원들이 변화를 보다 잘 수용할 수 있게 하기 위해서는 변화에 대한 긍정적인 태도를 갖게 하는 것이 더 적절하다.

④ 팀워크 강화는 변화 수용의 근본적인 해결책이라고 보기에는 다소 부족하다.

35 공간지각력 전개도 파악하기

| 정답 | ④

| 해설 | 전개도를 정육면체로 접을 때, 앞면을 ●, 오른쪽 옆면을 ☎으로 하면 ①, ②, ③은 다음과 같다.

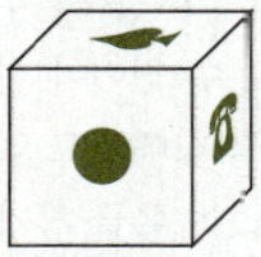

이와 달리 ④는 다음과 같다.

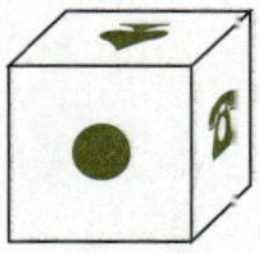

36 언어논리력 내용을 바탕으로 추론하기

| 정답 | ②

| 해설 | 두 번째 문단과 7. 유의사항에서 장시간 차량 이동이 있다는 내용을 통해 학생들이 직접 국립중앙과학관에 집결하는 것이 아니라 다른 곳에서 차량을 통해 현장체험학습 장소로 이동하는 것을 추론할 수 있다.

| 오답풀이 |

① 첫 번째 문단을 통해 추론할 수 있다.

③ 첫 번째 문단에서 학생들이 천체 관측 및 우주 과학 체험 프로그램을 경험할 예정이라는 것과 5. 내용에서 천체 관측 및 우주 과학 체험을 통해 추론할 수 있다.

④ 6. 준비물에 우비가 있는 것을 통해 추론할 수 있다.

37 문제해결력 명제 판단하기

| 정답 | ①

| 해설 | 'p : 기획팀 구성원', 'q : 똑똑하고 야무지다', 'r : 찬이', 's : 주희', 'c : 재무팀 소속'로 나타낼 경우, 제시된 명제에 의해 p → q, r → p, s → c가 된다. r → p → q의 삼단논법에 따라 r → q는 반드시 참인 명제가 된다. 그러므로 ① '찬이는 야무지고 똑똑하다'는 명제는 참이다.

38 이해력 리더십 이해하기

| 정답 | ①

| 해설 | 동기 부여는 리더십의 핵심 개념이다. 성과와 목표의 실현은 동기 부여의 직접적인 결과에 해당한다. 팀의 리더라면 구성원들이 좋은 성과를 내도록 동기 부여를 줄 수 있어야 하며, 자기 자신에게도 동기를 부여할 수 있어야 한다. 그러나 제시된 상황처럼 업무 태도가 점점 나빠지고 업무에 전혀 관심이 없는데도, 가시적인 성과 없이 유급 휴가 등의 보상을 주는 것은 전체의 효율과 형평을 고려했을 때 적절하다고 볼 수 없다.

39 언어논리력 올바른 토론 자세 이해하기

| 정답 | ②

| 해설 | 다른 의견을 가진 두 전문가가 토론하는 과정에서 자신의 경험만을 맹신하는 독선적인 자세는 건전한 토론을 해치는 자세이다.

40 언어논리력 토론 과정 파악하기

| 정답 | ④

| 해설 | 각자의 주장을 논리적으로 펼치고 있으나, 각자의 전문성만을 피력하는 것이 아니라 상호 다른 의견에 대해서도 부분적인 인정을 통해 합의점을 도출하고 있다.

41 관찰탐구력 물질의 구성 이해하기

| 정답 | ③

| 해설 | 물은 수소와 산소 두 원소로 이루어진 화합물이다.

| 오답풀이 |

① 원소는 더 이상 다른 물질로 분해되지 않는 물질의 기본 성분이다.

② 수소는 주기율표에서 가장 가벼운 원소로, 수로를 연료로 사용하는 수소연료도 존재한다.

④ 원자는 물질을 이루는 가장 작은 기본 입자이다.

42 관찰탐구력 물질의 상태 변화 이해하기

| 정답 | ②

| 해설 | 얼음이 담긴 컵의 표면에 물방울이 맺히는 것은 액화와 관련된다. 공기 중의 기체 상태인 수증기가 차가운 얼음컵 표면에 닿으면 온도가 낮아져서 액체 상태의 물방울로 변하게 되는 것이다.

| 오답풀이 |

① 기화는 액체인 물질이 기체 상태로 변하는 현상이다.

③ 승화는 고체인 물질이 직접 기체 상태로 변하는 현상으로, 액체 상태를 거치지 않는 것이다.

④ 융해는 고체인 물질이 액체 상태로 변하는 현상이다.

43 공간지각력 도형의 규칙 찾기

| 정답 | ③

| 해설 | 제시된 첫 번째 도형에 있는 ◎는 시계 방향으로 위치를 한 칸씩 이동하면서 ◎ → ∘∘ → ∘∘ → ◎ → ⋯ 순서로 모양이 바뀌고, 첫 번째 도형에 있는 ●는 시계 방향으로 한 칸씩 이동하면서 ● → ◎ → ◎ → ● → ⋯ 순서로 모양이 바뀐다. 이러한 규칙에 따라 '?'에 올 수 있는 도형을 나타내면 다음과 같다.

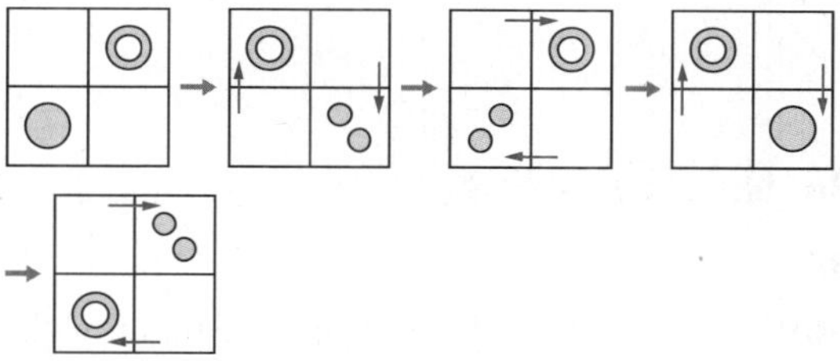

44 이해력 경청 태도 이해하기

| 정답 | ③

| 해설 | 공감적 경청은 상대방의 숨은 의도와 감정, 정서 상태에 주목하며 듣는 유형의 대화 방식이다. 효과적인 경청 방법에는 공감을 준비하고, 상대를 인정하며, 말하기를 절제하고, 겸손하게 이해하고, 온몸으로 응답하는 것이 포함된다. C의 경우 친구의 힘든 감정을 무시하고 조언을 하며 문제를 해결하는데 초점을 두고 있어, 상대방은 자신의 감정이 충분이 이해받았다고 느끼지 못 한다.

45 이해력 업무 협상 실패 이유 파악하기

| 정답 | ④

| 해설 | 서 대리가 저지른 실수는 잘못된 사람과 협상을 진행하였다는 것이다. 협상 상대가 협상에 대하여 책임을 질 수 있고 타결권한을 가지고 있는 사람인지 확인하고 협상을 시작하는 것은 매우 중요하다. 최고책임자는 협상의 세부사항을 잘 모르기 때문에 상급자라 할지라도 이러한 경우에는 협상의 올바른 상대가 아니다.

파트2 기출예상문제

1회 기출예상문제

▶ 문제 44쪽

01	②	02	④	03	②	04	④	05	②
06	①	07	③	08	②	09	③	10	③
11	②	12	①	13	①	14	③	15	①
16	①	17	④	18	②	19	①	20	①
21	①	22	③	23	④	24	②	25	③
26	①	27	①	28	③	29	①	30	④
31	③	32	④	33	①	34	②	35	④
36	②	37	②	38	④	39	②	40	③
41	③	42	②	43	②	44	④	45	①

01 언어논리력 올바른 맞춤법 사용하기

| 정답 | ②

| 해설 | ㉢ '걸맞다'는 '두 편을 견주어 볼 때 서로 어울릴 만큼 비슷하다'는 의미의 형용사이다. 따라서 '걸맞는'이 아닌 '걸맞은'이 되어야 한다.

| 오답풀이 |

㉠ '-던지'는 과거에 한 행동에 대하여 생각하거나 추측할 때 사용하며, '-든지'는 어느 것이든 선택될 수 있음을 나타낼 때 사용하므로 '얼마든지'가 적절하다.

㉡ '대가'는 '일을 하고 그에 대한 값으로 받는 보수'를 의미하므로 적절하다.

㉣ '내로라하다'는 '어디에 내놓아도 손색이 없다'를 의미하므로 적절하다.

02 이해력 올바른 의사소통 방법 이해하기

| 정답 | ④

| 해설 | 바람직한 의사소통을 위해서라면 폐쇄적인 의사소통 분위기는 제거되어야 한다.

| 오답풀이 |

① 의사소통 과정에서 명확한 의사표현을 위해 적절히 감정을 억제할 수 있어야 한다.

② 의사소통은 서로 다른 사람들 사이의 지각의 차이와 선입견을 줄이거나 제거할 수 있는 효과적인 수단이다.

③ 의사소통은 조직이나 팀의 효율성과 효과성을 높여 성과를 결정하는 핵심 기능이고 성과 또한 의사소통에 중요한 영향을 미친다.

03 공간지각력 펼친 모양 찾기

| 정답 | ②

| 해설 | 접은 선을 축으로 하여 역순으로 펼치면 다음과 같다.

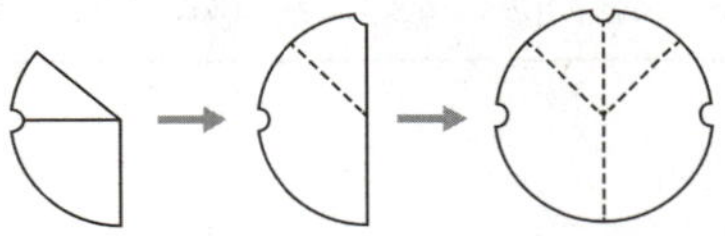

04 문제해결력 명제 판단하기

| 정답 | ④

| 해설 | 'A : 닭싸움에 참가한다', 'B : 단체줄넘기에 참가한다', 'C : 2인 3각에 참가한다', 'D : 박 터트리기에 참가한다'로 나타낼 경우, 제시된 명제를 정리하면 다음과 같다.

• ~A → B　　• C → A　　• D → ~B

제시된 명제로는 단체줄넘기에 참가한 정이 2인 3각에 참가했는지의 여부를 알 수 없다.

| 오답풀이 |

① ~A → B가 참이므로 이 명제의 대우인 ~B → A도 참이다. 삼단논법에 의해 D → ~B → A가 성립되어 D → A도 참이 된다. 따라서 박 터트리기에 참가한 갑은 닭싸움에도 참가한다.

② ~A → B가 참이므로 이 명제의 대우인 ~B → A도 참이다. 따라서 단체줄넘기에 참가하지 않은 병은 닭싸움에 참가한다.

③ D → ~B가 참이므로 이 명제의 대우인 B → ~D도 참이다. 따라서 단체줄넘기에 참가한 을은 박 터트리기에 참가하지 않는다.

05 언어논리력 글의 흐름에 맞게 문단 배열하기

| 정답 | ②

| 해설 | 맨 처음에는 '안티'라는 말의 유래를 설명하는 (다)가 온다. 그다음으로 안티라는 말의 부연설명을 하고 있는 (라)가 오며, 안티 문화에 대한 언급과 고대 철학자 헤라클레이토스의 사상을 설명하고 있는 (가)와 (나)가 차례대로 온다. 마지막으로 앞에서 소개했던 사상의 내용에 대해 부연설명하고 있는 (마)가 온다. 따라서 글의 순서는 (다)－(라)－(가)－(나)－(마)이다.

06 언어논리력 알맞은 접속어 넣기

| 정답 | ①

| 해설 | ㉠ (다)와 (라) 문단은 서로 의미가 이어지는 것이므로 순접의 접속어인 '그래서'가 들어가야 한다.

㉡ 앞 문장에서 말한 것에서 확장한 내용을 이어 주는 역할이므로 '더 나아가'가 들어가야 한다.

07 공간지각력 그림자 모양 파악하기

| 정답 | ③

| 해설 | 제시된 입체도형을 정면에서 봤을 때 생기는 그림자의 모양은 ③과 같다.

08 문제해결력 진위 추론하기

| 정답 | ②

| 해설 | • 갑이 거짓인 경우 : 갑이 회사원이므로 병은 화가이다. 또한 을은 교수가 아니므로 대학생이며 나머지 정은 교수임을 알 수 있다.

• 을이 거짓인 경우 : 을이 교수이므로 정은 대학생이다. 또한 갑은 회사원이 아니므로 화가이며 나머지 병은 회사원임을 알 수 있다.

• 병이 거짓인 경우 : 병과 정은 대학생 또는 교수이며 갑과 을은 회사원 또는 화가이다. 이때 갑은 회사원이 아니므로 화가이며 을은 회사원임을 알 수 있다.

• 정이 거짓인 경우 : 병과 정은 회사원 또는 화가이며 갑과 을은 대학생 또는 교수이다. 이때 을은 교사가 아니므로

대학생이며 갑은 교수임을 알 수 있다.

4명의 진술이 각각 거짓이라고 가정했을 때의 상황을 정리하면 다음과 같다.

구분	갑	을	병	정
갑X	회사원	대학생	화가	교수
을X	화가	교수	회사원	대학생
병X	화가	회사원	대학생 또는 교수	대학생 또는 교수
정X	교수	대학생	회사원 또는 화가	회사원 또는 화가

09 공간지각력 제시된 블록 합치기

| 정답 | ③

| 해설 | ③과 같은 모양은 나올 수 없으며 다음 그림과 같이 수정되어야 한다.

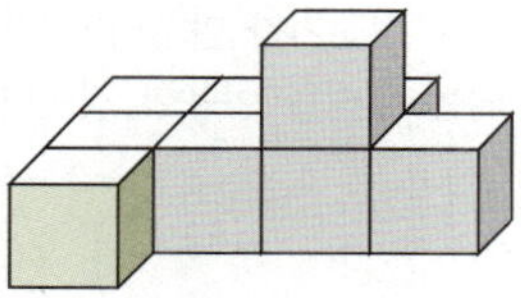

| 오답풀이 |

①

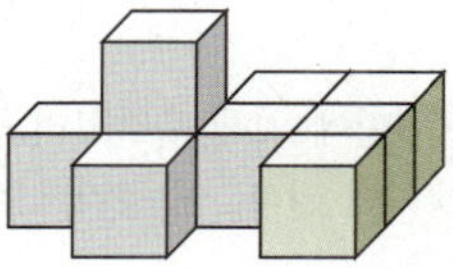

②

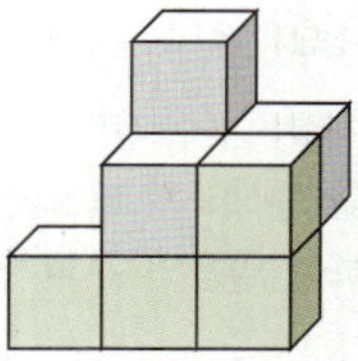

④

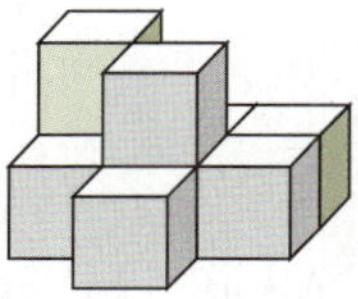

10 문제해결력 명제 판단하기

| 정답 | ③

| 해설 | 빈칸에 '동물은 생명체이다'라는 명제가 들어가면 [전제 1]과 [전제 2]는 삼단논법에 의하여 '동물 → 생명체 → 물이 필요함'과 같이 연결되어, '동물은 물이 필요하다'라는 [결론]을 도출해 낼 수 있다.

11 문제해결력 명제 판단하기

| 정답 | ②

| 해설 | 각 명제를 'P : 수박을 좋아한다', 'Q : 복숭아를 좋아한다', 'R : 딸기를 좋아한다', 'S : 포도를 좋아한다', 'Z : 사과를 좋아한다'로 나타낼 경우, 제시된 명제를 정리하면 다음과 같다.

- P → Q
- R → S
- ~P → R
- Z → ~Q

제시된 명제로는 딸기를 좋아하는 사람이 복숭아를 좋아하는 지 알 수 없다.

| 오답풀이 |

① P → Q가 참이므로 이 명제의 대우인 ~Q → ~P도 참이다. 삼단논법에 의해 Z → ~Q → ~P → R이 성립되어 Z → R도 참이 된다. 따라서 사과를 좋아하는 사람은 딸기를 좋아한다.

③ ~P → R가 참이므로 이 명제의 대우인 ~R → P도 참이다. 따라서 딸기를 좋아하지 않는 사람은 수박을 좋아한다.

④ P → Q가 참이므로 이 명제의 대우인 ~Q → ~P도 참이다. 삼단논법에 의해 Z → ~Q → ~P가 성립되어 Z → ~P도 참이 된다. 따라서 사과를 좋아하는 사람은 수박을 좋아하지 않는다.

12 이해력 리더의 특성 이해하기

| 정답 | ①

| 해설 | 리더와 관리자는 다음과 같은 특성으로 구분될 수 있다.

리더	관리자
• 새로운 상황을 창조하며, 혁신지향적이다 • 내일에 초점을 둔다. • 사람을 중시하며, 사람의 마음에 불을 지핀다. • 정신적 • 계산된 위험을 극복하며 배우려 한다. • '무엇을 할까'를 생각한다.	• 상황에 수동적이며, 유지지향적이다. • 오늘에 초점을 둔다. • 체제나 기구, 조직을 사람보다 중시하며, 사람을 관리한다. • 기계적 • 위험을 회피하려 한다. • '어떻게 할까'를 생각한다.

따라서 ㉠은 리더보다 관리자의 특성에 더 가까운 모습이다.

13 공간지각력 도형 회전하기

| 정답 | ①

| 해설 | 시계 방향으로 90° 회전한 모양은 다음과 같다.

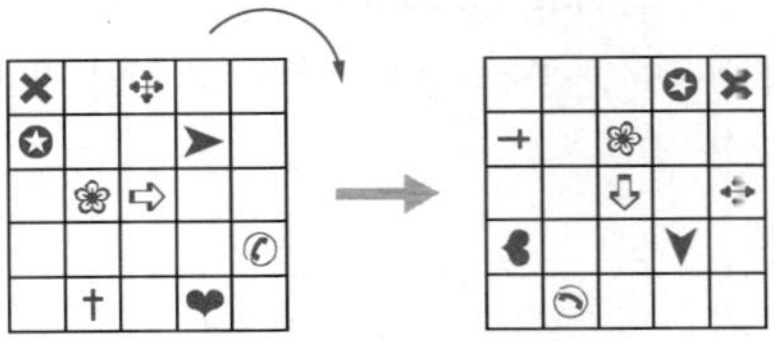

| 오답풀이 |

②는 동그라미 친 부분의 모양이 다르다.

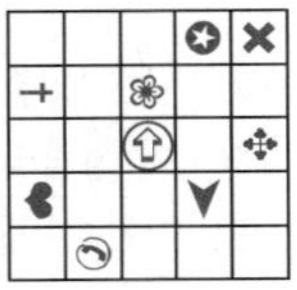

14 문제해결력 조건을 바탕으로 추론하기

| 정답 | ③

| 해설 | 제시된 명제를 정리하면 다음과 같다.

- A → D
- ~B → ~A
- B → ~C
- ~C → ~E and ~F

~B → ~A가 참이므로 이 명제의 대우인 A → B도 참이다. 삼단논법에 의해 A → B → ~C → ~E and ~F가 성립되므로 A → ~E and ~F는 참이 된다. 따라서 A가 근무하는 날에는 E가 근무하지 않으므로 ③은 거짓이다.

| 오답풀이 |

①, ② ~B → ~A가 참이므로 이 명제의 대우인 A → B도 참이다. 따라서 A가 근무한다면 B와 D도 함께 근무한다.

④ B → ~C가 참이므로 이 명제의 대우인 C → ~B도 참이다. 따라서 C가 근무하는 날에는 B가 근무하지 않는다.

15 언어논리력 저자의 견해 파악하기

| 정답 | ①

| 해설 | 저자는 고대 한국의 문자라 불리는 가림토 문자의 존재에 대해 일본의 신대 문자와 같이 존재 근거가 불충분하여 언어학적으로 큰 의미가 없다고 하였다. 따라서 훈민정음이 가림토 문자의 영향을 받아 만들어졌다는 설명은 저자의 견해와 일치하지 않는다.

16 관찰탐구력 정전기 원리 이해하기

| 정답 | ①

| 해설 | 머리카락이 건조할 때 머리를 빗으면 머리카락이 빗에 달라붙는 현상은 정전기의 원리이다. 진공청소기는 정전기가 아닌 공기의 압력차를 이용한 것으로, 청소기 내부의 팬을 강하게 회전시켜 진공상태로 만들면 기계 안에 있던 공기가 밖으로 빠져나가고, 이로 인한 압력차로 먼지, 찌꺼기 등이 공기와 함께 기압이 낮은 청소기 내부로 빨려 들어가게 되는 것이다.

| 오답풀이 |

② 복사기는 검은 흑연입자인 토너가 정전기에 의해 원통형 드럼에 달라붙었다가 또다시 정전기에 의해 종이 쪽으로 달라붙게 하는 원리로 만들어졌다.

③ 포장 랩에 밀착되어 감겨 있는 랩을 풀어서 뜯으면 마찰력이 생겨 정전기가 발생하여 식기 등에 잘 달라붙게 된다.

④ 공기 청정기는 마주 보는 양 전극에 전압을 걸어 방전시키면 전기에 의해 정전기가 발생하고 먼지들이 집진판에 달라붙게 되는 원리를 이용한 것이다.

17 관찰탐구력 얼음의 부피 이해하기

| 정답 | ④

| 해설 | 물은 얼음이 되면 수소 결합에 의해 육각고리 구조를 형성하게 되어 빈 공간이 생기게 된다. 이 공간으로 인하여 얼음의 부피가 증가한다.

18 언어논리력 세부내용 이해하기

| 정답 | ②

| 해설 | 두 번째 문단에서 국내에서 과거와는 다른 개념의 채식주의 바람이 불고 있는 이유는 건강에 대한 염려 때문이라고 언급되었다.

| 오답풀이 |

① 세 번째 문단에서 암 발생 통계를 제시하며 과도한 육식 문화의 확산이 또 다른 사회 문제로 대두되고 있다고 하였다.

③ 두 번째 문단에서 국내 채식 레스토랑 및 채식 베이커리도 5년 전보다 2배 이상 늘어난 300여 곳이 운영되고 있다고 하였다.

④ 마지막 문단에서 채식은 연령대나 체질에 따라 신중하게 접근해야 한다고 하였다.

19 문제해결력 명제 판단하기

| 정답 | ①

| 해설 | [결론]에 따라 [전제 2]는 유통업이 발달한 국가와 국민소득이 높은 국가를 연결하는 명제가 제시되어야 한다. 따라서 적절한 명제는 '유통업이 발달한 국가는 국민소득이 높다'이다.

20 공간지각력 도형 재배치하기

| 정답 | ①

| 해설 | ①은 제시된 네 조각을 조합해 만들 수 있다.

| 오답풀이 |

선택지의 그림에서 색칠된 부분이 일치하지 않는다.

② 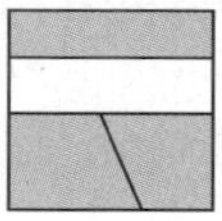 ③ 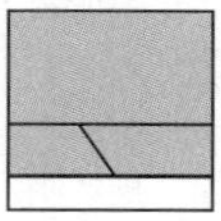 ④ 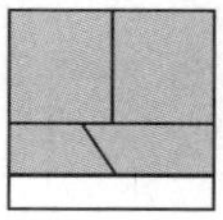

21 언어논리력 세부내용 이해하기

| 정답 | ①

| 해설 | 첫 번째 문단에서 단시간 근로가 가능할 경우 전일제 근로를 기피하는 여성에게는 출산에 따른 기회비용이 낮아져 육아와 경제활동을 병행할 수 있다고 언급되어 있으므로 이는 여성의 취업률을 높이는 결과를 가져올 수 있다.

22 언어논리력 세부내용 이해하기

| 정답 | ③

| 해설 | 첫 번째 유형은 사업주가 근로시간 단축을 허용하지 않으면 과태료나 벌금이 부과되므로 의무 사항이지만, 나머지 세 가지 유형의 근로시간 단축은 사업상의 이유로 허용하지 않아도 제재 조치가 없는 사업주의 권한으로 운용될 수 있는 제도이다.

| 오답풀이 |

① 첫 번째 유형에서 여성 근로자가 임신 후 12주 이내 또는 36주 이후 근로시간 단축을 신청한다는 언급을 통해 추론할 수 있다.

② 보육 · 육아교육 기관의 공급이 부족한 지역에 거주할 때 전일제 근로를 기피하지만 단시간의 일을 할 수 있다면 육아와 경제활동을 병행할 수 있다는 언급을 통해 추론할 수 있다.

④ 두 번째 유형, 네 번째 유형에서 근로시간 단축 신청 대상을 각각 육아휴직을 신청할 수 있는 근로자와 가족을 돌보기를 희망하는 근로자로 규정하고 있으므로 여성 근로자뿐만 아니라 남성 근로자도 해당됨을 추론할 수 있다.

23 관찰탐구력 수압과 기압의 변화 이해하기

| 정답 | ④

| 해설 | 수면으로 올라갈수록 공기 방울 외부 수압은 낮아지지만 공기 방울 속 기압은 변하지 않는다. 따라서 공기 방울 속에서 공기가 물을 미는 힘보다 공기 방울 밖에서 물이 공기를 미는 힘이 더 작아지기 때문에 공기 방울의 부피가 늘어난다.

24 관찰탐구력 화학 반응 이해하기

| 정답 | ②

| 해설 | 온도가 높아지면 입자들의 운동이 빨라져 서로 충돌하는 횟수가 늘어나고, 충돌 강도도 높아지기 때문에 화학 반응의 속도가 빨라진다.

25 언어논리력 사자성어와 속담 연결하기

| 정답 | ③

| 해설 | ㉡ 적소성대(積小成大)는 작거나 적은 것도 쌓이면 크게 되거나 많아짐을 이르는 말이다.

㉣ 득롱망촉(得隴望蜀)은 만족할 줄을 모르고 계속 욕심을 부리는 경우를 비유적으로 이르는 말이다.

㉤ 삼순구식(三旬九食)은 삼십 일 동안 아홉 끼니밖에 먹지 못한다는 뜻으로, 몹시 가난함을 이르는 말이다.

| 오답풀이 |

㉠ 당랑거철(螳螂拒轍)은 제 역량을 생각하지 않고 강한 상대나 되지 않을 일에 덤벼드는 무모한 행동거지를 비유적으로 이르는 말이다.

㉢ 동병상련(同病相憐)은 같은 병을 앓는 사람끼리 서로 가엾게 여긴다는 뜻으로, 어려운 처지에 있는 사람끼리 서로 가엾게 여김을 이르는 말이다.

26 공간지각력 두 면만 보이는 블록 개수 세기

| 정답 | ①

| 해설 | 그림상 두 면만 보이는 블록은 가장 아래층 중간에 위치한 블록 한 개뿐이다.

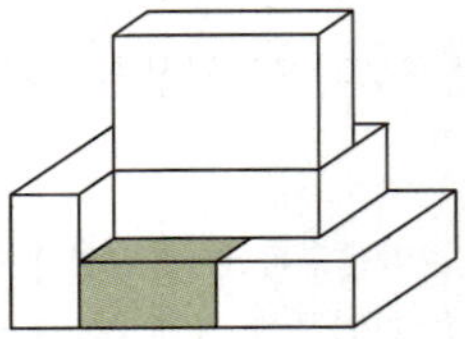

27 공간지각력 블록 개수 세기

| 정답 | ①

| 해설 | 바닥에 닿아 있는 블록을 1층이라고 할 때, 1층에 3개, 2층에 1개, 3층에 1개로 총 5개이다.

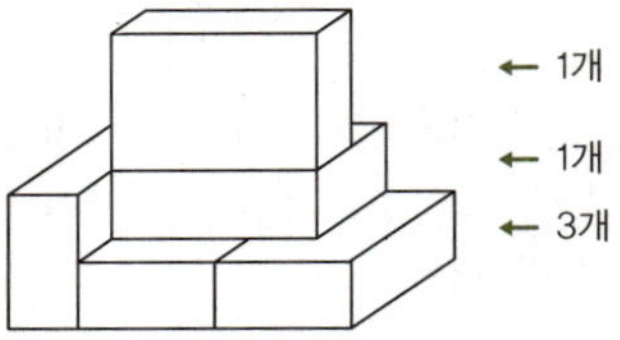

28 관찰탐구력 체내 효소 이해하기

| 정답 | ③

| 해설 | 체내의 효소는 체온이 정상 범위 내에 있어야 활발하게 활동하며, 체온이 낮아지면 효소가 제대로 기능을 하지 못해 우리 몸에 산소나 영양분을 제대로 운반하지 못하게 된다.

| 오답풀이 |

① 한 반응을 촉매한 효소는 다시 새로운 기질과 결합하여 촉매 반응을 활성화한다.

②, ④ 효소는 반응 후에도 변하지 않으므로 소모되지 않는다.

29 문제해결력 조건을 바탕으로 추론하기

| 정답 | ①

| 해설 | 첫 번째, 두 번째 조건에 따라 인사팀과 회계팀이 같은 층에 배정되고 바로 아래층은 비어 있어야 한다. 세 번째, 네 번째 조건에 따라 CS팀보다 마케팅팀과 홍보팀이 위층에 배정되는데 홍보팀 바로 아래층에 CS팀이 배정되어야 하므로 다음과 같은 경우로 배정이 가능하다.

5층	인사/회계	마케팅	마케팅
4층	–	인사/회계	홍보
3층	마케팅	–	CS
2층	홍보	홍보	인사/회계
1층	CS	CS	–

따라서 2층에는 어떠한 경우에도 부서가 배정되므로 항상 거짓인 것은 ①이다.

30 문제해결력 조건을 바탕으로 숙소 선정하기

| 정답 | ④

| 해설 | A는 수용가능인원이 280명이나, 숙소 사용일에는 수용가능인원의 25%가 감축되므로 280×0.75=210(명)이 사용할 수 있다. 따라서 예정 인원을 모두 수용할 수 없으므로 선택될 수 없다. 그리고 C는 수용가능인원이 300×0.75=225(명)이나, 전자칠판이 없으므로 선택될 수 없다.

따라서 조건을 모두 만족하는 것은 B, D이고 이 경우 거리가 더 가까운 곳을 선정한다는 조건에 따라 최종 선택될 호텔은 D가 된다.

31 관찰탐구력 중력가속도 이해하기

| 정답 | ③

| 해설 | 중력의 크기는 물체의 질량에 비례하지만, 중력에 의해 발생하는 가속도(중력가속도 g)는 모든 물체에서 동일하다. 따라서 공기의 저항을 무시할 때, 질량에 상관없이 모든 물체의 떨어지는 속도는 같다.

32 언어논리력 기사의 제목 정하기

|정답| ④

|해설| 제시된 기사의 내용은 미국의 청소년 흡연율이 높은 수치를 기록하며, 높은 청소년 흡연율과 낮은 담배 구입 연령 제한이 연관이 있다는 연구 결과가 나와 미국의 여러 주가 담배 구입 연령 제한을 상향했다는 것이다. 따라서 '미국, 심각한 청소년 흡연율에 다수의 주들 담배 구입 연령 21세로 상향 조절'이 가장 적절하다.

33 이해력 적절하게 의사 표현하기

|정답| ①

|해설| 거절의 의사결정은 빠를수록 좋다. 오래 지체될수록 상대방은 긍정의 대답을 기대하게 되고 의사결정자는 거절을 하기 더욱 어려워지기 때문이다.

34 관찰탐구력 빛의 굴절 이해하기

|정답| ②

|해설| 제시된 그림은 빛이 공기 중에서 물속으로 들어갈 때 굴절하는 현상을 나타내고 있다. 물속에 잠긴 다리가 짧아 보이는 것은 빛의 굴절 때문에 나타나는 현상이다.

|오답풀이|

① 빛이 거울에 정반사되어 나타나는 현상이다.

③ 빛이 호수 표면에 정반사되어 나타나는 현상이다.

④ 빛의 직진하는 성질 때문에 나타나는 현상이다.

35 공간지각력 전개도로 입체도형 찾기

|정답| ④

|해설| 전개도를 접었을 때 서로 만나는 변을 같은 기호로 표시하면 다음과 같다.

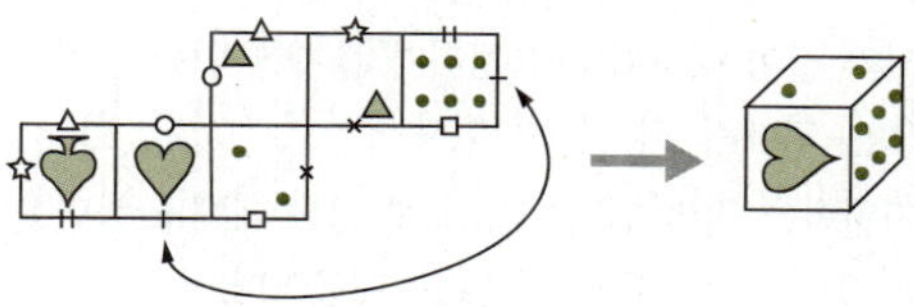

|오답풀이|

① 윗면의 모양이 로 되어야 한다.

② 윗면이 로, 옆면이 로 되어야 한다.

③ 윗면이 로 되어야 한다.

36 문제해결력 명제 판단하기

|정답| ②

|해설| 'P : 복지가 좋다', 'Q : 연봉이 높다', 'R : 직원들의 불만이 많다', 'S : 직원들의 여가생활을 존중한다'로 나타낼 경우, 제시된 명제를 정리하면 다음과 같다.

• P → ~R • ~Q → R • P → S

A. ~Q → R가 참이므로 이 명제의 대우인 ~R → Q도 참이다. 삼단논법에 의해 P → ~R → Q가 성립되어 P → Q도 참이 된다. 복지가 좋은 회사는 연봉이 높으므로 [결론] A는 거짓이다.

B. P → S가 참이므로 이 명제의 대우인 ~S → ~P도 참이다. 직원들의 여가생활을 존중하지 않는 회사는 복지가 좋지 않으므로 [결론] B는 참이다.

따라서 B만 옳은 결론이다.

37 관찰탐구력 GPS 이해하기

|정답| ②

|해설| GPS위성은 자신의 위치와 시간 정보를 담아 전파로 지구에 발신하여 최소 3개의 위성으로부터 수신한 전파를 통해 자신까지의 거리를 계산하고 자신의 현재 위치를 정확하게 찾아내는 시스템으로, 원래는 군사 목적으로 개발되었지만 현재는 스마트폰, 내비게이션, 지도 제작 등 실생활에서도 많이 사용되고 있다.

38 언어논리력 세부내용 이해하기

|정답| ④

|해설| 두 번째 문단에서 결론은 앞에 올 수도, 뒤에 올 수도 있지만 보고를 받는 사람이 결론을 정확히 인지할 수 있도록 작성해야 한다고 되어 있다.

| 오답풀이 |

① 마지막 문단에서 보고서는 짧을수록 좋지만 의미와 정보의 전달이 약해지지 않도록 적절히 조율해야 한다고 되어 있다.

② 네 번째 문단에서 보고서의 양은 저마다 다를 수 있다고 되어 있지만 이 차이가 부서에 의해 생긴다는 언급은 없다.

③ 세 번째 문단에서 조사 자료와 의견은 분리해서 보고해야 한다고 되어 있다.

39 언어논리력 글의 주제 파악하기

| 정답 | ②

| 해설 | 제시된 글은 제3자에게 의도하지 않게 이익이나 손해를 주는 '외부성'에 대해 설명하면서 이러한 외부성은 사회 전체로 볼 때 이익이 극대화되지 않는 비효율성을 초래할 수 있다고 설명하고 있다. 또한 이러한 비효율성에 대한 해결책으로 보조금이나 벌금과 같은 정부의 개입을 소개하고 있다. 따라서 글의 전체적인 주제로는 ②가 적절하다.

40 관찰탐구력 광합성량과 이산화탄소 관계 이해하기

| 정답 | ③

| 해설 | 이산화탄소의 농도가 증가할수록 광합성량은 증가하지만 일정한 농도를 지나면 더 이상 증가하지 않는다.

41 관찰탐구력 전기력 이해하기

| 정답 | ③

| 해설 | ㉠ 전기력은 전하 사이에 작용하는 힘으로, 그 단위는 뉴턴(N)을 사용한다.

㉡ 같은 종류끼리의 전하 사이에서는 서로 밀어내는 힘인 척력, 다른 종류의 전하 사이에서는 서로 잡아당기는 힘인 인력이 작용한다.

㉢ 전기력은 전하량의 곱에 비례한다.

| 오답풀이 |

㉣ 전기력은 두 전하 사이 거리의 제곱에 반비례한다.

42 관찰탐구력 관성 이해하기

| 정답 | ②

| 해설 | 버스의 속력이 일정할 때에는 버스와 손잡이가 같은 속도로 움직이고 있으므로 손잡이는 바로 아래인 B 방향으로 떨어진다.

43 공간지각력 단면 모양 파악하기

| 정답 | ②

| 해설 | 입체도형의 형태에 유의하면서 자르는 방향에 따라 나타나는 단면의 모양을 생각한다.

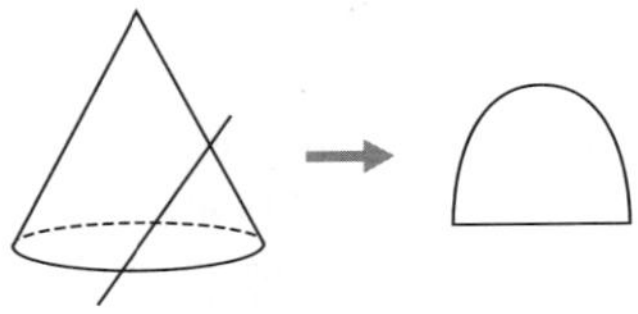

44 이해력 경청 태도 파악하기

| 정답 | ④

| 해설 | J 대리는 A 팀장의 발표에 몸짓으로 반응하며 듣고 있다. 이는 상대방의 말에 반응하며 듣는 경청의 태도 중 하나이다.

45 이해력 올바른 대처 방법 파악하기

| 정답 | ①

| 해설 | 출장 중인 직원들의 담당 업무일 경우 고객 정보를 받아 두고 출장에서 돌아와 민원을 처리하기로 했으나, 해당 상황이 발생했을 경우에는 처리할 수 있는 만큼 최대한 처리하고 메모해 두었다가 담당자에게 인계하여 마무리하는 것이 가장 바람직하다.

| 오답풀이 |

② 민원인은 사과나 인정보다는 민원을 빨리 처리해 줄 것을 요구하고 있다.

③ 이와 같이 대응했다가 처리가 불가한 민원일 경우 후에 오는 피해가 더 클 수 있다.

④ 민원인은 전화 연결까지 오래 걸린 데에도 불만을 가지고 있으므로 적절하지 않은 대응이다.

2회 기출예상문제

▶ 문제 66쪽

01	②	02	③	03	④	04	①	05	③
06	④	07	④	08	②	09	①	10	①
11	①	12	②	13	④	14	④	15	②
16	①	17	②	18	③	19	①	20	④
21	③	22	③	23	①	24	②	25	②
26	②	27	③	28	③	29	③	30	②
31	②	32	④	33	①	34	②	35	②
36	③	37	①	38	③	39	④	40	③
41	③	42	①	43	③	44	②	45	②

01 언어논리력 올바르게 띄어쓰기

| 정답 | ②

| 해설 | '-ㄹ수록'은 앞 절이 뜻하는 바가 심해지면 그만큼 뒤 절이 뜻하는 바도 심해지거나 약해짐을 나타내는, 비례의 뜻이 담긴 조건의 연결어미이므로 붙여 써야 한다.

| 오답풀이 |

① '-치고'는 '그 전체가 예외 없이'의 뜻을 나타내는 보조사이므로 앞 단어와 붙여 쓴다.

③ '안 되다'의 '안'은 부사 '아니'의 준말이므로 띄어 쓴다.

④ '안되다'는 '근심이나 병 따위로 얼굴이 많이 상하다'는 뜻의 형용사로 붙여 쓴다.

02 이해력 의사소통의 문제점 파악하기

| 정답 | ③

| 해설 | 김 부장은 가격 협상만 남았다는 성 사원의 지난 보고를 토대로 계약 건이 어떻게 마무리되었는지를 묻고 있다. 즉, 가격 협상이 제대로 완료되었는지를 물은 것이다. 하지만 김 부장의 질문 의도를 파악하지 못한 성 사원은 엉뚱한 대답을 하였다. 이는 대화 상대가 요구하는 것이 무엇인지를 제대로 파악하지 못하여 발생한 상황이므로, ③과 같은 조언을 해주는 것이 가장 적절하다.

03 공간지각력 펼친 모양 찾기

| 정답 | ④

| 해설 | 접었던 선을 축으로 하여 역순으로 펼치면 다음과 같다.

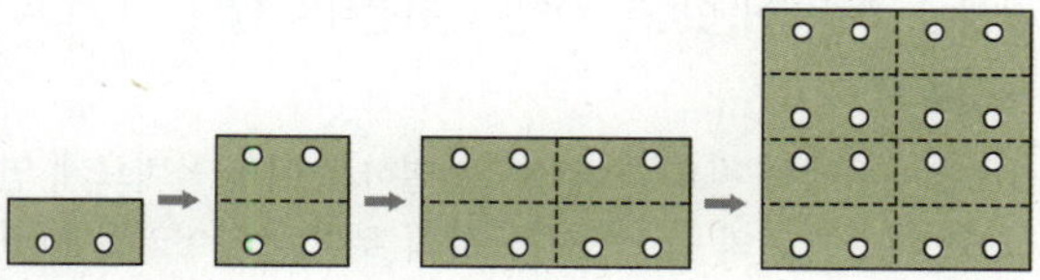

04 문제해결력 명제 판단하기

| 정답 | ①

| 해설 | 'P : 게으르다', 'Q : 운동을 싫어한다', 'R : 긍정적이다'라고 할 때 제시된 명제를 정리하면 다음과 같다.

A. ~P → ~Q

B. ~R → Q

~P → ~Q가 참이므로 이 명제의 대우인 Q → P도 참이다. 삼단논법에 의해 ~R → Q → P가 성립되어 ~R → P가 참이 된다. 따라서 긍정적이지 않은 사람은 게으르다.

| 오답풀이 |

② 제시된 명제로는 알 수 없다.

③ ~R → Q가 참이므로 이 명제의 대우인 ~Q → R도 참이다. 따라서 운동을 싫어하지 않는 사람은 긍정적이다.

④ B의 명제가 참이므로 이는 거짓이다.

05 언어논리력 문맥에 맞게 문단 배열하기

| 정답 | ③

| 해설 | 우선 (나)에서 Z세대의 특징으로 화두를 던지며 글의 중심소재인 '하이퍼텍스트'를 언급한다. 이어서 (가)에서는 하이퍼텍스트에 대해 정의하며 구체적으로 설명하고 있다. 다음으로 (라)가 이어져 하이퍼텍스트와 일반적인 문서의 차이를 제시하고 있으며, 마지막으로 (다)에서 하이퍼텍스트가 등장함에 따라 생길 변화에 대해 설명하고 있다. 따라서 (나)-(가)-(라)-(다) 순이 적절하다.

경남기출복원 1회 기출예상 2회 기출예상 3회 기출예상 4회 기출예상 5회 기출예상 6회 기출예상 7회 기출예상 8회 기출예상 9회 기출예상

06 언어논리력 내용을 바탕으로 추론하기

| 정답 | ④

| 해설 | (라)에서 하이퍼텍스트는 정보의 시작과 끝이 없어 정보의 크기를 무한대로 확장할 수 있다고 하였으므로 확장성이 제한되어 있다는 설명은 적절하지 않다.

| 오답풀이 |

①, ② (다)에서 필요한 정보를 선별하고 이를 올바르게 연결하는 개인의 능력이 중요하게 부각될 것이라고 하였으므로 적절하다.

③ 책은 선형적 내러티브의 서사 구조를 갖는 반면, 하이퍼텍스트는 비선형적 구조의 텍스트를 가져 정보에 접근하는 속도가 매우 빠르다고 하였으므로 적절하다.

07 공간지각력 제시된 블록 합치기

| 정답 | ④

| 해설 | ④와 같은 모양은 나올 수 없으며 다음 그림과 같이 수정되어야 한다.

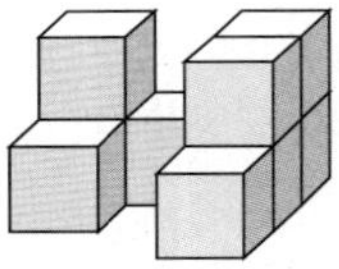

| 오답풀이 |

①

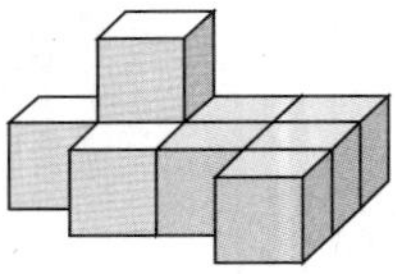

②

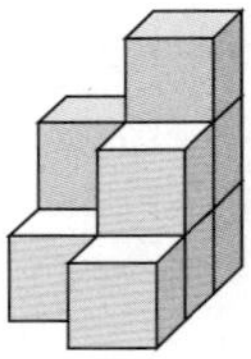

③

08 공간지각력 동일한 도형 찾기

| 정답 | ②

| 해설 | ②는 제시된 도형을 180° 회전한 모양이다.

| 오답풀이 |

나머지 도형은 동그라미 친 부분이 다르다.

①

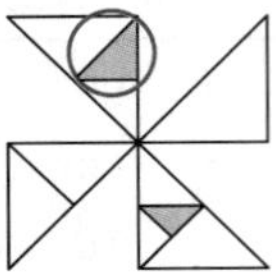

③

④

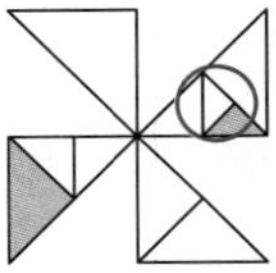

09 문제해결력 조건을 바탕으로 추론하기

| 정답 | ①

| 해설 | 먼저 네 번째 조건에 따라 마주 보고 앉는 사원 A와 부장의 자리를 정한다. 첫 번째 조건에 따라 대리는 사원 A와 나란히 앉는데, 대리가 사원 A의 오른쪽에 앉을 경우 과장이 대리의 왼쪽 옆자리에 앉아 있다는 세 번째 조건과 어긋나므로 대리는 사원 A의 왼쪽 옆자리에 앉고, 그 옆에 과장이 앉는다. 마지막으로 두 번째 조건에 의해 사원 B의 왼쪽 옆자리는 비어 있어야 하므로 사원 B는 부장의 왼쪽 옆자리에 앉게 된다. 이를 그림으로 정리하면 다음과 같다.

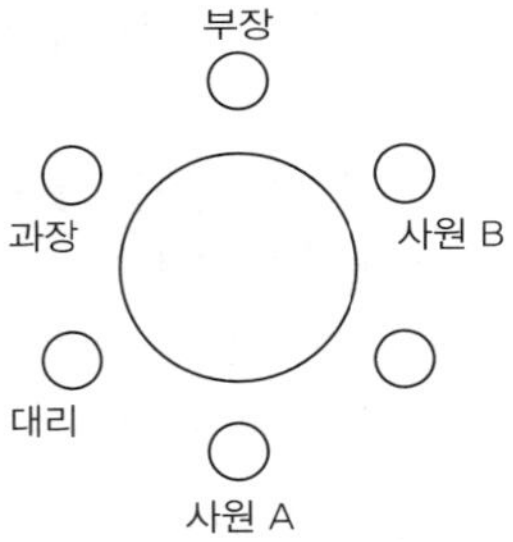

따라서 부장의 오른쪽 옆자리에 앉은 사람은 과장이다.

10 문제해결력 명제 판단하기

| 정답 | ①

| 해설 | 'p : 떡볶이를 좋아한다', 'q : 화통하다', 'r : 닭강정을 좋아한다'라고 할 때 [사실]을 정리하면 다음과 같다.

• $p \rightarrow q$ • $q \rightarrow \sim r$ • $p \rightarrow \sim r$

A. '$p \rightarrow \sim r$'이 참이므로 대우인 '$r \rightarrow \sim p$'도 참이다. 따라서 닭강정을 좋아하는 사람은 떡볶이를 좋아하지 않는다.

B. '$\sim r \rightarrow q$'는 '$q \rightarrow \sim r$'의 역으로 참 · 거짓을 알 수 없다.

따라서 A만 옳은 결론이다.

11 관찰탐구력 심장박동 조절 이해하기

| 정답 | ①

| 해설 | 심장박동 수는 자율신경계에 의해 조절된다.

| 오답풀이 |

② 심박동 조절의 중추는 연수이다.

③, ④ 교감신경에 의해 아드레날린이 분비되면 심박동은 빨라지고, 부교감신경에 의해 아세틸콜린이 분비되면 심박동은 느려진다.

12 관찰탐구력 혈구 이해하기

| 정답 | ②

| 해설 | 전체 혈액의 약 45%를 차지하는 혈구는 혈액 속의 세포 성분을 통칭하며, 적혈구, 백혈구, 혈소판 등으로 구성된다. 적혈구는 산소를 운반하는 역할을 하며 백혈구는 세균과 싸워 우리 몸을 보호하는 역할을 한다. 또한 세균이나 바이러스에 감염되었을 때 그것들을 공격하기 위해 백혈구 수가 증가한다.(㉡) 혈소판은 혈액을 응고시키는 역할을 한다.(㉣)

| 오답풀이 |

㉠ 백혈구에는 핵이 있으나, 적혈구와 혈소판에는 핵이 없다.

㉢ 혈구 중 적혈구의 수가 가장 많다.

13 문제해결력 조건을 바탕으로 추론하기

| 정답 | ④

| 해설 | 우선 E는 B의 진술이 참이라고 했으므로 B와 E는 같은 내용을 진술한 것이 된다. 용의자 중 두 사람만이 거짓을 말한다는 조건에 따라 B, E의 진술이 거짓일 경우와 참일 경우로 나누어 살펴본다.

- B, E의 진술이 거짓일 경우 : B, E의 진술이 거짓이라면 A, C, D의 진술은 참이 된다. 그런데 종로에 있었다는 A의 진술과 A와 B가 인천에 있었다는 C의 진술은 서로 엇갈리므로, 거짓말을 하고 있는 사람이 두 사람뿐이라는 조건과 상충한다.
- B, E의 진술이 참일 경우 : B, E의 진술이 참이라면 B, E의 진술과 다르게 C와 단둘이 있었다는 D의 진술은 거짓이 되며, 남은 A와 C 중 한 명이 거짓을 말하고 있는 것이 된다.
  만약 A가 거짓말을 했다면 C의 진술은 참이 되어 A는 B와 인천에 있었던 것이 되므로 범인은 D가 된다. 만약 C가 거짓말을 했다면 A의 진술은 참이 되며, B의 진술에 따라 사건 시각에 A, B, C는 종로에 함께 있었던 것이 되어 이 경우 또한 범인은 D가 된다.

따라서 거짓말을 한 사람은 A와 D 또는 C와 D이고 그림을 훔친 범인은 D이다.

14 공간지각력 전개도 파악하기

| 정답 | ④

| 해설 | 전개도를 접을 때 서로 맞닿는 모서리를 같은 기호로 표시하면 다음과 같다.

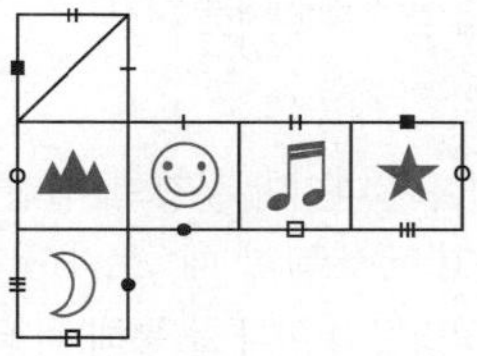

각 선택지의 3개의 면에 들어가는 도형 중 구분하기 쉬운 도형을 골라 그것을 중심으로 인접면의 도형의 모양과 방향을 파악한다.

④의 경우 오른쪽 면인  을 중심으로 살펴보면 바로 왼쪽 면의 방향이 잘못되었음을 알 수 있다.

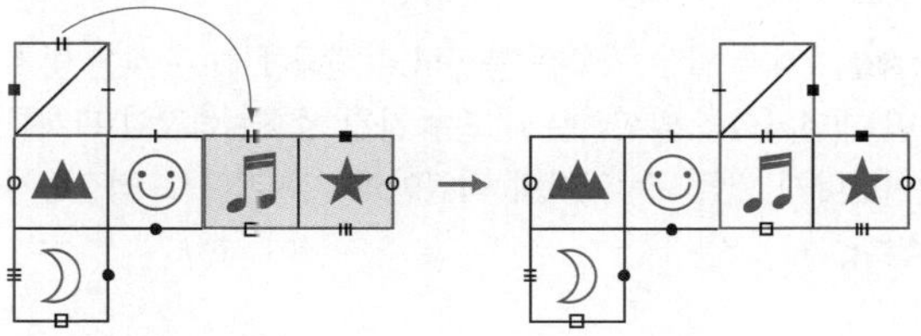

즉,  →  로 되어야 한다. 왼쪽 면이  일 경우에는  이 되어야 한다.

15 언어논리력 세부내용 이해하기

| 정답 | ②

| 해설 | 두 번째 문단을 통해 장미향은 베이스노트에 속한다는 것을 알 수 있다. 그러나 마지막 문단에서 플로럴 노트가 꽃에서 추출된 모든 향을 의미한다고 했으므로 장미향은 오리엔탈 노트가 아닌 플로럴 노트에 해당하는 것을 알 수 있다.

| 오답풀이 |

① 두 번째 문단과 세 번째 문단을 통해 시트러스 계열의 향은 휘발성이 강하며 톱노트에 해당하고, 재스민향은 지속력이 길며 베이스노트에 해당하는 것을 알 수 있다.

③ 베티베르향은 베이스노트에 해당하므로 톱노트에 해당하는 감귤향보다 지속력이 좋다.

④ 세 번째 문단을 통해 후추향은 스파이시 노트에, 장미향은 플로럴 노트에 해당돼 서로 다른 계열임을 알 수 있다.

16 언어논리력 글의 중심내용 찾기

| 정답 | ①

| 해설 | 괴테의 일화와 마지막 문장의 '일정한 주제의식이나 문제의식을 가지고 독서를 할 때, 보다 창조적이고 주체적인 독서 행위가 성립될 것이다'를 통해 이 글이 목적이나 문제의식을 가지고 하는 독서의 효율성에 관한 내용임을 알 수 있다.

17 이해력 직업윤리 이해하기

| 정답 | ②

| 해설 | 각자 맡은 업무를 충실히 수행해야 하는 것은 맞지만 개인의식을 발휘하는 태도는 자칫 상호협력적인 관계를 어긋나게 만들 수 있기에 직업인의 기본자세로 적절하지 않다.

18 공간지각력 주사위 눈의 개수 추론하기

| 정답 | ③

| 해설 | A는 다음과 같이 3과 마주 보므로 A에 들어갈 눈의 개수는 4개이다.

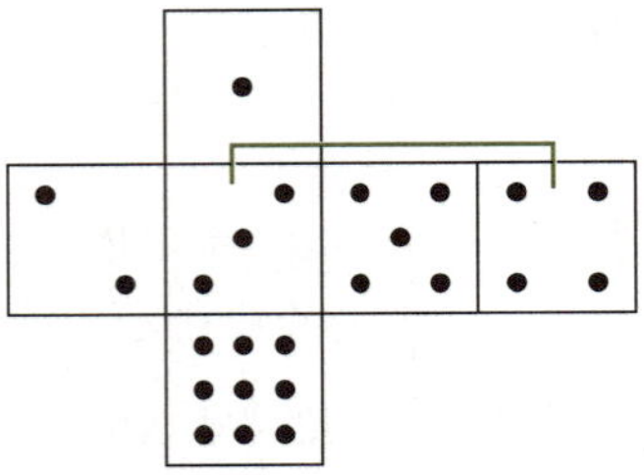

19 문제해결력 조건을 바탕으로 추론하기

| 정답 | ①

| 해설 | 조건을 보면 E와 F는 다른 리그이고, C와 A 또는 C와 B는 같은 리그이다. 따라서 ACE－BDF, ACF－BDE, BCE－ADF, BCF－ADE의 네 가지 경우로 리그를 나눌 수 있다.

20 문제해결력 진위 추론하기

| 정답 | ④

| 해설 | A～E의 진술을 살펴보면 A와 B가 상반된 진술을 하고 있으므로 A와 B의 각 진술이 거짓인 경우를 나누어 살펴본다.

- A가 거짓인 경우 : 1～5층→C, D, B, E, A
- B가 거짓인 경우 : 1～5층→B, D, C, E, A

따라서 누구의 진술이 거짓이냐와 관계없이 D는 항상 2층에서 내린다.

21 관찰탐구력 물질의 상태 변화 이해하기

| 정답 | ③

| 해설 | (가)는 기화, (나)는 액화, (다)는 승화의 예이다.

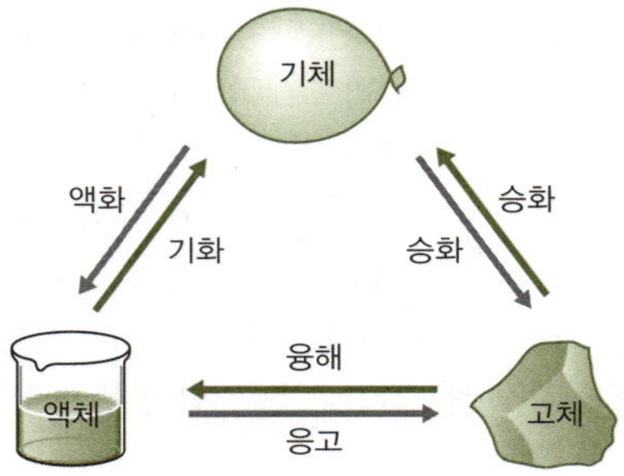

22 관찰탐구력 영양소 이해하기

| 정답 | ③

| 해설 | 무기질은 에너지원은 아니지만 신체의 골격과 구조를 이루는 구성요소이며, 체액의 전해질 균형을 이루고, 체내의 생리 기능을 조절하는 필수 영양소이다. 이들은 삼투압의 조절, 산·알칼리의 평형, 신경·근육의 기능 유지 등의 역할을 한다. 혈색소의 구성 성분인 철이 부족하면 빈혈이 생기며, 갑상선호르몬의 구성 성분인 요오드가 부족하면 갑상선호르몬기능저하증이 나타나며, 칼슘은 뼈와 치아의 주성분으로 결핍 시 골다공증을 유발할 수 있다.

| 오답풀이 |

① 단백질은 몸을 구성하고 에너지원으로 사용되는 필수 영양소 중 하나로 효소, 호르몬의 주성분으로 몸의 기능을 조절하며, 성장기에 특히 많이 필요한 영양소이다. 육류, 생선, 달걀, 콩 등에 함유되어 있다.

② 비타민은 A, B, C, D 등이 있으며 에너지원은 아니지만 적은 양으로 몸의 기능을 조절하는 영양소이다. 주로 과일, 채소류에 많이 함유되어 있다.

④ 지방은 몸을 구성하고 에너지원으로 사용되는 필수 영양소 중 하나로 체온을 유지하며, 에너지 저장에 효과적인 영양소이다. 하지만 과다 섭취 시 비만의 원인이 된다. 주로 버터, 식용유, 땅콩에 함유되어 있다.

23 이해력 완곡하게 거절하기

| 정답 | ①

| 해설 | 상대방의 부탁에 대해서 직설적으로 거절하지 않고 완곡한 표현을 사용하여 거절하였으므로 적절하다.

| 오답풀이 |

② 우선 부탁을 들어주겠다고 한 후 거절하는 것은 오히려 상대방과의 관계를 악화시키는 거절방법으로 완곡한 거절 방법에 해당하지 않는다.

③, ④ 잦은 거절은 상대방과의 관계를 악화시킬 수 있으므로 완곡한 거절 방법에 해당하지 않는다.

24 이해력 설득 전략 이해하기

| 정답 | ②

| 해설 | 설득은 상대방의 인지, 정서, 행동 등을 자신이 의도하는 방향으로 움직이게 하는 것이다. 설득은 이성적인 요인도 있지만 감정적인 요인도 작용하기 때문에 여러 가지 방법으로 사용할 수 있다. 따라서 목적과 상황적 요인에 따라 설득(협상) 전략을 다양하게 구사할 필요가 있다.

25 언어논리력 단어의 의미 파악하기

| 정답 | ②

| 해설 | '계상(計上)하다'는 계산하여 올리다는 의미로, 금액을 계산하여 회계장부에 기록한다는 뜻을 가진다.

26 문제해결력 명제 판단하기

| 정답 | ②

| 해설 | 'P : 축구를 좋아한다', 'Q : 유산소 운동을 열심히 한다', 'R : 야구를 좋아한다'로 제시된 문장을 나타낼 경우 다음과 같다.

- $P \rightarrow Q$
- $R \rightarrow Q$

P or R → Q가 참이므로 이 명제의 대우인 ~Q → ~P and ~Q도 참이다. 따라서 유산소 운동을 열심히 하지 않는 사람은 축구도 야구도 좋아하지 않는다.

27 문제해결력 논리적 오류 파악하기

| 정답 | ③

| 해설 | 해당 문장에는 논리적 오류가 나타나 있지 않다.

| 오답풀이 |

① 의도하지 않은 결과에 대해 의도가 있다고 판단하는 의도 확대의 오류를 범하고 있다.

② 전건을 부정하여 후건을 부정함으로 결론을 도출하는 전건 부정의 오류를 범하고 있다.

④ 어떤 대상의 기원이 갖는 특성을 그 대상도 그대로 지니고 있다고 여기는 발생학적 오류를 범하고 있다.

28 공간지각력 블록 개수 세기

| 정답 | ③

| 해설 |

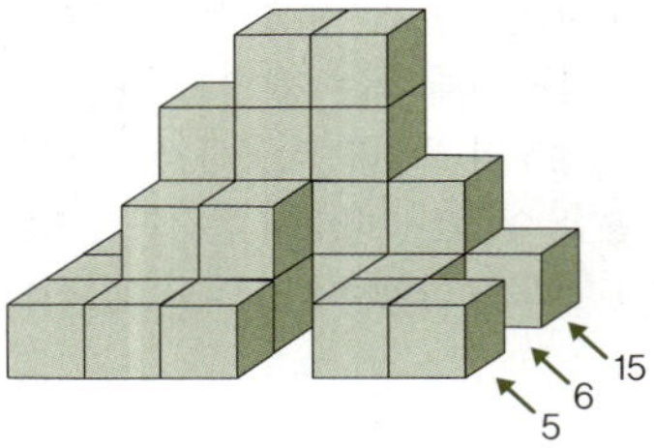

가장 뒷줄에 위치한 블록의 개수는 15개, 중간에 위치한 블록의 개수는 6개, 가장 앞줄에 위치한 블록의 개수는 5개이므로 총 26개이다.

29 공간지각력 정사각형의 개수 파악하기

| 정답 | ③

| 해설 | 칸의 개수로 구분하여 정사각형을 파악하면 다음과 같다.

- 1칸으로 구성된 정사각형 : 24개
- 4칸으로 구성된 정사각형 : 11개
  - 큰 정사각형 4칸으로 구성된 정사각형 9개와 작은 정사각형 4칸으로 구성된 정사각형 2개 포함

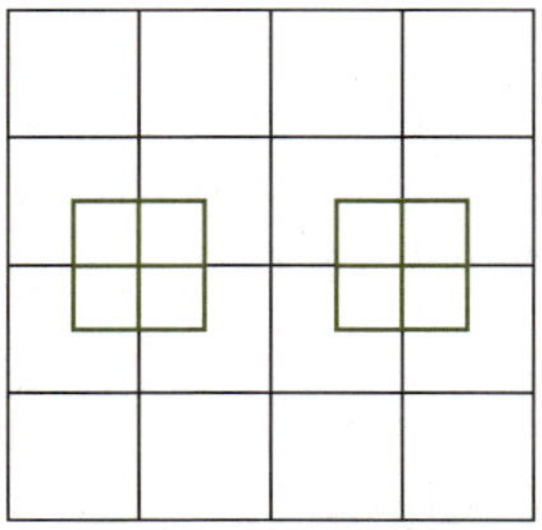

- 9칸으로 구성된 정사각형 : 4개
- 16칸으로 구성된 정사각형 : 1개

따라서 정사각형은 모두 40개이다.

30 관찰탐구력 샤를의 법칙 이해하기

| 정답 | ②

| 해설 | 샤를의 법칙은 부피의 법칙으로도 알려져 있으며, 기체의 압력이 일정하게 유지되면 기체의 부피와 온도는 정비례 관계에 있다는 법칙이다. 온도가 1℃씩 올라갈 때마다 기체의 부피는 0℃일 때에 비해 $\frac{1}{273}$씩 증가한다. 찌그러진 공을 따뜻한 물에 넣으면 온도가 올라가 공 안의 분자운동이 활발해지고 부피가 팽창하여 찌그러진 부분이 펴진다. 열기구 내부의 공기를 가열하면 열기구가 떠오르는 것과 여름철 타이어의 내부 공기가 팽창하는 것 또한 샤를의 법칙과 관련된 현상이다.

| 오답풀이 |

① 보일의 법칙은 기체의 압력과 부피 사이의 관계를 설명하는 것으로 온도가 일정할 때 기체의 압력과 부피는 반비례 관계에 있다는 법칙이다. 즉, 기체의 압력이 증가하면 부피가 감소하고, 압력이 감소하면 부피가 증가함을 의미한다.

③ 아보가드로의 법칙은 동일한 압력과 온도에서 동일한 부피의 기체는 동일한 수의 분자를 포함한다는 법칙이다.

④ 헨리의 법칙은 일정한 온도하에서 기체가 액체에 용해될 때 그 용해도가 용매와 평형을 이루고 있는 기체의 부분압력에 비례한다는 법칙이다.

31 관찰탐구력 원소 파악하기

| 정답 | ②

| 해설 | 질소는 원자번호 7번인 무색 · 무취 · 무미의 기체로 지구의 대기에 가장 풍부하게 존재하며 생체의 구성성분이다. 혈액을 통해 산소와 영양분을 운반하고 이산화탄소를 배출하는 역할을 한다. 깊은 물속은 수압이 높기 때문에 체내의 질소가 밖으로 빠져나가지 못하고 혈액 속에 녹게 되고, 해녀들이 급격히 수면 위로 올라오면 혈액 속에 있던 질소가 기포로 변해 잠수병을 유발할 수 있다. 질소는 화학반응을 일으키지 않기 때문에 회로판과 같은 소형 부품을 생산하는 공장에서는 제품의 부식을 방지하기 위해 사용된다. 또한 질소가 수소와 결합하면 암모니아가 생성되는데 이러한 암모니아는 질소 비료의 원료로 사용된다.

| 오답풀이 |

① 헬륨은 원자번호 2번이다. 헬륨은 우주에서 수소 다음인 2번째로 풍부하며 별에 집중되어 있는데, 별에서는 핵융합에 의해 수소로부터 합성된다. 헬륨은 알루미늄 같은 금속을 용접하기 위한 비활성 기체 대기로 이용되며 로켓 추진, 기상학, 저온학, 높은 압력하에서 숨쉴

수 있는 호흡장치 등에 쓰인다. 운석과 암석의 연대를 측정하기 위해 이들 속에 들어 있는 헬륨의 함량을 분석한다.

③ 탄소의 원자번호는 6번이다. 탄소는 천연에 널리 분포되어 있지만 풍부하지는 않다(지각의 0.2%를 차지하고 있음). 그러나 탄소 화합물은 다른 모든 원소로 이루어진 화합물의 수보다도 많다. 지구 대기 부피의 3%를 차지하는 이산화탄소로 존재하며 모든 천연수에 녹아 있다. 또한 탄소는 지각에서 대리석, 석회암, 백악과 같은 암석에서 탄산염의 형태와 탄수화물(석탄, 석유, 천연 가스의 주요성분)로 산출된다.

④ 염소는 원자번호가 17번이며, 독성과 부식성이 있는 황록색 기체로 눈과 호흡기관을 자극한다. 공기보다 2.5배 정도가 무겁고, −34℃에서 액화된다. 염소는 소금물을 전기분해시키거나, 용융된 염화소듐을 전기분해시켜 소듐을 제조할 때 부산물로 얻는다. 염소와 염소 화합물은 제지공업과 섬유산업의 표백제, 도시의 상수도 소독제, 가정용 표백제 · 살균제, 유기 · 무기 화합물 제조에 쓰인다.

32 관찰탐구력 자유 낙하 운동 이해하기

| 정답 | ④

| 해설 | 자유 낙하 운동은 공기의 저항이 없을 때 정지해 있던 물체가 중력만을 받아 아래로 떨어지는 운동이다. 자유 낙하 운동을 하는 물체의 속력은 매초 9.8m/s만큼 속력이 일정하게 증가한다.

| 오답풀이 |

ㄷ. 자유 낙하 운동을 하는 물체의 속력은 질량에 관계없이 매초 9.8m/s씩 증가한다.

33 언어논리력 글의 주제 찾기

| 정답 | ①

| 해설 | 인류가 가지고 있었던 탐욕이라는 본능이 저장을 통하여 비로소 발현되기 시작하였고, 이를 통해 약탈과 경쟁이 시작된 것이라는 내용을 담고 있다. 따라서 글의 내용을 포괄하는 핵심적인 주제는 저장의 시작을 통하여 인류의 탐욕 추구가 본격적으로 시작되었다는 것이다.

34 언어논리력 알맞은 사자성어 찾기

| 정답 | ②

| 해설 | 다기망양(多岐亡羊)은 갈림길이 많아 잃어버린 양을 찾지 못한다는 뜻으로, 계획이나 방침이 너무 많아 도리어 어찌할 바를 모른다는 말이다.

| 오답풀이 |

① 곡학아세(曲學阿世) : 바른 길에서 벗어난 학문으로 세상 사람에게 아첨함을 의미한다.

③ 입신양명(立身揚名) : 출세하여 이름을 세상에 떨침을 의미한다.

④ 읍참마속(泣斬馬謖) : 큰 목적을 위하여 자기가 아끼는 사람을 버림을 이르는 말이다.

35 관찰탐구력 마찰력 작용방향 파악하기

| 정답 | ②

| 해설 | 마찰력은 물체가 운동하는 방향과 반대 방향으로 작용한다. 따라서 (A)의 경우 나무 도막이 오른쪽으로 이동하므로 마찰력은 왼쪽(←)으로, (B)의 경우 나무 도막이 왼쪽으로 이동하므로 마찰력은 오른쪽(→)으로 이동한다.

36 공간지각력 제시된 도형 합치기

| 정답 | ③

| 해설 | ③은 동그라미 친 부분이 잘못되었으며, 다음과 같이 수정되어야 한다.

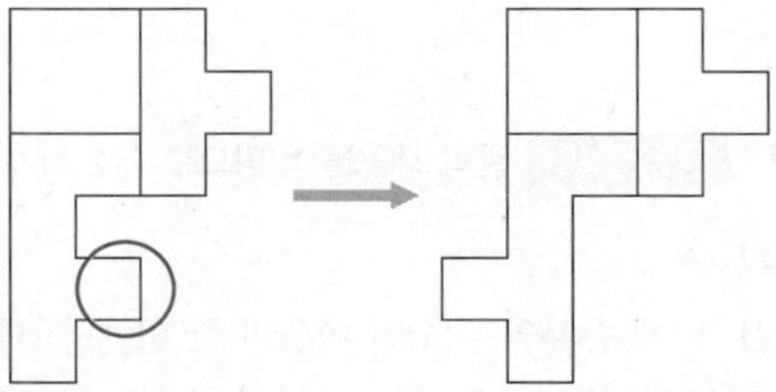

| 오답풀이 |

①

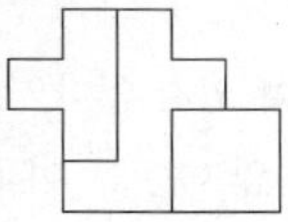

②

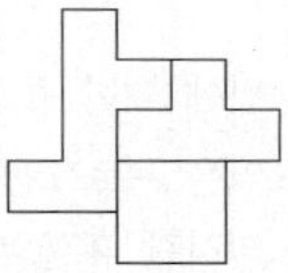

④

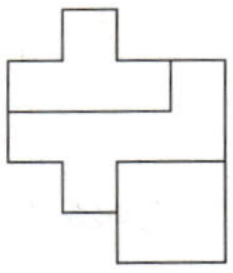

37 문제해결력 적합한 사람 선정하기

| 정답 | ①

| 해설 | 1차 평가에서 선정되는 사람은 A, B, C이다.

2차 평가에서 선정되는 사람은 A(63+52=115), B(58+56=114), C(61+52=113)중 A, B이다.

마지막으로 3차 평가에서 상황대처능력 점수가 높은 A가 선정된다.

38 관찰탐구력 화학 반응 원리 이해하기

| 정답 | ③

| 해설 | ㉠~㉤은 다음과 같이 나눌 수 있다.

A. 중화 반응 : ㉡, ㉣

B. 산화-환원 반응 : ㉠, ㉢, ㉤

중화 반응은 산과 염기가 반응하여 물과 염이 생성되는 반응이다. ㉡은 생선 비린내와 연관된 염기성 물질과 산성 물질인 레몬즙이, ㉣은 산성 물질인 개미 침과 염기성 물질인 암모니아수가 만나 반응한 예이다.

산화-환원 반응은 물질 간 전자가 이동하는 반응으로, 산화는 전자를 잃는 것이고 환원은 전자를 얻는 것이다. ㉠에서는 철의 산화가, ㉢에서는 포도당의 산화가 일어난다. ㉤의 연소 반응 또한 산화-환원 반응의 예이다.

39 언어논리력 글의 내용을 바탕으로 추론하기

| 정답 | ④

| 해설 | 단체 승차권은 20인 이상의 한 단체당 1매를 구매하는 것이므로 15인의 단체는 단체 승차권을 구매할 수 없다.

| 오답풀이 |

① 보호자 동반에 대한 규정은 제시되어 있지 않다.

② 매주 월요일은 프로그램을 운영하지 않지만 그 이유가 임진왜란 역사관 휴관 때문인지는 알 수 없다.

③ 1회 탐방 소요시간은 제시되어 있지 않다.

40 이해력 근로윤리에 따라 대처하기

| 정답 | ③

| 해설 | 제시된 사례는 직업윤리와 개인윤리가 충돌하는 상황을 보여준다. 이런 경우 개인윤리보다 직업윤리를 우선시하는 것이 바람직하기 때문에 남 대리는 현호에게 아쉬움을 전하며 다음 기회를 약속하고 공항으로 나가 손님을 맞이하여야 한다.

| 오답풀이 |

① 직업윤리에 의거하여 맡은 바 업무를 성실하게 수행하는 태도라고 볼 수 없다.

② 일요일이지만 업무상 긴급한 상황이기 때문에 개인윤리보다는 직업윤리가 우선되어야 할 것이다.

④ 이미 베트남 지사로부터 연락을 받은 상황이고, 오늘 오후 항공편으로 외국인 근로자 연수단 일행 중 두 명이 입국하기로 예정되어 있기 때문에 내일 이후에 입국해 줄 것을 베트남 지사에 요청하는 것은 적절한 행동이라고 볼 수 없다.

41 관찰탐구력 소화기관 이해하기

| 정답 | ③

| 해설 | 소장은 위와 대장 사이에 위치하면서 대부분의 음식물이 섭취 · 흡수되는 장기이다. 소장은 소화효소를 분비하여 소화를 돕고 영양분을 흡수하는 기능을 한다. 소장에서 연동운동과 분절운동이 일어나는데, 연동운동은 소화중인 물질을 소장을 따라 움직이게 하는 반면, 분절운동은 음식물을 기계적으로 부수고, 소장의 소화 효소가 탄수화물을 단당류로, 단백질을 아미노산으로 분해한다.

| 오답풀이 |

① 위는 복강 앞부분에 놓여 몇 가지 화학적 소화과정을 수행하며 음식물을 뒤섞어 소장으로 보내는 역할을 한다. 인간의 위벽에는 일부 단백질과 지방을 소화시키는 위샘이 있다. 위는 주기적 수축운동을 통해 암죽을 만들고, 연동운동으로 이를 소장 쪽으로 밀어내며 철분 및 알코올 등은 위에서 직접 흡수된다. 위액분비와 위 운동은 미주신경과 교감신경계가 조절한다.

② 간은 기능이 가장 복잡한 기관으로, 소화액인 담즙 분비, 단백질 · 탄수화물 · 지방의 대사 작용, 글리코겐과 지용성 비타민 등의 저장, 혈액응고 인자 합성, 혈액에서 노폐물과 독성물질 제거, 혈액량 조절, 노쇠 적혈구 파괴 등의 기능을 한다.

④ 대장은 맹장, 결장, 직장, 항문관으로 구성되어 있다. 대장 윗부분에는 소장에서 나온 소화효소가 있어서 마지막 소화가 일어나며, 이곳에 있는 세균은 비타민 K · 비타민 B12 · 비타민 B를 만든다. 대장의 가장 중요한 기능은 소화된 찌꺼기로부터 수분과 전해질을 흡수하고 배변 때까지 대변을 저장하는 것이다.

42 관찰탐구력 태양의 일주운동 이해하기

| 정답 | ①

| 해설 | 하지 때에는 태양의 남중 고도가 가장 높아 북동쪽에서 일출해서 북서쪽으로 일몰한다.

| 오답풀이 |

②, ④ 지표가 받는 태양 복사에너지량은 태양의 고도가 가장 높은 A일 때 가장 많고, 태양 고도가 가장 낮은 C일 때 가장 적다.

③ B는 정동 쪽에서 일출하여 정서 쪽으로 지는 춘 · 추분 때의 일주운동 경로이다.

43 공간지각력 대칭 및 회전한 모양 찾기

| 정답 | ③

| 해설 | ①은 거울에 비친 형태이고, 이를 180° 회전시키면 ③이 된다.

44 언어논리력 세부내용 이해하기

| 정답 | ②

| 해설 | 4차 산업혁명 시기에 필요한 것은 전공교육보다 교양교육이며, 이것은 기본적 지식을 포함하여 인간, 사회, 자연에 대한 폭넓은 이해를 바탕으로 한다고 언급하였다.

| 오답풀이 |

① 4차 산업혁명 시대의 전문인은 유연한 지식 체계를 기초로 교차와 협력을 통한 확장전략을 취해야 하는데 이러한 전략의 토대는 교양교육을 통해 마련될 수 있다고 언급하였다.

③ 4차 산업혁명 시대에는 각 전문분야들의 지식을 폭넓고 깊이 있는 안목 아래서 조망하고 연결시켜주는 다면적 사고력이 필요하다고 언급하였다.

④ 교양교육은 학업분야의 다양한 전문성을 넘어서서 모든 학생들에게 요구되는 보편적 교육이라고 언급하였다.

45 언어논리력 빈칸에 들어갈 단어 찾기

| 정답 | ②

| 해설 | 지적 연결지평을 제공하는 것이 교양교육의 핵심적인 역할이라고 이야기하고 있으므로 지적 연결지평을 제공하기 위하여 가장 필요한 사고력의 유형은 다방면의 지식을 모두 포용할 수 있는 다면적인 사고력이다.

3회 기출예상문제

▶ 문제 88쪽

01	①	02	①	03	③	04	②	05	④
06	①	07	④	08	①	09	③	10	④
11	①	12	④	13	④	14	②	15	③
16	②	17	④	18	①	19	④	20	③
21	③	22	③	23	④	24	②	25	③
26	②	27	①	28	①	29	④	30	④
31	②	32	①	33	①	34	③	35	④
36	①	37	②	38	③	39	①	40	④
41	④	42	①	43	①	44	②	45	④

01 언어논리력 단어 관계 파악하기

| 정답 | ①

| 해설 | 물고기를 잡기 위해서는 지렁이가 필요하고, 불을 피우기 위해서는 나무가 필요하다.

| 오답풀이 |

④ 얼음을 만들기 위해서는 물이 필요하지만, 순서가 바뀌었으므로 적절하지 않다.

02 이해력 팀워크 이해하기

| 정답 | ①

| 해설 | ㉠ 효과적인 팀은 '최적생산성'이라는 목표를 공유하고 결과에 초점을 맞춘다.

㉡ 팀원들은 명확하게 기술된 사명과 목표를 공유함으로써 팀에 헌신하게 된다.

| 오답풀이 |

㉢ 효과적인 팀은 역할과 책임을 명료화하여 변화하는 요구와 목표, 첨단 기술에 뒤처지지 않도록 노력한다.

㉣ 효과적인 팀은 리더십의 역량을 공유하여 팀원 모두에게 리더로서 능력을 발휘할 기회를 제공한다.

03 관찰탐구력 혈관의 특징 이해하기

| 정답 | ③

| 해설 | 동맥>모세 혈관>정맥 순으로 혈압이 높다. 따라서 정맥이 모세 혈관보다 혈압이 낮다.

| 오답풀이 |

① 혈관 벽이 세포 한 층으로 이루어져 있어 얇고 총단면적이 넓어서 조직 세포와 물질 교환이 원활하게 일어난다.

④ 혈류 속도는 동맥>정맥>모세 혈관 순으로 빠르다. 모세 혈관에서 혈류가 가장 느린 것은 물질 교환이 효과적으로 이루어질 수 있도록 하기 위함이다.

04 공간지각력 입체도형 추론하기

| 정답 | ②

| 해설 | 제시된 도형을 합치면 다음과 같다.

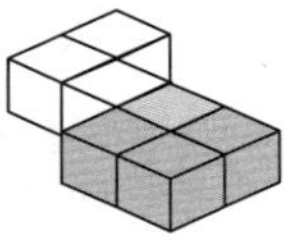

| 오답풀이 |

나머지 선택지는 다음과 같이 고쳐져야 한다.

①

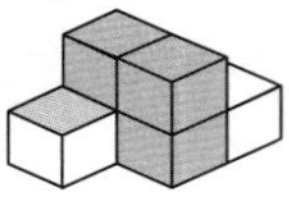

③

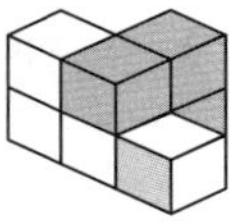

④

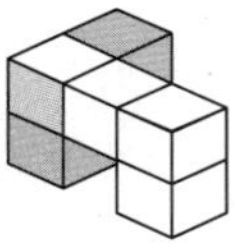

05 문제해결력 명제 판단하기

| 정답 | ④

| 해설 | 'p : 축구를 잘한다', 'q : 감기에 걸린다', 'r : 휴지를 아껴 쓴다'라고 할 때 문장을 정리하면 다음과 같다.

• p → ~q　• ~q → r　• 나는 → p

따라서 삼단논법에 의해 '나는 → p → ~q → r'이 성립하므로 '나는 휴지를 아껴 쓴다'가 참이 된다.

06 언어논리력 글의 흐름에 맞게 문단 배열하기

| 정답 | ①

| 해설 | 먼저 글의 중심내용과 관련된 '악어의 법칙'에 대해 설명하고 있는 (가)가 오고, 이를 일상생활에 대입해 포기할 줄 아는 것이 '악어의 법칙'의 요점임을 다시 설명한 (라)가 이어진다. 그 이후 '악어의 법칙'과는 달리 포기는 곧 끝이라는 생각에 포기를 두려워하는 사람이 많이 있음을 언급한 (다)가 다음에 오고, 포기는 무조건 끝이 아닌 더 많은 것을 얻기 위한 길이기도 함을 얘기하고 있는 (나)가 마지막에 온다. 따라서 (가)–(라)–(다)–(나) 순이 적절하다.

07 언어논리력 세부내용 이해하기

| 정답 | ④

| 해설 | 제시된 글은 무조건 포기를 많이 하는 사람이 현명하다는 것이 아니라 어쩔 수 없는 결정적인 순간에 과감하게 포기할 줄 아는 사람이 지혜롭다는 점을 설명하고 있다.

08 공간지각력 전개도를 접어 주사위 만들기

| 정답 | ①

| 해설 | 전개도를 접었을 때 서로 맞닿는 모서리를 같은 기호로 표시하면 다음과 같다.

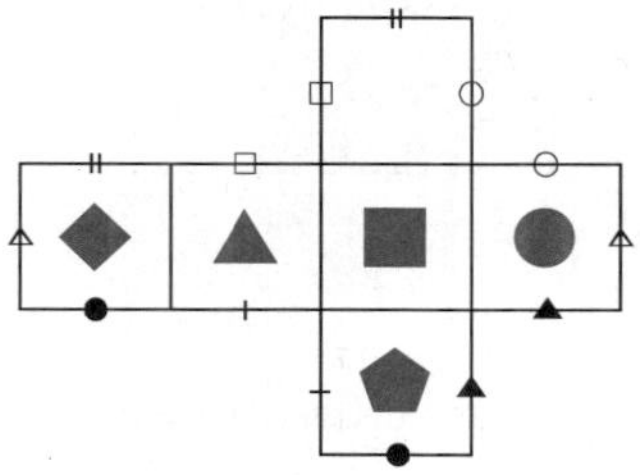

따라서 화살표 방향에서 바라본 면은 ①이다.

09 공간지각력 블록 개수 세기

| 정답 | ③

| 해설 | 가장 뒷줄에 위치한 블록의 개수는 15개, 뒤에서 두 번째 줄에 위치한 블록의 개수는 6개, 뒤에서 세 번째 줄에 위치한 블록의 개수는 2개, 가장 앞줄에 위치한 블록의 개수는 1개이므로, 총 24개이다.

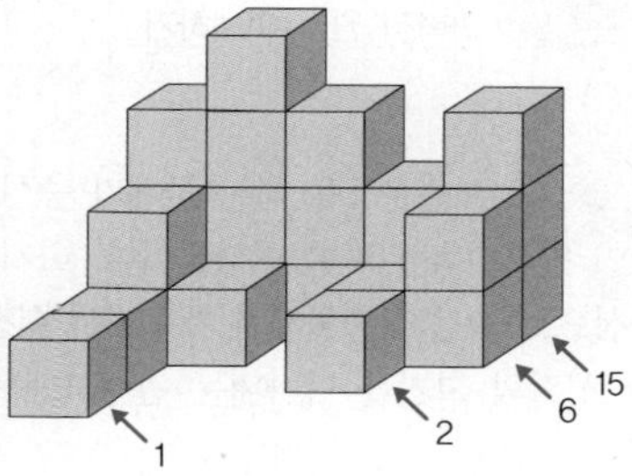

10 문제해결력 앉은 자리 추론하기

| 정답 | ④

| 해설 | 예원이와 경희의 위치를 서로 모순되게 말한 철수와 영희 중 한 명이 거짓말을 하고 있으므로 두 가지 경우로 나누어 본다.

- 철수가 거짓말을 한다고 가정할 경우 : '철수–영희, 예원–경희'가 되므로 영희가 맨 왼쪽에 앉아 있다는 예원이의 발언도 거짓이 되어 1명만 거짓말을 했다는 조건에 어긋난다. 따라서 철수는 사실을 말했다.
- 영희가 거짓말을 한다고 가정할 경우 : '정호–철수, 경희–예원' 순이 되고 이때 나머지 4명의 발언 내용에 모순이 생기지 않는다. 이를 바탕으로 다시 5명의 위치를 보면 '영희–정호–철수–경희–예원'의 순서가 된다.

따라서 정호의 바로 왼쪽에는 영희가 앉음을 알 수 있다.

11 문제해결력 조건을 바탕으로 추론하기

| 정답 | ①

| 해설 | D는 개그맨인데, 개그맨인 사람은 가수 또는 MC가 아니라고 했으므로 D의 다른 활동 분야는 탤런트이다. 또한 가수는 총 3명이라 했으므로 D를 제외한 A, B, C는 모두 가수이다. MC인 사람은 한 명인데 B와 C는 활동 분야가 동일하므로 MC는 A가 된다. 그리고 탤런트 역시 총 3명이라 했으므로 B와 C의 다른 활동 분야는 탤런트가 된다. 이를 정리하면 다음과 같다.

A	B	C	D
가수, MC	가수, 탤런트	가수, 탤런트	개그맨, 탤런트

따라서 B의 활동 분야는 가수, 탤런트이다.

12 관찰탐구력 과학적 원리 이해하기

| 정답 | ④

| 해설 | ①, ②, ③은 원운동을 하는 물체가 중심 밖으로 나가려는 힘인 원심력과 관련한 현상들이다. 하지만 ④는 회전축을 중심으로 회전하는 물체가 계속해서 회전을 지속하려고 하는 성질의 크기를 나타내는 관성모멘트와 관련한 현상이다.

13 관찰탐구력 기화열 이해하기

| 정답 | ④

| 해설 | 피부에 땀이 맺히면 이것들은 증발을 하며 기화하게 되는데, 물질의 상태가 액체에서 기체로 변화할 때 주변의 열을 흡수하게 된다. 기체는 액체에 비해 분자 운동이 활발하기 때문에 더 많은 에너지를 필요로 해 이를 주변에서 얻는 것이다. 이것을 기화열이라 하며 땀이 증발하면서 신체로부터 이 기화열을 흡수해 가기 때문에 열을 뺏긴 신체는 온도가 낮아져 시원해진다.

| 오답풀이 |

① 드라이아이스는 이산화탄소가 고체 상태로 얼어 있는 것이며, 이는 주변에서 열을 얻어 기화될 때 나오는 기화열과 관련이 없다.

② 액화열과 관련된 예이다.

③ 응고열과 관련된 예이다.

14 문제해결력 사고 방법 파악하기

| 정답 | ②

| 해설 | 시네틱스 기법은 고든에 의해 창안된 것으로, 친숙한 것을 통해 새로운 것을 창안하거나, 친숙하지 않은 것을 친숙하게 보게 하기 위한 네 가지 유추법을 제시한다.

| 오답풀이 |

① NM법은 '인간의 창조적인 사고를 통해 자연적으로 거쳐가는 숨겨진 사고의 프로세스를 시스템화하여 과제 설정 → 키워드를 결정하고 유추 → 유추의 배경을 찾고 아이디어를 발상 → 해결안으로 정리'의 순서에 따라 이미지 발상을 해 가는 발상법이다.

③ 로직트리는 주어진 문제에 대해 서로 논리적 연관성이 있는 하부 과제들을 나무 모양으로 전개하여 문제의 근본 원인을 찾는 해결법이다.

④ 체크리스트는 오스본이 고안해 낸 것으로 대상을 전용, 응용, 변경 등 9가지 항목에 따라 정리하는 것이다.

15 이해력 올바른 경청의 자세 이해하기

| 정답 | ③

| 해설 | 상대방의 기분을 생각해서 자신의 의견과 상관없이 상대의 주장에 동의하는 것은 올바른 경청의 태도로 볼 수 없다. 또한 상대방의 말을 들으며 자신이 할 이야기를 미리 생각하는 것은 경청의 방해 요인 중 하나이므로, 김 대리의 점수는 총 2×3=6(점)이다.

16 공간지각력 나타나지 않는 조각 찾기

| 정답 | ②

| 해설 | 그림에서 선택지의 도형을 찾으면 다음과 같다.

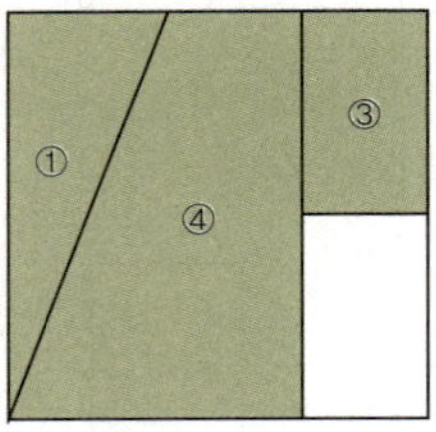

17 문제해결력 빌딩의 위치관계 파악하기

| 정답 | ④

| 해설 | 첫 번째, 다섯 번째 조건에 의해 H B F D 또는 D F B H 순으로 위치해 있음을 알 수 있다. 그리고 세 번째 조건을 추가하면 (H B F D / 길 / ○○○C) 또는 (D F B H / 길 / C○○○)이 되고, 두 번째 조건과 여섯 번째 조건을 추가하면 (H B F D / 길 / A E G C) 또는

DFBH
길 이 되는 것을 알 수 있다. 이 중 네 번째 조건을
CGEA

HBFD
충족하는 것은 길 이다. 따라서 G사의 빌딩과 F사
AEGC
의 빌딩은 서로 마주 보고 서 있다.

18 언어논리력 글의 중심내용 찾기

| 정답 | ①

| 해설 | 제시된 글의 전체적인 내용을 살펴보면 문학 작품은 언어에 큰 영향을 미치는데, 이러한 문학 작품은 작가에 의해 산출되므로 언어에 대한 작가의 책임이 막중함을 강조하고 있다.

19 언어논리력 문맥에 맞는 어휘 고르기

| 정답 | ④

| 해설 | 강조(强調)는 '어떤 부분을 특별히 강하게 주장하거나 두드러지게 함'이라는 의미이다.

| 오답풀이 |

① 강세(强勢) : 강한 세력이나 기세

② 모색(摸索) : 일이나 사건 따위를 해결할 수 있는 방법이나 실마리를 더듬어 찾음.

③ 약조(弱調) : 여린 음조

20 공간지각력 동일한 도형 찾기

| 정답 | ③

| 해설 | ③은 제시된 도형을 180° 회전한 모양이다.

| 오답풀이 |

나머지 도형은 동그라미 친 부분이 다르다.

①
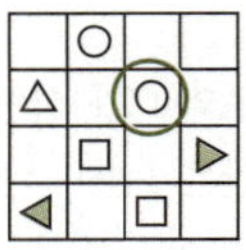
②
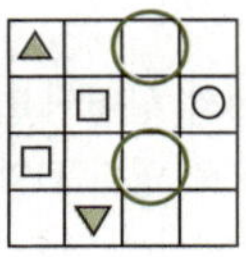
④
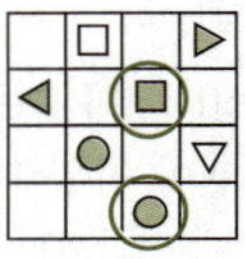

21 문제해결력 명제 판단하기

| 정답 | ③

| 해설 | 'p : 쇼핑을 좋아한다', 'q : 구두가 많다', 'r : 신용카드가 많다'라고 할 때 [사실]을 정리하면 다음과 같다.

• p → r • q → p • ~q → ~r

A. '~q → ~r'이 참이므로 이 명제의 대우인 'r → q' 또한 참이다. 삼단논법에 의해 'p → r → q'가 성립되어 'p → q'가 항상 참임을 알 수 있다.

B. 'p → r'이 참이므로 이 명제의 대우인 '~r → ~p'도 참이다. 또한 'q → p'가 참이므로 이 명제의 대우인 '~p → ~q'도 참이다. 두 명제의 삼단논법에 의해 '~r → ~q'가 항상 참임을 알 수 있다.

따라서 A, B 모두 항상 옳은 설명이다.

22 관찰탐구력 생명 현상 이해하기

| 정답 | ③

| 해설 | (가) 적응과 진화의 예에 해당한다.

(나) 외부 환경에서 오는 자극에 대한 반응의 예이다.

(다) 생명을 유지하는 데 필요한 물질을 합성하는 물질 대사의 예이다.

23 이해력 상황에 맞는 행동 파악하기

| 정답 | ④

| 해설 | 박 대리는 발표자료를 만들면서 발표의 요지에 대해 어느 정도 파악하게 된 상태이다. 따라서 발표의 요지에 대해 간략하게만 설명하고, 추후 완성된 자료를 보내 드리겠다고 말하는 것이 가장 바람직하다.

24 언어논리력 올바른 맞춤법 사용하기

| 정답 | ②

| 해설 | 의존 명사 '시'는 '사용 시'와 같이 앞말과 띄어 적어야 한다. 다만 비상시(非常時), 유사시(有事時), 평상시(平常時), 필요시(必要時)'와 같이 합성어로 인정된 경우는 '시'를 앞말과 띄어 적지 않는다.

25 언어논리력 세부내용 이해하기

| 정답 | ③

| 해설 | 마지막 문장에서 글쓴이가 다른 나라 사람들이 골뱅이를 보면 우리가 @를 골뱅이라고 부르는 이유를 받아들일 것이라고 했을 뿐, 현재 동의한다는 언급은 없다.

26 관찰탐구력 과학적 원리 이해하기

| 정답 | ②

| 해설 | 열을 빼앗기지 않으려는 성질에 의한 보온병의 단열 효과와 부도체 물질인 플라스틱을 손잡이로 사용한 것은 모두 낮은 열전도율을 이용한 것이다.

| 오답풀이 |

① 프라이팬은 금속으로 되어 있어 열전도율이 크므로 고기를 빨리 구울 수 있다.

③ 열용량이 큰 물체일수록 온도 변화에 많은 시간이 소모되는데, 물의 경우 비열이 액체와 고체 중 가장 크므로 뜨거운 물이 들어 있는 핫팩의 물은 잘 식지 않는다.

④ 불을 끄기 위하여 담요를 덮는 것은 산소를 차단하기 위해서이다.

27 공간지각력 투상도와 일치하는 입체도형 찾기

| 정답 | ①

| 해설 | 정면도 → 평면도 → 우측면도 순으로 확인할 때 블록 개수와 위치가 모두 일치하는 입체도형은 ①이다.

| 오답풀이 |

동그라미 친 부분이 추가되고 색칠된 블록이 제거되어야 한다.

② 평면도가 일치하지 않는다.

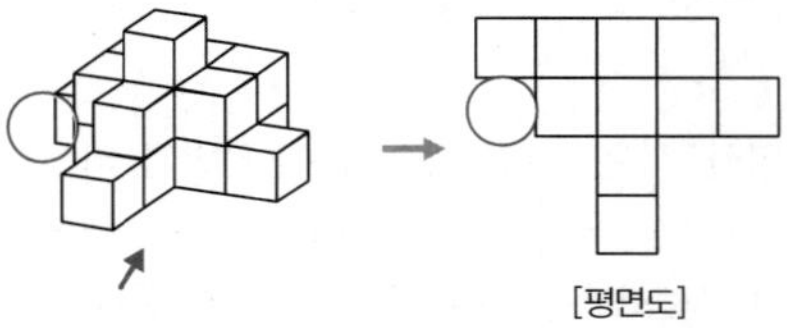

[평면도]

③ 정면도가 일치하지 않는다.

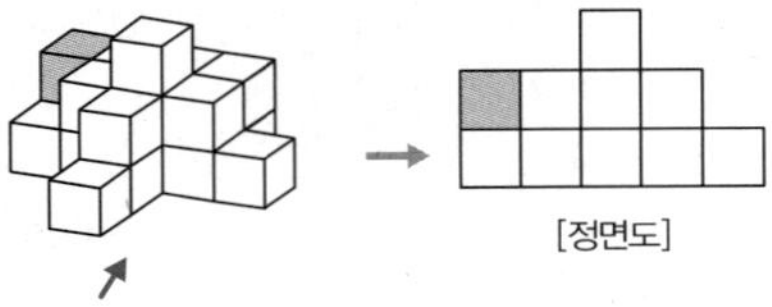

[정면도]

④ 우측면도가 일치하지 않는다.

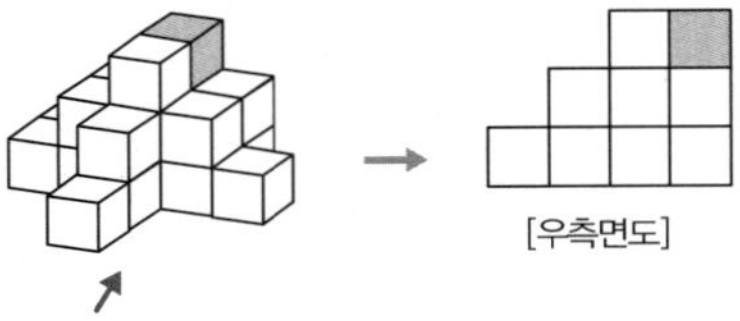

[우측면도]

28 공간지각력 도형 회전하기

| 정답 | ①

| 해설 | 반시계 방향으로 90° 회전한 모양은 다음과 같다.

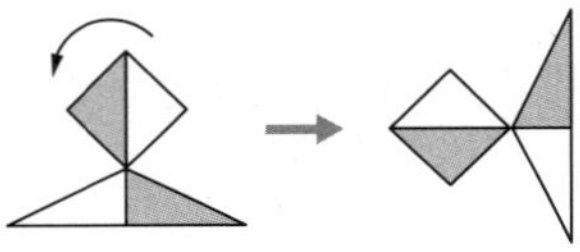

29 문제해결력 논리적 오류 파악하기

| 정답 | ④

| 해설 | 제시된 글과 ④는 어떤 사물이나 집단 전체의 특성을 그 부분이나 구성요소도 똑같이 갖고 있다고 판단하는 분할의 오류를 범하고 있다.

| 오답풀이 |

① 합성의 오류에 해당한다.

② 발생학적 오류에 해당한다.

③ 대중에 호소하는 오류에 해당한다.

30 문제해결력 상영되고 있는 영화 추론하기

| 정답 | ④

| 해설 | 영화 B가 2관에서 상영되고 영화 A와 C가 상영되는 관이 이웃해야 하므로 영화 D의 상영관은 1관이 된다. 남은 3관과 4관 중 4관에서는 영화 C를 상영하지 않으므로

영화 C는 3관에서, 남은 영화 A는 4관에서 상영된다.

1관	2관	3관	4관
영화 D	영화 B	영화 C	영화 A

31 관찰탐구력 가속도 이해하기

| 정답 | ②

| 해설 | F=ma에서 F는 힘, m은 질량, a는 가속도 값이다. 따라서 힘이 30N이고 질량이 10kg이므로 가속도를 구하는 산식은 30=10×a가 되어 가속도는 $3m/s^2$가 된다.

32 관찰탐구력 단백질의 특징 이해하기

| 정답 | ①

| 해설 | ㄴ. 유전 정보를 저장하는 것은 DNA의 기능이다.

ㅂ. 인간은 필수 아미노산을 스스로 합성할 수 없으므로 일부 단백질은 반드시 음식을 통해 섭취해야 한다.

| 오답풀이 |

ㄱ. 단백질은 근육, 피부, 장기 등 신체의 많은 부분을 구성한다.

ㄷ. 효소는 단백질로 구성되어 있다.

ㄹ. 주로 탄수화물과 지방이 부족할 때 단백질이 에너지원으로 사용될 수 있다.

ㅁ. 단백질은 20종류의 아미노산이 다양한 배열로 결합하여 만들어지며, 이로 인해 다양한 형태와 기능을 가진다.

33 관찰탐구력 대륙 이동설 이해하기

| 정답 | ①

| 해설 | 대륙 이동설은 독일의 과학자 베게너가 주장한 이론으로, 멀리 떨어져 있는 대륙이 과거에 판게아라는 하나의 대륙으로 붙어 있다가 이동하여 지금의 대륙 분포를 이루게 되었다는 내용이다. 발표 당시 베게너는 대륙 이동의 원동력을 설명하지 못하였고, 해당 이론은 인정받지 못했다. 대륙 이동의 원동력인 맨틀 대류는 이후 홈스가 제안하였다. 따라서 대륙 이동의 원동력이 지진과 화산이라는 설명은 적절하지 않다.

34 언어논리력 빈칸에 알맞은 단어 넣기

| 정답 | ③

| 해설 | 첫 번째 빈칸을 포함하는 문장에서 기후변화 대책에 대한 논의들이 제대로 정리되지 못하고 실효성 있는 대응 방안이 강구되지 못하는 이유로 정치성이라는 특수성을 언급한다. 이어서 뒤 문장에서는 다양한 주체들의 심각한 이해가 걸려 있다고 하였으므로 정치성은 집단의 '이해관계의 충돌'을 조정하는 특성이라는 것을 알 수 있다. 두 번째와 세 번째 빈칸이 포함된 문장에서는 기후변화 문제를 완벽히 파악해 행동하기 어려운 이유에 해당하는 기후변화 문제의 특성을 이야기하고 있으므로 두 번째와 세 번째 빈칸에는 '불확실성'과 '역행하지 못하거나 원상태로 되돌아오지 못하는 성질'을 의미하는 '비가역성'이 들어가야 한다. 따라서 '인과관계'는 빈칸에 들어갈 단어로 적절하지 않다.

35 언어논리력 알맞은 사자성어 찾기

| 정답 | ④

| 해설 | 제시된 글은 한국의 전통문화가 근대화의 과정에서 전통의 유지 · 변화에 따른 입장에 따라 진보주의와 보수주의로 나뉘어 견해가 상반되었으나, 전통문화의 변화 문제는 어느 한쪽의 입장에서가 아닌 사회 구조의 변화에 따라 분석하고 판단하는 것이 중요하다고 밝히고 있다. 따라서 세상의 변화에 맞추어 함께 변화함을 뜻하는 '여세추이(與世推移)'와 그 입장이 가장 유사하다.

| 오답풀이 |

① 격세지감(隔世之感) : 오래지 않은 동안에 몰라보게 변하여 아주 다른 세상이 된 것 같은 느낌

② 진퇴유곡(進退維谷) : 이러지도 저러지도 못하고 꼼짝할 수 없는 궁지

③ 탁상공론(卓上空論) : 현실성이 없는 허황한 이론이나 논의

36 공간지각력 펼친 모양 찾기

| 정답 | ①

| 해설 | 접은 선을 축으로 하여 역순으로 펼치면 다음과 같다.

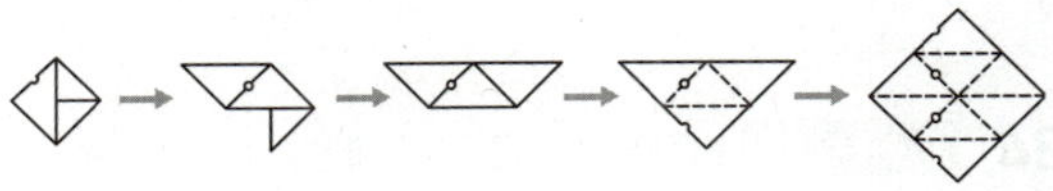

37 문제해결력 장소 선정하기

| 정답 | ②

| 해설 | 각 평가 기준에 따른 점수를 계산하면 다음과 같다.

(단위 : 점)

구분	갑 센터	을 구미 회관	병 교통 회관	정 지역 상공 회의소	무 빌딩
이동시간	4	3	5	1	2
수용가능인원	2	3	1	5	4
대관료	4	5	2	3	1
교통편	2	4	4	4	5
빔 프로젝터	2	2	2	2	0
합계	14	17	14	15	12

따라서 총점이 가장 높은 을 구민회관 2층이 채택된다.

38 언어논리력 세부내용 이해하기

| 정답 | ③

| 해설 | 인간이 인간답게 살기 위하여 물자를 소비한다고 언급하였으나, 이것이 곧 융합이라는 의미로 볼 수 없다. 융합은 인간의 문화가 복합 감각적으로 어우러지며 생겨난 사회적 현상으로 발전한 것이지 그 자체가 인간다운 삶을 위해 필요한 요소라고 연결시킬 수는 없다.

39 언어논리력 저자의 견해 파악하기

| 정답 | ①

| 해설 | 저자는 생존 문제가 해결된 후의 소비 패턴에 의해서가 아니라, 문화의 흐름으로 인해 융합이 탄생되었다고 말하고 있다.

40 이해력 직장 내 바람직한 태도 파악하기

| 정답 | ④

| 해설 | 제시된 글을 통해 직장인들이 가장 선호하는 동료는 예의가 바른 사람임을 알 수 있다. 따라서 항상 존댓말을 사용하며 상대방을 배려하는 최 대리가 그 사례로 적절하다.

41 관찰탐구력 파동의 회절 이해하기

| 정답 | ④

| 해설 | 제시된 글은 파동이 장애물 뒤쪽으로 돌아 들어가는 파동의 회절에 대한 설명이다. ④는 파동의 굴절 때문에 나타나는 현상이다.

| 오답풀이 |

① AM 방송은 저주파로, 진동수가 적고 파장이 길다. 회절은 파장이 길고 틈이 좁을수록 잘 일어나게 되므로 산간 지방에는 FM 방송보다 AM 방송의 전파가 더 잘 전달되어 방송이 잘 들린다.

② 방 안에 있을 때 밖에서 난 소리를 잘 들을 수 있는 것은 창문과 문틈으로 들어온 소리가 회절되어 방 안 전체에 퍼지기 때문이다.

③ 바닷가에서 방파제 안쪽까지 파도가 도달하는 것은 파동이 좁은 틈을 지날 때 장애물의 뒤쪽으로 퍼져 나가는 파동의 회절 때문에 나타나는 현상이다.

42 관찰탐구력 생태 피라미드 변화 이해하기

| 정답 | ①

| 해설 | 독수리의 천적 출현으로 독수리의 수가 줄어 토끼의 개체 수는 늘고 토끼의 포식으로 들풀이 줄었다고 볼 수 있다.

43 관찰탐구력 행성의 특징 이해하기

| 정답 | ①

| 해설 | 수성은 태양으로부터 가장 가깝고, 크기가 가장 작은 행성이다. 물과 대기가 없어 낮과 밤의 온도 차이가 크다. 또한, 표면에 운석 구덩이가 많이 있다.

44 공간지각력 단면 모양 파악하기

| 정답 | ②

| 해설 | 다음과 같은 사다리꼴 모양의 단면이 나타난다.

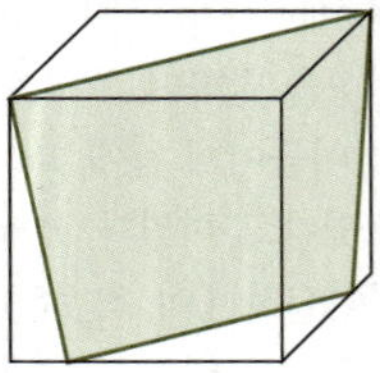

45 이해력 고객서비스 성공 사례 파악하기

| 정답 | ④

| 해설 | 고객의 욕구는 연령, 경험, 사회, 문화 등에 따라 변화한다. 제시된 사례의 홈디포는 고객의 입장에서 점포에 왔을 때 느낄 수 있는 부분들에 대해 그들의 변화하는 욕구를 충족시켜 성공하였다.

4회 기출예상문제

▶ 문제 110쪽

01	③	02	④	03	①	04	①	05	①
06	③	07	④	08	①	09	④	10	②
11	①	12	④	13	②	14	②	15	④
16	③	17	②	18	③	19	①	20	③
21	③	22	①	23	④	24	③	25	③
26	①	27	②	28	④	29	④	30	②
31	④	32	③	33	④	34	③	35	②
36	②	37	④	38	③	39	②	40	④
41	②	42	③	43	④	44	③	45	②

01 언어논리력 관용적 표현 이해하기

| 정답 | ③

| 해설 | '얼굴이 두껍다'는 '뻔뻔하여 부끄러울 줄 모른다'라는 의미의 관용적 표현이다.

02 언어논리력 세부내용 이해하기

| 정답 | ④

| 해설 | 조사설계 항목을 보면 조사기간은 20X7. 12. 4. ~ 20X8. 2. 22.이다.

| 오답풀이 |

①, ② 조사목적 항목을 보면 알 수 있다.

③ 조사설계 항목의 조사대상을 보면 알 수 있다.

03 공간지각력 블록 개수 세기

| 정답 | ①

| 해설 | 가장 뒷줄에 위치한 블록의 개수는 5개, 두 번째 줄에 위치한 블록의 개수는 5개, 가장 앞줄에 위치한 블록의 개수는 2개이므로 총 12개이다.

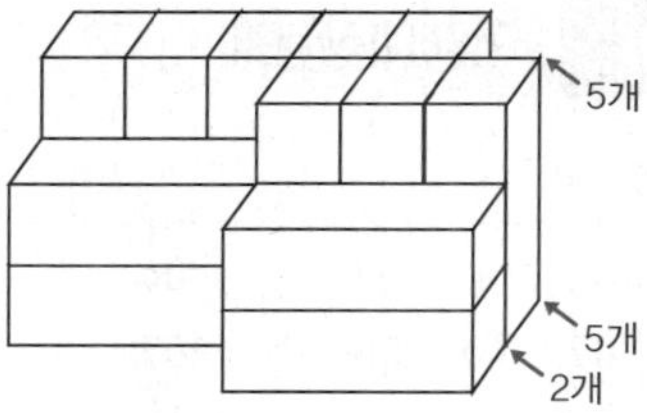

04 문제해결력 명제 판단하기

| 정답 | ①

| 해설 | 제시된 [전제]인 '맵고 짠 음식을 좋아하는 사람은 라면보다 칼국수를 더 좋아하지 않는다'의 대우는 '라면보다 칼국수를 더 좋아하는 사람은 맵고 짠 음식을 좋아하지 않는다'가 된다. [결론]에서 '형진이는 맵고 짠 음식을 좋아하지 않는다'라고 하였으므로 삼단논법에 의해 빈칸에 들어갈 전제는 '형진이는 라면보다 칼국수를 더 좋아한다'가 적절하다.

보충 플러스+

두 번째 전제에서 'q : 맵고 짠 음식을 좋아한다', '$\sim r$: 라면보다 칼국수를 더 좋아하지 않는다', 결론에서 'p : 형진이', '$\sim q$: 맵고 짠 음식을 좋아하지 않는다'가 된다.

삼단논법		
$p \to q$ $q \to r$ ――― $p \to r$	$? \to ?$ $q \to \sim r$ ――― $p \to \sim q$	대우 → $? \to ?$ $r \to \sim q$ ――― $p \to \sim q$

두 번째 전제의 대우와 삼단논법에 따라 추론해 보면 첫 번째 전제는 '$p \to r$', 즉 '형진이는 라면보다 칼국수를 더 좋아한다'가 성립됨을 알 수 있다.

05 언어논리력 이어질 내용 추론하기

| 정답 | ①

| 해설 | 제시된 글에서는 현대에 이르러 전례 없이 빨라진 언어의 소멸에 대해 화두를 제시하며 언어의 소멸 단계를 자세히 서술하고 있다. 또한 글의 서두에서 많은 학자들이 언어의 보존에 많은 힘을 쏟아야 한다고 주장하고 있음을 언급하였다. 따라서 글의 뒷부분에는 언어의 멸종을 막아야 하는 이유에 대한 내용이 이어지는 것이 가장 적절하다.

06 언어논리력 문맥에 맞게 빈칸 채우기

| 정답 | ③

| 해설 | 세계화는 세계 여러 나라가 정치, 경제, 사회, 문화, 과학 등 다양한 분야에서 서로 많은 영향을 주고받으면서 교류가 많아지는 현상을 말하며, 이러한 세계화로 인해 새로운 행동 양식을 받아들이게 됨에 따라 본래 있던 언어의 소멸이 이루어지고 있다고 하였다. 따라서 ㉠에는 성질이 다른 것을 뜻하는 '이질적인'이 적절하다.

07 공간지각력 동일한 입체도형 찾기

| 정답 | ④

| 해설 | ④는 제시된 입체도형을 180° 회전한 모습이다.

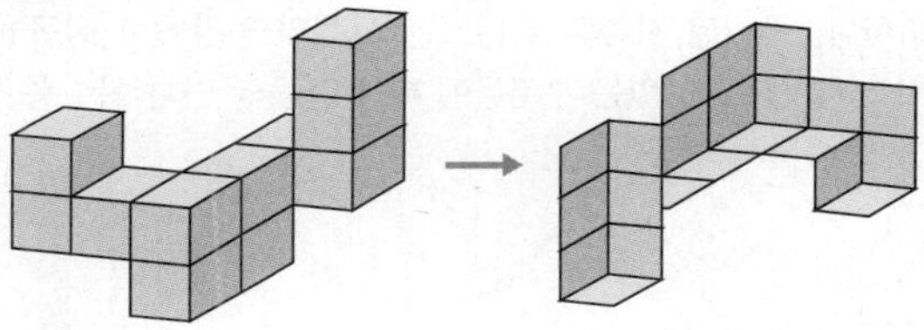

| 오답풀이 |

다른 입체도형은 점선 표시된 블록이 추가되고 동그라미 친 블록이 제거되어야 한다.

①

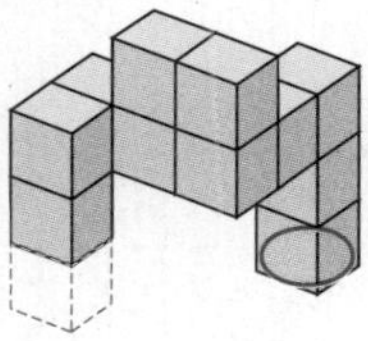

②

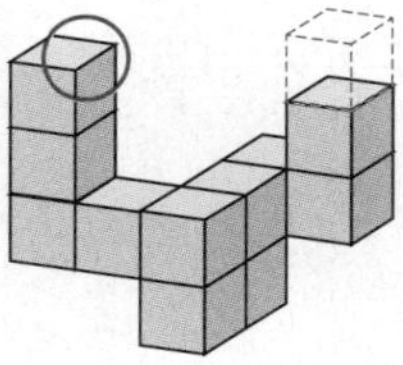

③

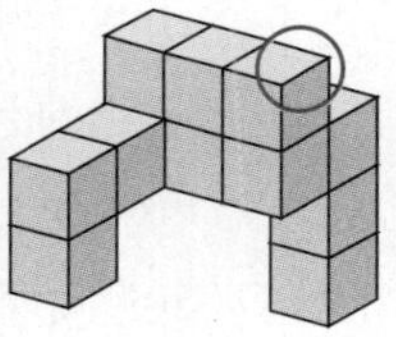

08 문제해결력 조건을 바탕으로 추론하기

| 정답 | ①

| 해설 | 근태기록 파일–출장보고서 파일–경비집행 내역서 파일 순으로 꽂혀 있는 상태에서 인사기록 파일을 출장보

고서 파일보다 좌측에 꽂았다. 이는 근태기록 파일보다 우측일 수도 있고, 근태기록 파일보다 좌측일 수도 있다. 또한 퇴직금 정산 파일을 인사기록 파일보다 우측에 꽂았는데, 이는 경비집행 내역서 파일보다 좌측일 수도, 우측일 수도 있다. 따라서 맨 우측에 있는 서류가 경비집행 내역서 파일인지, 퇴직금 정산 파일인지 알 수 없다.

09 공간지각력 접은 모양 찾기

| 정답 | ④

| 해설 | 접는 순서별로 뒷면의 모양을 생각하면 쉽게 답을 찾을 수 있다. 이를 그림으로 나타내면 다음과 같다.

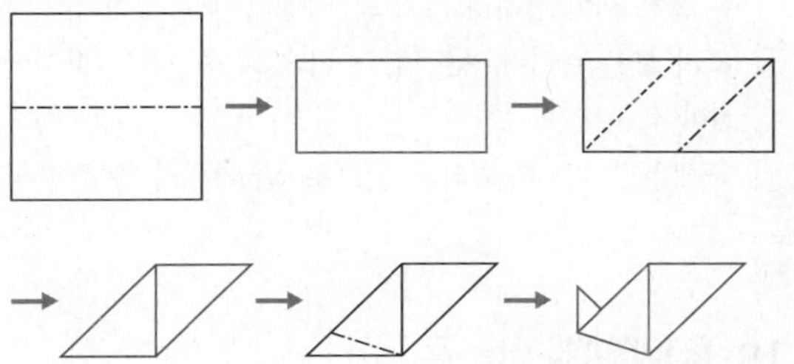

10 문제해결력 비밀번호 추론하기

| 정답 | ②

| 해설 | • 갑 : 맨 처음 숫자는 2이고 마지막 숫자는 2보다 작은 홀수인 1이다. 숫자의 합이 20이어야 하므로 가운데 숫자는 합이 17이 되는 8과 9이다. 짝수, 홀수가 번갈아 사용되었으므로 갑의 비밀번호는 2981이다.

• 을 : 맨 처음 숫자는 3이므로 마지막 숫자는 3보다 작은 짝수인 2이다. 숫자의 합이 20이어야 하므로 가운데 수는 합이 15가 되는 8과 7 또는 6과 9인데 가운데 숫자는 연이어 있으므로 을의 비밀번호는 3872이다.

11 관찰탐구력 혈구의 기능 이해하기

| 정답 | ①

| 해설 | 혈구는 혈액을 구성하고 혈장을 떠다니는 유형의 성분이며 혈구에는 적혈구, 백혈구, 혈소판이 있다. 혈구의 주요작용으로는 운반, 방어, 혈액응고작용 등이 있다.

12 관찰탐구력 기체의 압력과 부피 관계 이해하기

| 정답 | ④

| 해설 | 풍선에 공기를 불어 넣을수록 풍선 속 기체 분자의 수가 많아져서 기체 분자가 풍선 벽에 더 많이 충돌하게 되므로 풍선 벽에 가하는 힘이 커진다. 즉, 풍선 안쪽 벽에 작용하는 기체의 압력이 바깥쪽보다 커지기 때문에 풍선이 부풀어 오른다.

| 오답풀이 |

① 물질을 이루는 분자들이 스스로 움직여 액체나 기체 속으로 퍼져 나가는 현상은 '확산'으로, 풍선이 부풀어 오르는 것과는 관련 없다.

② 물질이 열에너지를 흡수하면 분자운동이 활발해지고, 방출하면 둔해진다. 하지만 온도 변화가 없으므로 풍선이 부풀어 오르는 원인이 아니다.

③ 풍선 내 기체 분자들은 가볍고 촘촘하게 배열되어 있지만, 그것이 풍선이 부풀어 오르는 직접적인 원인은 아니다.

13 문제해결력 조건을 바탕으로 추론하기

| 정답 | ②

| 해설 | 주어진 〈조건〉에 따라 다음과 같이 두 테이블에 앉는 경우가 생길 수 있다.

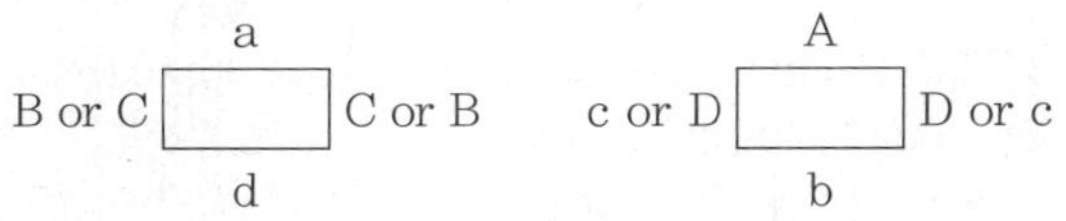

따라서 어떤 경우에도 같은 회사에 소속된 직원끼리는 같은 테이블에 앉지 않는다.

| 오답풀이 |

① a와 D는 서로 다른 테이블에 앉게 된다.

③ B는 C와 반드시 마주보고 앉는다.

④ B, C, c, D의 위치가 확정되지 않는다.

14 이해력 갈등의 원인 파악하기

| 정답 | ②

| 해설 | 서 과장과 김 대리의 가치관과 관련된 대화 내용은 드러나 있지 않다.

| 오답풀이 |

①, ③, ④ 서 과장이 김 사원에게 취하는 태도와 마음가짐에 대한 설명이다.

15 공간지각력 펼친 모양 찾기

| 정답 | ④

| 해설 | 접었던 선을 축으로 하여 역순으로 펼치면 다음과 같다.

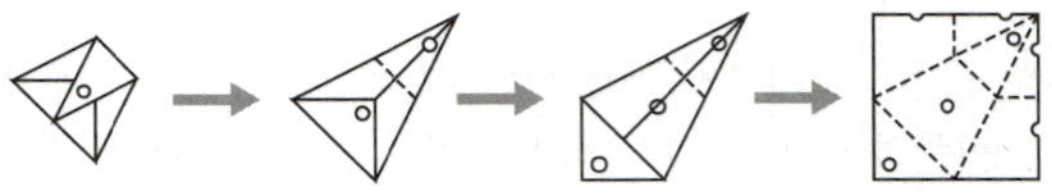

16 문제해결력 SWOT 분석 이해하기

| 정답 | ③

| 해설 | 각각의 전략에 따른 예시는 다음과 같다.

내부 환경 / 외부 환경	강점(Strengths)	약점(Weaknesses)
기회(Opportunities)	SO • 강점활용에 의한 기회 확대방안 • 채널확대, 세계화 • 사업다각화	WO • 기회에 대응하기 위한 약점 보완 전략 • 틈새시장, 기술개발 • 사업다변화
위협(Threats)	ST • 강점활용에 의한 위협 최소화 • 전략적 제휴, 정보화 • 품질 및 서비스 차별화	WT • 생존전략(매각, 철수, 우회, 회피 등) • 유연조직 구축, 인재 육성 • 생산성 향상

따라서 WO 전략에 해당하는 것은 사업의 다변화와 기술개발이다.

| 오답풀이 |

① SO 전략에 해당한다.

② ST 전략에 해당한다.

④ WT 전략에 해당한다.

17 언어논리력 올바른 맞춤법 사용하기

| 정답 | ②

| 해설 | '−대'는 직접 경험한 사실이 아닌 남이 말한 내용을 간접적으로 전달할 때 쓰이고, '−데'는 직접 경험한 사실을 나중에 보고하듯이 말할 때 쓰인다. 김 사원이 지난주에 결혼했다는 소식을 남에게 듣고 오 팀장에게 전달하는 상황이므로 '했대요'라고 쓰는 것이 적절하다. 따라서 수정할 필요가 없다.

| 오답풀이 |

① '돼야'는 '되어야'의 준말이다.

③ '바라요'는 '마음속으로 기대하다'는 뜻의 '바라다'에 종결어미 '−아요'가 붙은 말이며, '바래요'는 '볕이나 습기를 받아 색이 변하다'는 뜻의 '바래다'에 종결어미 '−어요'가 붙은 말이다. 문맥상 '바라요'로 수정하는 것이 적절하다.

④ '금세'는 '지금 바로'라는 뜻으로 '금시에'의 준말이다.

18 공간지각력 도형 개수 세기

| 정답 | ③

| 해설 | 삼각형 1개로 만들 수 있는 삼각형은 10개이고, 삼각형 4개로 만들 수 있는 삼각형은 2개이다. 따라서 그림에서 찾을 수 있는 크고 작은 삼각형은 모두 12개이다.

19 언어논리력 글의 중심내용 찾기

| 정답 | ①

| 해설 | 제시된 글은 언론사들이 정치적 지향을 강하게 드러낼수록 자신의 정치적 성향과 동일하다고 생각하는 구독자들이 더 많은 후원금을 내고 이를 통해 수입을 얻어 언론사를 운영할 수 있다고 하면서 대안언론이 정치성을 드러내는 이유에 대해 설명하고 있다.

20 문제해결력 명제 판단하기

| 정답 | ③

| 해설 | 'p : 드라마 셜록 홈즈를 좋아한다', 'q : 영화 반지의 제왕을 좋아한다', 'r : 영화 스타트렉을 좋아한다', 's :

영화 해리포터 시리즈를 좋아한다'라고 할 때 정리하면 다음과 같다.

• p → ~q • ~q → ~s

• q → r • 갑 → s

(가) ~q → ~s가 참이므로 이 명제의 대우인 s → q도 참이다. 삼단논법에 의해 갑 → s → q → r이 성립되어 갑 → r이 참이 된다. 따라서 갑은 영화 스타트렉을 좋아한다.

(나) p → ~q가 참이므로 이 명제의 대우인 q → ~p도 참이다. 삼단논법에 의해 s → q → ~p가 성립되어 s → ~p도 참이 된다. 따라서 갑은 영화 해리포터 시리즈를 좋아하므로 드라마 셜록 홈즈를 좋아하지 않는다.

(다) r → ~p가 참이 되기 위해서는 q → r의 역인 r → q가 참이어야 한다. 하지만 역의 참 · 거짓 여부는 알 수 없다.

따라서 옳은 설명은 (가), (나)이다.

21 관찰탐구력 무기질의 종류와 기능 이해하기

| 정답 | ③

| 해설 | 기운이 없고 몸이 허약해지며 빈혈에 걸리기 쉬운 것은 철의 결핍 시 나타나는 현상이다.

22 관찰탐구력 힘의 분산 이해하기

| 정답 | ①

| 해설 | 스노보드는 힘을 받는 면적을 크게 하여 압력을 작게 만든 장치이다. 트럭에 바퀴가 많은 것은 바퀴가 땅바닥과 접촉하는 면적을 넓혀 무거운 중량에 의한 압력을 작게 하기 위해서이다.

23 이해력 직업의식 이해하기

| 정답 | ④

| 해설 | 포드는 핀토가 사고 위험이 높다는 사실을 알았지만 핀토를 계속 판매하였고 많은 피해자가 발생하였다. 이는 기업의 이익만을 우선시하여 일어난 사건으로 사회 · 윤리적 직업의식의 결여가 문제점이라고 볼 수 있다.

24 이해력 올바른 대처 방법 파악하기

| 정답 | ③

| 해설 | 제시된 상황의 고객은 명백히 본인이 잘못했으나, 거리가 짧아서 일부러 누락시켰을 것이라고 넘겨짚고 계속해서 언성을 높이고 있다. 이러한 상황에서는 담당자로서 정중한 태도로 응대하는 것이 가장 중요하며 고객의 말에 맞장구치면서도 분명한 증거를 제시하여 스스로 화를 누그러뜨릴 수 있게 유도하는 것이 필요하다. 단, 고객이 틀렸다는 것을 증명해 비난하려는 의도로 느낄 경우 화를 돋울 수 있으므로 주의해야 한다.

| 오답풀이 |

①, ② 갈등 상황에서 입장 차이를 좁혀 나가려는 노력 없이 문제를 회피하거나 타인(경찰)에게 맡겨 버리는 것은 바람직하지 않은 대응 방안이다.

25 언어논리력 글의 흐름에 맞게 문장 배열하기

| 정답 | ③

| 해설 | 먼저 세상에 존재하는 혐오스러운 소리가 많다며 소재를 제시하는 (다)가 오고, 그에 대한 구체적인 예시를 드는 (가)가 이어진다. 다음으로 이런 현상들에 대한 의문을 제시하는 (마)가 온 다음, 그 답으로 '고주파'를 제시하는 (라)가 온다. 마지막으로 그렇게 생각되는 이유를 (나)에서 언급한다. 따라서 글의 순서는 (다) – (가) – (마) – (라) – (나)가 적절하다.

26 공간지각력 제시된 도형 합치기

| 정답 | ①

| 해설 | ①은 동그라미 친 부분이 잘못되었다.

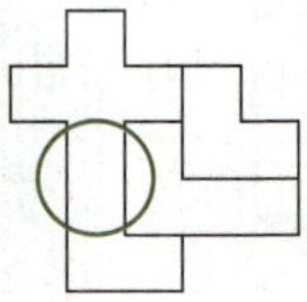

| 오답풀이 |

②

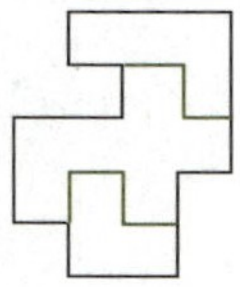

③

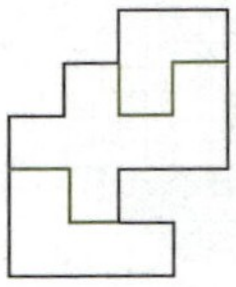

④

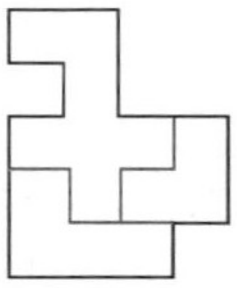

27 문제해결력 조건을 바탕으로 진급자 선정하기

| 정답 | ②

| 해설 | A ~ D의 책임감, 신중함 점수를 구하여 합산하면 다음과 같다.

구분	책임감	신중함	합계
A	2	3	5
B	2	3	5
C	3	1	4
D	2	2	4

따라서 책임감과 신중함 점수가 가장 높은 A, B 중 실적이 더 높은 B가 선발된다.

28 공간지각력 투상도로 입체도형 추론하기

| 정답 | ④

| 해설 | 우측, 정면, 위에서 확인할 때 일치하는 도형은 ④이다.

| 오답풀이 |

나머지 도형의 3차원 공간에서 세 면에 비친 그림자는 다음과 같다.

①

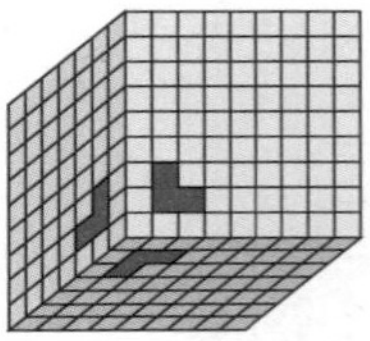

②

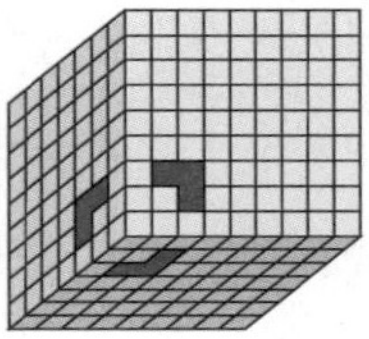

③

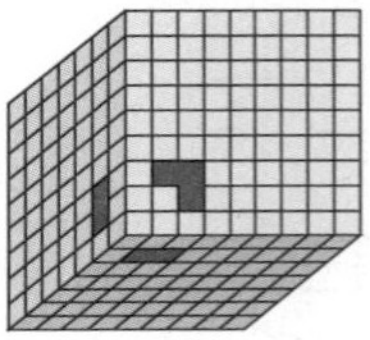

29 문제해결력 조건을 바탕으로 진위 추론하기

| 정답 | ④

| 해설 | B와 D의 발언이 서로 상충하므로 B가 거짓을 말하는 경우와 D가 거짓을 말하는 경우로 나누어 생각해 본다.

- B가 거짓말을 하는 경우 : A는 E 바로 다음으로 휴가를 간다. C는 D보다 늦게 휴가를 가고, D는 B, C보다 늦게 휴가를 가므로 C와 D의 휴가 계획이 서로 상충한다.
- D가 거짓말을 하는 경우 : A는 E 바로 다음으로 휴가를 간다. B는 마지막으로 휴가를 가고, C는 D보다 늦게, E는 가장 먼저 휴가를 가므로 E－A－D－C－B 순으로 휴가를 감을 알 수 있다.

따라서 거짓말을 한 사람은 D이다.

30 관찰탐구력 열의 이동 방식 이해하기

| 정답 | ②

| 해설 | 뜨거운 국에 넣어 둔 숟가락이 뜨거워진 것은 열의 전도에 의한 현상이다. 전도는 고체 물질을 통해 열이 직접 전달되는 방식이다.

나머지는 액체나 기체에서 열이 이동하는 방식인 대류에 의한 현상이다. 대류는 온도 차에 의해 뜨거운 물질이 위로 올라가고 차가운 물질이 내려오면서 열이 전달되는 현상이다.

31 관찰탐구력 자유 낙하 운동 이해하기

| 정답 | ④

| 해설 | 자유 낙하 운동은 공기 저항을 무시할 때 정지되어 있던 물체가 중력을 받아 속력이 커지면서 지면을 향하여 떨어지는 운동이다. 진공 중에서는 공기 저항력이 없기 때문에 깃털과 구슬이 동시에 떨어진다.

| 오답풀이 |

③ 공기 중에서는 깃털이 구슬보다 공기 저항력을 더 받기 때문에 구슬이 먼저 떨어진다.

32 관찰탐구력 과학적 원리 이해하기

| 정답 | ③

| 해설 | ㄷ. 짐을 실으면 화물선의 무게가 증가하므로 화물선에 작용하는 중력은 커진다.

| 오답풀이 |

ㄱ, ㄴ. 빈 화물선에 짐을 실을수록 화물선이 무거워지고 물속에 가라앉게 된다. 따라서 물속에 잠기는 화물선의 부피가 커지면서 부력도 커진다.

33 언어논리력 세부내용 이해하기

| 정답 | ④

| 해설 | 공유지의 비극은 1968년 미국의 생물학자 하딘이 처음 주장한 개념이지만, 제시된 글에서는 이에 대한 정보를 찾아볼 수 없다.

| 오답풀이 |

① 저자는 공유지의 비극 이론을 설명하면서 한정된 자원에 대한 자유로운 접근과 끝없는 욕망이 자원의 고갈을 불러올 것을 경고하고 이에 대한 예방을 주장하고 있다.

② 공유지의 비극 이론과 관련된 문제는 환경, 정치, 경제, 인문학, 사회학 분야에서도 발생한다고 하였다.

③ 공유지의 비극을 방지하려면 정부 차원의 해결책이 필요하다고 주장하고, 인센티브와 처벌 등의 제도적 장치를 제안하고 있다.

34 관찰탐구력 오목 거울의 사례 파악하기

| 정답 | ③

| 해설 | 오목 거울은 물체가 가까이 있을 때는 상이 확대되어 보이고, 물체가 초점보다 더 멀리 있을 때는 상이 거꾸로 보이는 특성을 가진다. 이 특성을 이용하여 치과용 거울은 환자의 치아를 크게 확대하여 치과의사가 치아의 세밀한 부분까지 잘 볼 수 있도록 돕는다.

| 오답풀이 |

①, ②, ④ 주로 볼록 거울을 사용하여 넓은 시야를 제공하고 여러 방향의 물체를 한 번에 볼 수 있게 해준다.

35 공간지각력 전개도로 입체도형 찾기

| 정답 | ②

| 해설 | 전개도를 접었을 때 서로 맞닿은 면을 화살표로 표시하면 다음과 같다.

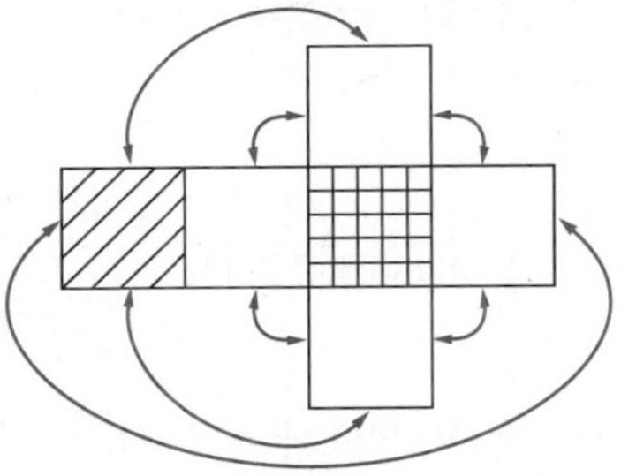

무늬가 있는 두 면이 붙어 있는 경우는 없으므로 ①, ③은 적절하지 않다. 또한 무늬가 없는 세 개의 면이 한 모서리에서 만나는 경우는 없으므로 ④ 역시 적절하지 않다. 따라서 나올 수 있는 입체도형은 ②이다.

36 문제해결력 명제 판단하기

| 정답 | ②

| 해설 | 각 명제를 'P : A가 보를 낸다', 'Q : B가 가위를 낸다', 'R : C가 바위를 낸다'로 나타낼 경우 다음과 같다.

- P → Q
- R → ~Q

P → Q가 참이므로 이 명제의 대우인 ~Q → ~P도 참이다. 삼단논법에 의해 R → ~Q → ~P가 성립되므로 R → ~P는 참이다. 따라서 C가 바위를 A는 보를 내지 않는다.

| 오답풀이 |

① R → ~Q가 참이므로 이 명제의 대우인 Q → ~R도 참이다. 따라서 B가 가위를 내면 C는 바위를 내지 않는다.

③ R → ~Q가 참이므로 이 명제의 대우인 Q → ~R도 참이다. 삼단논법에 의해 P → Q → ~R이 성립되므로 P → ~R은 참이다. 따라서 A가 보를 내면 C는 바위를 내지 않는다.

④ 제시된 명제로는 알 수 없다.

37 관찰탐구력 마찰력 원리 이해하기

| 정답 | ④

| 해설 | 빙판길에 모래를 뿌리면 접촉면이 거칠어져 마찰력이 커진다. 반면에 창문 아래에 바퀴를 붙이면 접촉면이 매끄러워지므로 마찰력이 작아진다. 나머지는 모두 마찰력을 증가시킨 경우이다.

38 언어논리력 글의 내용 유추하기

| 정답 | ③

| 해설 | 제시된 글의 두 번째 문단에서 이순신 장군을 표상하거나 지시한다고 해서 반드시 이순신 장군의 모습과 유사하다고 할 수는 없다고 하였다. 또한 나타내려는 대상의 모습을 본뜨지 않으면서 활자와 입을 통해 그 대상을 표상할 수는 있다고 하였다. 따라서 유사성이 없다면 표상이 될 수 없다는 내용은 적절하지 않다.

39 언어논리력 글의 성격 파악하기

| 정답 | ②

| 해설 | 화자는 높은 지능에도 불구하고 주변 환경을 파괴하는 인간의 행태에 대한 문제를 제기하며, 이에 대한 해결이 필요함을 주장하고 있다. 따라서 일정한 주제를 가지고 강의 형식으로 말하기 위해 쓴 글임을 알 수 있다.

40 이해력 청자 지향적 말하기 태도 이해하기

| 정답 | ④

| 해설 | '청자 지향적 말하기'는 청자의 배경지식, 연관성, 이해도의 수준을 파악하여 청자가 잘 이해할 수 있는 최적의 방식으로 내용을 전달하는 태도를 말한다. 따라서 화자가 일방적으로 자신의 주장만을 전달하는 것은 청자 지향적 말하기의 태도로 적절하지 않다.

41 언어논리력 글에 맞는 사자성어 찾기

| 정답 | ②

| 해설 | 탁상공론(卓上空論)은 '탁자 위에서 한 이론이 실제로는 허공에 불과하다'는 뜻으로, 어떠한 주제나 문제에 대해 추상적이고 이론적인 논의에만 머물러 있는 상황을 비판하고, 실제 문제 해결에 있어 도움이 되는 구체적인 해결책의 필요성을 주장할 때 사용되는 표현이다.

| 오답풀이 |

① 절차탁마(切磋琢磨) : 옥이나 뿔 따위를 갈고 닦아서 빛을 낸다는 뜻으로, 학문이나 도덕, 기예 등을 열심히 배우고 익혀 수련함을 비유적으로 이르는 말

③ 미증유(未曾有) : 아직까지 한 번도 있어 본 적이 없음.

④ 와신상담(臥薪嘗膽) : 거북한 섶에 누워 자고, 쓴 쓸개를 맛본다는 뜻으로, 원수를 갚으려 하거나 실패한 일을 다시 이루고자 굳은 결심을 하고 어려움을 참고 견디는 것을 이르는 말

42 관찰탐구력 행성의 공전운동 이해하기

| 정답 | ③

| 해설 | 행성은 태양의 만유인력 때문에 타원 궤도를 그리면서 공전한다. 그중에서 근일점(B)에서 만유인력과 공전 속도 그리고 속력과 가속도가 최대가 된다.

보충 플러스+

케플러의 제1법칙

행성은 태양을 하나의 초점으로 하는 타원 궤도로 공전한다.

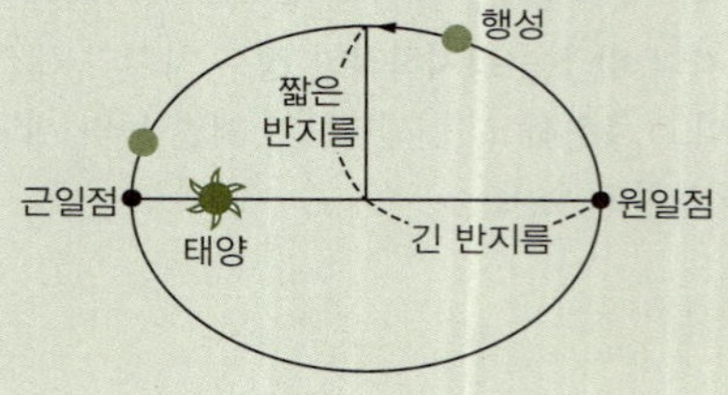

43 공간지각력 도형 회전하기

| 정답 | ④

| 해설 | 제시된 도형을 180° 회전시킨 형태는 다음과 같다.

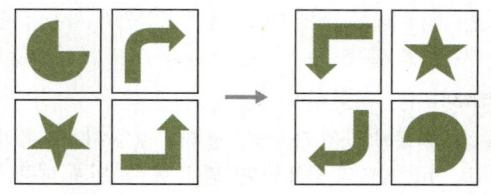

44 이해력 경청을 방해하는 요인 이해하기

| 정답 | ③

| 해설 | 상대방의 말을 있는 그대로 이해하지 않고 주관에 따라 왜곡된 판단을 내리고 있다.

45 관찰탐구력 뉴턴의 운동법칙 이해하기

| 정답 | ②

| 해설 | (가)와 (라)는 뉴턴의 운동 제1법칙(관성의 법칙), (나)는 제2법칙(가속도의 법칙), (다)는 제3법칙(작용 · 반작용의 법칙)에 해당한다. 따라서 (가) ~ (라)의 순으로 숫자를 합하면 1+2+3+1=7이다.

보충 플러스+

뉴턴의 운동법칙

1. 관성의 법칙(제1법칙) : 어떤 물체에 외부로부터 아무런 힘이 작용하지 않으면, 물체의 운동 상태는 변하지 않는다.
2. 가속도의 법칙(제2법칙) : 물체에 힘이 작용할 때 생기는 가속도의 크기는 작용한 힘에 비례하고 물체의 질량에 반비례하며 그 방향은 힘의 방향과 같다.
3. 작용 · 반작용의 법칙(제3법칙) : 두 물체가 서로 힘을 미치고 있을 때 두 물체의 상호작용은 크기가 같고 방향은 반대이다.

5회 기출예상문제

▶ 문제 132쪽

01	②	02	③	03	④	04	③	05	②
06	①	07	④	08	③	09	②	10	①
11	④	12	②	13	①	14	④	15	②
16	①	17	①	18	①	19	③	20	②
21	③	22	①	23	④	24	②	25	④
26	②	27	④	28	④	29	④	30	④
31	④	32	②	33	①	34	①	35	③
36	④	37	②	38	②	39	②	40	④
41	②	42	②	43	③	44	②	45	②

01 언어논리력 단어 관계 파악하기

| 정답 | ②

| 해설 | ①, ③, ④에서 세 번째 단어는 첫 번째 단어를 두 번째 단어를 이용하여 할 수 있는 행동이다. 즉, 옷감은 홍두깨를 이용하여 다듬이질을 할 수 있고, 공책은 펜을 이용하여 필기를 할 수 있으며, 셔틀콕은 라켓을 이용하여 배드민턴을 할 수 있다. 반면, ②의 세 번째 단어는 첫 번째 단어가 두 번째 단어를 만났을 때 일어나는 현상이므로 다른 선택지와 관계가 다르다.

02 이해력 상황에 맞게 대처하기

| 정답 | ③

| 해설 | A는 평소 자기주장을 강하게 내세우지 않는 성향이며, 다른 사람들과 조화를 이루는 것을 중요하게 여긴다. 또한, A는 커피를 마시지 않지만 친구들과 함께 시간을 보내는 것을 좋아한다. 그러므로 ○○카페에 가서 커피가 아닌 음료를 시켜 친구들과 시간을 보냄으로써 사회적 관계를 유지함과 동시에 본인의 기호도 충족하는 것이 적절하다.

03 언어논리력 올바른 맞춤법 사용하기

| 정답 | ④

| 해설 | '걸맞다'와 '알맞다'는 모두 형용사이며 형용사에는 관형사형 전성어미 '-는'이 아니라 관형사형 전성어미 '-은'이 붙는다.

04 언어논리력 세부내용 이해하기

| 정답 | ③

| 해설 | 매슬로의 욕구단계는 아래 단계의 기본적인 하위 욕구들이 채워져야 자아 성취와 같은 고차원적인 상위 욕구에 관심이 생긴다는 입장이다. 반면 진화 생물학적 관점은 인간의 본질적 욕구를 채우는 데 도움이 되기 때문에 자아 성취를 한다는 입장이다. 따라서 두 관점에서 인간의 본질에 대한 해석은 다르다.

05 언어논리력 글의 흐름에 맞는 사자성어 고르기

| 정답 | ②

| 해설 | ㉠의 앞뒤 문맥을 고려할 때 쾌락을 뒷전에 두고 행복을 논하는 것은 이치에 맞지 않다는 의미가 완성되어야 한다. 따라서 '말이 조금도 사리에 맞지 아니하다'는 뜻의 '어불성설(語不成說)'이 들어가야 한다.

| 오답풀이 |

① '중언부언(重言復言)'은 '이미 한 말을 자꾸 되풀이함. 또는 그런 말'을 의미한다.

③ '교언영색(巧言令色)'은 '말을 교묘하게 하고 얼굴빛을 꾸미다'라는 뜻으로 아첨하는 말과 태도를 이른다.

④ '유구무언(有口無言)'은 '입은 있어도 말은 없다'라는 뜻으로 변명할 말이 없거나 변명을 못함을 이른다.

06 문제해결력 명제 판단하기

| 정답 | ①

| 해설 | 'p : 껌을 좋아한다', 'q : 사탕을 좋아한다', 'r : 초콜릿을 좋아한다', 's : 감자칩을 좋아한다'라고 할 때 〈보기〉를 정리하면 다음과 같다.

• $p \rightarrow q$ • $\sim r \rightarrow \sim q$ • $s \rightarrow q$

$\sim r \rightarrow \sim q$가 참이므로 이 명제의 대우인 $q \rightarrow r$도 참이다. 따라서 삼단논법에 의해 $s \rightarrow q \rightarrow r$이 성립하므로 '감자칩을 좋아하는 아이는 초콜릿도 좋아한다'도 참이 된다.

| 오답풀이 |

②, ③ 제시된 명제로는 알 수 없다.

④ 삼단논법에 의해 $p \rightarrow q \rightarrow r$이 성립하므로 '껌을 좋아하는 아이는 초콜릿도 좋아한다'가 참이 된다.

07 공간지각력 제시된 도형 합치기

| 정답 | ④

| 해설 | ④는 세 조각을 조합해 만들 수 없다.

| 오답풀이 |

①

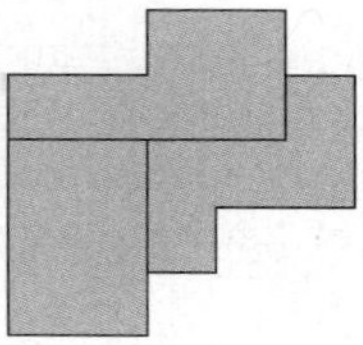

②

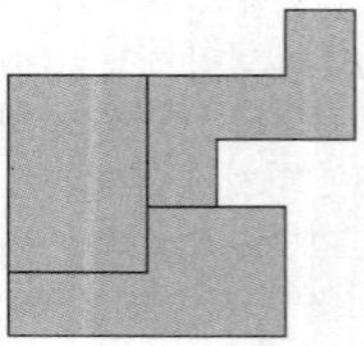

③

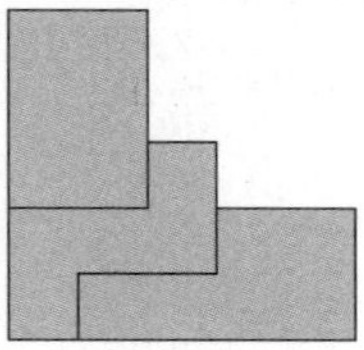

08 공간지각력 도형 회전하기

| 정답 | ③

| 해설 | 제시된 도형을 시계 방향으로 270° 회전시킨 모양은 반시계 방향으로 90° 회전한 모양과 같으므로 정답은 ③이다.

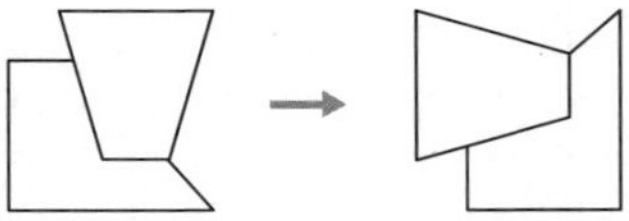

| 오답풀이 |

① 시계 방향으로 90° 회전한 모양이다.

② y축을 중심으로 좌우반전한 모양이다.

④ 180° 회전한 모양이다.

09 문제해결력 불가능한 조합 구하기

| 정답 | ②

| 해설 | 2개의 조를 Ⅰ조와 Ⅱ조로 나누고 A와 E가 Ⅰ조라고 가정한다. 두 번째 조건에서 한 조마다 여자사원은 3명이라고 했고, Ⅰ조에는 A와 E가 있으므로 다섯 번째 조건에 의해 B와 F는 Ⅱ조이다. 네 번째, 여섯 번째 조건에 의해 병과 D는 Ⅰ조이며, 세 번째 조건에 의해 을은 Ⅱ조이다. 이를 표로 정리하면 다음과 같다.

Ⅰ조	A	E	병	D	정 or 갑
Ⅱ조	B	F	C	을	갑 or 정

따라서 을과 A는 같은 조가 될 수 없다.

10 언어논리력 올바르게 띄어쓰기

| 정답 | ①

| 해설 | '-그려'는 문장 끝에서 느낌이나 강조를 나타내는 문장 종결 보조사로 앞말과 붙여 써야 한다. 따라서 '그 집 사정이 참 딱하데그려'로 쓰는 것이 적절하다.

| 오답풀이 |

② '-ㄹ뿐더러'는 어떤 일이 그것만으로 그치지 않고 나아가 다른 일이 더 있음을 나타내는 연결 어미로 앞말과 붙여 써야 한다.

③ '-ㄹ걸'은 구어체로 혼잣말에 쓰여, 그렇게 했으면 좋았을 것이나 하지 않은 어떤 일에 대해 가벼운 뉘우침이나 아쉬움을 나타내는 종결 어미로 앞말과 붙여 써야 한다.

④ '협조한다는 데'의 '데'는 '곳, 장소, 일, 경우' 등을 나타내는 의존명사로 앞말과 띄어 써야 한다.

11 문제해결력 진위 추론하기

| 정답 | ④

| 해설 | A～E가 각각 범인일 때로 나누어 살펴본다.

- A가 범인인 경우 : 범인이 B, C 또는 D가 되어 범인이 한 명이라는 조건에 어긋난다.
- B가 범인인 경우 : 범인이 아닌 A의 말이 거짓이 되어 범인만 거짓을 말하고 있다는 조건에 어긋난다.
- C가 범인인 경우 : 범인이 아닌 E의 말이 거짓이 되어 범인만 거짓을 말하고 있다는 조건에 어긋난다.
- E가 범인인 경우 : B와 C가 범인이 되어 범인이 한 명이라는 조건에 어긋난다.
- D가 범인인 경우 : A, B, C, E의 말이 모두 성립되며 모순이 생기지 않는다.

따라서 거짓을 말한 D가 범인이다.

12 관찰탐구력 진폭과 진동수 이해하기

| 정답 | ②

| 해설 | ㄱ. 내는 소리가 클수록 진폭이 커지게 된다. 따라서 바리톤 B 씨는 소프라노 A 씨보다 진폭이 더 큰 음파를 낸다.

ㄷ. 내는 음이 높을수록 진동수가 커지게 된다. 따라서 소프라노 A 씨는 바리톤 B 씨보다 진동수가 더 큰 음파를 낸다.

| 오답풀이 |

ㄴ. 소리의 높낮이는 진폭이 아닌 진동수에 영향을 미친다. 즉, 높은 도가 낮은 도보다 진동수가 크다.

ㄹ. 소리의 크기는 진동수가 아닌 진폭에 영향을 미친다. 즉, 큰 소리가 작은 소리보다 진폭이 크다.

13 관찰탐구력 물질의 상태변화 이해하기

| 정답 | ①

| 해설 | 빨래가 마르는 것, 물을 끓이면 수증기가 되는 것, 얼굴에 바른 알코올성 스킨이 없어지는 것 등은 액체가 기체로 변하는 기화 현상이다. 물질의 상태가 변할 때에는 질량은 변하지 않고 부피만 변한다.

14 문제해결력 조건을 바탕으로 순서 추론하기

| 정답 | ④

| 해설 | 제시된 조건에 따르면 F가 4등인 D보다 먼저 들어오고, G가 F보다 먼저 들어왔으므로 G－F－D 순임을 알 수 있다. 또한 A가 F보다 먼저 들어왔으나 1등은 아니므로 G－A－F－D 순으로 들어온 것을 알 수 있다. 따라서 첫 번째로 결승점에 들어온 사람은 G이다.

15 언어논리력 세부내용 이해하기

| 정답 | ②

| 해설 | 공공기관의 도덕적 해이는 공적 영역에서 도덕적 의무를 다하지 않는 행위를 의미하는 것으로, 공무와 관련을 가지지 않는 사적 영역에서 도덕적 의무를 다하지 않는 도덕적 일탈행위는 공공기관의 도덕적 해이에 포함되지 않는다.

| 오답풀이 |

① 도덕적 해이는 직무에 대한 태도의 문제이며 법률을 위반하는 행위가 아니므로 불법행위에 비해 적발과 입증이 어렵다.

16 문제해결력 조건을 바탕으로 추론하기

| 정답 | ①

| 해설 | 세 명의 나이가 모두 다르며 갑보다 을의 나이가 더 많다. 갑은 사진작가보다 수입이 많은데, 프로그래머는 수입이 가장 적으므로 갑은 프로그래머가 아니고 가장 나이가 어리지도 않다. 따라서 갑은 엔지니어이다. 이를 바탕으로 정리하면, 병이 가장 나이가 어리며 직업은 프로그래머이고, 가장 나이가 많은 을의 직업은 사진작가가 된다.

나이	을	갑	병
직업	사진작가	엔지니어	프로그래머

17 언어논리력 이어질 내용 추론하기

| 정답 | ①

| 해설 | 첫 번째 문단에서는 나라를 위해 헌신한 이들에게 적절한 보상과 지원제도를 마련하기 위해서는 적지 않은 국가 재정이 소요되므로 한정된 재정을 활용하여 그 효과를 극대화하기 위한 고민을 해야 한다고 나와 있다. 두 번째 문단에서는 또 다른 고민은 지원을 위한 재정이 국민들의 세금에 의해 마련되므로 결코 허투루 사용되어서는 안 된다는 내용이 나온다. 따라서 국민들이 세금을 납부하는 것이 의무사항이기는 하지만 나라는 이러한 예산을 신중하게 사용해야 한다는 내용이 이어져야 자연스럽다.

18 공간지각력 일치하는 입체도형 찾기

| 정답 | ①

| 해설 | 정면도 → 평면도 → 우측면도 순으로 확인해 보면 블록 개수와 위치가 모두 일치하는 입체도형은 ①이다.

| 오답풀이 |

동그라미 친 부분이 추가되고 색칠된 블록이 제거되어야 한다.

② 평면도가 일치하지 않는다.

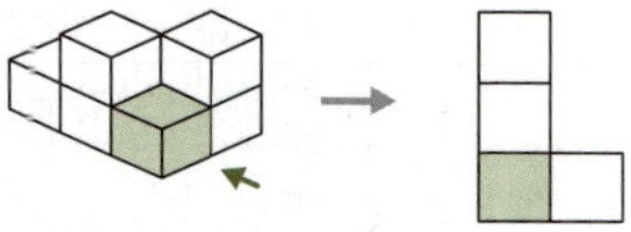

[평면도]

③ 정면도와 우측면도가 일치하지 않는다.

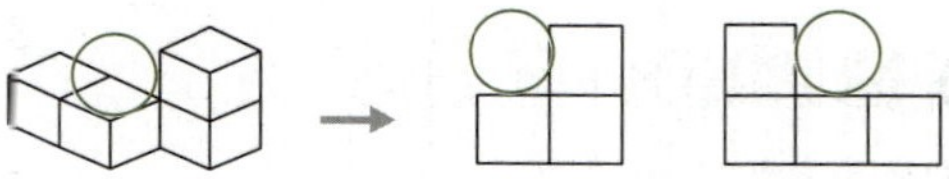

[정면도] [우측면도]

④ 정면도와 평면도가 일치하지 않는다.

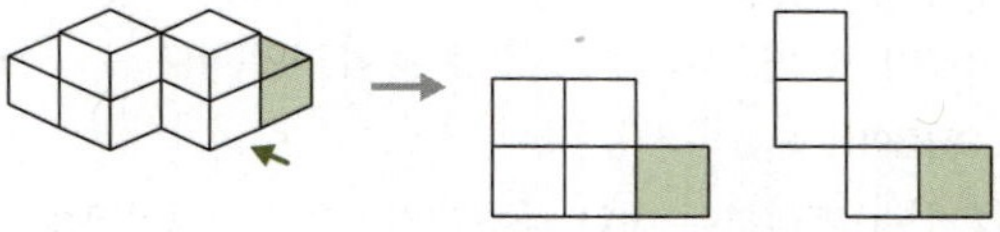

[정면도] [평면도]

19 공간지각력 펼친 모양 찾기

| 정답 | ③

| 해설 | 접었던 선을 축으로 하여 역순으로 펼치면 다음과 같다.

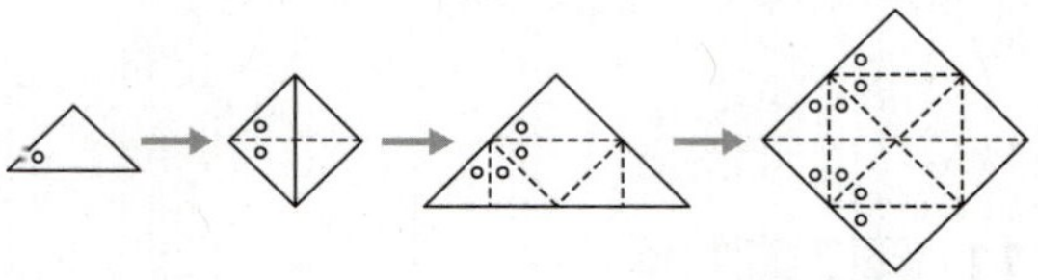

20 문제해결력 명제 판단하기

정답 | ②

| 해설 | 각 명제를 'P : 모든 사탕', 'Q : 색이 빨갛다', 'R : 모양이 둥글다', 'S : 딸기 맛이 난다', 'Z : A가 산 사탕'으

로 나타낼 경우 다음과 같다.

• P → Q or R　　• R → S　　• Z → ~S

R → S가 참이므로 이 명제의 대우인 ~S → ~R도 참이다. 삼단논법에 의해 Z → ~S → ~R이 성립되어 Z → ~R이 참이 된다. 따라서 '모든 사탕은 색이 빨갛거나 모양이 둥글다'고 하였으므로 '소연이가 산 사탕은 색이 빨갛다'가 참이다.

21 언어논리력 글의 흐름에 맞게 고쳐쓰기

| 정답 | ③

| 해설 | ㉢의 앞뒤 문장은 둘 다 여름철 감기의 예방법에 해당한다. 따라서 두 문장은 '나열' 또는 '추가'의 관계로 이어지므로, '또한'이라는 접속사를 쓰는 것이 적절하다. '그러므로'는 원인과 결과를 각각 나타내는 문장 사이에 쓰이는 접속사이므로 ㉢의 위치에는 적절하지 않다.

22 언어논리력 필자의 주장 파악하기

| 정답 | ①

| 해설 | 필자는 글을 쓸 때 좀 더 멋있게 표현하고 싶은 생각에 빠져 이것저것 다 작성할 경우 결국 글의 핵심에서 벗어나게 된다고 하였다. 또한 형용사나 부사가 난무하게 되면 글이 느끼해지므로 글의 성패는 여기서 갈린다고 하였다. 따라서 제시된 글은 필자가 글을 쓸 때는 잘 쓰려는 욕심을 버려야 한다고 주장하고 있다.

23 공간지각력 블록 개수 세기

| 정답 | ④

| 해설 | 가장 뒷줄에 위치한 블록의 개수는 7개, 중간에 위치한 블록의 개수는 5개, 가장 앞줄에 위치한 블록의 개수는 4개이므로 총 16개이다.

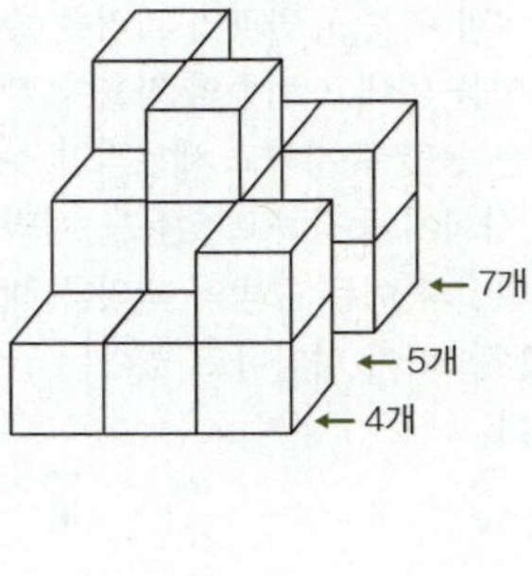

24 공간지각력 두 면만 칠해지는 블록 찾기

| 정답 | ②

| 해설 | 2개의 면이 칠해지는 블록은 다음 색칠된 면으로 5개이다.

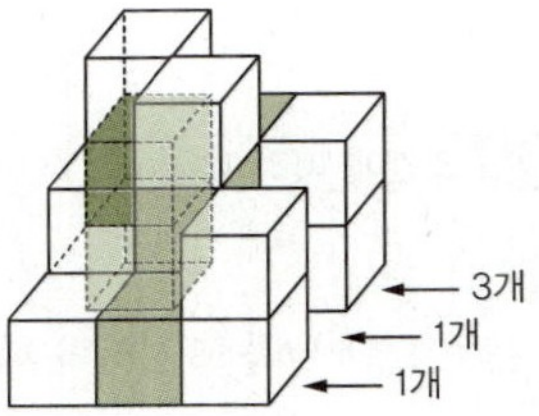

25 관찰탐구력 원시지구 생성과정 이해하기

| 정답 | ④

| 해설 | 원시지구 생성의 과정은 다음과 같다.

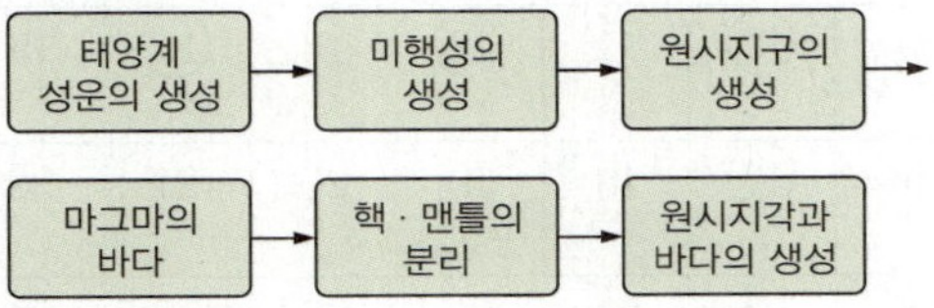

26 관찰탐구력 작용과 반작용의 법칙 이해하기

| 정답 | ②

| 해설 | 뉴턴에 의해 성립된 작용과 반작용의 법칙은 모든 작용에 대해 크기는 같고 방향은 반대인 반작용이 존재함을 뜻한다. 을이 수영을 하며 벽을 미는 힘과 벽이 을을 미는 힘에는 작용과 반작용 관계가 성립한다.

| 오답풀이 |

갑. 힘의 평형관계의 예이다. 힘의 평형은 한 물체에 작용하는 두 힘이 크기는 같고 방향은 반대인 경우이다.

27 문제해결력 조건에 맞게 자리 배치하기

| 정답 | ④

| 해설 | 제시된 조건을 통해 쉽게 지정할 수 있는 자리부터 정리해 보면 조건 (가), (나), (다), (마)에 따라 3에는 부장이, 4에는 차장이 앉아야 함을 알 수 있다. 이어서 운전석인 1에는 스틱 면허를 가진 과장이나 대리만 앉을 수 있고, 조건 (바)에서 과장은 부장의 대각선 자리에 앉아야 한다고

하였으므로 과장의 자리는 2 또는 6이어야 한다. 그런데 사원 A와 사원 B는 같이 앉을 수 없다는 조건 (라)에 따라 과장의 자리는 6이 된다. 따라서 1에는 대리, 2에는 사원 A 또는 사원 B, 3에는 부장, 4에는 차장, 5에는 사원 A 또는 사원 B, 6에는 과장이 앉는다.

28 문제해결력 조건에 따라 추론하기

| 정답 | ④

| 해설 | 달력에 운동을 한 날을 표시하면 다음과 같다.

〈X월〉

일	월	화	수	목	금	토
						1
2	③ 시작일	4	5 공휴일	⑥	7	8
9	⑩	11	⑫	13	⑭	15
16	⑰	18	19 공휴일	20	21	22
23	24	25	26	27	28	29
30	31					

10회의 수강 쿠폰을 해당 월에 모두 소진해야 하는데 등록일인 3일은 체험 수업으로 차감되지 않으므로 17일인 현재까지 총 다섯 개의 쿠폰을 사용하였다. 남은 기간에 5번을 더 수강해야 하며 공휴일과 주말, 모임이 있는 화요일, 회식이 있는 세 번째 금요일인 21일, 야근을 하는 31일을 제외하면 운동이 가능한 날은 20, 24, 26, 27, 28일이다.

29 관찰탐구력 빛의 굴절 이해하기

| 정답 | ④

| 해설 | 성화의 채화경은 오목 거울에 빛을 반사시켜 성화에 불을 붙이는 것이다. 따라서 빛이 어느 한 물질에서 다른 물질로 진행할 때 경계면에서 진행하는 방향이 꺾이는 현상인 빛의 굴절과 관련이 없다.

| 오답풀이 |

① 물을 컵에 부으면 빛이 물과 공기 사이를 통과하며 굴절된다. 이로 인해 물속에 있는 동전이 실제보다 더 가까이, 즉 위쪽에 있는 것처럼 보인다.

② 신기루는 뜨거운 지표면 위에 공기층이 형성될 때 빛이 굴절되어 실제로 존재하지 않는 물체나 풍경이 보이는 현상이다. 빛의 굴절로 빛의 경로가 변하면서 발생한다.

③ 막대기가 물속에 있을 때 빛이 물과 공기 사이를 통과하며 굴절되어 나타나는 현상이다. 빛의 굴절로 막대기가 꺾인 것처럼 보인다.

30 관찰탐구력 혈액의 구성물질 이해하기

| 정답 | ④

| 해설 | (가)－A : 적혈구, (나)－C : 혈소판, (다)－B : 백혈구이다.

혈구 중 백혈구만 모세혈관 벽을 통과할 수 있다.

| 오답풀이 |

① 적혈구가 부족하면 빈혈이 발생한다.

② 백혈구는 체내로 병원체가 들어올 경우 염증 반응을 일으켜 병원체를 제거하고 조직 회복을 촉진한다.

③ 혈소판은 혈액 응고를 촉진하여 출혈을 멈추게 한다.

31 이해력 경청 태도 파악하기

| 정답 | ④

| 해설 | 〈사례〉에 제시된 김 대리는 회의에 집중을 하지 못하고 불필요한 행동을 보이고 있다. 따라서 김 대리에게는 상대방의 말에 집중하여 귀 기울이고, 적절한 반응을 보이는 것 등에 대해 조언해야 한다. 〈사례〉에서 김 대리가 상대방의 이야기에 숙고하지 않고 동의하는 모습은 보이지 않으므로 ④는 적절한 조언이라고 볼 수 없다.

32 언어논리력 글의 주제 파악하기

| 정답 | ②

| 해설 | 제시된 글은 언어 현실과 어문 규범과의 괴리를 줄이기 위한 방법으로 어문 규범을 없애고 언중의 자율에 맡기자는 주장과 어문 규범의 큰 틀만 유지하고 세부적인 것은 사전에 맡기자는 주장이 사회에 등장하고 있음을 설명하고 있다. 이를 통해 언어 현실과 어문 규범의 괴리를 해소하기 위한 방법을 모색하는 노력이 나타나고 있다는 글의 주제를 도출해 낼 수 있다.

33 이해력 갈등 상황 대처하기

| 정답 | ①

| 해설 | 직장 내 갈등이 발생했거나 예견되는 상황에서 해결 방법을 모색할 때 명심할 사항은 다음과 같다.

- 다른 사람의 입장 이해하기
- 어려운 문제는 피하지 말고 맞서기
- 자신의 의견을 명확하게 밝히고 지속적으로 강화하기
- 마음을 열어놓고 적극적으로 경청하기
- 타협하려 애쓰기
- 어느 한쪽으로 치우치지 않기
- 논쟁하고 싶은 유혹을 떨쳐내기
- 존중하는 자세로 상대방을 대하기 등

34 공간지각력 전개도 파악하기

| 정답 | ①

| 해설 | 과 을 기준으로 삼아 두 도형의 연결 형태를 살펴보면 ①은 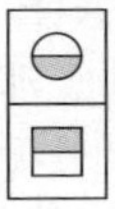 임에 반해 ②, ③, ④는 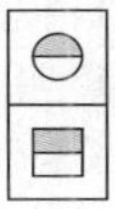 이다.

따라서 ①은 다음과 같이 수정되어야 한다.

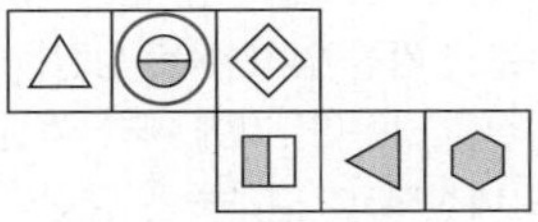

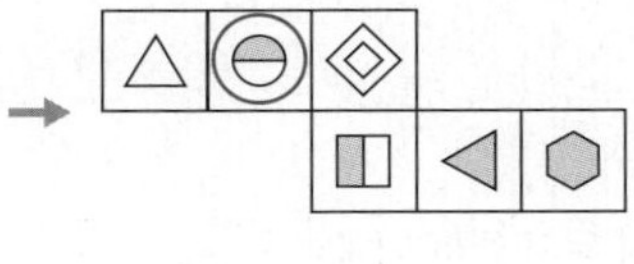

35 공간지각력 제시된 블록 합치기

| 정답 | ③

| 해설 | 제시된 도형을 합치면 다음과 같다.

| 오답풀이 |

다른 입체도형은 점선 표시된 블록이 추가되고 동그라미 친 블록이 제거되어야 한다.

①

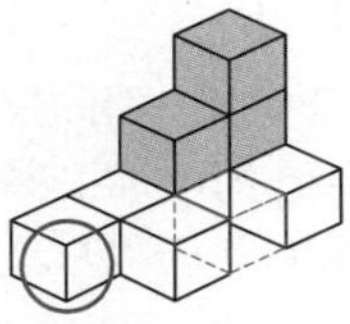

②

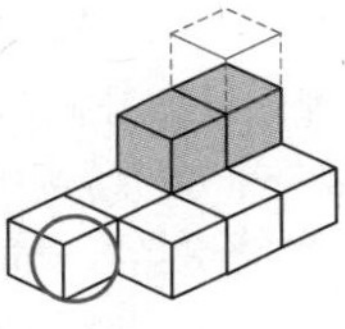

④

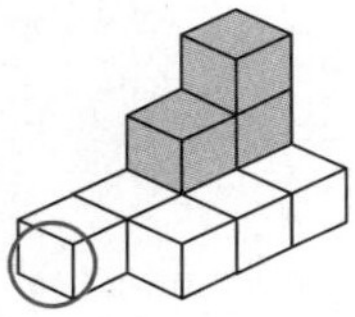

36 문제해결력 명제 판단하기

| 정답 | ④

| 해설 | 'A : 상여금 선택', 'B : 진급 선택', 'C : 유급 휴가 선택', 'D : 연봉 인상 선택'이라고 할 때 제시된 명제를 정리하면 다음과 같다.

- B → ~A　　• ~C → A　　• C → ~D

'C → ~D'가 참이므로 대우인 'D → ~C'도 참이다. 'B → ~A'가 참이므로 대우인 'A → ~B'도 참이다. 삼단논법에 의해 'D → ~C → A → ~B'가 성립되어 'D → ~B'가 참이 된다. 따라서 연봉 인상을 선택한 사람은 진급을 선택하지 않는다.

| 오답풀이 |

①, ③ 제시된 명제로는 알 수 없다.

② 'D → ~B'가 참이므로 대우인 'B → ~D'도 참이다. 따라서 진급을 선택한 사람은 연봉 인상을 선택하지 않는다. 따라서 이는 거짓이다.

37 언어논리력 세부내용 이해하기

| 정답 | ②

| 해설 | 세 번째 문단을 통해 전향력 효과가 미미한 남북위 5° 이내에서는 태풍이 거의 발생하지 않는다는 것을 알 수 있다. 또한 적도는 위도 0°(남북위 0°)에 해당하기 때문에 적도보다 우리나라에서 태풍이 발생할 확률이 더 높다.

| 오답풀이 |

① 우리나라에서 태풍과 관련한 피해 기록 중 가장 오래된 기록이 고구려 모본왕 시절의 기록일 뿐, 그 이전에 태풍이 발생한 적이 없는지는 알 수 없다.

③ 세 번째 문단을 통해 세계기상기구에서는 중심 부근의 평균풍속이 아니라 최대풍속이 25 ~ 32m/s인 경우를 강한 열대폭풍으로 분류한다는 것을 알 수 있다.

④ 마지막 문단을 통해 태풍을 칭하는 용어는 지역에 따라 다르다는 것을 알 수 있다.

38 관찰탐구력 부력과 관련된 현상 이해하기

| 정답 | ②

| 해설 | 부력은 물, 공기와 같은 유체에 잠겨 있는 물체가 중력에 반하여 밀어 올려지는 힘이다.

ㄱ. 튜브에는 공기가 들어 있고, 이러한 튜브를 이용하면 이용하지 않을 때보다 더 부력을 받아 보다 물에 뜰 수 있다.

ㄷ. 열기구 속의 공기를 가열하여 부피를 크게 함으로 부력을 받아 하늘 위로 올라가게 된다.

| 오답풀이 |

ㄴ. 달에서의 중력이 지구에서보다 작기 때문에 공중으로 더 쉽게 뛰어오를 수 있는 것이다.

ㄹ. 운동장 지면과 공 사이의 마찰력이 작용하여 굴러가던 공이 멈추게 되는 것이다.

39 언어논리력 글의 서술방식 파악하기

| 정답 | ②

| 해설 | 제시된 글은 19 ~ 20세기 아라비아반도와 페르시아에 미친 영국의 영향에 관한 역사적 사건을 서술한 내용이다. 첫 번째 문단에서는 사우디아라비아가 탄생한 배경이 전개되고 있으나 두 번째 문단에서는 '앵글로-페르시안'이라는 석유 회사의 설립 배경이 전개되고 있다.

따라서 특정 국가의 건국 계기만을 설명하고 있지 않다.

| 오답풀이 |

① 첫 번째 문단의 대상은 영국과 사우디아라비아이고 두 번째 문단의 대상은 영국과 페르시아로 대상의 변화가 있다.

③ 각 사건들이 시간적인 순서에 따라 서술되어 있다.

④ 아라비아반도와 페르시아 두 지역에서 일어났던 사건만을 서술하고 있다.

40 관찰탐구력 입자 운동 이해하기

| 정답 | ④

| 해설 | 젖은 빨래가 햇볕에 마르는 것은 증발에 의한 현상이고, 멀리서도 꽃향기를 맡을 수 있는 것은 확산에 의한 현상이다. 증발과 확산은 입자가 스스로 운동하기 때문에 나타나는 현상이다.

41 관찰탐구력 전하의 흐름 이해하기

| 정답 | ②

| 해설 | 대전은 물체가 전하를 얻거나 잃어서 전기적으로 중성 상태가 아닌 양전하(+) 또는 음전하(−)를 띠게 되는 현상이다. 물체가 서로 마찰하면 한 물체에서 다른 물체로 전자가 이동할 수 있다. 전자는 음전하를 띠고 있으므로, 전자를 받은 물체는 음전하(−)를 띠게 되고, 전자를 잃은 물체는 양전하(+)를 띠게 된다. 이러한 전자의 이동은 물체의 성질에 다라 다르게 나타난다.

풍선과 털가죽을 문지르면 두 물체 사이에도 전자의 이동이 발생한다. 풍선은 일반적으로 전자를 얻기 쉬운 성질을, 털가죽은 전자를 잃기 쉬운 성질을 갖는다. 그에 따라 풍선은 전자를 얻어 음전하(−)로 대전되고, 털가죽은 양전하(+)로 대전된다.

42 관찰탐구력 항상성 유지 원리 이해하기

| 정답 | ②

| 해설 | 체온이 낮을 때 간뇌는 신경계를 통해 피부 근처의 혈관을 수축(ㄱ)시켜 열이 외부로 빠져나가는 것을 막고, 근육 떨림(ㄹ)으로 열을 발생시킨다. 또한, 간뇌는 호르몬을 통해 티록신 분비를 증가시켜 세포 호흡을 촉진함으로써 열 발생을 증가시켜 체온을 높인다.

| 오답풀이 |

ㄴ. 얼굴이 벌겋게 달아오르는 것은 피부 근처의 혈관이 확장되기 때문이다. 이로 인해 열 방출량이 증가하게 되

어 높은 체온을 낮춘다.

ㄷ. 땀이 증발하면서 기화열을 흡수해 가기 때문에 열을 뺏긴 신체의 온도가 낮아진다.

43 이해력 효과적인 팀의 특징 알기

| 정답 | ③

| 해설 | 효과적인 팀은 의견 불일치가 발생하지 않는 것이 아니라 의견 불일치를 건설적으로 해결하는 팀이다.

44 관찰탐구력 별의 일주운동 이해하기

| 정답 | ②

| 해설 | 별의 일주운동은 지구 자전에 따라 별들이 하루에 한 바퀴씩 회전하는 현상이다. 천정에 위치한 별의 적위(천구상의 천체 위치를 나타내는 좌표 중 하나)는 그 지역의 위도와 같으므로 37°이다.

| 오답풀이 |

①, ④ 북반구 기준 북쪽 하늘의 모든 별들은 천구의 북극을 중심으로 반시계방향으로 시간당 15°씩 이동한다. 별 A가 30° 이동한 것으로 보아 약 2시간 동안 촬영한 것임을 알 수 있다.

③ 별 A보다 별 B가 천구에 그리는 원(일주권)의 크기가 작으므로 북극에 더 가깝다. 따라서 별 B의 고도가 더 높은 것을 알 수 있다.

45 공간지각력 동일한 그림 찾기

| 정답 | ②

| 해설 | 제시된 그림과 동일한 것은 ②이다.

| 오답풀이 |

나머지 그림은 동그라미 친 부분이 다르다.

①

③

④

6회 기출예상문제

▶ 문제 154쪽

01	③	02	②	03	④	04	④	05	②
06	③	07	②	08	④	09	②	10	③
11	②	12	②	13	②	14	②	15	①
16	①	17	①	18	③	19	①	20	④
21	①	22	③	23	②	24	②	25	④
26	②	27	③	28	③	29	①	30	④
31	②	32	③	33	③	34	④	35	③
36	③	37	④	38	③	39	④	40	②
41	②	42	①	43	④	44	④	45	③

01 언어논리력 세부내용 이해하기

| 정답 | ③

| 해설 | 제시된 글은 무조건적인 자유는 오히려 타인의 자유를 해치기 때문에 제한되는 경우가 많으나 사람들이 타인의 자유를 해치지만 않는다면 최대한의 자유를 보장해야 한다고 주장하고 있다.

02 문제해결력 명제 판단하기

| 정답 | ②

| 해설 | 'p : 하얀 옷을 입는다', 'q : 깔끔하다', 'r : 안경을 쓴다'라고 할 때 [전제]를 정리하면 다음과 같다.

• p → q　　　　　• q → r

삼단논법에 의해 'p → r'이 참이므로 이 명제의 대우인 '~r → ~p'도 참이다. 따라서 'A → ~p'가 되기 위해서는 A가 안경을 쓰지 않아야 하므로 가장 적절한 것은 ②이다.

03 이해력 의사소통 태도 파악하기

| 정답 | ④

| 해설 | 정 과장은 강 대리의 말을 경청하지 않고 특별한 대안이 없이 '새로운 주제가 좋다'고 하며 강 대리의 의견에 반대하고 있다. 또한 홍 대리의 의견에도 특별한 대안을 내

경남기출복원 1회 기출예상 2회 기출예상 3회 기출예상 4회 기출예상 5회 기출예상 6회 기출예상 7회 기출예상 8회 기출예상 9회 기출예상

놓지 않은 채 반대할 뿐만 아니라 상대의 말을 끊는 등 원활한 회의의 진행을 방해하고 있다.

04 공간지각력 입체도형 투상도 파악하기

| 정답 | ④

| 해설 | 제시된 입체도형을 우측에서 봤을 때 생기는 그림자의 모양은 ④와 같다.

05 언어논리력 올바른 맞춤법 사용하기

| 정답 | ②

| 해설 | '조금도 축나거나 변하지 않고 그대로 온전히'의 뜻을 가진 말은 '고스란히'이다.

| 오답풀이 |

① 오롯이 : 남고 처짐이 없이 고스란히

③ 오붓함 : 홀가분하면서 서로 가깝고 정다움

④ 데다 : ~일 뿐만 아니라

06 언어논리력 이어질 내용 유추하기

| 정답 | ③

| 해설 | 제시된 글은 야경을 감상하기 좋은 곳을 소개하고 있다. 성곽길과 고궁에 대한 안내를 하고 있으므로 이어지는 글에서는 그 밖의 추가적인 야경 명소를 소개하거나, 글 후반부에 소개되었지만 아직 구체적인 설명을 하지 않은 창경궁 야경의 모습이 이어질 수도 있다. 또한 이러한 야경 명소를 찾아가는 방법이나 적절한 시간, 입장권 등의 야경을 즐기는 효과적인 방법을 소개하는 글이 이어지는 것도 적절하다. 그러나 전 세계 야경 명소의 특징을 소개하는 것은 우리나라의 야경 명소를 소개하는 글과는 어울리지 않는 내용이므로 적절하지 않다.

07 공간지각력 동일한 도형 찾기

| 정답 | ②

| 해설 | 제시된 도형과 색과 선이 모두 같은 것은 ②이다.

| 오답풀이 |

나머지 도형은 동그라미 친 부분이 다르다.

① ③ ④

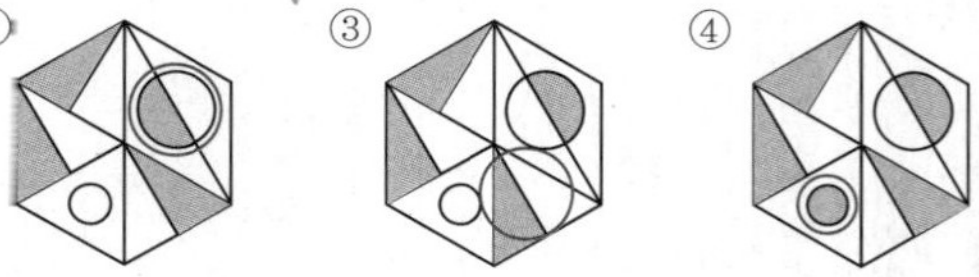

08 공간지각력 입체도형 투상도 파악하기

| 정답 | ④

| 해설 | 제시된 그림은 왼쪽부터 각각 ④의 우측면도, 정면도, 평면도이다.

| 오답풀이 |

① 정면도가 일치하지 않는다.

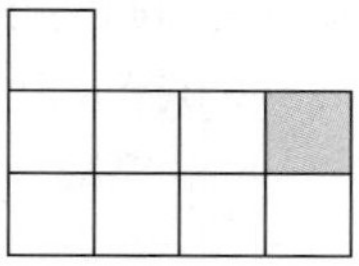

[정면도]

② 우측면도와 정면도가 일치하지 않는다.

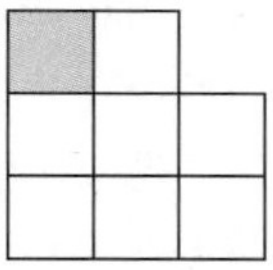

[우측면도]

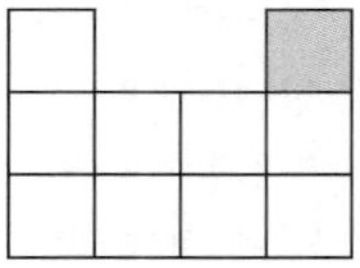

[정면도]

③ 정면도와 평면도가 일치하지 않는다.

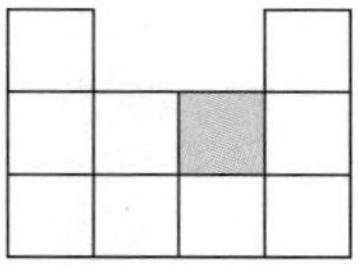

[정면도]

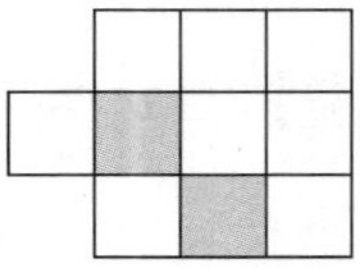

[평면도]

09 문제해결력 명제 판단하기

| 정답 | ②

| 해설 | 'p : 달리기를 잘한다', 'q : 수영을 잘한다', 'r : 항상 운동화를 신는다'라고 할 때 〈보기〉를 정리하면 다음과 같다.

• ~p → ~q　　• p → r　　• B → ~r

'p → r'이 참이므로 이 명제의 대우인 '~r → ~p'도 참이 되며 '~p → ~q'와의 삼단논법에 의해 '~r → ~q'도 참이 된다. 따라서 ②는 항상 옳다.

| 오답풀이 |

① 'p → r'이 참이므로 이 명제의 대우인 '~r → ~p'도 참이다. 따라서 B는 달리기를 못한다.

③ '~p → ~q'가 참이므로 이 명제의 대우인 'q → p'도 참이다. 이 명제와 'p → r'의 삼단논법에 의해 'q → r'가 참이 된다. 따라서 수영을 잘하는 사람은 항상 운동화를 신는다.

④ 제시된 명제로는 알 수 없다.

10 언어논리력 글의 흐름에 맞게 문장 배열하기

| 정답 | ③

| 해설 | 먼저 제정 러시아 표트르 1세의 네바강 하구 탈환이라는 중심 소재를 제시하는 (라)가 온다. 그 뒤로 그 장소에 도시를 건설했다는 설명을 하고 있는 (나)와 그 도시에 대해 부연해 설명하는 (가)가 이어진다. 그리고 (마)에서 '이렇게 시작된 이 도시'로 앞의 내용을 이어가고, 마지막으로 (다)에서 상트페테르부르크의 현재에 대해 설명한다. 따라서 (라)－(나)－(가)－(마)－(다) 순이 적절하다.

11 문제해결력 조건을 바탕으로 추론하기

| 정답 | ②

| 해설 | 첫 번째 발표자가 미정, 철수, 영희인 경우로 나누어 생각해 보면 다음과 같다.

• 첫 번째 발표자가 미정일 경우
미정이는 사실만을 말하므로 두 번째로 발표하는 사람은 영희가 된다. 따라서 세 번째로 발표하는 사람은 철수인데, 이때 ㉢이 사실이 되므로 철수는 항상 거짓말을 해야 한다는 조건과 모순된다.

• 첫 번째 발표자가 철수일 경우
철수는 항상 거짓말을 하므로 두 번째로 발표하는 사람은 미정이 된다. 이때 ㉡이 거짓이 되므로 미정이는 항상 사실만을 말해야 한다는 조건과 모순된다.

• 첫 번째 발표자가 영희일 경우
만일 두 번째로 발표하는 사람이 미정이고 세 번째로 발표하는 사람이 철수일 경우, ㉢이 참이 되어 철수는 항상 거짓말을 한다는 조건과 모순된다. 반면 두 번째로 발표하는 사람이 철수고 세 번째로 발표하는 사람이 미정일 경우, 모든 조건에 부합한다.

따라서 발표는 영희, 철수, 미정의 순서로 진행한다.

12 관찰탐구력 중력 이해하기

| 정답 | ②

| 해설 | 지구가 물체를 당겨 지구 중심 방향으로 작용하는 힘은 중력이다.

| 오답풀이 |

① 마찰력은 물체가 접촉하고 있을 때 그 물체의 운동을 방해하는 힘이다.

③ 전기력은 전기를 띤 물체 간에서 작용하는 힘이다.

④ 탄성력은 외부에서 힘을 주어 물체가 변형되었다가 힘을 없앴을 때 처음 상태로 되돌아가려는 힘이다.

13 관찰탐구력 포유류의 종류 파악하기

| 정답 | ②

| 해설 | 포유류는 새끼에게 젖을 먹여 키우는 특징을 지닌다. 고래, 돼지, 바다표범은 모두 포유류로 새끼에게 젖을 먹인다. 그러나 상어는 어류로서 포유류와 달리 새끼에게 젖을 먹이지 않는다.

14 문제해결력 조건을 바탕으로 추론하기

| 정답 | ②

| 해설 | 두 번째 조건에 의해 대리와 사원 중 한 명은 반드시 가야 하는데 사원이 갈 수 없으므로 대리는 반드시 가야 하며, 세 번째 조건에 의해 대리가 가면 과장도 함께 가야 한다. 나머지 부장, 차장, 인턴 중 두 명이 출장을 가야 하는데, 첫 번째 조건에 의해 부장과 차장은 함께 갈 수 없으므로 인턴은 반드시 가야 한다. 또한 마지막 조건에 따라 인턴이 가면 차장도 함께 가야 하므로 모든 조건을 만족할 수 있는 조합은 차장, 과장, 대리, 인턴이다.

15 이해력 올바른 대처 방법 파악하기

| 정답 | ①

| 해설 | 신입사원들의 업무 능력과 실무 능력 향상을 위해 진행하는 업무로, 신입사원 평가에 반영되기 때문에 선배 및 지인의 도움을 받지 않고 신입사원 본인들의 역량을 기반으로 끝까지 최선을 다해 완성해야 하며, 결과물에 대해 긍정적 혹은 부정적 피드백을 적극 수용해 반영하는 것 또한 필요하다.

16 공간지각력 접은 면 유추하기

| 정답 | ①

| 해설 | 선대칭이 되도록 순서를 그려 보면 다음과 같다.

• 1에서 접었을 때 :

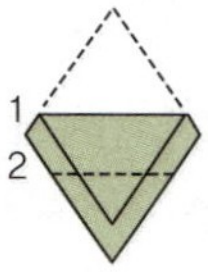

• 2에서 접었을 때 :

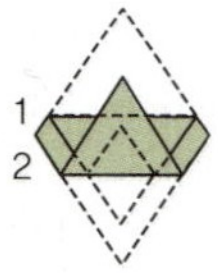

• 좌우대칭이 되는 선을 접었을 때 :

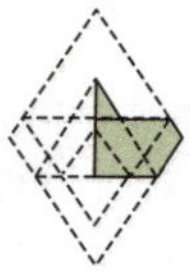

17 문제해결력 조건을 바탕으로 진위 추론하기

| 정답 | ①

| 해설 | 5명 중 야근의 여부가 언급되고 있는 사람이 A와 C이므로 두 가지 경우로 나누어 본다.

• A가 야근한 경우 : B, D의 진술이 거짓 ⇨ 조건에 부합
• C가 야근한 경우 : A, C, E의 진술이 거짓 ⇨ 조건에 부적합

따라서 전날 야근을 한 사람은 A이고, 거짓말을 한 사람은 B와 D이다.

18 언어논리력 글의 주제 찾기

| 정답 | ③

| 해설 | 제시된 글은 음료를 통해 카페인을 섭취하고자 할 때 커피보다 녹차가 더 나은 선택임을 설명하는 내용이다. 녹차에 들어 있는 성분들에 대해 설명하면서 녹차에 함유된 카페인이 커피에 함유된 카페인보다 신체에 유익한 이유를 여러 근거를 들어 입증하고 있다. 따라서 주제로는 ③이 적절하다.

19 관찰탐구력 면역 반응 이해하기

| 정답 | ①

| 해설 | (가)~(라)에 들어갈 말은 순서대로 백신, 면역, 항원, 항체이다. 각각의 정의는 다음과 같다.

• 백신은 병원체의 감염이 있기 전 인체 내에 인위적으로 불활화(병원성을 제거함) 혹은 독화(병원성을 약하게 만듦)시킨 병원체 등을 주입하여 인체의 면역 체계를 활성화시킴으로써 병원체에 의한 피해를 예방하거나 그 피해를 최소화하기 위해 사용하는 것이다.
• 면역은 외부인자인 항원에 대하여 생체의 내부환경이 방어하는 현상이다.
• 항원은 우리 몸속에 들어와 면역 체계를 자극하여 반응을 유도하는 물질로, 바이러스, 곰팡이가 대표적인 항원에 속한다.
• 항체는 체내의 혈액이나 림프로 순환하면서 몸속에 침입한 항원에 대응하는 방어 물질로, 항원과 결합하여 항원의 움직임을 저하시키거나 분해하는 역할을 한다.

20 문제해결력 조건을 바탕으로 추론하기

| 정답 | ④

| 해설 | 먼저 세 번째, 네 번째 조건에 따라 병과 정은 커피를 받았으므로 갑과 을이 받은 음료는 둘 다 홍차임을 알 수 있다. 두 번째 조건에 따라 을은 자신이 주문한 음료를 받았으므로 홍차를 주문하였고, 첫 번째 조건에 따라 갑은 주문한 음료를 받지 못했으므로 커피를 주문하였다. 따라서 정은 커피를 주문했음을 알 수 있다. 이를 정리하면 다음과 같다.

구분	갑	을	병	정
주문한 음료	커피	홍차	홍차	커피
받은 음료	홍차	홍차	커피	커피

21 공간지각력 펼친 모양 찾기

| 정답 | ①

| 해설 | 색칠된 부분을 자르고 역순으로 종이를 펼치면 다음과 같다.

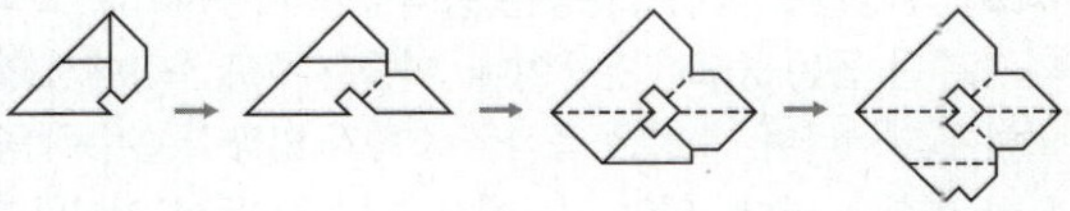

22 관찰탐구력 해저 지진 이해하기

| 정답 | ③

| 해설 | ㉠, ㉡ (가)에서 (나)로 갈수록 수심이 얕아짐에 따라 전파 속도가 느려지기 때문에 해저 마찰의 영향을 받아 파장이 짧아지고, 파고는 높아진다.

㉣ 지진 해일(쓰나미)은 해저에서 발생된 정단층 또는 역단층에 의해 해수면의 갑작스러운 수직 변동이 일어나 발생한다.

23 관찰탐구력 샤를의 법칙 이해하기

| 정답 | ②

| 해설 | 제시된 현상은 온도 변화에 따라 기체의 부피가 변화한 것이다. 이는 샤를의 법칙과 관련된다. 높은 산에 올라갔을 때 과자봉지가 팽팽해진 것은 압력에 따라 부피가 변화한 현상이다. 높은 산에 올라가면 기압이 낮아지는데, 이로 인해 과자봉지를 누르는 외부 압력이 감소하여 내부 공기 압력에 의해 봉지 내부의 부피가 커져 팽팽해진 것이다. 이는 보일의 법칙의 예시이다.

24 언어논리력 세부내용 이해하기

| 정답 | ②

| 해설 | 대인관계 욕망을 중심으로 하는 인간의 경제적 욕구 충족이 로봇이나 인공지능이 아닌 인간을 통해서만 가능하다고 하였다. 따라서 인간 욕망이 로봇이나 인공지능으로 대표되는 과학 발전의 필수요소라는 이□□의 발언은 적절하지 않다.

25 언어논리력 단어의 의미 파악하기

| 정답 | ④

| 해설 | 제시된 답습(踏襲)의 뜻은 '전부터 해 오던 방식이나 수법을 비판적으로 검토하지 않고 있는 그대로 받아들이거나 따르다.'이다.

| 오답풀이 |

① '관습(慣習)'을 의미한다.

② '습관(習慣)'을 의미한다.

③ '실습(實習)'을 의미한다.

26 언어논리력 사자성어 파악하기

| 정답 | ②

| 해설 | ㉢의 우공이산(愚公移山)은 우공이 산을 옮긴다는 말로, 남이 보기엔 어리석은 일처럼 보이지만 한 가지 일을 끝까지 밀고 나가면 언젠가는 목적을 달성할 수 있다는 뜻이다.

| 오답풀이 |

㉠ 풍전등화(風前燈火) : 바람 앞의 등불이라는 뜻으로, 존망이 달린 매우 위급한 처지를 비유한 말이다.

㉡ 초미지급(焦眉之急) : 눈썹이 타게 될 만큼 위급한 상태란 뜻으로, 그대로 방치할 수 없는 매우 다급한 일이나 경우를 비유한 말이다.

㉣ 위기일발(危機一髮) : 머리털 하나로 천균(千鈞)이나 되는 물건을 끌어당긴다는 뜻으로, 당장에라도 끊어질 듯한 위험한 순간을 비유해 이르는 말이다.

㉤ 누란지세(累卵之勢) : 포개어 놓은 알의 형세라는 뜻으로, 몹시 위험한 형세를 비유적으로 이르는 말이다.

㉥ 백척간두(百尺竿頭) : 백 자나 되는 높은 장대 위에 올라섰다는 뜻으로, 위태로움이 극도에 달하는 것을 나타낸다.

27 공간지각력 필요한 블록 개수 파악하기

| 정답 | ③

| 해설 | 최소한의 블록을 추가해 정육면체를 만들려면 총 4×4×4=64(개)의 블록이 필요하다. 현재 블록의 개수는 가장 위에 있는 블록부터 차례대로 2+4+11+13=30(개)이므로 최소 34개의 블록이 더 필요하다.

28 공간지각력 블록과 접촉하는 블록 세기

| 정답 | ③

| 해설 | 색칠된 블록에 직접 접촉하고 있는 블록은 그림을 바라보는 정면을 기준으로 색칠된 블록의 오른쪽, 왼쪽, 뒤, 아래로 총 4개이다.

29 문제해결력 논리적 오류 파악하기

| 정답 | ①

| 해설 | '전쟁을 무서워하는 국민은 매국노'라는 표현을 통해 일어날 수 있는 반론의 여지를 봉쇄하고 있으므로 원천봉쇄의 오류에 해당한다.

| 오답풀이 |

② 어떤 상황이나 대상을 반드시 2개의 선택지로 나누어 보는 논리적 오류이다.

③ 발화자의 '말' 자체가 아니라 그 말을 하는 '발화자'에 대한 트집을 잡아 그의 주장을 비판하는 논리적 오류이다.

④ 특수하고 부족한 양의 사례를 근거로 섣불리 일반화하고 판단하는 논리적 오류이다.

30 문제해결력 명제 판단하기

| 정답 | ④

| 해설 | 'p : 아기이다', 'q : 천사이다', 'r : 번개를 부릴 수 있다', 's : 신의 노예다'라고 할 때 각 문장을 정리하면 다음과 같다.

• p → q　　• q → r　　• ~q → s

~q → s가 참이므로 이 명제의 대우인 '~s → q'도 참이다. 삼단논법에 의해 '~s → q → r'이 성립되어 '~s → r'이 참이 된다.

따라서 신의 노예가 아니면 번개를 부릴 수 있다.

| 오답풀이 |

①, ③ 제시된 명제로는 알 수 없다.

② 삼단논법에 의해 'p → q → r'이 성립되어 'p → r'이 참이 된다. 따라서 아기는 번개를 부릴 수 있다.

31 관찰탐구력 소화 기관 이해하기

| 정답 | ②

| 해설 | 연동운동과 분절운동은 음식물을 이동시키고 소화와 흡수를 돕는 중요한 운동이다. 이들은 주로 소장에서 활발하게 일어나며, 소장은 음식물 소화와 영양소 흡수에 중요한 역할을 한다. 위와 식도에서도 연동운동이 일어나지만, 분절운동은 소장에서 주로 발생한다.

32 관찰탐구력 일주운동 이해하기

| 정답 | ③

| 해설 | ㉠ 모든 천체는 천구의 북극을 중심으로 일주운동을 한다.

㉡ 일주운동은 1일 24시간에 한 바퀴(360°)를 움직이므로 1시간에 15°씩 이동한다.

㉢ 일주운동은 실제로 지구가 자전하기 때문에 나타나는 겉보기 운동이다.

33 언어논리력 세부내용 이해하기

| 정답 | ③

| 해설 | 마지막 문단에서 히치콕은 맥거핀 기법을 하나의 극적 장치로 종종 활용하였으며 맥거핀 기법이란 특정 소품을 확실한 단서로 보이게 한 다음 일순간 허망하게 만들어 관객을 당혹스럽게 하는 것이라고 설명하고 있다.

| 오답풀이 |

① 작가주의 비평은 감독을 단순한 연출자가 아닌 작가로 간주하고 작품과 감독을 동일시하는 관점을 말한다.

② 작가주의적 비평은 할리우드 영화의 특징에 대한 반발로 주창되었지만, 작가주의적 비평으로 할리우드 영화를 재발견한 사례가 존재하므로 무시해 버렸다는 설명

은 적절하지 않다.

④ 알프레드 히치콕은 할리우드 감독이지만 작가주의 비평가들에 의해 복권된 대표적인 감독이므로 작가주의 비평과 관련이 없다는 설명은 적절하지 않다.

34 이해력 경청의 자세 이해하기

| 정답 | ④

| 해설 | 상대의 말에 귀 기울이고 있음을 몸짓을 통해 표현하며 공감하고 있다.

| 오답풀이 |

① 상대방에 대한 선입견으로 상대의 말을 진지하게 들어주지 않고 있다.

② 상대의 눈을 쳐다보지 않고 팔짱을 끼고 대화를 듣는 행위는 경청의 자세가 아니다.

③ 상대의 인격을 존중해 주지 않고 진정으로 이해하려는 태도를 보이고 있지 않다.

35 관찰탐구력 파동현상 이해하기

| 정답 | ③

| 해설 | 바람은 파동이 아닌 공기의 움직임과 관련된다. 즉, 바람으로 공기가 직접 이동하여 깃발이 움직이게 된 것이다.

36 공간지각력 제시된 도형 합치기

| 정답 | ③

| 해설 | ③은 동그라미 친 부분이 잘못되었으며, 다음과 같이 수정되어야 한다.

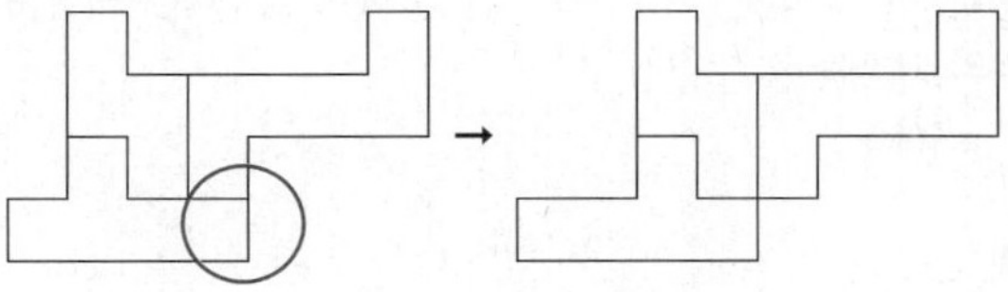

| 오답풀이 |

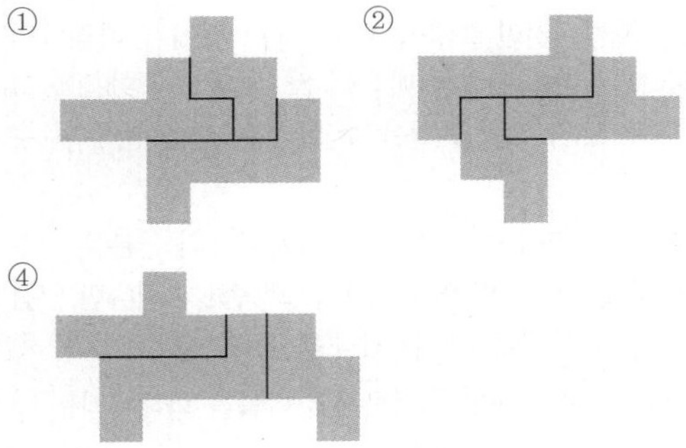

37 언어논리력 다의어 파악하기

| 정답 | ④

| 해설 | ①～③에 쓰인 '손'은 어떤 일을 해결할 수 있는 능력을 의미하므로 〈보기〉의 세 번째 설명에 해당하는 의미이다. 그러나 ④의 '손'은 단순한 노동력이나 일손 등을 의미하므로 〈보기〉의 두 번째 설명에 해당하는 의미이다.

38 문제해결력 휴가 일정 설정하기

| 정답 | ③

| 해설 | 휴가 신청 가능 기간인 1월 8일부터 28일까지 중 주말을 포함하여 5일을 신청해야 하므로 19일부터 23일까지 휴가를 신청하면 비서실장과의 휴가 일정과 사장님의 업무 일정, 총무팀 휴가 일정과 겹치지 않는 휴가 일정이 될 수 있다.

| 오답풀이 |

① 8～10일에 사장님 업무 일정과 겹치게 된다.

② 13～15일에 비서실장 휴가 일정과 겹치게 된다.

④ 24～27일에 총무팀 휴가 일정이 겹치게 된다.

39 언어논리력 내용을 바탕으로 추론하기

| 정답 | ④

| 해설 | '우선 언어에 대한 집착에서 벗어나기 위해서 모든 이론을 부정한다'를 통해 잘못된 추론임을 파악할 수 있다.

| 오답풀이 |

① '같은 사물이지만 마음에 따라 보는 것이 달라진다면 결국 모든 것의 근본은 마음이 될 수 있으니 마음을 고쳐먹음으로써 해탈을 얻을 수 있다는 것'을 통해 알 수 있다.

② '결국 모든 것이 마음의 탓인데 그 마음의 근본은 순수하고 깨끗하므로 만약 그 근본을 회복하게 된다면 인간은 누구나 부처가 될 수 있다'를 통해 알 수 있다.

③ '화쟁은 언어로 표현된 이론적인 다툼을 화해시키는 것이므로'를 통해 알 수 있다.

40 이해력 팀워크 저해 행동 파악하기

| 정답 | ②

| 해설 | 모두가 같이 준비해야 하는 워크숍에서 오 박사는 다른 팀원들과 협력하는 태도를 전혀 보이지 않고 있다. 따라서 오 박사에게 부족한 대인관계능력은 협력하며 각자의 역할에 대해 책임을 다하는 태도이다.

41 관찰탐구력 등속 원운동 이해하기

| 정답 | ②

| 해설 |

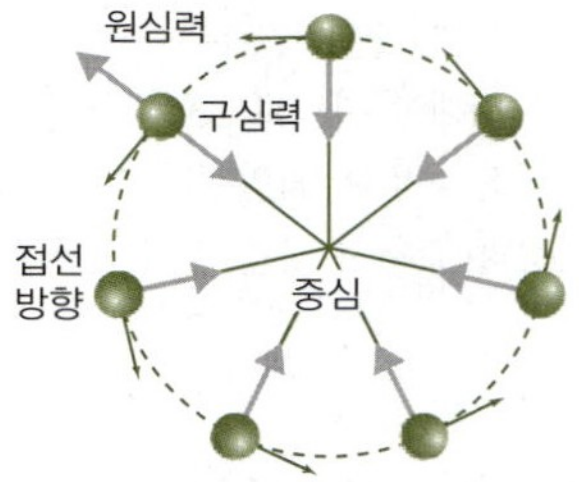

쥐불놀이는 등속 원운동을 하는데, 등속 원운동에서 물체의 운동방향은 구심력과 수직인 접선 방향이다. 따라서 쥐불놀이를 하던 통을 어느 지점에서 놓아 버릴 경우 그림과 같이 접선 방향으로 날아가게 된다.

42 관찰탐구력 식물의 광합성 이해하기

| 정답 | ①

| 해설 | ㄱ. 광합성은 식물이 이산화탄소와 물을 원료로 빛에너지를 이용하여 양분을 만드는 과정이다.

| 오답풀이 |

ㄴ. 광합성 과정에서 이산화탄소를 흡수하고 산소를 방출한다.

ㄷ. 광합성은 식물을 구성하는 세포 중 엽록체가 있는 세포에서만 일어난다.

43 공간지각력 전개도 파악하기

| 정답 | ④

| 해설 | 제시된 주사위 형태가 되려면 다음과 같이 전개도가 수정되어야 한다.

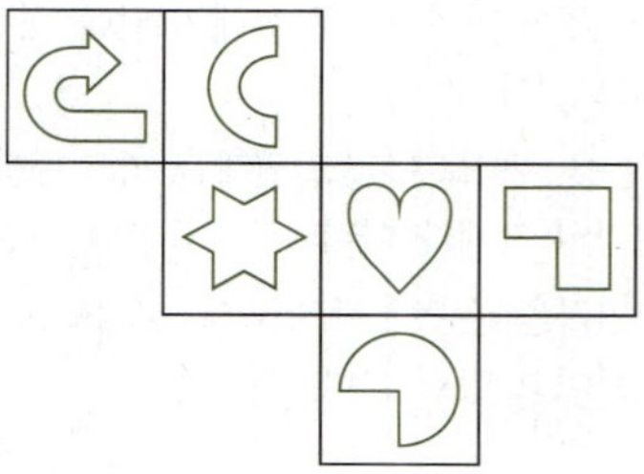

44 이해력 설득하는 방법 파악하기

| 정답 | ④

| 해설 | 다른 사람을 설득하는 과정에서 거부당할 경우 상대의 논리를 구조화하는 것이 필요하다. 상대의 논리에서 약점을 찾고, 자신의 생각을 재구축한다면 상대를 설득할 수 있다.

45 이해력 직업윤리의 요소 이해하기

| 정답 | ③

| 해설 | 제시된 글에서 기업이 소비자 등 회사 외부의 이해관계자들을 속인 행위를 비판하고 있다. 누군가를 속이는 행위는 부정직한 행위이므로 〈보기〉에서 강조하는 직업윤리의 요소는 정직이다.

7회 기출예상문제

▶ 문제 176쪽

01	④	02	②	03	④	04	③	05	③
06	②	07	②	08	④	09	①	10	②
11	④	12	②	13	④	14	③	15	②
16	①	17	③	18	①	19	②	20	③
21	③	22	④	23	③	24	①	25	③
26	①	27	①	28	④	29	②	30	②
31	①	32	③	33	①	34	③	35	①
36	③	37	③	38	②	39	①	40	③
41	③	42	③	43	④	44	②	45	②

01 언어논리력 단어의 의미 파악하기

| 정답 | ④

| 해설 | ①, ②, ③의 '이르다'는 「2」의 '정도나 범위에 미치다'라는 주변적 의미로 사용되었다. 반면 ④의 '이르다'는 '자정'이라는 시간적 표현으로 보아, 「1」의 '어떤 장소나 시간에 닿다'라는 중심적 의미로 사용되었다.

02 언어논리력 올바른 맞춤법 사용하기

| 정답 | ②

| 해설 | 어미와 의존명사를 구분해야 한다. '-ㄴ지'는 막연한 의문이 있는 채로 그것을 뒤 절의 사실이나 판단과 관련시키는 데 쓰는 연결 어미, '-ㄹ지'는 추측에 대한 막연한 의문이 있는 채로 그것을 뒤 절의 사실이나 판단과 관련시키는 데 쓰는 연결 어미로 어간과 붙여 써야 한다. 반면에, 특정 시간이 발생한 이후부터 지금까지의 기간이나 동안을 나타내는 '지'는 의존 명사로 앞말과 띄어 써야 한다. 그러므로 (가) ~ (라)의 '지'는 모두 연결 어미로 앞말과 붙여 써야 한다. 한편, (나)의 부정을 나타내는 '안'은 '아니'의 준말이자 부사로, 이를 쓸 경우 각각의 단어를 띄어 적어야 한다.

따라서 (가)는 '갈지', (나)는 '안 갈지', (다)는 '있을지', (라)는 '읽었는지'가 적절하다.

03 공간지각력 사각형의 개수 구하기

| 정답 | ④

| 해설 | 사각형 1개로 만들 수 있는 사각형은 9개, 사각형 2개로 만들 수 있는 사각형은 10개, 사각형 3개로 만들 수 있는 사각형은 4개, 사각형 4개로 만들 수 있는 사각형은 2개이다. 따라서 그림에서 만들 수 있는 크고 작은 사각형은 모두 25개이다.

04 공간지각력 나타나 있지 않은 조각 찾기

| 정답 | ③

| 해설 | 그림 안의 조각을 찾아 표시하면 다음과 같다.

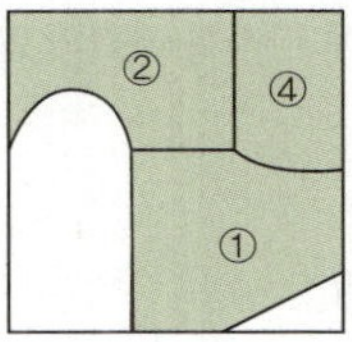

05 문제해결력 명제 판단하기

| 정답 | ③

| 해설 | 'a : 법학을 공부한다', 'b : 행정학 수업을 듣는다', 'c : 경제학 수업을 듣는다', 'd : 역사를 공부한다', 'e : 철학을 공부한다'라고 할 때 〈보기〉의 명제를 정리하면 다음과 같다.

- a → b
- c → ~d
- a → e
- ~c → ~b

c → ~d가 참이므로 이 명제의 대우인 d → ~c도 참이다. 또한 a → b가 참이므로 이 명제의 대우인 ~b → ~a도 참이다. 그러므로 이들 명제와 ~c → ~b의 삼단논법에 의해 d → ~a도 참이다. 따라서 역사를 공부하는 사람은 법학을 공부하지 않는다.

| 오답풀이 |

①, ② 제시된 명제로는 알 수 없다.

④ ~c → ~b가 참이므로 이 명제의 대우인 b → c도 참이다. 따라서 a → b와의 삼단논법에 의해 a → c가 참이다. 따라서 법학을 공부한 사람은 경제학 수업을 듣는다.

경남기출복원 1회 기출예상 2회 기출예상 3회 기출예상 4회 기출예상 5회 기출예상 6회 기출예상 7회 기출예상 8회 기출예상 9회 기출예상

06 언어논리력 알맞은 사자성어 찾기

| 정답 | ②

| 해설 | 제시된 글의 글쓴이는 호날두와 메시를 예로 들며 자신 또한 각고의 노력 끝에 최고의 자리에 올랐음을 언급하고 있다. 따라서 고생 끝에 즐거움이 온다는 뜻의 고진감래(苦盡甘來)가 가장 적절하다.

| 오답풀이 |

① 전화위복(轉禍爲福) : 재앙과 근심, 걱정이 바뀌어 오히려 복이 됨을 말한다.

③ 일장춘몽(一場春夢) : 인생의 모든 부귀영화가 꿈처럼 덧없이 사라지는 것을 비유하는 말로 한낱 꿈, 부질없는 일, 쓸모없는 생각 등을 가리킨다.

④ 감탄고토(甘呑苦吐) : 달면 삼키고 쓰면 뱉는다는 뜻으로 자신의 비위에 따라서 사리의 옳고 그름을 판단함을 이르는 말이다.

07 언어논리력 내용을 바탕으로 추론하기

| 정답 | ②

| 해설 | 활의 사거리와 관통력을 결정하는 것은 복원력으로, 복원력은 물리학적 에너지 전환 과정, 즉 위치 에너지가 운동 에너지로 전환되는 힘이라 볼 수 있다.

| 오답풀이 |

① 고려시대 때 한 가지 재료만으로 활을 제작했는지는 알 수 없다.

③ 활대가 많이 휘면 휠수록 복원력이 커지는 것은 맞지만 그로 인해 가격이 비싸지는지에 대해서는 제시된 글을 통해 추론할 수 없다.

④ 각궁은 다양한 재료의 조합으로 만들어져 탄력이 좋아서 시위를 풀었을 때 활이 반대 방향으로 굽는 특징을 가진다.

08 공간지각력 전개도를 접어 주사위 만들기

| 정답 | ④

| 해설 | 주사위의 앞면에 해당하는 곳을 전개도에서 찾은 후 앞면을 중심으로 뒷면을 찾으면 다음과 같다.

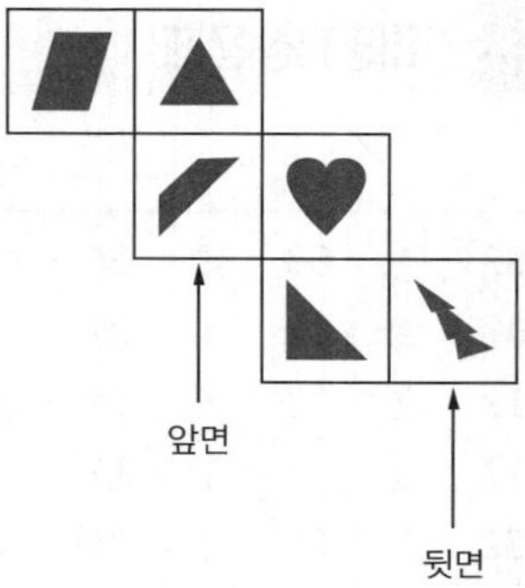

09 문제해결력 명제 판단하기

| 정답 | ①

| 해설 | 제시된 명제를 정리하면 다음과 같다.

- 2호선 → 5호선
- 9호선 → 7호선

'3호선을 이용하면 5호선을 이용한다'가 성립하기 위해서는 '2호선을 이용하면 5호선을 이용한다'와 삼단논법으로 이어질 수 있어야 한다. 이때 '8호선을 이용하면 2호선을 이용한다'가 참이라면 '8호선 → 2호선 → 5호선'이 성립한다.

10 문제해결력 조건을 바탕으로 추론하기

정답 | ②

해설 | 13층짜리 건물에서 A ~ E가 탄 엘리베이터가 서는 층은 3, 5, 7, 9, 11, 13층이다. ㉠에 따라 13층에는 사무실이 없으므로 이곳에서 내리는 사람은 없다. 또한 ㉤에서 엘리베이터 외에 계단을 이용하여 사무실에 가는 사람도 없다고 하였으므로, 엘리베이터에서 내리는 사람과 해당 층의 연결 외에 다른 변수는 생각하지 않아도 된다.

먼저 ㉣에서 C가 내린 층이 D가 내린 층의 배수에 해당한다고 했는데, 층 가운데 배수의 관계를 가지는 수는 3과 9뿐이므로 3층에서는 D, 9층에서는 C가 내린다. ㉢에서 B는 C가 내린 후에도 엘리베이터에 타고 있으므로 B는 11층에서 내린 것이 된다. 또한 남은 A와 E는 ㉡에서 A가 내린 다음에 이어서 E가 내렸다고 했으므로 A는 5층, E는 7층에서 각각 내렸음을 알 수 있다. 따라서 A는 5층, B는 11층, C는 9층, D는 3층, E는 7층에서 근무한다.

11 관찰탐구력 신장의 기능 이해하기

| 정답 | ④

| 해설 | 간에서 생성되는 물질인 요소는 독성 물질인 암모니아를 전환시킨 것으로, 오르니틴 회로를 거쳐 분비된다.

보충 플러스+

신장의 주요 기능

- 신장은 소변으로 배설되는 물과 이온들의 양을 변화시킴으로써 체액의 양, 삼투압, 전해질 양과 농도, 산성도 등을 조절한다. 소변으로 배설되는 양이 변함으로써 조절되는 이온으로는 나트륨, 칼륨, 클로라이드, 마그네슘, 인산염 등이 있다.
- 대사의 최종산물이나 외부 물질들을 배설한다. 즉, 신장은 요소와 같은 여러 가지 대사산물이나 독성 물질과 약물을 배설한다.
- 효소와 호르몬의 생산과 분비
  - 레닌은 안지오텐신이 만들어지는 과정에 촉매작용을 한다. 안지오텐신은 강력한 혈관수축제로 염분 균형과 혈압 조절에 중요한 역할을 한다.
  - 골수에서 적혈구의 성숙을 자극한다.
  - 체내 칼슘과 인산염 균형 조절에 중요한 역할을 한다.

12 관찰탐구력 위치 에너지와 운동 에너지 이해하기

| 정답 | ②

| 해설 | 진자의 위치가 가장 높은 지점(A, B)에서 위치 에너지가 최대가 되고, 가장 낮은 지점(O)에서 운동 에너지가 최대가 된다.

13 문제해결력 문제해결기법 파악하기

| 정답 | ④

| 해설 | 5Why 기법은 6시그마의 논리 기법 중 하나로 문제가 발생하였을 때 연속적으로 도출된 문제의 원인을 묻고 답하는 과정을 반복하면서 근본적인 요인과 해결책에 접근해 가는 문제해결방식이다.

어떤 문제가 발생되었을 때 겉으로 드러난 문제만 해결할 경우 결국 근본적인 원인이 해결되지 않아 똑같은 문제가 되풀이될 가능성이 높다. 그래서 문제에 깊이 내재되어 있는 원인을 찾고 그 원인을 제거하고자 할 때 유용하게 활용할 수 있는 문제해결방법이 5Why 기법이다.

14 이해력 경청의 방해 요인 이해하기

| 정답 | ③

| 해설 | 오 과장은 리액션을 해 주며 상대의 말을 관심 있게 듣는 것처럼 보이나, 사실은 듣는 척하고 있었을 뿐 상대의 메시지를 온전하게 듣고 있지 않다. 이는 경청의 방해 요인 중 '걸러내기'에 해당한다.

| 오답풀이 |

① 경청의 방해 요인 중 '동일시하기'에 해당한다.

② 경청의 방해 요인 중 '짐작하기'에 해당한다.

④ 경청의 방해 요인 중 '다른 생각하기'에 해당한다.

15 공간지각력 펼친 모양 찾기

| 정답 | ②

| 해설 | 접었던 선을 축으로 하여 역순으로 펼치면 다음과 같다.

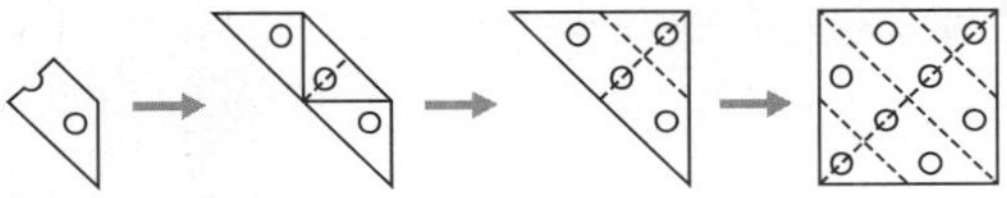

16 문제해결력 조건을 바탕으로 진위 추론하기

| 정답 | ①

| 해설 | 각각의 발언이 참인 경우를 나누어 생각해 본다.

- A의 발언이 참인 경우
  C는 치킨을 먹고 E는 피자를 먹었다. 이때 D의 발언에 의해 E는 초밥을 먹은 것이 되므로 모순이 생긴다.
- B의 발언이 참인 경우
  A는 피자를 먹지 않았고 D는 초밥을 먹었다. 이때 D의 발언에 의해 E도 초밥을 먹은 것이 되므로 모순이 생긴다.
- C의 발언이 참인 경우
  B는 해장국을 먹었고 D는 치킨을 먹었다. B의 발언에 의해 A는 피자를 먹었고 D의 발언에 의해 E는 초밥을 먹었다. 따라서 C는 순댓국을 먹었다.
- D의 발언이 참인 경우
  C는 피자를 먹었고 E는 초밥을 먹지 않았다. 이때 B의 발언에 의해 A도 피자를 먹은 것이 되므로 모순이 생긴다.

- E의 발언이 참인 경우
  A는 순댓국을 먹었고 B는 초밥을 먹었다. 이때 D의 발언에 의해 E도 초밥을 먹은 것이 되므로 모순이 생긴다.

따라서 C의 진술이 참이고 A는 피자, B는 해장국, C는 순댓국, D는 치킨, E는 초밥을 먹었다.

17 언어논리력 글의 주제 찾기

| 정답 | ③

| 해설 | 제시된 글의 마지막 문장을 통해 전체 주제를 파악할 수 있다. 즉, 책의 문화는 읽는 일과 직접적으로 연결되며 그것이 생각하는 사회를 만드는 가장 쉽고 빠른 방법이라는 것이다. 따라서 사회에 책 읽는 문화를 퍼뜨리자는 메시지가 글의 주제이다.

18 언어논리력 문맥에 맞는 어휘 고르기

| 정답 | ①

| 해설 | 빈칸이 있는 문장과 뒤 문장을 연계해서 살펴보면, 책을 읽는 문화를 통해 생각하는 사회를 만들자는 것이 핵심이다. 따라서 읽는 일이 퍼지도록 힘쓰고 북돋아 주어야 한다는 의미가 되어야 하므로 빈칸에는 '장려'가 들어가는 것이 적절하다.

19 문제해결력 조건을 바탕으로 진위 추론하기

| 정답 | ②

| 해설 | 각각의 진술이 거짓인 경우를 추론해 본다.

- 갑이 거짓일 경우 : 갑은 B 또는 C팀에 들어간 것이 되는데 이때 을과 정이 각각 B팀과 C팀에 들어가 있으므로 모순이 된다.
- 병이 거짓일 경우 : 병과 정이 C팀이 되는데 C팀에는 1명이 배정되었으므로 모순이 된다.
- 을이 거짓일 경우 : 을은 A 또는 C팀에 들어간다. 나머지 참인 진술을 종합하면 갑은 A팀, 정이 C팀이므로 을은 2명을 충원한 A팀에 들어간 것이 되고, 병은 B팀이 된다.
- 정이 거짓일 경우 : C팀에 들어간 사람이 한 명도 없게 되므로 모순이 된다.

따라서 거짓을 말한 사람은 을이며, A팀에 들어간 사람은 갑과 을이다.

20 공간지각력 제시된 도형 합치기

| 정답 | ③

| 해설 | ③은 동그라미 친 부분이 잘못되었으며, 다음과 같이 수정되어야 한다.

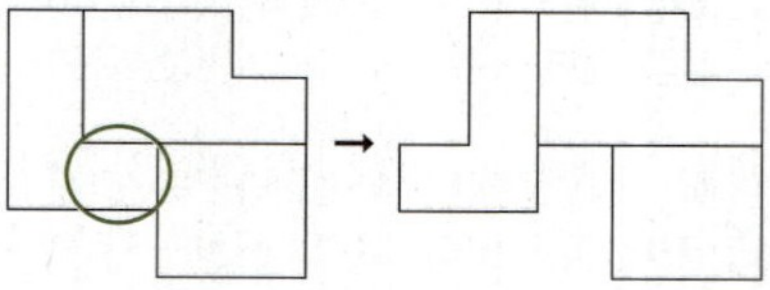

| 오답풀이 |

①

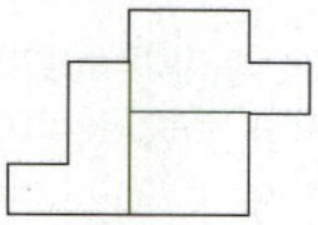

②

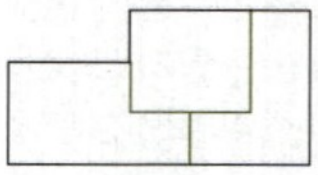

④

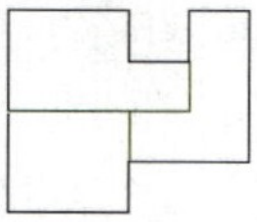

21 관찰탐구력 지구 온난화의 원인 알기

| 정답 | ③

| 해설 | 북극 지방의 빙하 분포 면적이 크게 감소한 것은 지구의 평균 기온이 상승하는 지구 온난화의 결과이다. 지구 온난화는 화석 연료의 사용량 증가에 따른 대기 중 온실 가스의 증가로 인하여 온실 효과가 증대되어 나타나는 현상이다.

| 오답풀이 |

① 냉매제 등으로 사용하는 프레온 가스는 성층권 도달 시 자외선에 의해 분해된 염소 원자가 오존층을 파괴하는 현상과 관련이 있다. 오존층 파괴는 피부암과 백내장의 발생률 증가와 식물의 엽록소 파괴로 인한 농작물 수확량 감소의 원인이 된다.

② 지진과 화산 활동은 지구 온난화와 관련이 없다.

④ 태양의 흑점 활동 증가는 병원 진료장비나 은행 서버, 항공기와 공항관제시스템, 방송기기, 철도통제시스템은 물론 개인용 컴퓨터, 휴대전화 등 전자제품 등에 영향을 미칠 수 있다.

22 이해력 직업윤리의 종류 이해하기

| 정답 | ④

| 해설 | [사례 1]의 K 씨는 시민으로서 지켜야할 법과 질서를 무시하는 행위를 하여 준법성이 결여되었으며 [사례 2]의 P 대리는 지시 받은 업무를 불성실하게 이행하고 있으므로 성실성이 결여되었다.

보충 플러스+

직업윤리의 종류

- 성실성 : 정성스럽고 참되며 책임감이 강하고 목표한 바를 이루기 위해 목표지향적 행동을 촉진하며 행동의 지속성을 갖게 하는 성취지향적인 성질을 의미한다.
- 정직성 : 마음에 거짓이나 꾸밈이 없이 바르고 곧음을 뜻하며 업무 수행에 있어서 소신을 가지고 공적인 생각과 절차를 우선하는 태도를 의미한다.
- 준법성 : 시민으로서 자신과 타인의 권리를 보장하여 사회 질서를 유지하는 역할을 하는 민주 시민으로서 기본적으로 지켜야 하는 의무이자 생활 자세를 의미한다.
- 봉사성 : 일 경험을 통해 다른 사람과 공동체에 대하여 봉사하는 정신을 갖추고 실천하는 태도를 말한다.

23 언어논리력 세부내용 이해하기

| 정답 | ③

| 해설 | 난대림에 분포하는 주요 수종은 동백나무, 사철나무, 후박나무 등의 상록 활엽수이다.

| 오답풀이 |

① 우리나라 식생은 난대림, 온대림, 냉대림이 위도 변화에 따라 수평적으로 구분되어 분포한다.

② 냉대림은 북부 지방과 고원 및 고산 지대에 주로 분포한다.

④ 냉대림의 나무들은 단순림을 이루어 임산 자원으로서의 가치가 크다.

24 언어논리력 글의 흐름에 맞게 문장 배열하기

| 정답 | ①

| 해설 | 우선 (나)에서 감기를 예방하는 방법이라는 중심 소재에 대해 제시한다. 그 방법에 대한 구체적인 예시를 (가)에서 설명하고 (라)에서 '또한'이라는 접속사로 시작하며 또 다른 예시를 설명하고 있다. 마지막으로 어린이라는 특정 나이대에 중점을 두고 주의를 요하는 (다)가 이어진다. 따라서 글의 순서는 (나)－(가)－(라)－(다)가 적절하다.

25 공간지각력 입체도형 추론하기

| 정답 | ③

| 해설 | 제시된 세 개의 입체도형으로는 ③을 만들 수 없으며 다음 그림과 같이 수정되어야 한다.

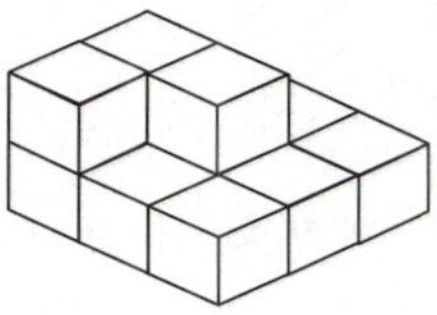

| 오답풀이 |

①

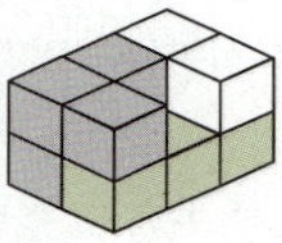

②

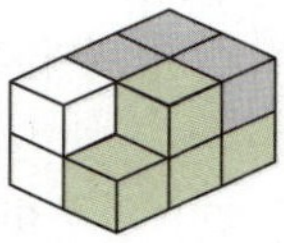

④

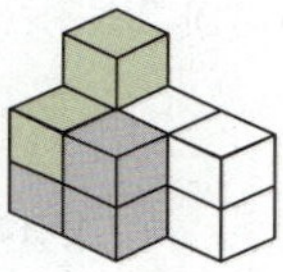

26 공간지각력 투상도로 입체도형 추론하기

| 정답 | ①

| 해설 | 정면도→평면도→우측면도 순으로 확인해 보면 블록 개수와 모양이 모두 일치하는 입체도형은 ①이다.

| 오답풀이 |

동그라미 친 부분이 추가되고 색칠된 블록이 제거되어야 한다.

② 정면도와 우측면도가 일치하지 않는다.

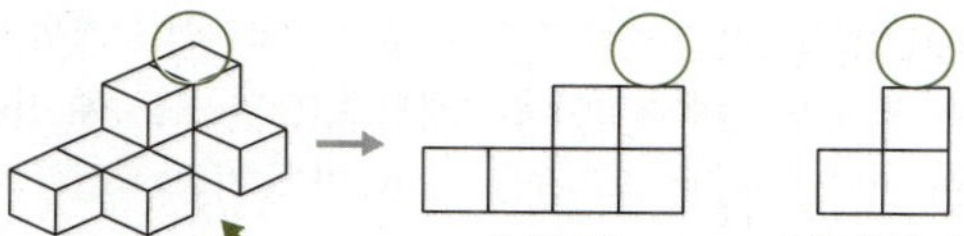

[정면도] [우측면도]

③ 정면도와 평면도가 일치하지 않는다.

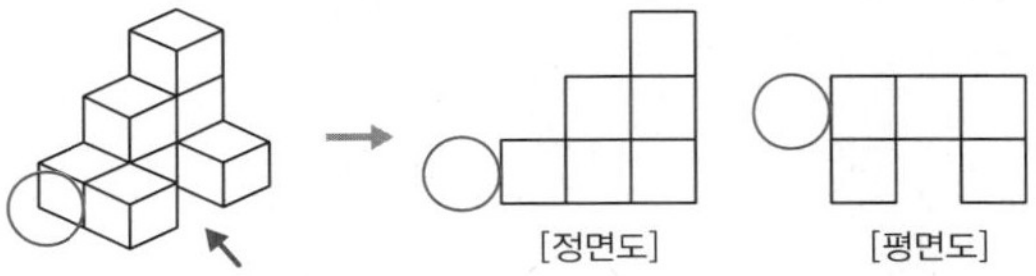

④ 평면도가 일치하지 않는다.

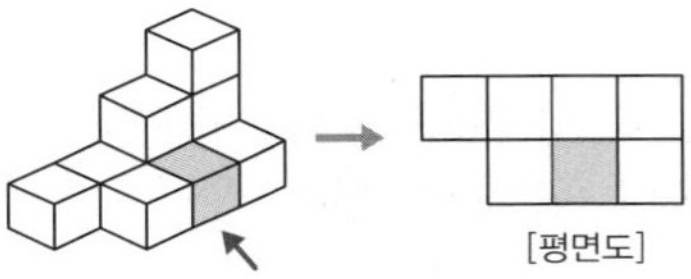

27 문제해결력 명제 판단하기

| 정답 | ①

| 해설 | 제시된 명제를 'p : 불을 무서워한다', 'q : 고소공포증이 있다', 'r : 겁이 많다', 's : 귀신을 무서워한다'로 정리하면 다음과 같다.

• p → q　　• 어떤 q → r　　• 모든 r → s

따라서 겁이 많은 모든 사람이 고소공포증이 있는지는 제시된 명제로는 알 수 없다.

| 오답풀이 |

② 삼단논법에 의해 'p → 어떤 q → r → s'가 성립되어 '어떤 p → s'가 참이 된다. 따라서 불을 무서워하는 어떤 사람은 귀신을 무서워한다.

③ 'p → q'가 참이므로 이 명제의 대우인 '~q → ~p'가 참이다. 따라서 고소공포증이 없는 사람은 불을 무서워하지 않는다.

④ 삼단논법에 의해 '어떤 q → r → s'가 성립되어 '어떤 q → s'가 참이 된다. 따라서 고소공포증이 있는 어떤 사람은 귀신을 무서워한다.

28 문제해결력 조건에 따라 적절한 날짜 구하기

| 정답 | ④

| 해설 | 워크숍을 진행하기 위해서는 전 팀원의 일정이 비어 있는 평일 중 연속 3일이 필요하므로, 22 ~ 24일에 진행되어야 한다. 따라서 워크숍을 시작하기에 가장 적절한 날짜는 22일이다.

| 오답풀이 |

① C가 1일부터 8일까지 파견근무를 가야 하므로 7일에는 시작할 수 없다.

② E가 15일에 예비군 훈련을 가야 하므로 13일에는 시작할 수 없다.

③ 18일은 주말이므로 평일 중 3일 연속으로 워크숍을 진행할 수 없다.

29 관찰탐구력 중화반응 이해하기

| 정답 | ②

| 해설 | 아세톤은 용매(어떤 액체에 물질을 녹여서 용액을 만들 때 그 액체를 가리키는 말)로서, 매직 마커 자국을 용해하여 지우는 데 사용된다. 즉, 중화반응이 아닌 용해작용의 예시에 해당한다.

| 오답풀이 |

① 벌에 쏘였을 때 산성인 식초를 바르는 것은 염기성인 벌독을 중화시켜 통증을 완화하는 방법이다.

③ 비린내의 주원인은 염기성 물질이므로 산성인 레몬즙이 이를 중화시켜 비린내를 없앤다.

④ 석회 가루는 염기성이므로 산성화된 토양에 염기성인 석회 가루를 뿌리면 토양이 중화된다.

30 관찰탐구력 화산 활동의 영향 이해하기

| 정답 | ②

| 해설 | 화산이 폭발한 경우, 염소나 이산화황 같은 유독 가스가 토양을 산성화시키는 피해를 입히기도 하지만, 화산재에는 무기질이 풍부하므로 장기적으로는 토양을 비옥하게 하여 농사에 유리하다. 또한 주변에 온천이 형성되어 관광 자원으로 이용할 수 있으며 지열 에너지를 발전이나 난방에 사용할 수도 있다.

31 언어논리력 필자의 의도 파악하기

| 정답 | ①

| 해설 | 제시된 글은 타인에게 받은 긍정적인 기대의 영향으로 개인의 행동과 그 결과가 달라질 수 있다고 말하며 그

예로 1968년 미국에서 진행했던 실험에 대해 설명한다. 해당 실험을 통해 그 주장이 사실임을 알 수 있으므로 필자의 의도를 적절하게 이해한 사람은 세훈이다.

32 이해력 경청을 위한 규칙 이해하기

| 정답 | ③

| 해설 | 상대방의 말에 반응을 하는 데는 세 가지 규칙이 있다. 피드백의 효과를 극대화시키려면 즉각적이고, 정직하며, 지지하는 자세로 상대를 대해야 한다는 것이다. 즉각적인 것은 피드백의 효과는 시간이 흐를수록 영향이 줄어들기 때문에 상대방의 말을 이해하자마자 피드백을 주어야 한다는 것이다. 정직함은 상대방에게 잘못됐다고 생각한 점까지 솔직하게 말할 수 있어야 한다는 것이다. 지지함은 정직함을 갖추되 상대방에게 상처 줄 정도로 잔인해서는 안 된다는 것이다. 따라서 ㉠ 즉각적, ㉡ 정직함, ㉢ 지지함이 적절하다.

33 관찰탐구력 원소의 특성 파악하기

| 정답 | ①

| 해설 | (가) 수소는 가장 가벼운 원소로 불에 잘 타고 우주에서 가장 많이 존재하는 원소이며 우주 왕복선의 연료로 이용된다.

(나) 헬륨은 불에 타지 않고 가벼워서 광고용 풍선에 이용된다.

(다) 규소는 지각에 많이 존재하며 반도체를 만드는 데 이용된다.

34 언어논리력 글의 전개방식 이해하기

| 정답 | ③

| 해설 | 수천 년 전 사람의 뼈와 이집트 미라, 그리고 고대 인도인과 중국인들의 기록에서부터 근대와 산업혁명 이후까지 시간 순으로 결핵이 발견된 과정과 그 모습을 서술하고 있으므로 ㉠과 ㉡이 적절하다.

35 언어논리력 세부내용 이해하기

| 정답 | ①

| 해설 | 결핵을 페스트에 빗대 '백색의 페스트'라 부른 것은 페스트처럼 한 시대에 대유행한 전염병이라는 의미의 표현으로, 페스트보다 더 무서운 질병이라는 것을 의미하지는 않는다.

| 오답풀이 |

② 첫 번째 문단에서 결핵은 원래 동물에게서 발생한 질병이 사람에게 전파된 인수 공통 전염병 중 하나라고 했으므로, 결핵 이외에도 인수 공통 전염병이 더 존재한다는 것을 알 수 있다.

③ 세 번째 문단에서 산업 혁명 이후 위생 상태가 불량한 가운데 도시로 사람들이 몰려들면서 유행하는 질병이 되었다고 하였다. 따라서 결핵의 발병률은 인구 밀도와 위생 상태에 영향을 받는다고 볼 수 있다.

④ 마지막 문단에서 독일의 세균학자가 결핵의 원인균을 분리하는 데 성공함으로써 결핵으로부터 벗어날 실마리를 제공한 것으로 보아 결핵의 원인이 세균이라는 사실을 추론할 수 있다.

36 이해력 상황에 적절한 행동 선택하기

| 정답 | ③

| 해설 | 가격 인상에 대한 이야기를 들었을 경우, 받아들일 수 있는 지점과 받아들일 수 없는 지점을 명확히 한 뒤 양측의 협상을 통해 최선의 결론을 내는 것이 중요하다. 자사측의 의견을 일방적으로 통보하는 것은 적절한 대응 방식이 아니다.

37 관찰탐구력 상태 변화의 사례 파악하기

| 정답 | ③

| 해설 | 드라이아이스의 크기가 점점 작아지는 것은 고체에서 기체로 승화하기 때문이다. 언 빨래가 마르는 현상 또한 고체인 얼음이 기체인 수증기로 승화하기 때문이다.

| 오답풀이 |

① 액체에서 고체로 변하는 응고 현상과 관련된다.

② 기체에서 액체로 변하는 액화 현상과 관련된다.

④ 액체에서 기체로 변하는 기화 현상과 관련된다.

38 공간지각력 블록 개수 세기

| 정답 | ②

| 해설 | 가장 뒷줄에 위치한 블록의 개수는 19개, 뒤에서 두 번째 줄에 위치한 블록의 개수는 9개, 가장 앞줄에 위치한 블록의 개수는 4개이므로 총 32개이다.

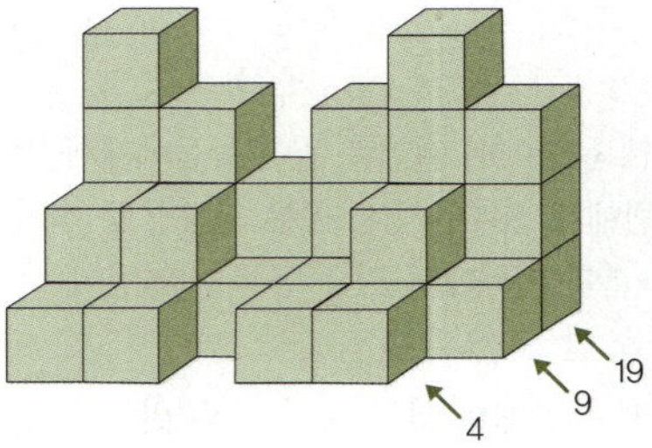

39 문제해결력 조건을 바탕으로 추론하기

| 정답 | ①

| 해설 | C의 진술에 따라 C는 독일어, 일본어, 중국어를 구사할 수 있으며, A와 D의 진술에 따라 A, D는 스페인어를 구사할 수 있다. 다음으로 B의 진술에 따라 B는 일본어, 중국어를 구사할 수 있다. 마지막으로 E의 진술에 따라 E는 B와 비교했을 때 C만 구사할 수 있는 언어를 구사할 수 있다고 하였으므로 독일어만 구사할 수 있음을 알 수 있다. 이를 정리하면 다음과 같다.

구분	A	B	C	D	E
구사 가능한 언어	스페인어	일본어, 중국어	독일어, 일본어, 중국어	스페인어	독일어

40 관찰탐구력 제대혈 이해하기

| 정답 | ③

| 해설 | 제대혈이란 태반과 탯줄에 있는 혈액으로 자신이나 가족의 백혈병, 소아암, 혈액질환 등의 질병치료에 사용할 시 성공률이 높은 것으로 알려져 있다. 이에 따라 우리나라에서는 현재, 출산 당시 제대혈을 초저온 상태로 보관하는 제대혈 은행이 운영 중에 있다.

| 오답풀이 |

① 줄기세포는 다른 신체 조직으로 분화할 수 있는 미분화 세포로 이 상태에서 적절한 조건을 갖추면 다양한 조직 세포로 분화할 수 있다.

② 미토콘드리아는 2겹의 막으로 싸여 있는 구형 또는 긴 타원형의 세포기관으로 특히 유기물의 사화에 관여하는 효소를 가지고 있어 유기물의 화학에너지를 세포가 쓸 수 있는 유용한 에너지로 바꾸는 일을 하기 때문에 세포의 발전소라고도 불린다.

④ 마스터 유전자는 줄기세포가 신체의 각각의 기관으로 분화할 수 있도록 총괄 조정하는 유전자를 말한다.

41 관찰탐구력 과학적 원리 이해하기

| 정답 | ③

| 해설 | 중력은 지구와 물체가 서로 당기는 힘이다. 중력은 항상 지구의 중심을 향해 작용하기 때문에 들고 있던 물체를 놓으면 아래로 떨어진다. 따라서 과일이 익으면 땅에 떨어지는 현상도 중력에 의한 것이다.

| 오답풀이 |

① 탄성력은 고무줄, 용수철, 고무풍선, 피부 등 탄성을 가진 물체가 원래 상태로 되돌아가려는 힘이다.

② 마찰력은 물체가 어떤 면과 접촉하여 운동할 때 그 물체가 움직이지 못하도록 운동을 방해하는 힘이다.

④ 부력은 물이나 공기 같은 유체에 잠긴 물체가 유체로부터 중력과 반대 방향인 위 방향으로 받는 힘이다.

42 이해력 올바른 대처 방법 파악하기

| 정답 | ③

| 해설 | 각 부서의 입장 차이로 갈등이 발생했을 경우 감정 소모를 줄이고 서로의 입장을 이해하려는 태도가 무엇보다 중요하다. 따라서 ③이 가장 바람직한 대응법이며, 나머지는 문제에 대한 근본적인 해결 방법이 아니거나 오히려 갈등을 부추길 수 있으므로 적절하지 않다.

43 공간지각력 동일한 입체도형 찾기

| 정답 | ④

| 해설 | ④는 제시된 입체도형을 다음과 같은 화살표 방향에서 바라본 모습이다.

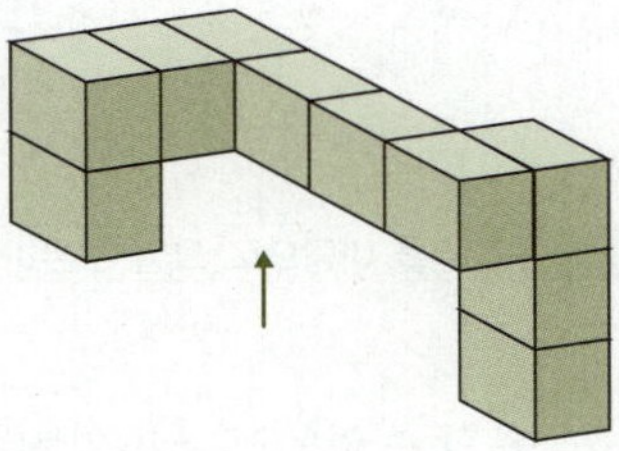

| 오답풀이 |

다른 입체도형은 점선 표시된 블록이 추가되고 동그라미 친 블록이 제거되어야 한다.

①

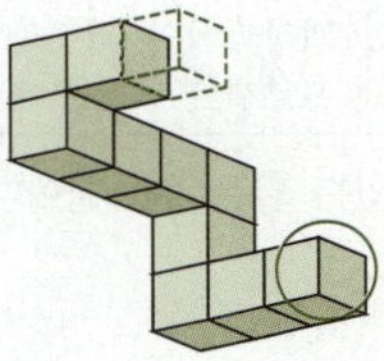

②

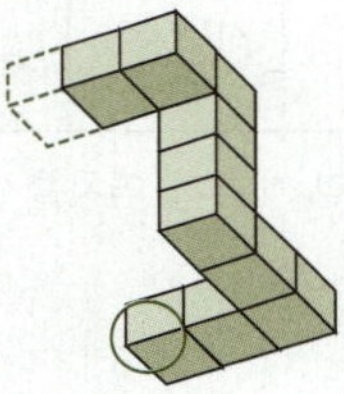

③

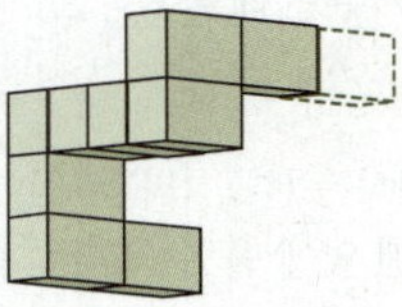

44 관찰탐구력 항상성 유지 이해하기

| 정답 | ②

| 해설 | 항상성 유지란 체내외의 환경이 변하더라도 체온, 혈당량, 몸속 물의 양 등의 체내 상태를 일정하게 유지하는 성질을 말한다. 따라서 물을 많이 마시면 오줌의 양이 증가하는 것은 이와 관련된 현상이다.

| 오답풀이 |

① 생물의 특성 중 생식과 관련 있다.

③ 생물의 특성 중 물질 대사와 관련 있다.

④ 생물의 특성 중 유전과 관련 있다.

45 관찰탐구력 단열 이해하기

| 정답 | ②

| 해설 | 단열은 열의 이동을 막는 것이다. 외부 차양을 이용하여 단열할 수 있으며, 열이 이동할 수 있는 전도(열이 물질을 통해 직접 이동), 대류(액체나 기체에서 주로 일어나는 열 전달법), 복사(열이 전자기파의 형태로 공간을 통해 전달되는 방식)를 모두 차단해야 효과적이다.

| 오답풀이 |

ㄱ. 단열재는 열의 이동을 차단하는 물질이다.

ㄷ. 공기층을 만들면 전도에 의한 열의 이동을 차단할 수 있다.

ㅁ. 열평형 상태는 서로 접촉한 두 물체의 온도가 같아진 상태를 의미한다. 따라서 열의 이동을 막는 단열에 적합하지 않다.

경남기출복원 1회 기출예상 2회 기출예상 3회 기출예상 4회 기출예상 5회 기출예상 6회 기출예상 7회 기출예상 8회 기출예상 9회 기출예상

8회 기출예상문제

▶ 문제 198쪽

01	②	02	②	03	③	04	①	05	①
06	④	07	③	08	③	09	③	10	④
11	④	12	④	13	①	14	④	15	①
16	③	17	④	18	②	19	②	20	④
21	③	22	④	23	④	24	③	25	④
26	④	27	④	28	④	29	③	30	②
31	③	32	④	33	④	34	②	35	②
36	②	37	②	38	③	39	①	40	③
41	③	42	③	43	②	44	①	45	②

01 언어논리력 올바른 맞춤법 및 표현 사용하기

| 정답 | ②

| 해설 | ㉤은 경기가 전개되는 과정에 대해 설명하고 있으므로 '진행'이 들어가는 것이 자연스럽다.

| 오답풀이 |

㉠ 둑점 → 득점　　㉡ 제개 → 재개

㉢ 샌터 → 센터　　㉣ 정지 → 이동

02 관찰탐구력 심장의 특징 이해하기

| 정답 | ②

| 해설 | ㄷ. 혈액은 한 방향으로만 흐르며 심방과 심실 사이, 심실과 동맥 사이에 판막이 있어서 혈액이 거꾸로 흐르지 않게 한다.

ㅁ. 혈액을 내보내는 심실이 혈액을 받아들이는 심방보다 벽이 두껍다. 이로 인해 혈액의 높은 압력을 견딜 수 있다.

03 공간지각력 접은 면 유추하기

| 정답 | ③

| 해설 | 접는 순서별로 뒷면의 모양을 생각하면 쉽게 답을 찾을 수 있다. 뒷면에서의 순서를 그림으로 나타내면 다음과 같다.

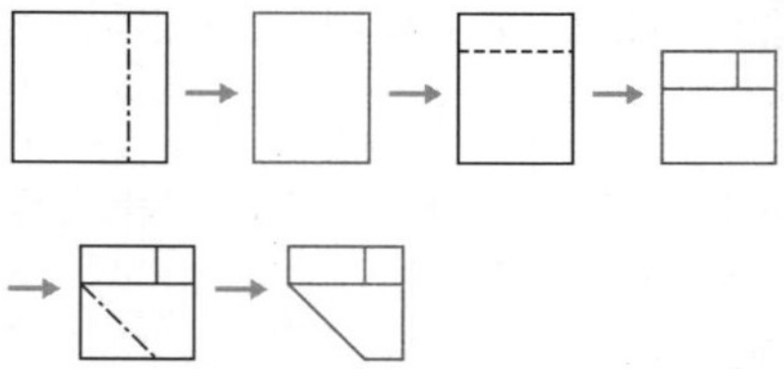

04 문제해결력 조건을 바탕으로 요일 추론하기

| 정답 | ①

| 해설 | 주말 특근은 할 수 없으므로 월요일부터 금요일까지의 일정을 정리하면 다음과 같다.

월	화	수	목	금
	박 사원과의 면담	사내 체육대회	김 과장과의 프로젝트	김 과장과의 프로젝트

따라서 김 대리가 연차를 쓸 수 있는 날은 월요일이다.

05 언어논리력 글의 흐름에 맞게 문단 배열하기

| 정답 | ①

| 해설 | '또한'과 '무엇보다'로 시작하는 (다), (라)는 앞에 문단이 있어야 내용이 성립하므로 맨 앞에 올 수 없다. (가)와 (나)를 비교해보면 (가)에서 초기－중기－말기로 이어지는 정신질환 문제에 대해 화두를 제시하고, (나)에서 이에 대해 자세히 설명하고 있으므로 (가)－(나) 순서가 된다. (나)의 마지막 문장을 보면 정신질환은 제때 적절한 치료를 받아야 회복률이 높음을 언급하고 있는데, (다)에서 초기 치료의 중요성에 대해 또 다른 전문가의 설명을 덧붙이고 있으므로 (나) 다음에는 (다)가 온다. 마지막으로 정신질환의 재발이나 동반 질환 위험을 예로 들며 초기 치료를 다시 강조하는 (라)가 온다. 따라서 (가)－(나)－(다)－(라) 순서가 적절하다.

06 언어논리력 세부내용 이해하기

| 정답 | ④

| 해설 | (다) 문단을 보면 정신질환은 초기 병변이 작을 때 약물 치료를 해야 빠르게 반응한다고 나와 있다.

| 오답풀이 |

① (가) 문단을 보면 초기에 질환을 인식하고 해결책을 찾아야 완치를 기대할 수 있는데 한국인은 정신 문제가 생겨도 사회적 편견 때문에 숨기는 경우가 많다고 나와 있다.

② (나) 문단을 보면 암처럼 초기－중기－말기로 진행되는 대표적인 정신질환으로 우울증, 불안장애, 조현병이 있다고 나와 있다.

③ (나) 문단을 보면 조현병과 같은 정신질환은 모두 뇌의 신경전달물질인 세로토닌, 도파민, 노르에피네프린 등의 활동이 줄어들거나 멋대로 활성화되면서 발생한다고 나와 있다.

07 공간지각력 제시된 블록 합치기

| 정답 | ③

| 해설 | 제시된 두 블록을 합치면 다음과 같다.

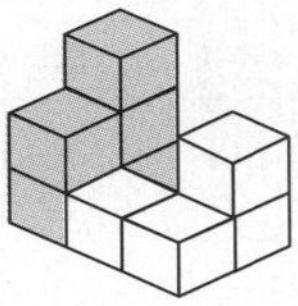

| 오답풀이 |

다른 입체도형은 점선 표시된 블록이 추가되고 동그라미 친 블록이 제거되어야 한다.

①

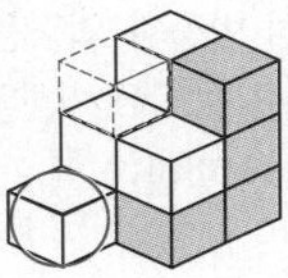

②

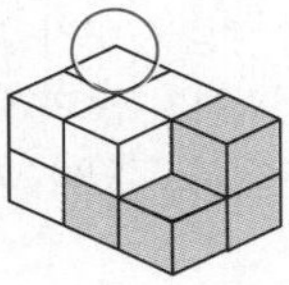

④

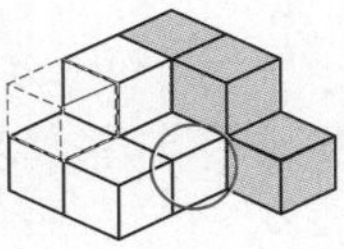

08 공간지각력 나타나 있지 않은 조각 찾기

| 정답 | ③

| 해설 | 그림에서 선택지의 도형을 찾으면 다음과 같다.

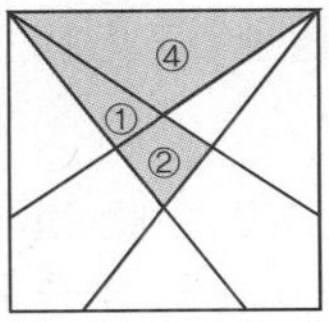

09 문제해결력 조건을 바탕으로 추론하기

| 정답 | ③

| 해설 | 두 번째 조건에서 파란색 코트를 입는 A가 B의 아래층에 살고, 세 번째 조건에서 C가 보라색 코트를 입는 사람의 아래층에 산다고 했으므로 A와 C는 1층, B와 D는 2층에 산다는 것을 알 수 있다. 또한 다섯 번째 조건에서 노란색 코트를 입는 일본인이 1층에 산다고 했으므로 이 사람은 C가 되고, 네 번째 조건의 초록색 코트를 입는 중국인이 B가 되며, 그 옆에 사는 D가 영국인이 된다. 그러므로 파란색 코트를 입는 A가 한국인이 되고, 이 내용을 표로 정리하면 다음과 같다.

2층	B－초록, 중국	D－보라, 영국
1층	A－파랑, 한국	C－노랑, 일본

따라서 한국인과 같은 층에 사는 사람은 C이다.

10 문제해결력 명제 판단하기

| 정답 | ④

| 해설 | 'p : 요리를 잘한다', 'q : 청소를 잘한다', 'r : 키가 크다'라고 할 때 〈보기〉를 정리하면 다음과 같다.

- p → q
- q → r
- 나 → p

삼단논법에 의해 '나 → p → q → r'이 성립되어 '나 → r'도 참이 된다.

따라서 ④는 항상 옳다.

| 오답풀이 |

①, ② 제시된 명제로는 알 수 없다.

③ 'q → r'이 참이므로 이 명제의 대우인 '~r → ~q'도 참이 된다. 따라서 이는 거짓이다.

11 관찰탐구력 물체의 운동 이해하기

| 정답 | ④

| 해설 | 알짜힘이 0인 경우 물체는 정지해 있거나 같은 속도로 계속 운동하는 등속 직선 운동을 한다. 그러나 공의 속력이 증가하고 있으므로 공에 작용하는 알짜힘은 0이 아니다. 한편 공의 속력이 증가하고 있으므로 운동 에너지는 증가하고 있으며, 공의 높이는 낮아지고 있으므로 위치 에너지는 감소하고 있다.

12 관찰탐구력 염증 반응 파악하기

| 정답 | ④

| 해설 | 염증 반응이 일어나면 여러 신호물질에 의해 세동맥이 확장하여 모세혈관으로 흐르는 혈류량이 증가한다.

| 오답풀이 |

①, ③ 염증 반응은 1차 방어 작용으로 선천적 면역이며 비특이적 방어 작용이다.

② 히스타민이 분비되면 백혈구가 혈관 밖으로 나와 병원체를 죽여 염증을 일으킨다. 적혈구는 산소를 운반하는 역할을 한다.

13 문제해결력 진위 추론하기

| 정답 | ①

| 해설 | 만약 A의 발언이 진실이라면 A는 어제와 오늘 이틀 연속으로 진실을 말한 것이고, 만약 A의 발언이 거짓이라면 A는 어제와 오늘 이틀 연속으로 거짓을 말한 것이다. 조건에 따르면 이틀 연속 거짓을 말하는 경우는 발생할 수 없으나 이틀 연속 진실을 말하는 경우는 (토, 일) 또는 (일, 월)로 발생할 수 있다. 따라서 A의 발언은 진실임을 알 수 있다.

이때 A가 거짓말을 하는 요일이 월, 수, 금요일이라면 제시된 발언은 일요일에 한 것이고, A가 거짓말을 하는 요일이 화, 목, 토요일이라면 제시된 발언은 월요일에 한 것이다. 따라서 오늘은 일요일 또는 월요일이며 두 경우 모두 B의 발언은 거짓임을 알 수 있다.

그런데 오늘이 만약 진실만을 말하는 일요일이라면 B의 발언이 거짓이라는 추론과 상충하므로 오늘은 월요일이 된다.

14 문제해결력 조건을 바탕으로 추론하기

| 정답 | ④

| 해설 | 먼저 네 번째 조건을 보면 E는 C와 성별이 같고, 세 번째 조건에 따라 D는 여자인데, 여자는 둘뿐이므로 C와 E는 남자임을 알 수 있다. 또한 E는 영국인 또는 프랑스인이라고 하였는데, 마지막 조건에 따라 프랑스인은 여자이므로 E는 영국인이 된다. 다섯 번째 조건과 마지막 조건을 살펴보면 F는 이탈리아인이 아니고 남자이므로, 프랑스인도 아니다. 그리고 두 번째 조건에 따라 A는 미국인이므로 F는 중국인 또는 일본인이며, C도 중국인 또는 일본인이므로 세 번째 조건에 따라 D는 이탈리아인임을 알 수 있다. 이를 표로 정리해 보면 다음과 같다.

구분	국적	성별
A	미국	남
B	프랑스	여
C	중국 or 일본	남
D	이탈리아	여
E	영국	남
F	중국 or 일본	남

따라서 B는 프랑스인이다.

15 이해력 의사소통 방법의 문제점 파악하기

| 정답 | ①

| 해설 | 갑은 영화를 보지 않았다는 을의 반응과 입장을 고려하거나 생각하지 않고 자신이 하고 싶은 이야기만을 일방적으로 전달하고 있다. 따라서 ①이 적절하다.

16 공간지각력 도형 재배치하기

| 정답 | ③

| 해설 | 제시된 도형을 바르게 배치한 것은 ③이다.

| 오답풀이 |

선택지에서 확실하게 아닌 모양을 찾으면 다음과 같다.

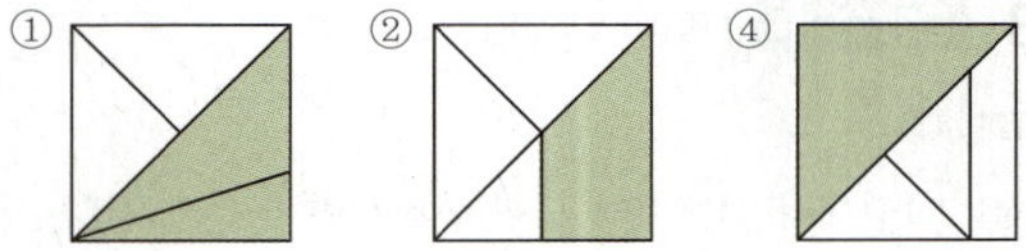

17 이해력 지시 방식의 문제점 파악하기

| 정답 | ④

| 해설 | 박 팀장은 김 사원이 과거에 잘못했던 일을 들추어서 김 사원을 주눅이 들게 하며 업무를 지시하고 있다.

18 언어논리력 글의 서술 방식 파악하기

| 정답 | ②

| 해설 | 제시된 글은 이분법적 사고와 부분만을 보고 전체를 판단하는 것의 위험성을 예시를 들어 설명하고 있다. 특히 세 번째 문단에서는 '으스댔다', '우겼다', '푸념했다', '넋두리했다', '뇌까렸다', '잡아뗐다', '말해서 빈축을 사고 있다' 등의 서술어를 열거해 주관적 서술로 감정적 심리 반응을 유발하는 것이 극단적인 이분법적 사고로 이어질 수 있음을 강조하고 있다.

19 언어논리력 관용적 표현 찾기

| 정답 | ②

| 해설 | 손발이 크다는 것은 말 그대로 손과 발의 크기가 크다는 의미로 관습적으로 바뀌어 다른 뜻으로 쓰이는 관용적 표현이 아니다.

| 오답풀이 |

① '손을 떼다'는 '하던 일을 중도에 그만두다'를 이르는 관용적 표현이다.

③ '시치미'는 매의 꽁지나 발목에 걸어두는 소의 뿔로 만든 매 주인의 이름표를 뜻하는 말이다. 이를 활용하여 자기가 하고도 아니한 체하거나 알고도 모르는 체하는 태도를 관용적 표현으로 '시치미를 떼다'라고 한다.

④ 변죽을 울린다는 것은 가장자리를 두드려 가운데까지 울리게 하여 다 알게 된다는 뜻이며, 핵심을 찌르지 못하고 곁가지만 건드린다는 의미를 나타내는 관용적 표현이다.

20 공간지각력 블록 개수 세기

| 정답 | ④

| 해설 | 블록의 개수는 14개이다.

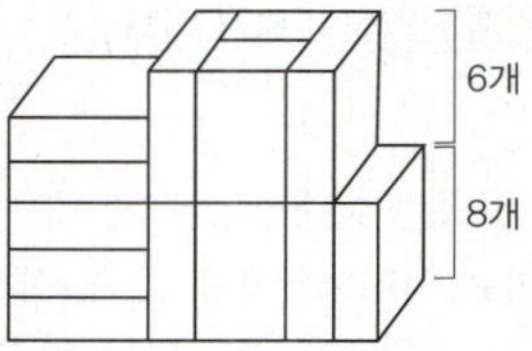

21 문제해결력 명제 판단하기

| 정답 | ③

| 해설 | 각 문장을 'p : 소설책을 많이 읽는다', 'q : 시집을 많이 읽는다', 'r : 글쓰기를 잘한다'로 나타내면 다음과 같다.

- 지아 → p and q
- p → r

삼단논법에 의해 '지아 → p → r'이 성립되어 '지아 → r'가 참이 된다. 따라서 지아는 글쓰기를 잘한다.

22 관찰탐구력 위치 에너지 이해하기

| 정답 | ④

| 해설 | 풍력 발전, 요트, 볼링 등은 운동 에너지를 이용한 예이다. 운동 에너지는 운동하는 물체가 가지고 있는 에너지를 말하며, 물체에 가한 일만큼 물체의 운동 에너지는 증가한다.

위치 에너지는 높은 곳에 있는 물체가 중력에 의해 갖는 에너지이므로 수력 발전, 물레방아, 디딜방아, 널뛰기 등을 예로 들 수 있다.

23 관찰탐구력 태양계의 행성 이해하기

| 정답 | ④

| 해설 | 태양계의 행성 중 가장 크기가 큰 행성은 목성이다. 목성의 지름은 약 143,000km로, 지구의 약 11배에 달한다. 태양계의 행성을 크기가 큰 순서대로 나열하면 목성 > 토성 > 천왕성 > 해왕성 > 지구 > 금성 > 화성 > 수성이다.

24 관찰탐구력 단백질의 특징 이해하기

| 정답 | ③

| 해설 | 제시된 설명은 단백질에 관한 내용이다. 단백질을 구성하는 단위체는 아미노산이며, 근육, 세포막 등 몸을 구성하는 성분이다. 또한, 효소와 호르몬의 주성분으로 체내의 대사 작용 조절에도 관여한다.

| 오답풀이 |

① 비타민은 적은 양으로 생리 작용을 조절한다. 비타민이 부족하면 결핍증이 나타난다.

② 탄수화물은 기본 단위가 단당류(포도당)이며, 주된 에너지원으로 사용된다. 탄수화물 섭취 후 남는 것은 지방으로 전환되어 저장된다.

④ 무기염류는 몸을 구성하는 성분으로, 생리 작용을 조절한다. 음식물로 섭취한다.

25 이해력 올바른 대처 방법 파악하기

| 정답 | ④

| 해설 | 업무를 신 사원에게 전적으로 맡겼지만, 결재를 올리기 전 최종 검토를 안 한 김 과장의 잘못도 있으므로 신 사원과 함께 잘못을 인정하는 것이 바람직하다.

26 문제해결력 논리적 오류 파악하기

| 정답 | ④

| 해설 | 성인들의 56%가 청소년들의 길거리 흡연을 제지하지 못했다는 단 하나의 사실만으로 성인들의 도덕심이 결여되어 있다고 생각하고 있다. 이는 몇 가지 사례나 경험만을 가지고 그 전체의 속성을 판단하는 성급한 일반화의 오류이다.

| 오답풀이 |

① 논증에 사용된 낱말이 둘 이상으로 해석될 수 있을 때 상황에 맞지 않은 의미로 해석하는 데에서 생기는 오류이다.

② 자신의 주장이 옳다는 것을 상대가 받아들이게 하기 위해 알맞은 전제에 호소하지 않고 상대적 정서에 영향을 주려 할 때 생기는 오류이다.

③ 어떤 특정한 주장에 대한 반론이 일어날 수 있는 유일한 원천을 비판하면서 반박 자체를 막아 자신의 주장을 옹호하고자 할 때 생기는 오류이다.

27 언어논리력 세부내용 이해하기

| 정답 | ④

| 해설 | 제시된 글에 따르면 경험론자들은 정신에 타고난 관념 또는 선험적 지식이 있다는 것을 부정하고 모든 지식은 감각적 경험과 학습을 통해 형성된다고 보았으므로 생물학적 진화보다는 학습을 중요시하였음을 알 수 있다.

| 오답풀이 |

① 학습과 생물학적 진화 간의 우월성을 비교하는 내용은 나타나 있지 않다.

② 진화된 대부분의 동물들에게 학습 능력이 존재한다고 하였다.

③ 인간 사회의 변화는 생물학적 진화보다는 거의 전적으로 문화적 진화에 의한 것이라고 하였다.

28 공간지각력 전개도 완성하기

| 정답 | ④

| 해설 | 전개도를 접었을 때 서로 인접하게 되는 면을 파악한다.

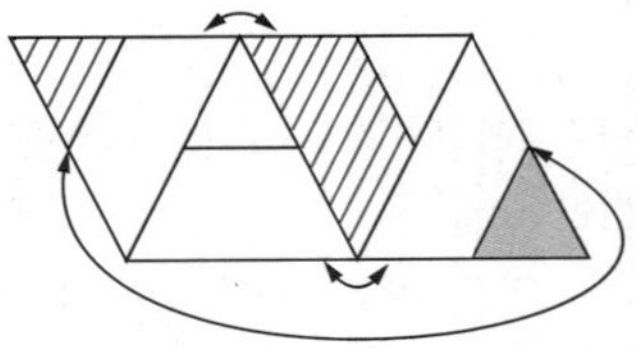

| 오답풀이 |

넓은 면을 기준으로 볼 때 ①의 경우 왼쪽에 이 와야 하고, ②는 , ③은 이 와야 한다.

29 공간지각력 거울에 비친 모습 찾기

| 정답 | ③

| 해설 | 제시된 그림과 같이 알파벳을 거울에 비추면 좌우 대칭을 이루어 알파벳 순서와 각 알파벳의 모양이 뒤바뀌게 된다. 따라서 'YqbpdX'는 'XbqdpY'가 된다.

30 문제해결력 조건을 바탕으로 추론하기

| 정답 | ②

| 해설 | 4명이 타는 차는 B가 운전을 하고 3명이 타는 차는 B와 같은 차를 타지 않는 C와 D 중 한 명이 운전을 한다. A와 G는 같은 차를 타고 가야 하는데, C와 D가 있는 차에는 이미 2명이 있으므로 탈 수가 없다. 그러므로 B가 운전하는 차를 타고 가는 사람은 A, E(혹은 F), G이다.

31 문제해결력 명제 판단하기

| 정답 | ③

| 해설 | 'p : A 회사에 다닌다', 'q : 일본어에 능통하다', 'r : B 대학교를 졸업했다', 's : C 학원에 다닌다'라고 할 때 제시된 명제를 정리하면 다음과 같다.

• p → ~q • r → q • ~s → r

③은 제시된 명제로는 알 수 없다.

| 오답풀이 |

① ~s → r이 참이므로 이 명제의 대우인 ~r → s도 참이다.

② 삼단논법에 의해 '~s → r → q'가 성립되어 '~s → q'가 참이 된다. 따라서 이 명제의 대우인 '~q → s'도 참이다.

④ 'r → q'가 참이므로 이 명제의 대우인 '~q → ~r'도 참이다. 삼단논법에 의해 'p → ~q → ~r'이 성립되어 'p → ~r'이 참이 된다.

32 관찰탐구력 갈변현상 이해하기

| 정답 | ④

| 해설 | 백색 채소의 조리 과정에서 갈변을 방지하려면 산소의 접촉을 방해하거나 효소를 불활성화시켜야 한다.

33 관찰탐구력 작용 · 반작용의 원리 이해하기

| 정답 | ④

| 해설 | 자동차가 도로 위에서 움직이기 위해서는 바퀴가 도로를 뒤로 미는 힘인 작용과, 그 힘에 대응하여 도로가 바퀴를 앞으로 밀어주는 반작용이 있어야 한다. 즉, 눈으로 미끄러운 도로에서 자동차가 출발할 수 없는 것은 작용 · 반작용이 작용하지 않았기 때문이다. 이와 동일한 원리로 설명할 수 있는 것은 ㄴ과 ㄷ이다.

ㄴ. 로켓이 가스를 내뿜으면(작용) 가스가 로켓을 앞으로 밀어주어(반작용) 로켓이 날아가게 된다.

ㄷ. 사람이 벽을 밀면(작용) 그와 동시에 벽도 사람을 밀어(반작용) 몸이 뒤로 밀리게 된다.

| 오답풀이 |

ㄱ. 관성의 원리에 해당하는 현상이다.

34 언어논리력 사자성어 이해하기

| 정답 | ②

| 해설 | 제시된 글과 관련된 사자성어는 '새옹지마(塞翁之馬)'로 인생은 변화가 많아서 길흉화복을 예측하기가 어려움을 의미한다.

| 오답풀이 |

① 유비무환(有備無患) : 미리 준비가 되어 있으면 걱정할 것이 없음을 의미한다.

③ 전화위복(轉禍爲福) : 재앙과 근심, 걱정이 오히려 복으로 바뀜을 의미한다.

④ 자업자득(自業自得) : 자기가 저지른 일의 결과를 자기가 받음을 의미한다.

35 이해력 직장 내 인간관계 이해하기

| 정답 | ②

| 해설 | 직장에서의 인간관계 형성과 유지는 중요하나 그것이 업무능력의 향상보다 항상 우선한다고는 보기 어렵다.

36 관찰탐구력 증발의 특징 이해하기

| 정답 | ②

| 해설 | 증발은 표면적이 넓을수록, 습도가 낮을수록, 온도가 높을수록, 바람이 강할수록 빨리 일어난다. 따라서 서늘한 곳보다 온도가 높은 따뜻한 곳에 빨래를 널어놓는 방법(ㄱ)과 빨래를 넓게 펴서 표면적을 넓히는 방법(ㄹ)이 적절하다.

37 공간지각력 펼친 그림 찾기

| 정답 | ②

| 해설 | 접었던 선을 축으로 하여 역순으로 펼치면 다음과 같다.

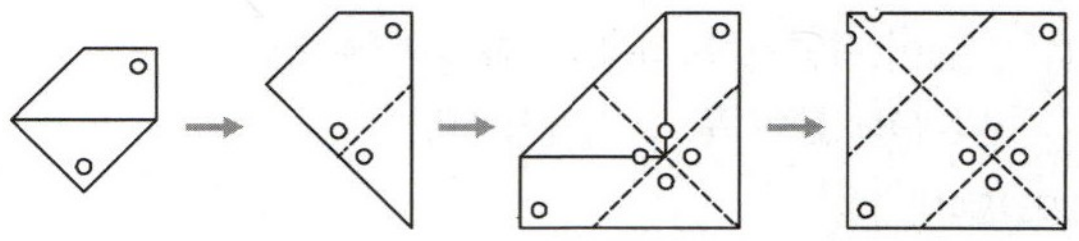

38 언어논리력 세부내용 이해하기

| 정답 | ③

| 해설 | 제시된 글에 따르면 △△시 상징물 테마 열차는 '하늘 위에서 △△시를 내려보다'라는 구성으로 제작하였으며, △△시의 바다 테마 열차는 '우연히 만난 도시철도, △△시 바다를 여행하는 기분'이라는 콘셉트로 조성하였음을 알 수 있다.

39 언어논리력 단어 관계 파악하기

| 정답 | ①

| 해설 | 앞말의 의미가 뒷말의 의미를 포함하는 관계로 겨울은 계절 중 하나이며 사자는 포유류 중 하나이다.

40 이해력 올바른 직업의식 이해하기

| 정답 | ③

| 해설 | 자신이 맡은 업무에서는 동료 등 타인과는 관계없이 자신의 업무에 최선을 다해야 한다.

41 관찰탐구력 샤를의 법칙 이해하기

| 정답 | ③

| 해설 | 샤를 법칙과 관련된 현상이다. 샤를 법칙은 압력이 일정할 때 기체의 부피는 그 종류에 관계없이 온도 변화에 따라 일정한 비율로 변화하는 것이다. 즉, 압력이 일정할 때 온도가 감소하면 기체의 부피도 일정한 비율로 감소한다. 따라서 상대적으로 따뜻한 집 안에서 추운 바깥으로 풍선을 가지고 나가면 풍선 안 기체의 부피가 감소하여 풍선의 크기가 줄어드는 것이다.

42 관찰탐구력 중력의 크기 파악하기

| 정답 | ③

| 해설 | 물체에 작용하는 중력은 $F=mg$이고 중력 가속도(g)는 평균 $9.8m/s^2$으로 거의 일정하므로 (가)에서 철수에게 작용하는 중력의 크기와 (나)에서 철수에게 작용하는 중력의 크기는 같다.

| 오답풀이 |

① 물체에 작용하는 모든 힘을 벡터합한 알짜힘은 물체가 등속 직선 운동을 하거나 정지해 있을 때 0이다.

②, ④ 철수를 아래로 당기는 중력과 엘리베이터 바닥이 철수를 위로 미는 힘이 평형상태를 이루고 있다.

43 공간지각력 블록 개수 세기

| 정답 | ②

| 해설 | 색칠된 블록의 윗면에 1개, 밑면에 2개가 직접 접촉하고 있다. 따라서 총 3개이다.

44 언어논리력 내용을 바탕으로 추론하기

| 정답 | ①

| 해설 | 포괄수가제 시행은 과잉진료에 따른 불필요한 진료비 지불을 경감하는 것이 취지이므로 진료비 총액은 낮아진다고 볼 수 있다.

| 오답풀이 |

② 주어진 글만으로 입원 병실의 종류나 기간 등이 포괄수가제에 포함되는지 알 수 없다.

③ 포괄수가제 도입 이전의 모든 진료행위에 과잉진료가 있었다고 판단할 수는 없다.

④ 포괄수가제가 의료행위의 내용 자체를 제한한다고 보는 것은 합리적인 판단이 아니며, 의료행위가 아닌 진료비를 일정하게 유지하는 것이 포괄수가제의 취지이다.

45 언어논리력 적절한 제목 찾기

| 정답 | ②

| 해설 | 단순히 포괄수가제의 정의에 대한 언급만 있는 것이 아니라, 이전의 행위별 수가제의 문제점을 지적하면서 그 보완책으로 등장한 것이 포괄수가제임을 이야기하고 있다. 그러므로 '포괄수가제의 도입 배경과 의미'가 제목으로 가장 적절하다.

9회 기출예상문제

▶ 문제 218쪽

01	①	02	①	03	③	04	③	05	④
06	①	07	②	08	①	09	②	10	③
11	①	12	①	13	②	14	③	15	③
16	④	17	④	18	③	19	④	20	①
21	③	22	②	23	②	24	③	25	④
26	④	27	②	28	②	29	②	30	③
31	④	32	④	33	①	34	③	35	②
36	①	37	④	38	④	39	①	40	③
41	②	42	④	43	①	44	①	45	②

01 언어논리력 다의어 파악하기

| 정답 | ①

| 해설 | 제시된 문장과 ①의 '어쩌다가'는 '뜻밖에 우연히'라는 뜻으로 사용되었다.

| 오답풀이 |

②, ④ '이따금 또는 가끔가다가'라는 뜻으로 사용되었다.

③ '어찌하다가'의 준말로 사용되었다.

02 이해력 올바른 대처 방법 파악하기

| 정답 | ①

| 해설 | 제시된 상황에서의 최선책은 돌발 상황 속에서도 대안을 강구하여 최대한 회사 차원에서 정한 일정에 맞게 차질 없이 업무를 수행해 내는 것이라고 할 수 있다.

03 공간지각력 필요한 조각 찾기

| 정답 | ③

| 해설 | 제시된 도형에 ③을 추가하면 다음과 같이 정사각형을 만들 수 있다.

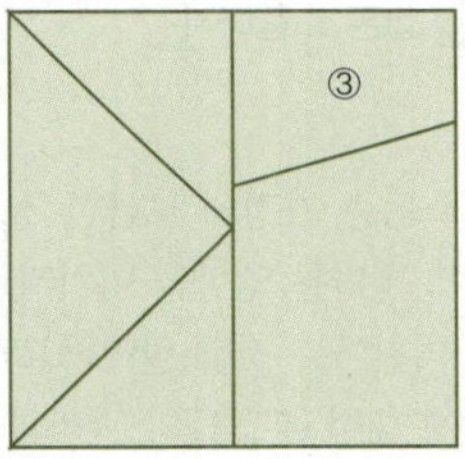

04 문제해결력 조건을 바탕으로 추론하기

| 정답 | ③

| 해설 | 가영이의 키는 170cm이고 라영이의 키는 155cm로, 가영이는 라영이보다 키가 크다. 그런데 라영이의 키가 마영이보다 크다고 했으므로, 가영>라영>마영이 성립되어 ③이 바른 추론임을 알 수 있다.

05 언어논리력 빈칸에 알맞은 문장 넣기

| 정답 | ④

| 해설 | 제시된 글을 보면 많은 사람들이 생물체는 세월이 지날수록 진화를 거쳐 더 훌륭한 존재로 발전된다고 여기며, 이에 따라 '진화'에는 발전과 개선의 성질이 내포되어 있을 것이라 생각하고 있음을 알 수 있다. 따라서 '하지만' 뒤의 빈칸에는 진화란 단순히 적응과 선택의 결과일 뿐 그런 성질은 갖고 있지 않다는 내용인 ④가 가장 적절하다.

06 문제해결력 명제 판단하기

| 정답 | ①

| 해설 | 각 명제를 'a : 빨간색을 좋아한다', 'b : 사소한 일에 얽매인다', 'c : 분홍색을 좋아한다', 'd : 애정과 동정심이 많다', 'e : 파란색을 좋아한다', 'f : 내성적이다', 'g : 박애주의자이다'로 정리하면 다음과 같다.

- a → ~b
- c → d
- ~f → ~e
- f → b
- d → g

(가) '~f → ~e' 명제가 참이라면 이 명제의 대우인 'e → f'도 참이다. 또한 'a → ~b' 명제가 참이라면 이 명제의 대우인 'b → ~a'도 참이다. 삼단논법에 의해 'e → f → b → ~a'가 성립되어 'e → ~a'가 참이 된다.

(나) 제시된 명제로는 알 수 없다.

따라서 (가)만 항상 옳다.

07 언어논리력 결론 도출하기

| 정답 | ②

| 해설 | (가)는 저소득층 가정에 보급한 정보 통신기기가 아이들의 성적향상에 별다른 영향을 미치지 못하거나, 오히려 부정적인 영향을 미친다는 것을 설명하고 있다. (나)는 정보 통신기기의 활용에 대한 부모들의 관리와 통제가 학업성적에 영향을 준다는 것을 설명하고 있다. 따라서 아이들의 학업성적에는 정보 통신기기의 보급보다 기기 활용에 대한 관리와 통제가 더 중요하다는 것을 결론으로 도출할 수 있다.

08 관찰탐구력 화학 반응 이해하기

| 정답 | ①

| 해설 | 음식을 불로 조리해 섭취함으로써 단백질 섭취 효율이 높아졌고, 위생적인 면에서도 크게 개선되었다.

| 오답풀이 |

② 석탄은 육지에서, 석유는 바다에서 주로 생성되었다.

③ 암모니아는 수소와 질소로 이루어졌다. 따라서 산소는 구성 성분이 아니다.

④ 대기 중의 질소는 매우 안정한 물질로서 쉽게 반응하지 않는다.

09 공간지각력 제시된 블록 합치기

| 정답 | ②

| 해설 | 제시된 세 개의 블록을 결합하면 다음과 같다.

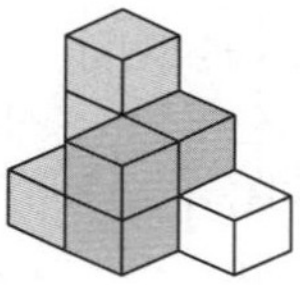

| 오답풀이 |

다른 입체도형은 점선으로 표시된 블록이 추가되고 동그라미 친 부분이 제거되어야 한다.

①

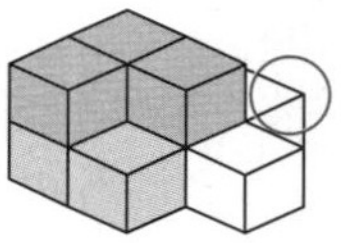

③

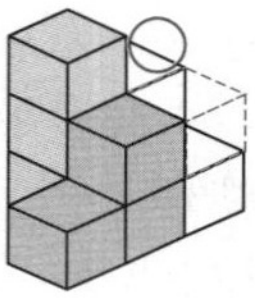

④

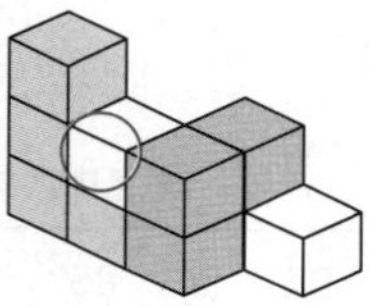

10 공간지각력 동일한 도형 찾기

| 정답 | ③

| 해설 | 하나를 기준으로 잡고 좌우로 회전시켜 생각해보면 된다. ①을 기준으로 했을 때, ②는 y축을 기준으로 좌우 반전, ④는 180° 회전한 것이다.

11 문제해결력 진위 추론하기

| 정답 | ①

| 해설 | B와 C는 둘 다 ㉡ 실험에서 오류가 나지 않았다고 동일하게 말하고 있으므로 둘은 진실을 말하고 있으며 A와 D 둘 중 한 명이 거짓말을 하고 있다.

- A의 증언이 거짓말일 경우 : B, C, D의 증언이 진실이 되며 이들의 증언은 서로 상충하지 않는다. A의 증언이 거짓이므로 ㉢ 실험에서는 오류가 발생한 것이 아니게 되고 B, C, D의 증언에 따라 ㉡과 ㉣ 실험에도 오류가 발생하지 않았으므로 오류가 발생한 실험은 ㉠이다.
- D의 증언이 거짓말일 경우 : A, B, C의 증언이 진실이 된다. D의 증언이 거짓임에 따라 ㉣ 실험에서 오류가 발생한 것이 되는데 이 경우 ㉢ 실험에서 오류가 있었다는 A의 진술에 의해 오류가 있는 실험이 2개가 되므로 이는 오류가 있는 실험이 1개라는 조건에 상충한다. 그러므로 D는 거짓말을 하지 않았다.

따라서 거짓을 말한 사람은 A이고 오류가 발견된 실험은 ㉠이다.

12 관찰탐구력 땀샘의 기능 이해하기

| 정답 | ①

| 해설 | 땀샘의 주요 기능은 기화열을 이용한 체온 조절과 땀샘 주변의 모세혈관을 이용한 노폐물 제거 기능이다.

보충 플러스+

땀샘의 주요 기능
땀샘은 땀의 형태로 노폐물과 수분을 몸 밖으로 배설한다. 또한 땀을 흘리면 피부 표면에서 주위의 열을 흡수하면서 증발하므로 체온을 낮추어 우리 몸의 체온을 일정하게 유지시킨다. 지방 성분의 땀을 내보내는 땀샘은 특정 부위에 발달되는데, 사람의 경우에는 겨드랑이 밑이나 생식기에 주로 분포해 있다. 이들은 사춘기가 되어 호르몬의 작용이 왕성해지면 활성화되어 분비된다. 이때 이곳에서는 특이한 냄새가 나는데, 이는 그곳에 있던 세균들이 땀 속에 있는 지방 성분을 분해하여 지방산을 만들기 때문에 나는 냄새이다.

13 문제해결력 명제 판단하기

| 정답 | ②

| 해설 | 'p : 에어로빅 강좌를 신청한다', 'q : 요리 강좌를 신청한다', 'r : 영화감상 강좌를 신청한다', 's : 우쿨렐레 강좌를 신청한다'라고 할 때 〈조건〉을 정리하면 다음과 같다.

• ~p → ~q　　• ~r → ~p　　• 일부 s → q

'~p → ~q'가 참이므로 이 명제의 대우인 'q → p'도 참이다. 또한 '~r → ~p'가 참이므로 이 명제의 대우인 'p → r'도 참이다. 삼단논법에 의해 '일부 s → q → p → r'이 성립되어 '일부 s → r'이 참이 된다.'

14 언어논리력 글의 중심내용 찾기

| 정답 | ③

| 해설 | 제시된 글은 자의적인 권력을 통제해야 하는 민주주의가 오늘날 자의적 권력의 정당화를 위한 장치가 되면서, 과도한 권력을 견제하는 본래의 의미를 잃어버린 채 어떤 제약도 없는 민주주의로 잘못 변화되었음을 설명하고 있다.

15 언어논리력 세부내용 이해하기

| 정답 | ③

| 해설 | 두 번째 문단에서 어떤 제약도 없는 '무제한적 민주주의'는 자유주의와 부합할 수 없다고 밝히고 있다.

| 오답풀이 |

① 첫 번째 문단에서 민주주의의 목적과 이상은 모든 자의적인 권력을 억제하는 것이라고 밝히고 있다.

② 첫 번째 문단에서 변화된 민주주의에서는 국민의 참여와 표결 절차를 통하여 다수가 결정한 법과 정부의 활동이라면 그 자체로 정당성을 갖으며 무엇이든 실현할 수 있다고 밝히고 있다.

④ 마지막 문단에서 민주주의 그 자체를 수단이 아니라 목적으로 여기고 다수의 의지를 중시한다면, 그것은 다수의 독재를 초래할 수 있다고 밝히고 있다.

16 공간지각력 펼친 모양 찾기

| 정답 | ④

| 해설 | 접었던 선을 축으로 하여 역순으로 펼치면 다음과 같다.

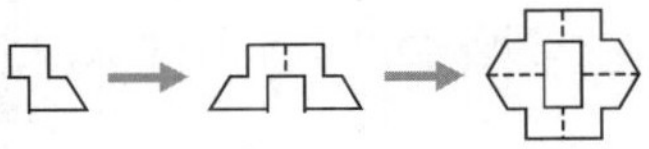

17 공간지각력 전개도 파악하기

| 정답 | ④

| 해설 | A는 다음과 같이 1과 마주 보므로 A에 들어갈 눈의 개수는 6개이다.

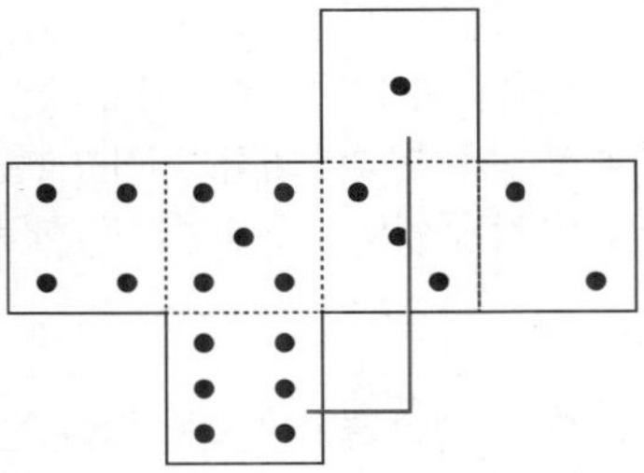

18 언어논리력 올바르게 띄어쓰기

| 정답 | ③

| 해설 | 단위를 나타내는 명사는 띄어 써야 하므로 '열 살'이라고 쓰는 것이 적절하다.

| 오답풀이 |

① '지내는지'의 '-ㄴ지'는 막연한 의문을 의미하며 뒤 절의 사실이나 판단과 관련시키는 데 쓰는 연결 어미로 앞말과 붙여 써야 한다.

② '다치기밖에'의 '밖에'는 '그것 말고는', '그것 이외에는' 등의 뜻을 나타내는 보조사로 앞말과 붙여 써야 한다.

④ '실시되는바'의 '-ㄴ바'는 뒤 절에서 어떤 사실을 말하기 위하여 그 사실이 있게 된 것과 관련된 상황을 제시할 때 쓰이는 연결 어미로 앞말과 붙여 써야 한다.

19 언어논리력 세부내용 이해하기

| 정답 | ④

| 해설 | 마지막 문단에서 전문가들은 비타민 제품을 고를 때 자신에게 필요한 성분인지, 함량이 충분한지, 활성형 비타민이 맞는지 등을 충분히 살펴본 다음 선택하라고 권고한다는 내용을 통해 시중에 있는 다양한 비타민 제품은 사람마다 다른 효과를 낼 수 있음을 알 수 있다.

| 오답풀이 |

① 첫 번째 문단에서 과로로 인한 피로가 6개월 이상 지속되면 만성피로로 진단될 수 있다고 제시되어 있다. 따라서 피로가 1년 이상 지속되었다면 만성피로로 진단될 수 있다.

② 첫 번째 문단에서 만성피로를 내버려두면 면역력이 떨어져 감염병에도 취약해질 수 있다고 했으므로 피로는 독감과 같은 전염병에 걸리기 쉽게 만든다는 것을 알 수 있다.

③ 세 번째 문단에서 비타민 B군으로 대표되는 활성비타민은 스트레스 완화, 면역력 강화, 뇌신경 기능 유지, 피부와 모발 건강 등에도 도움을 준다고 하였다.

20 문제해결력 진위를 판단하여 순위 추론하기

| 정답 | ①

| 해설 | W와 Z의 주장이 모순되므로 둘 중 한 사람이 거짓을 말하는 경우를 확인해 본다.

- Z가 거짓말을 한 경우(W가 4등) : V는 2등이며, X와 연이어 들어왔으므로 X는 1등 혹은 3등이 된다. X가 1등일 경우 Y가 3등, X가 3등일 경우 Y가 1등이나 꼴등이 되는데, 이 경우 Z가 1등도 5등도 아니라는 Y의 주장도 거짓이 되므로 적절하지 않다.
- W가 거짓말을 한 경우(W가 5등) : V, Z에 의해 2등과 5등은 각각 V와 W가 되며 W와 Y의 순위 차이가 가장 크다고 했으므로 Y는 1등이 된다. V와 연이어 있는 X는 3등, 1등도 5등도 아닌 Z는 4등이 된다. 이를 정리하면 다음과 같다.

1등	2등	3등	4등	5등
Y	V	X	Z	W

21 관찰탐구력 파동의 현상 이해하기

| 정답 | ③

| 해설 | 벽면과 천장의 불규칙한 표면(톱니 모양)을 통해 소리의 파동을 여러 방향으로 산란시켜서 공연장 내부의 메아리 현상을 제거해 준다.

22 관찰탐구력 여러 현상과 관련된 힘 구분하기

| 정답 | ②

| 해설 | ㄱ. 비나 눈이 아래로 내리는 것은 중력과 관계된 현상이다.

ㄴ. 자전거 안장 밑에 용수철이 있는 것은 탄성력과 관계된 현상으로, 안장 밑의 용수철이 압축되면서 충격을 흡수하고 다시 원래 모양으로 돌아오면서 몸이 부드럽게 올라오도록 도와준다.

ㄷ. 튜브를 잡고 물에 쉽게 뜨는 것은 부력과 관계된 현상이다.

ㄹ. 양말에 고무를 붙여 미끄러짐을 방지하는 것은 마찰력과 관계된 현상이다.

23 이해력 거절의 3원칙 이해하기

| 정답 | ②

| 해설 | Sorry는 유감 표명을 하는 단계로 거절을 하되 왜 거절할 수밖에 없는지 사실에 기반해 유감을 표현해야 한다. '요즘 많이 바쁘다', '몸이 안 좋다'와 같은 모호한 표현보다는 구체적으로 사실을 설명하며 요청을 들어줄 수 없어 미안하다는 말을 꼭 덧붙이는 것이 좋다. 따라서 ②가 적절하다.

24 이해력 직장예절 이해하기

| 정답 | ③

| 해설 | 에티켓은 인간관계를 부드럽게 해 주는 사회적 불문율로서 형식적인 것이라면, 매너는 에티켓을 일상생활에 적용하는 방식을 말한다. 즉, 에티켓이 정해진 틀이나 형식이라면 매너는 방법이며, 매너가 일상생활 속의 예의라면 에티켓은 이보다 형식적인 측면이 강한 엄격한 규율이라 할 수 있다. 따라서 임 대리의 설명은 적절하지 않다.

25 언어논리력 글의 흐름에 맞게 문장 배열하기

| 정답 | ④

| 해설 | 먼저 제시된 문장에서 중심소재로 등장한 미세플라스틱의 유해한 점인 화학물질을 상세하게 설명하고 있는 (나)가 오고 미세플라스틱에 노출된 것과 관련한 실험 결과로 (나)의 내용을 뒷받침하는 (마)가 이어져야 한다. 또한 '더불어'로 미세플라스틱의 유해한 영향을 말하며 (마)의 내용과 이어지는 (가)가 오고, 이러한 상황이 필연적임을 말하는 (라)가 그다음에 와야 한다. 마지막으로 '이처럼'으로 시작하여 내용을 정리하는 (다)가 위치하는 것이 적절하다. 따라서 (나)－(마)－(가)－(라)－(다) 순이 적절하다.

26 공간지각력 블록 개수 세기

| 정답 | ④

| 해설 | 1층에 7개, 2층에 4개, 3층에 1개로 블록은 총 12개이다.

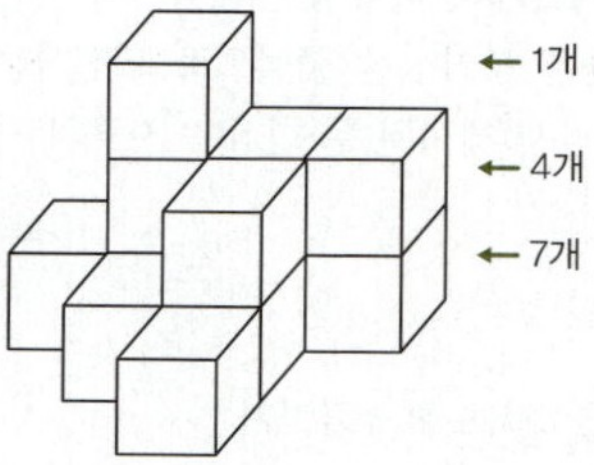

27 공간지각력 전개도 파악하기

| 정답 | ②

| 해설 | 전개도를 접었을 때 서로 만나게 되는 모서리를 같은 기호로 표시하면 다음과 같다.

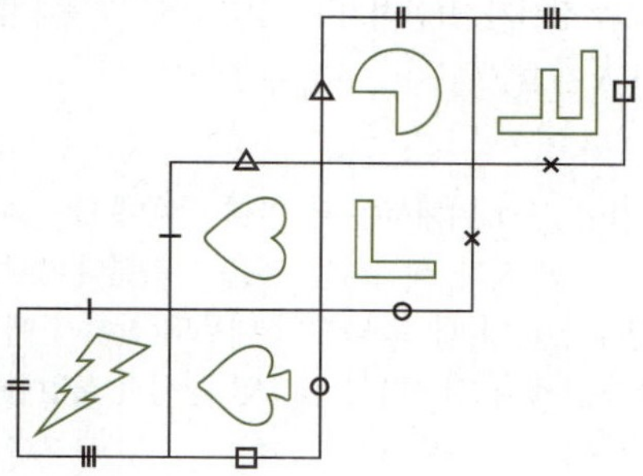

따라서 주사위 윗면의 모습은 이다.

28 문제해결력 조건을 바탕으로 추론하기

| 정답 | ②

| 해설 | 먼저 다섯 번째 조건에 따라 희은과 찬빈은 시사토론 강의를 수강한다. 여섯 번째 조건에 따라 예림은 두 개의 강의를 수강하고 있는데, 마지막 조건에서 예림은 영어회화를 듣지 않는다 하였으므로 예림은 시사토론과 수영을 수강한다. 네 번째 조건에 따라 은희와 유민은 두 개의 같은 강의를 수강하는데, 시사토론의 경우 남은 자리가 하나이므로 은희와 유미는 영어회화와 수영을 수강한다. 여섯 번째와 일곱 번째 조건에 따라 영준은 시사토론과 영어회화를 수강하고, 해진은 자리가 남은 영어회화를 수강한다. 이를 표로 정리하면 다음과 같다.

구분	영어회화(4명)	시사토론(4명)	수영(3명)
해진	○	×	×
예림	×	○	○
희은	×	○	×
찬빈	×	○	×
은희	○	×	○
영준	○	○	×
유민	○	×	○

따라서 해진이가 수강하고 있는 강의는 영어회화이다.

29 문제해결력 명제 판단하기

| 정답 | ②

| 해설 | 제시된 전제와 결론을 'A : 혼자 식사하는 것을 지속한다', 'B : 조직원들과의 사이가 나빠진다', 'C : 다혈질이다', 'D : 정서가 불안하다'로 정리하면 다음과 같다.

[전제] • A → B　　　　• C → D

[결론] C → B

결론이 참이 되기 위해서는 세 번째 전제에 D → A, 즉 '정서가 불안하면 혼자 식사하는 것을 지속한다'가 들어가야 한다. 명제가 참일 때 그 명제의 대우도 참이기 때문에 '혼자 식사하는 것을 지속하지 않으면 정서가 불안하지 않다'도 참이다.

30 관찰탐구력 분자 운동 이해하기

| 정답 | ③

| 해설 | 분자 운동의 증거로는 증발과 확산이 있다. 증발은 액체 상태의 물질이 기체 상태로 변하는 현상으로, 이 과정에서 분자들이 빠르게 움직이며 표면의 분자들이 공기 중으로 탈출하게 된다. 확산은 물질의 분자들이 넓게 퍼지는 현상이다. 반면, 종소리가 다른 마을까지 퍼져 나가는 것은 공기의 진동, 즉 소리의 파동과 관련이 있다. 따라서 종소리가 퍼지는 것은 분자 운동의 증거로 볼 수 없다.

31 관찰탐구력 빛의 성질 이해하기

| 정답 | ④

| 해설 | 바늘구멍 사진기는 빛의 직진을 이용해 만든 장치로, 물체의 각 지점으로부터 여러 방향으로 직진하는 빛들 중에서 바늘구멍을 통과하는 빛에 의해 반투명 종이판에 물체의 모습이 상하좌우가 바뀌어 나타나게 되는 것이다. 일상생활에서 빛의 직진과 관련된 현상을 많이 볼 수 있다. 문틈으로 들어오는 햇빛, 자동차의 전조등, 손전등, 등대, 영화관의 스크린에 비치는 빛, 레이저 등이 대표적인 현상들이다.

| 오답풀이 |

① 빛의 반사와 관련된 현상이다.

② 빛의 굴절과 관련된 현상이다.

③ 빛의 산란과 관련된 현상이다.

32 관찰탐구력 배설기관 이해하기

| 정답 | ④

| 해설 | 체내에서 노폐물을 제거하는 기관계는 배설계이다. 배설계는 콩팥, 오줌관, 방광, 요도 등으로 구성된다. 항문은 소화되지 않은 음식물 찌꺼기를 몸 밖으로 배출하는 소화계에 속하는 기관이다.

33 언어논리력 글에 맞는 사자성어 찾기

| 정답 | ①

| 해설 | 말라리아의 주요 증세가 고열이라는 점을 이용하여 병으로 병을 치료하였다. 따라서 '열은 열로써 다스린다'는 의미의 이열치열(以熱治熱)이 가장 적합하다

| 오답풀이 |

② 입술이 없으면 이가 시리다는 뜻으로, 가까운 사이에 있는 하나가 망하면 다른 하나도 그 영향을 받아 온전하기 어려움을 비유적으로 이르는 말이다.

③ 여름의 벌레는 얼음을 안 믿는다는 뜻으로, 견식이 좁음을 비유해 이르는 말이다.

④ 나무에 올라 물고기를 구한다는 뜻으로, 불가능한 일을 무리해서 굳이 하려 함을 비유적으로 이르는 말이다.

34 관찰탐구력 지구의 자전과 관련된 현상 이해하기

| 정답 | ③

| 해설 | 첫 번째로 제시된 현상은 지구가 서쪽에서 동쪽으로 자전하기 때문에 지구 표면에 있는 관측자에게는 태양이 동쪽에서 서쪽으로 지는 것처럼 보이는 것이다. 두 번째 현상은 별의 일주 운동으로, 지구의 자전축이 북극성과 거의 일직선상에 있기 때문에 하늘에서 북극성은 움직이지 않는 것처럼 보이고, 다른 별들은 북극성을 중심으로 회전하는 거처럼 보이는 것이다. 따라서 제시된 두 현상은 지구의 자전에 의한 것이다.

35 공간지각력 투상도로 입체도형 추론하기

| 정답 | ②

| 해설 | ②를 화살표 방향대로 (가)에 그림자를 비추어 보면 다음과 같이 나타난다.

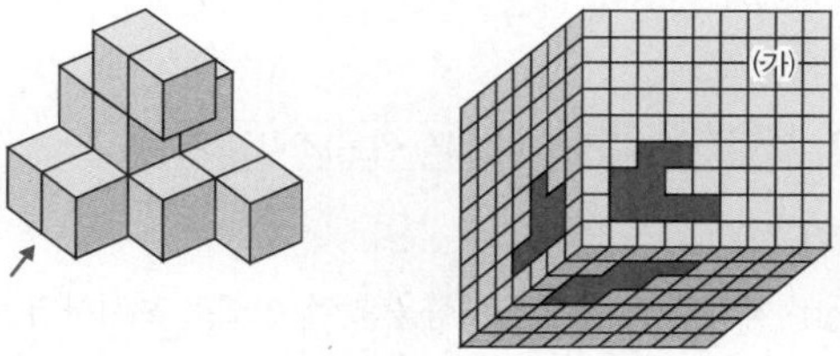

| 오답풀이 |

나머지 도형을 화살표 방향대로 (가)에 그림자를 비추어 보면 다음과 같다.

①

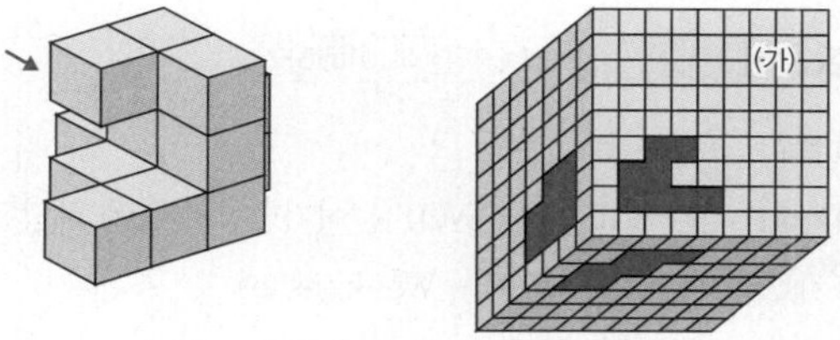

③

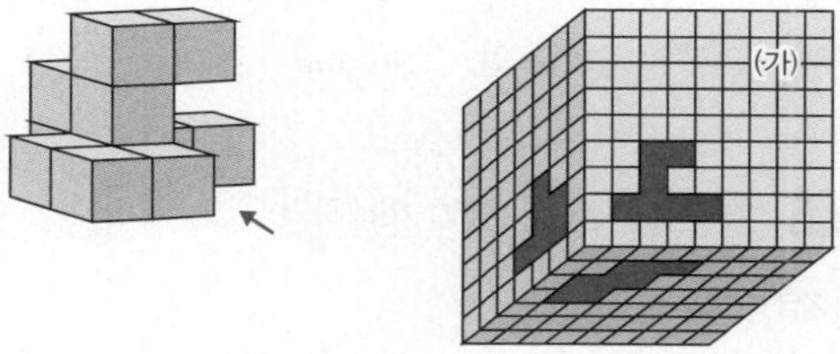

④

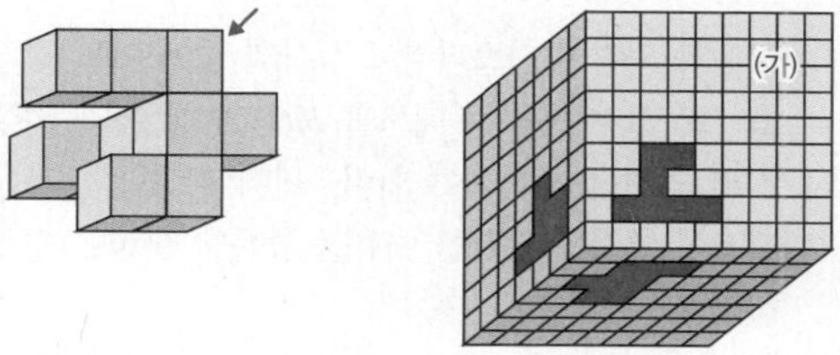

36 문제해결력 조건을 바탕으로 숙소 선정하기

| 정답 | ①

| 해설 | 숙소는 2인실 3개가 있어야 하므로 C 숙소는 제외한다. 이때 A 숙소와 B 숙소의 인테리어 점수가 같으므로, 둘 중 편의시설 점수가 더 높은 A 숙소가 최종적으로 선택된다.

37 관찰탐구력 알짜힘 이해하기

| 정답 | ④

| 해설 | 알짜힘(합력)은 물체에 작용하는 여러 개의 힘을 벡터합한 값이다. 물체가 동시에 받는 힘의 크기가 같고 방향이 반대일 때 알짜힘은 0이 된다. 등속 직선 운동을 하거나 정지 상태일 때가 알짜힘이 0인 경우에 해당한다.

ㄴ 공기 저항에 의해 등속도로 내려오는 빗방울은 등속 직선 운동으로 알짜힘이 0이 된다.

ㄷ 지구의 중력권을 벗어난 후 엔진을 끈 우주 탐사선은 무중력 상태로 알짜힘이 0이 된다.

ㄹ 정지한 물건(상태)의 경우 알짜힘이 0이 된다.

| 오답풀이 |

ㄱ 속력은 일정하나 방향이 계속 바뀌므로 알짜힘이 0이 되지 않는다.

38 언어논리력 세부내용 이해하기

| 정답 | ④

| 해설 | 먼 곳에서 재배된 과일을 구매하는 것은 가까운 곳에서 재배된 과일보다 제품을 수송하는 과정에서 더 많은 온실가스를 발생시킨다.

| 오답풀이 |

① 미국산 바나나보다 제주산 바나나의 맛과 품질을 비교하는 내용은 언급되어 있지 않다.

② 우리나라에서는 2009년부터 탄소성적표시제도가 시행되어 한국환경산업기술원에서 인증마크를 부여하는 인증마크 제도를 시행하고 있다.

③ 탄소 발자국은 제품이 유통 과정을 거쳐 소비자에게 도착한 이후 소비되어 버려지는 과정까지 배출되는 탄소의 총량을 수치화한 것을 의미한다.

39 언어논리력 내용을 바탕으로 추론하기

| 정답 | ①

| 해설 | ㄱ. 해외에서 생산된 제품을 소비할 경우 우리나라로 수입하기 위해 제품을 수송하는 과정에서 온실가스를 발생시킨다는 점에서 국산 제품을 선택하는 것이 온실가스 배출을 줄이는 방안이 될 수 있다.

ㄴ. 우리나라에서는 2009년부터 탄소성적표시제도를 시행하고 있으므로 제품에 부착된 탄소 라벨을 통해 해당

제품의 탄소 발자국을 확인하여 온실가스 배출량이 더 적은 제품을 선택하여 소비할 수 있다.

| 오답풀이 |

ㄷ. 제품의 가격은 제품이 발생하는 온실가스량과 관련이 없다.

ㄹ. 열대과일과 온대과일의 온실가스 발생량을 비교하는 내용은 제시된 글을 통해서 알 수 없다.

40 이해력 상대의 입장을 고려해 조언하기

| 정답 | ③

| 해설 | 상대의 입장을 충분히 이해하지 못한 조언은 상대의 공감을 얻지 못하고 불필요한 이야기처럼 들릴 수 있다. 따라서 자신의 입장이 아닌 상대의 입장에서 상대의 이야기를 충분히 귀담아 듣고 조언해 주어야 한다.

41 관찰탐구력 관성의 종류 이해하기

| 정답 | ②

| 해설 | 관성은 물체가 자신의 운동 상태를 계속 유지하려는 성질을 말하며, 뉴턴의 운동 제1법칙인 관성의 법칙은 정지해 있던 물체는 계속 정지해 있고, 운동하던 물체는 계속 등속 직선 운동을 한다는 법칙이다. 관성은 정지 관성과 운동 관성으로 나눌 수 있는데, ②는 정지 관성에 해당하고 나머지는 운동 관성에 해당한다.

42 관찰탐구력 전기 분해 이해하기

| 정답 | ④

| 해설 | 전해질은 수용액 속에서 이온으로 해리되어 전류가 흐르는 물질을 말한다. 물은 자체 이온화를 통해 이온을 만들긴 하나, 그 양이 매우 미약해 사실상 이온이 없는 것과 마찬가지이기 때문에 수산화나트륨(NaOH)과 같은 전해질을 용해시켜서 전기 분해한다. 이때 사용되는 양이온은 H^+ 이온보다 환원성이 커서는 안 되며, 음이온은 OH^- 이온보다 산화성이 커서는 안 된다. 그렇지 않으면 전해질이 먼저 반응하기 때문이다. 물(H_2O)은 수소(H_2)와 산소(O)로 구성되어 있으며 전류를 흘려주면 수소와 산소로 분리된다. 따라서 +극에서는 산소, −극에서는 수소가 발생한다.

| 오답풀이 |

②, ③ 물은 화학식이 H_2O이며 화학식이 NaOH인 수산화나트륨을 물속에서 전기 분해하는 것이므로 CO_2가 발생하지 않는다.

43 공간지각력 나타나 있지 않은 조각 찾기

| 정답 | ①

| 해설 | 제시된 그림에서 도형을 찾아 번호로 표시하면 다음과 같다.

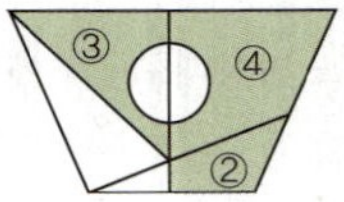

44 문제해결력 SWOT 분석 이해하기

| 정답 | ①

| 해설 | 각각의 요인은 SWOT 분석기법상 다음에 해당된다.

(가) : 회사 내부의 약점－Weaknesses

(나) : 회사 내부의 강점－Strengths

(다) : 외부의 기회요인－Opportunities

(라) : 외부의 위협요인－Threats

45 이해력 경청의 방법 이해하기

| 정답 | ②

| 해설 | ㄱ. 지나치게 스스로를 낮추는 태도는 경청을 방해하는 요인이다.

ㄴ. 상사와 의견이 다르더라도 상사의 말에 어느 정도 공감을 표하고 수용하는 태도를 보인 후에 예의를 갖춰 자신의 의견을 제시해야 한다. 이때 분명한 근거를 들어 자신이 그렇게 생각한 이유를 충분히 설명할 수 있어야 한다.

ㅁ. 상사의 말에 추임새를 넣으면 상사가 자신의 말이 잘 전달되고 있으며 상대가 잘 경청하고 있다는 사실을 확인할 수 있으므로, 대화를 더 자연스럽게 이어나갈 수 있다.

| 오답풀이 |

ㄷ. 상사가 정확한 의사표현을 하지 않았을 경우에는 짐작하지 않고 다시 한번 정확하게 물어서 이후 업무에 차질이 없도록 해야 한다.

ㄹ. 업무와 관련해 확실하게 알지 못하는 부분이 있으면 추측성 표현 대신 '잘 모르겠습니다'와 같은 정확한 표현을 사용해 오해와 실수를 방지해야 한다.

2025
고시넷

경남교육청
교육공무직원
최신 기출유형 모의고사

교육공무직원 직무능력검사

gosinet
(주)고시넷

공기업_NCS

고시넷 공기업
초록이① NCS 통합기본서
초록이② NCS 통합문제집
NCS 피듈형 통합 오픈봉투모의고사 6회
LH한국토지주택공사 5·6급 NCS 기출예상모의고사 6회
LH한국토지주택공사 업무직 NCS 기출예상모의고사 5회
한국철도공사 코레일 NCS+철도법 기출예상모의고사 6회
코레일 한국철도공사 경영학 직무수행능력평가 기출문제집 17회
서울교통공사 NCS 기출예상모의고사 8회
부산교통공사 +부산시 공공기관 통합채용 NCS 기출예상모의고사 6회
경기도 공공기관 통합채용 NCS 기출예상모의고사 6회
2023 고시넷 공기업 한국지역난방공사 NCS 기출예상모의고사
한국산업인력공단 6급 NCS+한국사+영어 기출예상모의고사 5회
한국가스공사 NCS 기출예상모의고사 6회
2025 고시넷 공기업 한국도로공사서비스 NCS 기출예상모의고사
한국전력공사 NCS 기출예상모의고사 5회
사람인 NCS 출제유형모의고사
인크루트 NCS 출제유형모의고사
휴노 NCS 출제유형모의고사
매일경제 NCS 출제유형모의고사
휴스테이션 한국사회능력개발원 NCS 출제유형모의고사
한국도로공사 NCS 기출예상모의고사 5회
공기업 통합전공 사무직 핵심이론+문제풀이
한국수자원공사 NCS 기출예상모의고사 6회
코레일 한국철도공사 경영학 기본서
한국수력원자력 NCS 기출예상모의고사 4회